天衣無縫 佐藤康光勝局集

佐藤康光 著

日本将棋連盟

まえがき

このたび「天衣無縫　佐藤康光勝局集」を出版させていただく運びとなりました。実戦を絡めた本は何冊か出版していますが、棋士生活を通じた意味合いの実戦集となると初めてとなります。早いもので17歳でプロ棋士となり、32年目のシーズンに入りました。振り返ってみますと本当にあっという間だった気がします。

昨年2月からは将棋連盟の役員を務めさせていただいており、昨年7月には通算1000勝を達成することができました。そういう意味では1つの区切りとして、良いタイミングで出させていただけることを感謝いたします。

今回選びました勝局の100局は後世に残すべきものとして恥ずかしくない内容のものが選べたと自負しております。

とはいえ、改めて振り返りますと未熟な部分、まだまだ程遠いと思うことも多く、改めて将棋の奥深さを感じずにはいられません。常に真正面から取り組んでいたか、それはご判断いただければと思いますが、少なくともその時々で自分なりに手を抜かず、必死に取り組んできた思いはあります。そういう部分も実際に盤で並べていただき、少しでも感じていただければ幸いです。本書が皆様の上達の一助となればと思います。

最後に本書に多大なるご協力を賜りました飯塚祐紀七段、観戦記者の君島俊介様、マイナビ出版の浅井広希様に厚く御礼申し上げまして結びといたします。

平成30年12月　佐藤康光

天衣無縫　佐藤康光勝局集　目次

第9局　第5期竜王戦挑戦者決定三番勝負第1局　1992年9月8日　羽生善治棋王
対羽生戦初めての大勝負……112

第10局　第6期竜王戦挑戦者決定三番勝負第1局　1993年9月9日　森内俊之六段
ライバルとの「七番勝負」……114

第11局　第6期竜王戦七番勝負第5局　1993年11月30日、12月1日　羽生善治竜王
カド番に追い込む勝利……116

第12局　第6期竜王戦七番勝負第6局　1993年12月9、10日　羽生善治竜王
快勝で初タイトルを獲得……120

第13局　第43回NHK杯準決勝　1994年2月7日　森内俊之六段
「七番勝負」後の激闘……124

第14局　第7期竜王戦七番勝負第4局　1994年11月17、18日　羽生善治名人
カド番をしのいだ「原点の一局」……126

第15局　第54期順位戦B級1組7回戦　1995年10月13日　中村修八段
厚みで制する……130

第16局　第8期竜王戦七番勝負第3局　1995年11月7、8日　羽生善治竜王
藤井システムに影響を与えた一局……132

第17局　第9期竜王戦決勝トーナメント　1996年8月5日　日浦市郎六段
四間飛車破りの模範局……134

第18局　第38期王位戦七番勝負第2局　1997年7月23、24日　羽生善治王位
横歩取りの快勝譜……136

第19局　第47期王将戦二次予選　1997年8月10日　藤井猛六段
相穴熊の定跡となる一局……138

第20局　第16回全日本プロトーナメント　1998年1月13日　村山聖八段
村山聖九段との激闘……140

第21局　第56期順位戦A級9回戦　1998年3月2日　森下卓八段
プレーオフ進出を懸けて……142

第22局　第56期順位戦A級プレーオフ　1998年3月17日　羽生善治四冠
中空の桂の妙手……144

第23局　第39期王位戦挑戦者決定リーグ紅組3回戦　1998年4月7日　島朗八段
陽動振り飛車の熱戦……148

第24局　第56期名人戦七番勝負第4局　1998年5月19、20日　谷川浩司名人
居飛車穴熊の会心譜……150

第25局　第56期名人戦七番勝負第6局　1998年6月8、9日　谷川浩司名人
フルセットに持ち込む……152

第26局　第56期名人戦七番勝負第7局　1998年6月17、18日　谷川浩司名人
名人獲得を果たす……154

第27局　第39期王位戦挑戦者決定戦　1998年6月29日　郷田真隆七段
2期連続王位挑戦を果たす……158

第28局　第39期王位戦七番勝負第3局　1998年8月6・7日　羽生善治王位
矢倉のたたき合いを制す……160

第29局　第29期新人王戦記念対局　1998年12月18日　三浦弘行六段
追い込まれるが辛勝……162

第30局　第24期棋王戦本戦（敗者復活戦）　1998年12月22日　島朗八段
365手の決着……164

第31局 第24期棋王戦挑戦者決定二番勝負第1局
1999年1月8日 藤井猛竜王
藤井システムを破る……166

第32局 第57期名人戦七番勝負第7局
1999年6月16、17日 谷川浩司九段
接戦を制して名人初防衛……168

第33局 第25期棋王戦本戦
1999年8月19日 丸山忠久八段
連勝を止める……172

第34局 第71期棋聖戦決勝トーナメント
2000年3月17日 行方尚史六段
矢倉の激戦……174

第35局 第58期名人戦七番勝負第4局
2000年5月18、19日 丸山忠久八段
斬新な仕掛けで勝つ……176

第36局 第58期名人戦七番勝負第5局
2000年5月31、6月1日 丸山忠久八段
王手飛車取りを2回かけさせる……178

第37局 第59期順位戦A級5回戦
2000年11月8日 羽生善治五冠
対羽生戦の連敗止める……180

第38局 第42期王位戦予選
2000年12月1日 近藤正和四段
衝撃を与えた新構想……182

第39局 第27期棋王戦挑戦者決定二番勝負第2局
2002年1月10日 郷田真隆棋聖
劇的な決着……184

第40局 第51期王将戦七番勝負第1局
2002年1月16、17日 羽生善治王将
意表の戦法選択と壮大な雀刺し……186

第41局 第27期棋王戦五番勝負第1局
2002年2月3日 羽生善治棋王
ダブルタイトル戦で好スタート……188

第42局 第51期王将戦七番勝負第4局
2002年2月20、21日 羽生善治王将
長手数の熱戦を制す……190

第43局 第60期順位戦A級9回戦
2002年3月1日 森下卓八段
新型向かい飛車を発表……194

第44局 第51期王将戦七番勝負第6局
2002年3月11、12日 羽生善治王将
3度目の正直で王将獲得……196

第45局 第73期棋聖戦挑戦者決定戦
2002年5月13日 丸山忠久名人
大胆な序盤戦術で挑戦権を得る……198

第46局 第73期棋聖戦五番勝負第3局
2002年7月4日 郷田真隆棋聖
逆襲への1勝……200

第47局 第11期銀河戦決勝
2003年9月19日 中川大輔七段
久しぶりの早指し棋戦優勝……202

第48局 第53期王将戦挑戦者決定リーグ5回戦
2003年11月28日 米長邦雄永世棋聖
あこがれの棋士と最後の対局……204

第49局 第75期棋聖戦五番勝負第3局
2004年7月7日 森内俊之竜王・名人
9連勝で3連覇達成……206

第50局 第76期棋聖戦五番勝負第2局
2005年6月20日 羽生善治四冠
自在な駒組みで快勝……208

第51局 第46期王位戦七番勝負第1局
2005年7月13、14日 羽生善治王位
長手数の熱戦を制す……210

第52局 第46期王位戦七番勝負第2局
2005年7月21、22日 羽生善治王位
驚愕の端飛車……212

第53局 第76期棋聖戦五番勝負第5局 2005年7月26日 羽生善治四冠
会心の攻撃的右玉で4連覇達成……214

第54局 第64期順位戦A級5回戦 2005年11月9日 鈴木大介八段
相振り飛車でも目新しい駒組み……216

第55局 第55期王将戦七番勝負第5局 2006年2月22、23日 羽生善治王将
意表の2手目△3二金……218

第56局 第77期棋聖戦五番勝負第3局 2006年7月5日 鈴木大介八段
棋聖5連覇、永世棋聖の資格を得る……220

第57局 第47期王位戦七番勝負第4局 2006年8月22、23日 羽生善治王位
鋭手で一気に寄せる……224

第58局 第25回朝日オープン将棋選手権本戦 2006年10月19日 田村康介六段
長手数の詰みに打ち取る……226

第59局 第65期順位戦A級4回戦 2006年10月24日 羽生善治三冠
激闘を制す……228

第60局 第19期竜王戦七番勝負第2局 2006年10月31日、11月1日 渡辺明竜王
迫力の終盤戦……230

第61局 第27回JT将棋日本シリーズ決勝 2006年11月26日 郷田真隆九段
まれにみる泥仕合……232

第62局 第32期棋王戦五番勝負第1局 2007年2月11日 森内俊之棋王
予言通りの決着……236

第63局 第56回NHK杯決勝 2007年2月19日 森内俊之名人
ダイレクト向かい飛車1号局……238

第64局 第56期王将戦七番勝負第6局 2007年3月7日 羽生善治王将
正確な寄せ……242

第65局 第32期棋王戦五番勝負第5局 2007年3月28日 森内俊之棋王
4年ぶりの二冠王……244

第66局 第78期棋聖戦五番勝負第1局 2007年6月9日 渡辺明竜王
竜王を迎え撃つ……246

第67局 第55期王座戦本戦 2007年6月14日 谷川浩司九段
銀捨てが3回出現……248

第68局 第78期棋聖戦五番勝負第2局 2007年6月23日 渡辺明竜王
会心の構想で圧倒……250

第69局 第20期竜王戦挑戦者決定三番勝負第1局 2007年9月4日 木村一基八段
強気の受けが奏功……252

第70局 第20期竜王戦七番勝負第2局 2007年10月31日、11月1日 渡辺明竜王
奉納対局を制す……254

第71局 第66期順位戦A級9回戦 2008年3月3日 木村一基八段
詰みを免れて残留を決める……256

第72局 第57回NHK杯決勝 2008年3月16日 鈴木大介八段
史上3人目のNHK杯連覇……260

第73局 第33期棋王戦五番勝負第5局 2008年3月28日 羽生善治二冠
二冠死守……262

第74局 第79期棋聖戦五番勝負第1局 2008年6月11日 羽生善治二冠
攻めを封じる……264

第75局　第34期棋王戦五番勝負第4局　2009年3月18日　久保利明八段
佐藤の棒銀……266
第76局　第35期棋王戦五番勝負第1局　2010年2月5日　久保利明棋王
A級陥落直後も快勝……268
第77局　第69期順位戦B級1組5回戦　2010年8月27日　松尾歩七段
定跡を進歩させた一局……270
第78局　第82期棋聖戦決勝トーナメント　2011年2月25日　井上慶太八段
迫力ある終盤戦……272
第79局　第24期竜王戦1組出場者決定戦　2011年5月20日　木村一基八段
2手目△3二飛の新手法……274
第80局　第61期王将戦七番勝負第1局　2012年1月8、9日　久保利明王将
仁王立ちの玉で勝つ……276
第81局　第61期王将戦七番勝負第2局　2012年1月26、27日　久保利明王将
流れを引き寄せた勝利……278
第82局　第61期王将戦七番勝負第5局　2012年3月8、9日　久保利明王将
無冠返上、王将復位成る……280
第83局　第6回大和証券杯ネット将棋・最強戦決勝　2012年8月26日　郷田真隆棋王
一瞬のチャンスをとらえる……282
第84局　第26期竜王戦ランキング戦1組　2013年4月18日　羽生善治三冠
矢倉戦のたたき合い……284
第85局　第72期順位戦A級1回戦　2013年6月20日　久保利明九段
驚きの仕掛けから快勝……286
第86局　第74期順位戦A級4回戦　2015年10月21日　深浦康市九段
驚愕の逆襲……288
第87局　第75期順位戦A級8回戦　2017年2月1日　深浦康市九段
A級残留に大きな1勝……290
第88局　第66回NHK杯準決勝　2017年2月6日　佐藤天彦名人
角頭歩で名人を破る……292
第89局　第76期順位戦A級3回戦　2017年7月28日　広瀬章人八段
大記録達成……294
巻末資料……295

自戦記初出
第1局『将棋世界』1991年8月号
第2局『新手への挑戦 佐藤康光小伝』（NHK出版）
第3局『将棋世界』1997年2月号
第4局『新手への挑戦 佐藤康光小伝』（NHK出版）
第5局『将棋世界』2002年10月号
第6局『将棋世界』2002年11月号
第7局『将棋世界』2003年9月号
第8局『新手への挑戦 佐藤康光小伝』（NHK出版）
第9局『将棋世界』2005年2月号
第10局【『永久保存版】羽生VS佐藤全局集』（日本将棋連盟）
第11局『将棋世界』2011年4月号

解説　飯塚祐紀七段
構成　君島俊介
表紙写真　中野伴水

巻頭特集

佐藤将棋の軌跡

【第1図は△4五歩まで】

△佐藤　なし

9	8	7	6	5	4	3	2	1	
v香	v桂						v桂	v香	一
	v飛					v金	v王		二
			v歩	v銀	v金		v歩		三
		v歩	v角	v歩		v歩	v銀	v歩	四
v歩	v歩	v歩			v歩		桂		五
		歩	歩	歩	銀	歩	歩	歩	六
歩	歩	銀	金		歩			香	七
	玉	金	角			飛			八
香	桂								九

▲日浦　なし

【第2図は△4五歩まで】

△佐藤　なし

9	8	7	6	5	4	3	2	1	
v香	v桂						v桂	v香	一
	v飛					v金	v王		二
		v角	v歩	v銀	v金		v歩		三
	v歩	v歩		v歩		v歩	v銀	v歩	四
v歩					v歩		桂		五
		歩	歩	歩	銀	歩	歩	歩	六
歩	歩	銀	金		歩				七
	玉	金	角			飛		香	八
香	桂								九

▲谷川　なし

デビュー1年目で新手

本書は1987年3月に四段昇段した佐藤が、2017年7月に通算1000勝を果たすまでの代表局や熱戦譜を中心に取り上げている。佐藤の30年の活躍や戦い、昭和末期から平成の棋界や戦術の流行が感じ取れるだろう。また、佐藤はトップ棋士の中でも序盤巧者であり、定跡に影響を与えた将棋も多く紹介した。

佐藤は若手のころから、相居飛車では矢倉が得意であり、本書の中でも最も多い。さまざまな作戦を指すようになった現在も、先手矢倉の採用率は高い。

矢倉では定跡史上で重要な手を発表してきた。例えば、棋士デビュー1年目の第2局。類似形は過去にもあるが、歩切れ+8二飛型で△4五歩と突いた将棋は、本局が公式戦初のようだ（**第1図**）。香を取れるわけでもないので大胆だが、やがて矢倉の主要定跡として研究されていく。第2局から10年後、佐藤は**第2図**となった第26局を制して名人獲得を果たす。

【第３図は☗９八香まで】

☖羽生　なし

9	8	7	6	5	4	3	2	1	
v香	v桂						v桂	v香	一
	v飛					v金	v王		二
		v角	v歩	v銀	v金		v歩		三
v歩		v歩		v歩	v歩	v歩	v銀	v歩	四
	v歩								五
		歩	歩	歩	銀	歩	歩	歩	六
歩	歩	銀	金		歩	桂			七
香	玉	金	角			飛		香	八
	桂								九

☗佐藤　なし

【第４図は☖８一飛まで】

☖羽生　歩

9	8	7	6	5	4	3	2	1	
v香	v飛					v王	v桂	v香	一
					v金	v金	v角		二
		v桂		v歩	v銀		v歩		三
v歩		v歩	v歩	v銀	v歩	v歩		v歩	四
									五
歩	歩	歩		銀	歩	歩	飛	歩	六
	銀		歩	歩		桂			七
	角	金	金						八
香	桂	玉						香	九

☗佐藤　歩

先後で新工夫

居飛車党は先後問わず、同じ局面を指す場合もある。前ページで触れた相矢倉の４六銀・３七桂型は、昭和末期から平成後期の長期にわたり相居飛車の主要テーマの一つだ。もちろん、佐藤は先手でも指している。必然的に前ページで触れた☖４五歩の反発を上回るか、別の指し方を用意しなければならない。

その一つの回答が**第３図**で見られる穴熊への組み替えだった。矢倉穴熊自体の歴史は古く、１９６２年の第21期名人戦で大山康晴十五世名人が矢倉から穴熊に組み替えているほどだが、**第３図**の1号局は佐藤の将棋だ（１９８９年5月第30期王位戦対森下卓五段戦）。その将棋では敗れたが、19年後の第73局でも採用。羽生のタイトル挑戦を退ける大きな一局となった。

先後同じ将棋を指した例では、第9局と第12局（**第４図**）がある。前例で負けた側を持った佐藤が工夫の手を出して制勝。初タイトルの竜王獲得となった。

【第5図は☗4八銀まで】

☖森内 なし

9	8	7	6	5	4	3	2	1	
v香	v桂		v金	v王	v金	v銀	v桂	v香	一
	v飛		v銀				v角		二
v歩		v歩	v歩	v歩	v歩		v歩	v歩	三
	v歩					v歩			四
									五
		歩							六
歩	歩	銀	歩	歩	歩	歩	歩	歩	七
	角				**銀**		飛		八
香	桂		金	玉	金		桂	香	九

☗佐藤 なし

【第6図は☗5六歩まで】

☖谷川 なし

9	8	7	6	5	4	3	2	1	
v香	v桂		v金	v王	v金	v銀	v桂	v香	一
	v飛		v銀				v角		二
v歩		v歩	v歩	v歩	v歩		v歩	v歩	三
	v歩					v歩			四
									五
		歩		**歩**					六
歩	歩	銀	歩		歩	歩	歩	歩	七
	角						飛		八
香	桂		金	玉	金	銀	桂	香	九

☗佐藤 なし

出だしで工夫・考察する

矢倉といえば、若手時代の佐藤は出だしの段階で工夫を盛り込んで、それを定着させている。第3局の**第5図**と第6局の**第6図**を見比べていただきたい。後者は☗5六歩を急いでいるのだ。

第3局は旧来の矢倉戦の手順で☗4八銀としている。これは銀が4七→5六→6七と動く銀矢倉の含みがあるものの、当時すでにほとんど指されていなかった。☗4八銀は飛車の横利きを止めてしまうデメリットがあり、しかも、それをすぐには解消できない。

前もって☗5六歩としていれば、飛車の横利きをすぐ通せるし、角を7九から4六などに転換しやすい長所もある。**第6図**は大駒の働きが悪くならないようにして、後手の急戦を牽制しているのだ。**第6図**は後手に変化を与えないでよいと認知され、次第にこちらが主流となっていった。佐藤は何気ない指し手を考察し、意味付けして、駒組みを洗練させたのである。

【第7図は▲5五歩まで】

△藤井 持駒 歩

	9	8	7	6	5	4	3	2	1
一	香			金				桂	香
二				王	金	飛	銀		
三		歩	銀		歩		角	歩	歩
四			歩				歩		
五	歩	桂			歩	歩		歩	
六		角	歩	金			歩		
七	歩	歩			銀	歩			歩
八	香		玉					飛	
九		桂	銀	金				桂	香

▲佐藤 持駒 歩

【第8図は▲7八銀まで】

△村山 持駒 なし

	9	8	7	6	5	4	3	2	1
一	香	桂		金				桂	香
二		王	銀		金	銀		飛	
三		歩	歩	歩			角	歩	歩
四	歩				歩	歩	歩		
五								歩	
六	歩	歩	歩		歩				
七		玉		歩	銀	歩	歩		歩
八		角	銀		金			飛	
九	香	桂		金				桂	香

▲佐藤 持駒 なし

対振り飛車の戦術

佐藤が四段昇段した1987年当時、すでに対振り飛車の持久戦策に居飛車穴熊は流行していた。ただし、谷川浩司九段、高橋道雄九段、森下卓九段ら天守閣美濃（左美濃）愛好家も多かった。佐藤もその一人で、高い勝率を挙げていた。

藤井猛九段が創案した四間飛車・藤井システムは、天守閣美濃をまず切り崩し、次に居飛車穴熊の対策を練り上げた。佐藤は1994年7月に天守閣美濃で藤井九段（当時五段）に敗れると、対振り飛車の主軸を居飛車穴熊に移し、藤井システムを迎え撃った。

第22局や第24局など、牽制されても穴熊を完成させた将棋は「緻密流」の面目躍如。本書で藤井九段との対局は少ないが、第31局（**第7図**）のように、振り飛車に課題を突き付けた将棋を取り上げた。なお、村山聖九段との最後の対戦である第20局（**第8図**）は対向かい飛車のため天守閣美濃を用いている。

【第９図は△４二飛まで】

△佐藤　なし

9	8	7	6	5	4	3	2	1	
香			金	王	金		桂	香	一
					飛		角		二
歩		桂	銀	歩	銀		歩	歩	三
	歩	歩	歩		歩	歩			四
									五
		歩	歩	歩		歩	歩		六
歩	歩		金		歩			歩	七
	角	金	銀		銀		飛		八
香	桂		玉				桂	香	九

▲羽生　なし

【第10図は△８三金まで】

△佐藤　角歩

9	8	7	6	5	4	3	2	1	
香								香	一
			銀	王		金			二
	金	桂	歩	歩	歩	桂	銀		三
歩	飛	歩						歩	四
		歩					歩		五
歩		飛				歩		歩	六
	歩	銀	歩	歩	歩	桂	歩		七
		金		玉	銀	金			八
香	桂							香	九

▲羽生　角歩

後手番の幅を広げる

佐藤は棋士デビューから20代前半まで、後手番ではほぼ2手目に△８四歩と突いていた。相手の振り飛車はもちろん、矢倉や角換わり、相掛かりを受けて立つ居飛車党だったのだ。横歩を取らせないし、飛車は振らなかった。

しかし、後手矢倉が苦戦気味という認識が出てくると、１９９５年ごろから時おり陽動振り飛車を指すようになった。局数は多くないが、対羽生戦の連敗を止めた第37局（**第９図**）で用いている。

また、１９９６年ごろから横歩取りを用いるようになった。奨励会時代からの研究会の先輩である室岡克彦七段が当時、横歩取りを得意にしており、佐藤は影響を受けていた。３三角型だけでなく、３三桂型を指していた時期もある。そのころでは第18局（**第10図**）が代表的な将棋だ。状況に合わせている意味もあるが、序盤作戦に少しずつ変化が出てきた。

【第11図は△５三銀まで】

△佐藤 なし

9	8	7	6	5	4	3	2	1	
香	桂	王	金				桂	香	一
		銀		金		飛			二
歩	歩	歩		**銀**		角	歩	歩	三
			歩	歩	歩	歩			四
							歩		五
		歩		歩					六
歩	歩	角	歩	銀	歩	歩		歩	七
香							飛		八
玉	桂	銀	金		金		桂	香	九

▲羽生 なし

大胆な振り飛車の採用

２０００年６月に名人を失冠した佐藤は１年以上タイトル戦に登場できなかった。だが、２００１年の夏からは、自身最多の17連勝を記録するなど目を見張る勝ちっぷり。８割以上の勝率を挙げて、第51期王将戦と第27期棋王戦の２棋戦連続で羽生に挑戦する。

破竹の勢いでタイトル戦に登場したことは、１９９３年の第６期竜王戦七番勝負と似ている。だが、決定的な違いがあった。第51期王将戦七番勝負で振り飛車を用いたことだ。開幕局の第40局（**第11図**）は三間飛車で見る者の意表を突いた。前に触れたように、佐藤は少しずつ作戦の幅を広げてきた。その流れはあるにせよ大胆な変容だった。ダブルタイトル戦は痛み分けに終わったが、佐藤にとって実りある戦いだった。

佐藤は中飛車や三間飛車のように、左銀を５三に使いやすい振り飛車を好んでいる。ところが、陽動振り飛車では４三銀型を多用しているのは興味深い。

【第12図は☗5六角まで】

☖佐藤　歩

9	8	7	6	5	4	3	2	1	
v香	v桂	v銀	v金	v王	v金	v銀	v桂	v香	一
	v飛								二
v歩			v歩	v歩	v歩		v歩	v歩	三
		飛				v歩			四
	v歩		v角						五
				角					六
歩	歩		歩	歩	歩	歩	歩	歩	七
	銀								八
香	桂		金	玉	金	銀	桂	香	九

☗鈴木　歩

【第13図は☗4六歩まで】

☖佐藤　なし

9	8	7	6	5	4	3	2	1	
v王	v桂						v桂	v香	一
v香	v銀	v金	v金			v飛	v角		二
v歩	v歩	v歩	v歩	v歩	v歩				三
					v銀	v歩		v歩	四
		歩	歩				v歩		五
歩	飛			銀	歩				六
		角		歩		歩	歩	歩	七
				金		銀			八
香	桂				金	玉	桂	香	九

☗谷川　歩

年々広がる作戦の幅

戦法の流行の変遷にもよるが、佐藤自身の作戦の幅が広がるとともに、相手側の作戦も変わってきた。例えば、2手目に☖3四歩と突くようになってしばらくすると、石田流を相手にすることが増えてきた。佐藤の対局で☗7六歩☖3四歩☗7五歩という石田流の出だしは、2003年になって現れる。これは2手目☖8四歩ばかりでは出ることのない作戦だ。流行のきっかけを作った鈴木大介九段や久保利明王将とのタイトル戦は、佐藤の後手番局で石田流がテーマになった。永世棋聖の資格を得た第56局（**第12図**）は代表局だ。

また、棋界全体で振り飛車対策に居飛車党が相振り飛車を指すことが増えてくると、佐藤も積極的に参戦した。横歩取りや一手損角換わりの対策の一つとして、居飛車党同士でも相振り飛車に進むこともある。谷川九段との第67局（**第13図**）はその一例だ。相居飛車から相振り飛車まで、作戦の幅がさらに広がった。

【第14図は△３五銀まで】

△佐藤　角歩

9	8	7	6	5	4	3	2	1	
香							桂	香	一
			王	金	飛				二
歩		桂	銀	歩		金	歩		三
	歩	歩	歩					歩	四
					歩	銀	歩		五
		歩	歩	歩					六
歩	歩	銀	金		歩	銀		歩	七
	玉	金					飛		八
香	桂						桂	香	九

▲羽生　角歩

高勝率の一手損角換わり

２００3年に一手損角換わりが現れ、やがて横歩取り8五飛戦法に代わって流行していく。普通の角換わりと飛車先の歩の位置や1手の違いが大違い。そこには豊かな世界が広がっていたのである。

２０００年代半ばからの数年の流行期には、重要な対局で一手損角換わりが指されることが多かった。本書では２００5年以降の対局から9局収録しており、当時の棋士がよく指していたことがうかがえる。一手損によるパラレルワールドを堪能していたかのようだ。

佐藤は後手で一手損角換わりを用いたときの勝率が高い。創造的な将棋にしやすいのも一因だろう。

この戦法では、広い分野で定跡に貢献している。対棒銀では第53局（**第14図**）と第77局で定跡を進歩させた。特に第53局は佐藤自身も「印象深い」と述べている会心の一局。対羽生戦でタイトル初防衛、棋聖4連覇で永世棋聖につながる大きな一勝だった。

【第15図は△1二飛まで】

△佐藤 角

9	8	7	6	5	4	3	2	1	
香	桂	銀	金	王	金	銀	桂	香	一
								飛	二
歩	歩	歩	歩		歩		歩	歩	三
				歩		歩			四
									五
		歩					歩		六
歩	歩	角	歩	歩	歩	歩		歩	七
	銀				銀		飛		八
香	桂		金	玉	金		桂	香	九

▲羽生 なし

【第16図は▲8八飛まで】

△森内 角

9	8	7	6	5	4	3	2	1	
香	桂		金		金		桂	香	一
	飛		銀		王				二
歩		歩	歩	歩	歩	銀	歩	歩	三
	歩					歩			四
								歩	五
		歩							六
歩	歩	銀	歩	歩	歩	歩	歩		七
	飛								八
香	桂		金	玉	金	銀	桂	香	九

▲佐藤 角

可能性を追究する角交換振り飛車

佐藤はゴキゲン中飛車とセットで、角交換型の向かい飛車も指している。特に第52局（**第15図**）は初めて見た人は驚く将棋だろう。佐藤は自著で「ファンからの反響が大きかった手」と図について記している。

一手損角換わりや角交換振り飛車で下地ができて、打ち建てた金字塔がダイレクト向かい飛車といえるだろう。自在さを増す佐藤将棋が表れている。第63局のＮＨＫ杯決勝戦（**第16図**）で指して優勝したインパクトもあり、１回目の升田幸三賞受賞にも一役買った。

２０１０年代に入ると、第83局や第88局などさまざまな出だしから角交換型の向かい飛車を指している。将棋の可能性を追究し続けている姿が浮かび上がる。

また、角交換振り飛車では、２手目３二飛戦法にも参入。第79局で新手から新しい作戦を案出した。これも出だしの考察を深めてこその作戦だろう。第80局と合わせて、２回目の升田幸三賞受賞に貢献した。

【第17図は△８六歩まで】

△佐藤　なし

9	8	7	6	5	4	3	2	1	
v香			v金		v金		v桂	v香	一
	v飛				v銀	v王	v角		二
v歩		v桂	v歩		v歩		v歩	v歩	三
		v歩	v銀	v歩		v歩			四
									五
	v歩	歩	銀	歩					六
歩	歩	角	歩		歩	歩	歩	歩	七
				飛			銀	香	八
香	桂		金		金		桂	玉	九

▲米長　なし

【第18図は▲８四玉まで】

△谷川　角金桂歩

9	8	7	6	5	4	3	2	1	
		v角					v歩		一
			成桂	竜					二
	v桂		銀			v桂		v歩	三
	玉		v銀		v歩				四
				v歩		v歩			五
v香		v歩			歩			歩	六
	歩		歩						七
	v歩			金					八
		v飛			vと	v王		香	九

▲佐藤　金金銀銀香香歩五

先輩棋士との対戦

本書で登場する棋士を年齢別に見ると、１９２３年生まれの大山康晴十五世名人から１９８８年生まれの佐藤天彦名人までの分布となった。大山十五世名人と佐藤は２局指して１勝１敗。

佐藤はデビュー１年目で、中原誠十六世名人と２回対局している。解説編第１局は、中原十六世名人に初勝利を挙げた一戦だ。佐藤はアマチュア時代に最も棋譜を並べた棋士は米長邦雄永世棋聖と記している。米長永世棋聖の引退直前の対局（第48局。**第17図**）は力を尽くしたねじり合いを繰り広げた。加藤一二三九段との対局は、加藤九段が当時得意にしていた角換わり棒銀を打ち砕いた（自戦記編第３局）。

谷川浩司九段とはタイトル戦を３回戦い、すべてフルセット。自戦記編第４局（**第18図**）は現行の名人戦で千日手指し直しを除き、最も遅い終局。名人戦でも有数の激戦だ。

【第19図は☗1六玉まで】

☖郷田 歩二

9	8	7	6	5	4	3	2	1	
香	桂						桂		一
	飛					王	銀	銀	二
歩		歩	馬	歩	金	歩	歩	歩	三
			歩		金		香		四
					香	歩	桂	銀	五
	銀	歩		歩	歩	金	歩	玉	六
歩	歩	桂	歩			竜			七
				金	歩				八
香									九

☗佐藤 角

【第20図は☖2二玉まで】

☖佐藤 角歩

9	8	7	6	5	4	3	2	1	
香	桂						桂	香	一
	飛					金	玉		二
		歩		歩	金	銀	歩		三
歩			歩	銀	歩	歩		歩	四
									五
歩		歩	歩	銀	歩	歩		歩	六
	歩	銀		歩		桂			七
	玉	金		金			飛		八
香	桂							香	九

☗羽生 角歩

同世代との争い

本書で取り上げた対局では、佐藤の上下2歳差未満の棋士との対戦がおよそ半数を占めている。この年代の棋士たちが、平成の将棋史を彩り、棋界の中心として長く活躍したことでもある。しのぎを削る激戦は、迫力があり、見ごたえ十分だ。第61局の対郷田真隆九段戦などは、**第19図**のように途中の局面だけでも死力を尽くす激戦を感じることができよう。

特に羽生善治竜王との対局は27局で、四分の一以上を占める。佐藤の通算対局数の約1割は対羽生戦であり、それらはタイトル戦をはじめ大舞台での勝負が中心である。佐藤が登場したタイトル戦37回中、21回が羽生との対戦だ。2位は渡辺明棋王の4回なので、いかに突出しているかがわかる。羽生との対局の末に、佐藤の棋風も少しずつ変わっていった。また、対羽生戦では、第14局（**第20図**）や自戦記編第10局のように、佐藤の棋士人生に大きな影響を与えた対局もある。

第1部

自戦記編

第1局

新鮮な気持ちで

第10回早指し新鋭戦決勝（テレビ東京）
1991年6月15日　15時36分～17時8分
東京都港区「芝公園スタジオ」
持ち時間各10分

☗五段　佐藤　康光
☖六段　森下　卓

前日のアクシデント

対局前日、私は電車に乗っている最中にメガネのレンズが突然ポロリと落ちて割れてしまうというアクシデントに見舞われました。

とりあえずスペアのメガネをかけていたのですが正直言って私好みのメガネでなく、このメガネでブラウン管に映ったらイヤだなーと思っていたのですが、運良く対局当日に修理が間に合い、ホッとして対局場に向かいました。

初手からの指し手

▲7六歩　△8四歩　▲6八銀
△3四歩　▲7七銀　△6二銀
▲5六歩　△5四歩　▲4八銀
△4二銀　▲5八金右　△3二金
▲6六歩　△4一玉　▲6七金
△7四歩　▲7八金　△5二金
▲7九角　△3三銀　▲6九玉
△3一角　▲3六歩　△4四歩
（第1図）

相矢倉に

森下六段は今最も充実している棋士の一人でその活躍ぶりは今更言うまでもないでしょう。

振り駒の結果私の先手に。

私は迷わず相矢倉を目指しました。

森下六段が先手になっても恐らくこうなっていたでしょう。

第1図以下の指し手

▲6八角　△4三金右　▲7九玉
△6四角　▲3七桂　△3一玉
▲8八玉　△2二玉　▲3八飛
△8五歩　▲2六歩
（第2図）

元祖に挑戦

▲6八角は今プロの間で最も流行している指し方です。相手の出方を見てから自分の作戦を決めようとする指し方。そして**第2図**の先手陣は若手の間で「森下システム」と言われていて、森下六段が得意にしている形です。

【第1図は△4四歩まで】

△森下　なし

	9	8	7	6	5	4	3	2	1
一	v香	v桂				v玉	v角	v桂	v香
二		v飛		v銀	v金		v金		
三	v歩			v歩			v銀	v歩	v歩
四		v歩	v歩		v歩	v歩	v歩		
五									
六			歩	歩	歩		歩		
七	歩	歩	銀	金		歩		歩	歩
八			金			銀		飛	
九	香	桂	角	玉				桂	香

▲佐藤　なし

当の本人相手にその形を指すのは気がひけたのですが、私も最近よく指している形なので迷わずこれに決めました。

第2図以下の指し手

△5三銀　▲1六歩　△5五歩
▲同　歩☆　△同　角　▲1五歩
△7三角　▲4六歩　△5四銀
▲4七銀　△9四歩　▲9六歩
△6四歩
（第3図）

米長流が最善？

▲1六歩までは本誌5月号に私が連載した講座と同じ進行。ここで森下六段が△5五歩と変

【第2図は▲2六歩まで】

△森下　なし

	9	8	7	6	5	4	3	2	1
一	v香	v桂						v桂	v香
二		v飛		v銀			v金	v玉	
三	v歩			v歩		v金	v銀	v歩	v歩
四			v歩	v角	v歩	v歩	v歩		
五		v歩							
六			歩	歩	歩		歩	歩	
七	歩	歩	銀	金		歩	桂		歩
八		玉	金	角		銀	飛		
九	香	桂							香

▲佐藤　なし

化し新しい局面に突入しました。

この△5五歩が38手目。この棋戦は40手目まで10分の考慮時間があるのでここまで飛ばしてきた私も、ここで全て時間を投入して考えました。

考えられる手は4つ。①▲6五歩に△7三角▲5五歩△同角▲5七銀。②▲5五同歩△同角▲5六金△7三角▲6五金。③▲5五同歩△同角▲5七銀△7三角▲4六銀。④本譜の順。

いろいろ迷った末に本譜を選んだのですがややおとなしすぎたかもしれません。

話がプロ的になりますが先頃行われた名人戦第4局で米長先生は▲1六歩で、▲4六歩と指されています。


【第3図は△6四歩まで】

△森下　歩

9	8	7	6	5	4	3	2	1	
香	桂						桂	香	一
	飛					金	王		二
		角			金	銀	歩	歩	三
歩		歩	**歩**	銀	歩	歩			四
	歩							歩	五
歩		歩	歩		歩	歩	歩		六
	歩	銀	金		銀	桂			七
	玉	金	角			飛			八
香	桂							香	九

▲佐藤　歩

私が推測するに▲4六歩は本譜のような進行を避けられたのかもしれません。

あまりに難解で研究課題と言うしかないでしょう。

本譜最終手△6四歩が局後、森下六段が真っ先に悔やんだ一手でした。

ここは△2四銀とする所で**第3図**ではチャンス到来です。

第3図以下の指し手
▲2五桂　△6五歩　▲3三桂成
△同金上　▲3五歩　△6六歩
▲同　金　△3五歩　▲5六銀
△9五歩　**(第4図)**

【第4図は△9五歩まで】

△森下　桂歩三

9	8	7	6	5	4	3	2	1	
香	桂						桂	香	一
	飛						王		二
		角			金	金	歩	歩	三
		歩		銀	歩				四
歩	歩					歩		歩	五
歩		歩	金	銀	歩		歩		六
	歩	銀							七
	玉	金	角			飛			八
香	桂							香	九

▲佐藤　銀歩二

混戦に

▲2五桂がチャンスをとらえた一手。△2四銀が普通ですが▲5五歩△同銀▲1三桂成△同銀▲5六歩と銀を殺して先手有利。△5五同銀で△6三銀と引くようではお話になりません。
△6五歩は勢いの一手。私は銀を取り一本は筋と▲3五歩と突きましたが疑問で単に▲5六銀と出る所でした。
一歩余計に渡したためにすかさず△9五歩と突かれ一気に優位は消し飛びました。**第4図**で▲9五同歩なら端を連打して△8四桂がある。

しまったと思いましたが30秒では後悔する暇がありません。

第4図以下の指し手
▲5五歩　△6五歩　▲同　銀
△同　銀　▲同　金　△9六歩
▲9八歩　△5七歩　▲6七銀
△4七銀　▲1八飛　**(第5図)**

辛抱

▲5五歩に△6五歩から銀交換後、端を詰められたのは大きなポイント。続く△5七歩も手筋の垂らし。
▲6七銀はつらい辛抱ですが、次に△4七銀からと金を作られてはいけません。

第5図以下の指し手
△3六歩 ▲5七角 △3七歩成
▲6四歩 △6二歩 ▲5四歩
△3六と ▲7四金 △9五角
▲8三銀 （第6図）

優勢に

△3六歩は森下六段らしい落ち着いた一着でしたがこの局面ではどうだったか。

私は△9五角と出られて次に△7三桂の活用を見られていた方が嫌だったのですが。森下六段は▲8三銀と平凡に飛車を殺される手が盲点になっていたようです。この手を指して優勢になったと思いました。

【第5図は▲1八飛まで】

△森下 桂歩二

9	8	7	6	5	4	3	2	1	
香	桂						桂	香	一
	飛						王		二
		角			金	金	歩	歩	三
		歩			歩				四
	歩		金	歩		歩		歩	五
歩		歩			歩		歩		六
	歩	銀	銀	歩	銀				七
歩	玉	金	角					飛	八
香	桂							香	九

▲佐藤 銀歩

第6図以下の指し手
△6五桂 ▲6六角 △8三飛
▲同 金 △3二金 ▲5一飛
△4二銀 ▲8一飛成 △4六と （第7図）

さすがの頑張り

森下六段の△6五桂の後、△3二金～△4二銀は最善の頑張りで△3二金で△4六とは▲5二飛△4二銀▲5三歩成で決まります。秒読みなので形勢が決定的になるまでは油断できません。

第7図。攻めか受けか。

【第6図は▲8三銀まで】

△森下 桂歩

9	8	7	6	5	4	3	2	1	
香	桂						桂	香	一
	飛		歩				王		二
	銀				金	金	歩	歩	三
		金	歩	歩	歩				四
角	歩							歩	五
歩		歩			歩	と	歩		六
	歩	銀	銀	角	銀				七
歩	玉	金						飛	八
香	桂							香	九

▲佐藤 歩二

第7図以下の指し手
▲3五桂 △5四金 ▲4三歩
△5三銀 ▲5五歩 △6四金
▲5一竜 △6三金 ▲7五角 （第8図）

勝ちを意識

第7図で受けの▲9一竜は森下六段の待ち受けるワナで△7七桂成▲同桂△5六と▲9五竜△6六と▲同銀△4五角で逆転模様。

攻めの▲3五桂が正解で△5六となら▲4三桂成△同金▲4一竜として後手受けにくい形。

△5四金から受けにまわりますが▲5一竜～▲7五角が決め手となりました。

【第7図は△4六とまで】

△森下 歩二

9	8	7	6	5	4	3	2	1	
香	竜						桂	香	一
			歩		銀	金	王		二
	金				金		歩	歩	三
			歩	歩	歩				四
角	歩		桂					歩	五
歩		歩	角		と		歩		六
	歩	銀	銀		銀				七
歩	玉	金						飛	八
香	桂							香	九

▲佐藤 桂歩二

次に☗4二歩成☖同金☗5三角成があります。

第8図以下の指し手

☖3三玉　☗2一竜　☖3一歩
☗4二歩成　☖3四玉　☗3二と
☖4五玉　☗4三桂成　☖5六歩
☗2三竜　☖7七桂成　☗同　桂
☖3四銀　☗3七桂　☖同　と
☗4六歩　☖3五玉　☗2五金
☖4六玉　☗3四竜　☖3六と
☗4九桂　（投了図）

まで119手で佐藤の勝ち
（消費時間＝☗10分、☖3分）

連続優勝

第8図以降は森下六段も指してみただけでしょう。この棋戦はツキがある様で連続優勝できて素直に喜んでいます。

これからの将棋を指すうえで気持ちに張りもできますし、新しい意欲にもつながります。これからも新鮮な気持ちで将棋を指して行きたいと思います。

【第8図は☗7五角まで】

☖森下　歩四

	9	8	7	6	5	4	3	2	1
一	v香				竜			v桂	v香
二				v歩			v金	v王	
三		金		v金	v銀	歩		v歩	v歩
四						v歩			
五	v角	v歩	**角**	v桂	歩		桂		歩
六	v歩		歩			vと		歩	
七		歩	銀	銀		v銀			
八	歩	玉	金						v飛
九	香	桂							v香

☗佐藤　なし

【投了図は☗4九桂まで】

☖森下　桂歩三

	9	8	7	6	5	4	3	2	1
一	v香						v歩		v香
二				v歩			と		
三		金		v金	v銀	v圭			v歩
四						v歩	竜		
五	v角	v歩	角		歩			金	歩
六	v歩		歩		v歩	v王	vと	歩	
七		歩	桂	銀		v銀			
八	歩	玉	金						v飛
九	香					**桂**			v香

☗佐藤　銀

佐藤康光五段

- 決勝：森下 － 佐藤 → 佐藤康光五段
- 準決勝：森下 － 村山 → 森下／先崎 － 佐藤 → 佐藤
- 森下 － 藤原 → 森下
- 中川 － 村山 → 村山
- 先崎 － 高田 → 先崎
- 丸山 － 佐藤 → 佐藤
- 藤原直哉四段 － 郷田真隆四段 → 藤原
- 中川大輔五段 － 神崎健二五段 → 中川
- 中田　功五段 － 村山　聖五段 → 村山
- 所司和晴五段 － 先崎　学五段 → 先崎
- 畠山成幸四段 － 高田尚平四段 → 高田
- 丸山忠久四段 － 阿部　隆五段 → 丸山
- シード：森下　卓六段、佐藤康光五段

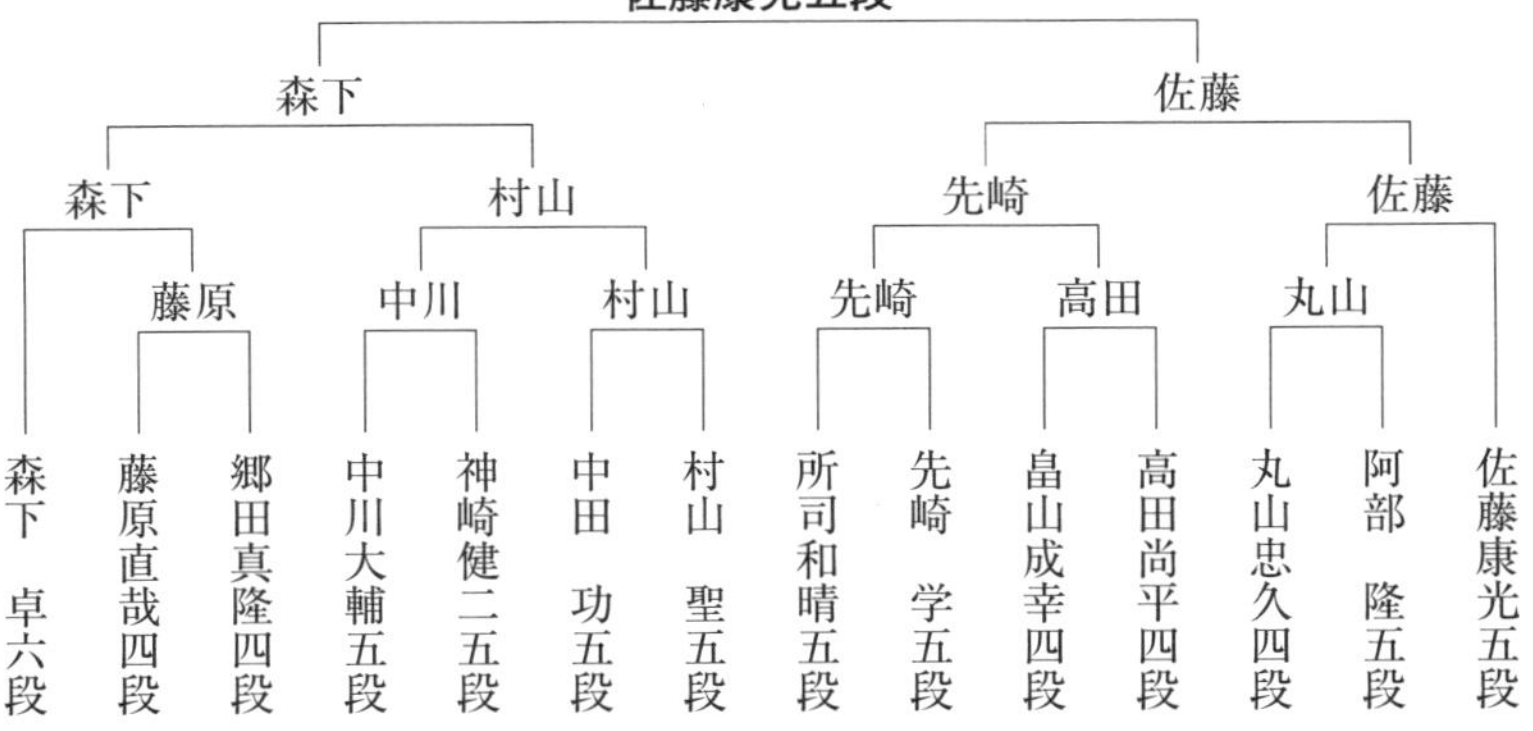

第2局

流れを変えた一戦

第6期竜王戦七番勝負第4局（読売新聞）
1993年11月16、17日　終了17日19時19分
青森県三沢市「古牧第三グランドホテル」
持ち時間各8時間

☗七段　佐藤　康光
☖竜王　羽生　善治

初手からの指し手

▲7六歩2　△8四歩2　▲6八銀
△3四歩2　▲7七銀　△6二銀4
▲5六歩　△5四歩3　▲4八銀
（第1図）

　私は24歳のとき、竜王位を獲得した。タイトル戦は王位戦に続き2度目で、これが初のタイトル獲得だった。タイトルは棋士になってからの目標だったので、今でも格別の思いがある。その印象深い七番勝負から一局を選んでみたい。
　ここまでシリーズは1勝2敗。挑む相手は羽生さん。これを負けると後がなくなるのでいっそう気合いを入れて臨んだ。

【第1図は▲4八銀まで】

△羽生　なし

9	8	7	6	5	4	3	2	1	
△香	△桂		△金	△王	△金	△銀	△桂	△香	一
	△飛		△銀				△角		二
△歩		△歩	△歩		△歩		△歩	△歩	三
	△歩			△歩		△歩			四
									五
		歩		歩					六
歩	歩	銀	歩		歩	歩	歩	歩	七
	角				**銀**		飛		八
香	桂		金	玉	金		桂	香	九

▲佐藤　なし

第1図以下の指し手

△4二銀5　▲5八金右2　△3二金1
▲6六歩2　△4一玉5　▲7八金2
△5二金16　▲6九玉1　△3三銀2
▲7九角6　△3一角1　▲3六歩1
△4四歩2　▲6七金右6　△7四歩1
▲6八角6　△9四歩27　▲7九玉9
△9五歩3　▲2六歩36　△9三香53
▲2五歩21　△9二飛1　（第2図）

負けたくない気持ち

　当時竜王の羽生さんは五冠（竜王・棋聖・王位・王座・棋王）で、七冠制覇を目指す勢いだった。同世代として、負けたくない気持ちは強かった。この対局前に公式戦で4連敗していたので、流れの悪さを食い止めたいという気持ちもあった。
　私は森下システムの作戦を選んだ。飛先や銀の活用を後回しにし、▲6八角～▲7九玉を優先するのが特長的な手順。以下、後手の動きを見てから、自分の態度を決めるのが骨子となる戦略だ。
　羽生さんは早々に9筋を突き越し、スズメ刺しを目指してきた。これは森下システムに対する作戦の1つで、見直されつつある時期だった。その動きに呼応し、私は▲2六歩～▲2五歩と飛先を伸ばした。

第2図以下の指し手

▲8八玉2　△7三桂17　▲8六銀5
△4三金右26　▲3七銀18　（第3図）

銀上がりで牽制

　▲8八玉の入城に、羽生さんは△7三桂と跳ねてきた。飛角桂香の勢力を9筋に集中させ、殺到するのが後手のねらいだ。
　▲8六銀は△8五桂を牽制した手。もし△8五桂とくれば▲4六角と飛び出す。次に▲8五銀△同歩▲8四桂と飛を捕獲するねらいで、それを嫌って△6四歩なら後手の角道が止まるので不満はない。
　羽生さんは一気の端攻めをあきらめ、△4三

【第2図は△9二飛まで】

△羽生　なし

9	8	7	6	5	4	3	2	1	
	△桂				△王	△角	△桂	△香	一
△飛			△銀	△金		△金			二
△香			△歩			△銀	△歩	△歩	三
	△歩	△歩		△歩	△歩	△歩			四
△歩							歩		五
		歩	歩	歩		歩			六
歩	歩	銀	金		歩			歩	七
		金	角		銀		飛		八
香	桂	玉					桂	香	九

▲佐藤　なし

金右と構えた。この手では△4二角と上がる実戦例も多い。△4三金右は上部が強化される半面、側面からの攻めには弱くなる。それを見越し、私は▲3七銀と棒銀に出た。

　相手は飛を渡しづらい格好になったので今の状況なら強気に戦っても大丈夫、という読み筋である。

第3図以下の指し手
△6四角6　▲4六角11　△5三角3
▲2六銀3　△6四歩41　▲3七桂42
△6三銀27　▲1五銀4　△2二銀1
▲2四歩30　△同　歩1　（第4図）

【第3図は▲3七銀まで】

△羽生　なし

	9	8	7	6	5	4	3	2	1
一						v王	v角	v桂	v香
二	v飛			v銀			v金		
三	v香		v桂	v歩		v金	v銀	v歩	v歩
四		v歩	v歩		v歩	v歩	v歩		
五	v歩							歩	
六		銀	歩	歩	歩		歩		
七	歩	歩		金		歩	銀		歩
八		玉	金	角				飛	
九	香	桂						桂	香

▲佐藤　なし

古風な矢倉戦

　羽生さんは△6四角とのぞき、▲4六角と出させてから△5三角と引く。手損のようだが、これは高等戦術。先手の角は6八にいるほうが安全で、4六にいるとかえって目標（例えば△4五歩）になりやすい。

　私は▲2六銀～▲3七桂と攻勢をとり、それから▲1五銀と棒銀を繰り出した。▲3五歩と絡めたいが、桂を跳ねているので3筋は突けない。本局は古風な矢倉戦。昭和の中原―加藤戦などで頻繁に現れた形で、似た将棋を思い浮かべながら指した記憶がある。

　羽生さんは△2二銀と銀交換を避ける。私はそれでも2筋を突っかけた**第4図**。次の一手は、自分なりに工夫したところだった。


【第4図は△2四同歩まで】

△羽生　歩

	9	8	7	6	5	4	3	2	1
一						v王		v桂	v香
二	v飛						v金	v銀	
三	v香		v桂	v銀	v角	v金			v歩
四		v歩	v歩	v歩	v歩	v歩	v歩	v歩	
五	v歩								銀
六		銀	歩	歩	歩	角	歩		
七	歩	歩		金		歩	桂		歩
八		玉	金					飛	
九	香	桂							香

▲佐藤　なし

第4図以下の指し手
▲2四同銀3　△2三歩　▲1五銀
△3三桂4　▲2六銀28　△3一玉33
▲3五歩13　△4五歩14　▲5七角8
△2一玉5　▲3四歩14　△同　金
▲3五歩26　△4四金1　▲2五桂
（第5図）

作戦成功

　▲2四同銀が工夫の一手。と言ってもどこが工夫か分からないと思う（笑）。先手にとって理想的な手順は**第4図**から▲2四同角△2三歩▲6八角。これは歩交換しながら角が6八へ戻るので調子がいい。
　しかし▲2四同角では△2三歩と受けてくれない。例えば△4五歩と突かれ、次に△6五歩▲同歩△4四角をねらわれる。気が利かないようでも▲2四同銀と取り、△2三歩と打たせてしまったほうが得と考えたのだ。
　▲2六銀と立て直した後、▲3五歩と桂頭を攻めた。△同歩なら▲3四歩△同金▲3五銀△同金▲同角。これは▲3四歩と▲8三金という2通りのねらいがあって先手よし。
　実戦は3筋を押さえてから▲2五桂（**第5**

図）とさばき、作戦成功を感じていた。

第5図以下の指し手

△3六歩53　▲3三桂成32　△同　銀
▲3八飛　△5二銀21　▲3六飛16
△4三銀1　（第6図）

我慢の手

羽生さんは△3六歩と垂らしてきた。これは我慢した手。△6五歩と攻めるのは▲3三桂成△同銀に▲3六桂が厳しい。▲3八飛～▲3六飛で打った歩はすぐに取られてしまうが、その間に△5二銀～△4三銀（第6図）と組み替えて後手陣は堅くなった。

【第5図は▲2五桂まで】

▲佐藤　歩

△羽生　歩

第6図以下の指し手

▲2五銀4　△6五歩4　▲3八飛5
△8五歩30　▲7七銀　△9六歩
▲同　歩　△8四桂　（第7図）

冷静な飛車引き

第6図から▲2五銀と出て、2筋3筋に圧力をかけた。羽生さんは△6五歩と突いて、角筋を通す。先手は一歩得。手番もこちら。このまま攻め続けたくなるところだが、すぐに▲3四歩などと突っかけるのは後手からの反動がきつくてうまくいかない。

▲3八飛と引いたのが冷静だった。3八の位置は攻防両用。飛は常に縦横に利かしておきたい。

【第6図は△4三銀まで】

▲佐藤　桂歩二

△羽生　桂

羽生さんは△8五歩と突いて銀を後退させた後、△9六歩と突き捨てる。そして△8四桂（第7図）と反撃してきた。△8四桂は後手、期待の筋。しかし厳密に言えば、△9六歩は入れないほうがよかったかもしれない。というのも、ここでうまい切り返しがあったからだ。

第7図以下の指し手

▲9五歩47　△7五歩32　▲同　歩2
△3五金7　▲同　角4　△同　角
▲同　飛　△6六歩　▲同　銀3
△6五歩1　▲3三飛成26　（第8図）

【第7図は△8四桂まで】

▲佐藤　桂歩三

△羽生　なし

読みの入った好手

私は▲9五歩と伸ばした。普通はお手伝いだが、この場合は読みの入った好手だった。以下△同香と取るのは▲同香△同飛に▲3七香。後手は9筋を破れるものの、次に▲3四歩の突き出しが厳し過ぎて勝負にならない。しかし、9五の歩を取れないようでは打った桂が空振り。△9六歩を入れないほうがよかったかも、というのはそういう理由だ。

本譜、羽生さんは△7五歩を入れてから△3五金と取ってきた。これが金損覚悟の羽生流の勝負手。私は全く読んでいなかった。

以下羽生さんは△6六歩~△6五歩と6筋を押さえてきた。ここで弱気になって▲7七銀は△7六歩。ただし△6五歩は、△6六歩と取り込んだ瞬間が甘い。この2手スキを生かし▲3三飛成（**第8図**）と強攻した。

【第8図は▲3三飛成まで】

▲佐藤　角金銀桂歩五

9	8	7	6	5	4	3	2	1	
							v王	v香	一
v飛						v金			二
v香		v桂			v銀	竜	v歩	v歩	三
	v桂			v歩					四
歩	v歩	歩	v歩		v歩		銀		五
			銀	歩					六
	歩		金		歩			歩	七
	玉	金							八
香	桂							香	九

△羽生　角歩

第8図以下の指し手

△3三同金　▲3四歩　△同　銀4
▲同　銀6　△同　金　▲4三角
△3二歩1　▲2二歩4　△同　玉
▲3四角成1　△7九銀　▲同　玉2
△3九飛　▲8八玉3　△3四飛成
▲3五歩1　（**第9図**）

両取りの掛け合い

△3三同金に、私は▲3四歩と押さえた。2五の銀を足がかりとした攻めだ。△3二金は▲3三銀とかぶせればよい。△3四同金は▲同銀△同銀▲3三金。これも上部から押さえて寄り形となる。

よって△3四同銀はやむをえないところ。以下清算して▲4三角~▲3四角成。王手金取りを掛け、後手玉はあっという間に薄くなった。しかしその直後、羽生さんは△7九銀と鋭い銀打ちで切り返す。これは矢倉でよく見かける手筋。玉で取っても、金で取っても王手馬取りが掛かる。

もっとも一連の手順は想定内。△3四飛成に▲3五歩（**第9図**）と一回たたき、竜の位置を打診した。これに対し、後手は△6六歩の攻め合いが利かない。

第9図以下の指し手

△3五同竜4　▲4三銀6　△6六歩1
（**第10図**）

長手数の即詰み

第9図から△6六歩▲3四歩△6七歩成は、▲3一銀△同玉▲5一飛△4二玉▲5三銀△5一玉▲6二銀打△同飛▲4三桂△6一玉▲5一金△7二玉▲6二銀成（**参考図**）で長手数の即詰みだ。よって△3五同竜。以下▲4三銀△6六歩と進んで**第10図**。

【第9図は▲3五歩まで】

▲佐藤　金金銀三桂歩二

9	8	7	6	5	4	3	2	1	
								v香	一
v飛						v歩	v王		二
v香		v桂					v歩	v歩	三
	v桂			v歩		v竜			四
歩	v歩	歩	v歩		v歩	歩			五
			銀	歩					六
	歩		金		歩			歩	七
	玉	金							八
香	桂							香	九

△羽生　角角歩一

第10図以下の指し手
▲3四金15 △3三銀7 ▲4二銀打
△同　銀3 ▲同銀不成 △同　飛
▲3五金 △3四銀 （第11図）

盲点だった読み筋

第10図は寄せあり、とにらんでいた局面だったが、容易ではないので焦った。

有力そうに見える▲4二銀打は、△同飛▲同銀不成に△1四歩と懐を広げられて詰めろが続かない。この時点で私の残り時間は17分。それが1分、また1分と減っていく。なかなか寄せが見えず、かなり慌てたが、残り2分で▲3四金が詰めろになっていることを発見した。▲3四金に△6七歩成は▲3一銀△同玉▲4二銀打△2一玉▲3二銀成△同玉▲3三金打△2一玉▲2二歩△1二玉▲2三金寄でピッタリの詰み。対局中は▲3二銀成～▲3三金打が盲点になっていた。以下も詰めろの連続。▲3五金と竜を外してようやく寄り形かと思えたが、再び羽生さんはすごい手をひねり出してきた。

第11図以下の指し手
▲6一飛 △4一銀1 ▲3四金1
△6七歩成 ▲同飛成 △3三金
▲同　金 △同　歩 ▲5三銀 （第12図）

冷静に対処

△3四銀（第11図）が一手の余裕を得ようとする驚くべきタダ捨てである。▲同金なら▲3四桂の筋が消えるので、△6七歩成が可能になる。△3四銀は、いわゆる「羽生マジック」と呼ばれる手だ。私は▲6一飛と攻防に打ち下ろした。そして△4一銀と1枚使わせてから、▲3四金と慎重に「マジックの銀」を取り払った。以下△6七歩成に▲同飛成。竜を引きつけ、自陣は容易に詰めろが掛からない形となった。対局中は相当混乱していて、残り時間も2分と余裕のない状況だったが、その中では冷静に対処することができた。

【参考図は▲6二銀成まで】

▲先手　飛金歩二

△後手　飛角金銀三歩二

【第10図は△6六歩まで】

▲佐藤　金金銀銀桂歩二

△羽生　角角銀歩三

【第11図は△3四銀まで】

▲佐藤　飛金銀銀桂歩二

△羽生　角角銀歩三

羽生さんは☖3三金と埋めて頑張る。さすがに容易に崩れない。以下3三の地点で清算した後、☗5三銀（**第12図**）と絡んだ。

第12図以下の指し手
☖6六歩　☗4二銀成　☖同　銀
☗3二金　☖同　玉　☗4四桂
☖4三玉　☗3五銀　☖4一銀
☗7二飛　☖5三金　☗6六竜
☖6五歩1　☗5二銀　（**第13図**）

勝利を確信

私はすでに1分将棋。しかし自玉が安全なので、ここでは勝勢を意識していた。**第12図**で☖3二金などと受けても☗4二銀成☖同金☗2四歩で一手一手の寄りとなる。

羽生さんは☖6六歩と打った。この瞬間が決めるチャンスだ。先手玉は桂以外の駒なら何枚渡しても詰まない。

☗4二銀成と飛を取り、以下☖6七歩成の余裕を与えないように迫った。☖5三金と受けさせたところで、☗6六竜と一回歩を払ったのが地味ながら大きな手。これで桂を渡してもトン死の形がなくなった。むろん☗6六竜も詰めろになっている。

やむをえない☖6五歩に、私は万全の態勢から☗5二銀（**第13図**）と王手を掛けた。これでようやく勝利を確信した。

【第12図は☗5三銀まで】

☖羽生　角角金歩三

9	8	7	6	5	4	3	2	1	
					v銀			v香	一
					v飛		v王		二
v香		v桂		銀		v歩	v歩	v歩	三
	v桂			v歩					四
歩	v歩	歩			v歩				五
				歩					六
	歩		竜		歩			歩	七
	玉	金							八
香	桂							香	九

☗佐藤　金金銀銀桂歩三

【第13図は☗5二銀まで】

☖羽生　角角金歩

9	8	7	6	5	4	3	2	1	
					v銀			v香	一
		v飛		銀	v銀				二
v香		v桂		v金	v王	v歩	v歩	v歩	三
	v桂			v歩	桂				四
歩	v歩	歩	v歩		v歩	銀			五
			竜	歩					六
	歩				歩			歩	七
	玉	金							八
香	桂							香	九

☗佐藤　金歩四

第13図以下の指し手
☖5二同金1　☗同桂成　☖同　銀
☗4四金　☖3二玉　☗5二飛成
☖7六桂打　☗7七玉　（**投了図**）
まで147手で佐藤の勝ち
（消費時間＝☗7時間59分、☖7時間59分）

終局

☗5二飛成で後手玉は必至。☖7六桂打の王手に☗7七玉とかわして終局となった。以下☖5九角も☗6八歩で続かない。

本局の勝利はシリーズの上でも、公式戦連敗を止めたという意味でも大きく、今でも強く印象に残っている。

【投了図は☗7七玉まで】

☖羽生　角角金銀歩

9	8	7	6	5	4	3	2	1	
								v香	一
				竜	v銀	v王			二
v香		v桂				v歩	v歩	v歩	三
	v桂			v歩	金				四
歩	v歩	歩	v歩		v歩	銀			五
		v桂	竜	歩					六
	歩	玉			歩			歩	七
		金							八
香	桂							香	九

☗佐藤　金銀歩四

第3局
と金の大活躍

第55期A級順位戦5回戦（毎日新聞）
1996年11月21日　終了23時47分
東京都渋谷区「将棋会館」
持ち時間各6時間

☗九段　加藤一二三
☖八段　佐藤　康光

▲7六歩　△8四歩4　▲2六歩4
△3二金　▲2五歩　△8五歩
▲7七角　△3四歩　▲8八銀
△7七角成　▲同　銀　△2二銀
▲3八銀　△7二銀4　（**第1図**）
▲7八金2　△3三銀　▲2七銀1
△7四歩8　▲2六銀　（**第2図**）
△1四歩　▲1六歩　△7三銀
▲1五歩12　△同　歩1　▲同　銀
△同　香　▲同　香　（**第3図**）
△1六歩16　▲1八歩1　△4四銀1
▲2四歩5　（**第4図**）　△同　歩12
▲1二角3　△2二金1　▲3四角成
△1九角7　（**第5図**）　▲5八飛54
△2八銀16　▲7五歩44　（**第6図**）
△2九銀成67　▲3八金31　△3六歩37
▲同　歩1　△3三金1　▲5六馬1
△5五銀2　▲1二馬7　△7五歩5
▲2一馬9　△3七歩3　（**第7図**）
▲2七金23　△3九成銀8　▲6八玉
△3八歩成1　▲4五桂59　（**第8図**）
△6二玉11　▲3三桂成12　△3七と15
▲2八歩4　△2七と35　▲4三馬33
△3七と5　▲7九玉　△4七と6
▲5九飛　△4八と2　（**第9図**）
▲6九飛3　△2八角成2　▲8八玉
△5八と1　▲7九飛　△6九金7
▲同　飛5　△同　と　▲4二成桂9
△4八飛4　▲9六歩22　（**第10図**）
△6四銀引22　▲4六歩7　△7六歩1
▲同　銀1　△4六馬1　▲5六金2
△7七歩12　▲同　桂　△6八と
▲5一金3　△7八と　▲9七玉
△5一金2　▲同　成桂　△同　玉
▲6一金　△4一玉　▲4六金
△4二金1　▲2三角1　△3二歩
まで98手で佐藤の勝ち
（消費時間＝▲5時間59分、△5時間21分）

今月はA級順位戦の加藤一二三九段との一局を振り返ってみたい。

加藤九段も私もここまで2勝2敗。この一局で上を見るか下を見るかで大変な一番だ。

加藤九段は最近先手番では角換わり棒銀を連採されている。

私が受けて立てば必然的になる可能性が非常に高い。何と言っても前期残留を決めた森下戦が印象深い。

どうするか悩んだが、今回はこられたら受ける覚悟を決めた。

そうすれば当然対策が必要となる。最近ではこの戦型を指した事がなく、少し不安に思いながら臨むこととなった。

やはり棒銀

対局当日。やはり加藤九段は棒銀である。以前は青野九段、中川六段等も連採されていたが、現在は加藤九段が一番のようだ。

第1図は▲3八銀に△7二銀とした局面。定跡講座になるが、ここ△3三銀が普通に見える。しかし以下▲2七銀とされると▲7八金省略のまま棒銀を目指され、現在ではやや損とされる。

第1図で▲2四歩も心配になるが、これは△同歩▲同飛△3三角で▲2八飛なら△8六歩▲同歩△8八歩。▲3四飛なら△2八歩で、いずれも桂得となり大丈夫。

また▲2七銀ならあらかじめ銀が引いてあるので受け易い。

作戦の岐路

【第1図は△7二銀まで】

△佐藤　角

	9	8	7	6	5	4	3	2	1
一	v香	v桂		v金	v王			v桂	v香
二		v飛	v銀				v金	v銀	
三	v歩		v歩	v歩	v歩	v歩		v歩	v歩
四							v歩		
五		v歩						歩	
六			歩						
七	歩	歩	銀	歩	歩	歩	歩		歩
八							銀	飛	
九	香	桂		金	玉	金		桂	香

▲加藤　角

第2図は▲2六銀と出た局面。ここは私も作戦の岐路だ。本譜の△1四歩か、あるいは△7三銀▲1五銀△5四角という受け方もある。

これには▲3八角が現在では最有力。▲2四歩△同歩▲同銀△2七歩の防ぎである。以下△2二銀（△4四歩は最近は少ない）▲2四歩△同歩▲同銀△2三歩▲1五銀△6四銀▲4六歩△7五歩▲同歩△同銀▲7六歩△6四銀（**A図**・加藤―森内・96年9月棋王戦）が一例。

以下後手は△5五銀から中央を、先手は5四角を狙っていく将棋になる。

こちらもあるが、△1四歩は実は一度も指した事がなかったので今回はそちらにしようと決めた。

【第2図は▲2六銀まで】

△佐藤　角

▲加藤　角

【A図は△6四銀まで】

△森内　歩

▲加藤　歩

定跡手順

第3図。▲1五同香となった局面でまた私に選択である。

本譜の△1六歩ともう一つはがっちり受ける△1三歩。

以下▲6八玉△9四歩▲9六歩△6四歩（あるいは△4四歩）▲1九香（加藤―中川・96年2月竜王戦）が一例。これは長い将棋になる。

本譜△1六歩は積極的な受けだ。

これに▲1二香成なら△1七歩成▲同桂△1九角で良い。▲1八歩も当然。以下△4四銀▲2四歩で**第4図**へ。

【第3図は▲1五同香まで】

△佐藤　角銀歩

▲加藤　角香歩

【第4図は▲2四歩まで】

△佐藤　角銀

▲加藤　角香

迷う所

第4図。ここもまた迷う局面だ。

本譜の△2四同歩か、△1九角と打つ手もある。以前は△1九角が定跡であった。今現在も有力視されている。△1九角は▲3五銀▲2七飛△2四歩▲同飛（▲1二角は△3五銀▲2一角成△2六銀打で良し）△2三銀▲2六飛△3五銀▲5六飛（**B図**）となる。

B図より△4二玉と△2八角成があるが、△4二玉は▲2七香△2四歩▲3八金でどうも角が不自由で自信なし。よって△2八角成▲5三飛成となり、ここで△5二飛なら類似型で今期王位戦の羽生―深浦戦。▲5六香△5三飛▲同香成△5二歩▲1一飛△5三歩▲2一飛成△3一飛▲同竜△同金▲1一飛△2一飛▲同飛成△同金（**C図**）が主な変化。

以下▲2二歩か▲6五桂で変化が延々と続くが、やはりちょっとした形の違いが大きそう。どうも自信がなく却下することにした。

また△5二飛で△5二歩が普通。以下▲5六竜△2九馬に▲2七香△2八馬▲2三香成△同金▲1二香成か、▲2七香で▲2二歩△3三桂▲2一歩成△2四銀上のコースか。どちらも有力で何とも言えない。この辺りは今後の研究を待つよりない所だ。

本譜の△2四同歩は最新型。確か青野九段が最初に指されたと思う。

【B図は▲5六飛まで】

▲先手　角香歩

	9	8	7	6	5	4	3	2	1
一	v香	v桂		v金	v王			v桂	
二		v飛					v金		
三	v歩		v銀	v歩	v歩	v歩		v銀	
四			v歩				v歩		
五		v歩					v銀		香
六			歩		飛				v歩
七	歩	歩	銀	歩	歩	歩	歩		
八			金						歩
九	香	桂			玉	金		桂	v角

△後手　歩

【C図は△2一同金まで】

▲先手　飛角桂歩二

	9	8	7	6	5	4	3	2	1
一	v香	v桂		v金	v王			v金	
二									
三	v歩		v銀	v歩	v歩	v歩		v銀	
四			v歩				v歩		
五		v歩					v銀		香
六			歩						v歩
七	歩	歩	銀	歩	歩	歩	歩		
八			金					v馬	歩
九	香	桂			玉	金		桂	

△後手　飛香

最新の戦い

第5図。△1九角に▲2七飛が普通の感覚。

以下△3三金▲1六馬（▲1二馬は△3五銀▲2一馬△2六銀打、▲2四馬は△同金▲同飛△3三桂▲2一飛成△6二玉でいずれも後手十分）△3五銀▲6八玉△3六歩▲3八香△2五銀▲1七馬△3四金▲3六歩△同銀直▲同香△同銀▲2六飛△2五金（加藤―島・95年9月棋王戦）と進んだ将棋を加藤九段は何局も経験されている。が、どうもこれは少し後手が指せそうだ。

本譜▲5八飛に△2八銀。最近の定跡手順だが、よく考えるとこの△1九角から△2八銀と

【第5図は△1九角まで】

▲加藤　香歩

	9	8	7	6	5	4	3	2	1
一	v香	v桂		v金	v王			v桂	
二		v飛						v金	
三	v歩		v銀	v歩	v歩	v歩			
四			v歩			v銀	馬	v歩	
五		v歩							香
六			歩						v歩
七	歩	歩	銀	歩	歩	歩	歩		
八			金					飛	歩
九	香	桂			玉	金		桂	v角

△佐藤　銀歩

いうのはもの凄く筋悪の手で部分的には浮かばない方が幸せ、という位信じられない手である。しかし今現在はこれが最善とされるのだからこの戦型は難しい。

ようやく変化

第6図の▲7五歩が新手。44分の考慮の末の着手だ。

ここまでは加藤―森下戦（96年9月順位戦）があり、▲7五歩で▲4三馬△3三金▲2一馬△2九銀不成▲2八歩△1八銀成▲6八玉△2八角成▲7五歩△2七馬と進んでいる。以下▲5九金△1七歩成は私の仮想手順。こうなれば指せると思っていた。

【第6図は▲7五歩まで】

△佐藤 歩

	9	8	7	6	5	4	3	2	1
一	v香	v桂		v金	v王			v桂	
二		v飛						v金	
三	v歩		v銀	v歩	v歩	v歩			
四			v歩			v銀	馬	v歩	
五		v歩	歩						香
六									v歩
七	歩	歩	銀	歩	歩	歩	歩		
八			金		飛			v銀	歩
九	香	桂			王	金		桂	v角

▲加藤 香歩

ただ▲2八歩で▲6八玉を心配していた。以下△3七角成▲3九金だが、△4七馬▲2八飛△5六桂▲同歩△4六馬で良いとわかった。

▲7五歩よりいよいよ新しい道に入りさすがに長考に入る。同じ様に△2九銀不成も有力でどうも同じ展開になりそうな気がしたのだが、この辺りは加藤九段の感想もなく、謎と言うしかない。

本譜は早く角を使おうという順である。▲3八金では玉も薄くなりあまり歓迎の順とは思えない。今後の研究を待つよりなさそうだ。

用意の受け

第7図。△3七歩が急所。普通は▲4八金だが△3九成銀の後、△2八角成がかえって厳しくなる。▲2七金は少しヒネった手だ。

【第7図は△3七歩まで】

△佐藤 桂

	9	8	7	6	5	4	3	2	1
一	v香	v桂		v金	v王			馬	
二		v飛							
三	v歩		v銀	v歩	v歩	v歩	v金		
四								v歩	
五		v歩	v歩		v銀				香
六							歩		v歩
七	歩	歩	銀	歩	歩	歩	v歩		
八			金		飛		金		歩
九	香	桂			王			v成銀	v角

▲加藤 桂香歩二

第8図。▲4五桂が加藤九段待望の一着。ただ私も△6二玉が大きい。金は取られるが玉が安定するのが大きい。ここ△4四金では▲5三桂成でこの成桂が追い払えず厄介だ。

金を取られても△3七とで取り返せるので問題ない。▲4五桂では先に▲2八歩も考えられたが、△2五歩▲4五桂△6二玉▲3三桂成△2六歩でやはり私の攻めが速い。

△3七とに▲5九飛も△2七と▲3九飛△2八角成▲6九飛△3七とで私の方が速く、良い。ただこちらの順かと思っていた。

【第8図は▲4五桂まで】

△佐藤 桂

	9	8	7	6	5	4	3	2	1
一	v香	v桂		v金	v王			馬	
二		v飛							
三	v歩		v銀	v歩	v歩	v歩	v金		
四								v歩	
五		v歩	v歩		v銀	桂			香
六							歩		v歩
七	歩	歩	銀	歩	歩	歩		金	
八			金	玉	飛		vと		歩
九	香	桂						v成銀	v角

▲加藤 香歩二

優勢を意識

第９図。△４八とでハッキリ優勢を意識。気合は▲３九飛△同と▲４二成桂だが、これは△４九飛の攻め合い、△５二金打の受け、どちらでも良い。

しかし本譜の順は驚いた。ちょっとできない辛抱でさすがに最善を尽くされる。

これが長年トップクラスで戦われている秘訣なのだろう。

会心の一局

第10図。▲９六歩は読んでいなかった頑張り。少しわからなくなったが時間が残っていたのが幸い。腰を落として考える事ができた。△６四銀引が冷静な一着。

ここでいきなり△７六桂もあるが▲同銀△同歩に▲７五香がイヤ味だ。本譜▲４六歩に△７六桂が最短だったが、△７六歩から馬を使った。怖いのは▲５一金の筋だが△同金▲同成桂に△５五馬から馬が抜ける。これがあっては大勢決した。最後は３七に打った歩が大活躍で死命を制した。これだけと金が動いた将棋も珍しい。私にとっては会心の一局と言える。

これで順位戦は勝ち星先行。続く森九段との一戦も難解ながら勝つことができた。まだ何とも言えないのがこのクラスの怖い所であるが、挑戦目指して一局一局、全力投球である。

【第９図は△４八とまで】

△佐藤　金桂歩

	9	8	7	6	5	4	3	2	1	
	v香	v桂		v金						一
		v飛		v王						二
	v歩		v銀	v歩	v歩	馬	成桂			三
								v歩		四
		v歩	v歩		v銀				香	五
							歩		v歩	六
	歩	歩	銀	歩	歩					七
			金			vと		歩	歩	八
	香	桂	玉		飛		v成銀		v角	九

▲加藤　金香歩二

【第10図は▲９六歩まで】

△佐藤　桂歩二

	9	8	7	6	5	4	3	2	1	
	v香	v桂		v金						一
		v飛		v王		成桂				二
	v歩		v銀	v歩	v歩	馬				三
								v歩		四
		v歩	v歩		v銀				香	五
	歩						歩		v歩	六
		歩	銀	歩	歩					七
		玉	金			v飛		v馬	歩	八
	香	桂		vと			v成銀			九

▲加藤　金金香歩二

第55期Ａ級順位戦　　名人　羽生善治

順位	段位	氏名	師匠	年齢	出身	1	2	3	4	5	6	7	8	9
1	八段	森内　俊之	勝浦	26	神奈川	●米長	○島	○佐藤	○森	●谷川	○村山	○森下	○中原	●加藤
2	八段	森下　卓	花村	30	福岡	●佐藤	○村山	○加藤	○米長	○中原	○島	●森内	●谷川	●森
3	九段	米長　邦雄	佐瀬	53	山梨	○森内	●中原	○村山	●森下	●島	●加藤	●佐藤	○森	●谷川
挑	竜王	谷川　浩司	若松	34	兵庫	●村山	○佐藤	○森	○島	○森内	○中原	○加藤	○森下	○米長
5	八段	島　朗	高柳	34	東京	●加藤	●森内	●中原	●谷川	○米長	●森下	○森	○佐藤	○村山
6	永十世段	中原　誠	高柳	49	宮城	●森	○米長	○島	●加藤	●森下	●谷川	○村山	●森内	○佐藤
7	九段	加藤一二三	南口	57	福岡	○島	●森	●森下	○中原	●佐藤	○米長	●谷川	●村山	○森内
降	八段	村山　聖	森信	27	広島	○谷川	●森下	●米長	●佐藤	○森	●森内	●中原	○加藤	●島
9	八段	佐藤　康光	田中魁	27	京都	○森下	●谷川	●森内	○村山	○加藤	○森	○米長	●島	●中原
降	九段	森　雞二	大友	50	高知	○中原	○加藤	●谷川	●森内	●村山	●佐藤	●島	●米長	○森下

第4局
200手超えの激闘

第57期名人戦七番勝負第6局（毎日新聞）
1999年6月7、8日　終了8日23時54分
群馬県北群馬郡伊香保町「福一」
持ち時間各9時間

☗名人　佐藤　康光
☖九段　谷川　浩司

初手からの指し手

▲7六歩2　△3四歩2　▲2六歩2
△4四歩3　▲2五歩2　△3三角
▲4八銀　△4二飛5　▲5六歩2
△7二銀6　▲6八玉2　△9四歩4
▲7八玉5　（第1図）

名人戦の初防衛戦となった谷川先生とのシリーズは思い出深い。とりわけ200手を超える激闘となった第6局は、強く印象に残っている。私は谷川先生から名人を奪取し、その翌年、谷川先生はすぐに挑戦者として登場した。いわばリターンマッチだ。ここまで2勝3敗と後のない状況。私は必勝を期してこの一戦に臨んだ。

【第1図は▲7八玉まで】

△谷川　なし

9	8	7	6	5	4	3	2	1	
香	桂		金	王	金	銀	桂	香	一
		銀			飛				二
	歩	歩	歩	歩		角	歩	歩	三
歩					歩	歩			四
							歩		五
		歩		歩					六
歩	歩		歩		歩	歩		歩	七
	角	玉			銀		飛		八
香	桂	銀	金		金		桂	香	九

▲佐藤　なし

第1図以下の指し手

△3二銀4　▲5八金右5　△9五歩8
▲5七銀6　△4三銀7　▲3六歩15
△6二玉6　▲7七角2　△7一玉8
▲8八玉3　△8二玉9　▲9八香20
△3二飛68　（第2図）

予想通りの四間飛車

本局は私の先手番。当時谷川先生は後手では横歩取りか四間飛車が多かったので、そのどちらかが有力と思っていた。予想どおり、谷川先生は四間飛車を採用してきた。

居玉のまま△7二銀～△9四歩～△9五歩を優先するのは藤井システムの駒組みだ。私は▲3六歩と急戦をちらつかせ、△6二玉の移動を促してから穴熊を目指した。これは対藤井システムの1つの指し方で、当時よく研究していた。

谷川先生は藤井システム特有の玉頭攻撃にこだわらず、オーソドックスに玉を囲った。そして私が▲9八香と穴熊の意思表示をした瞬間、△3二飛（第2図）と動いてきた。先手玉が不安定なうちに、早い戦いに持ち込もうというねらいだ。

【第2図は△3二飛まで】

△谷川　なし

9	8	7	6	5	4	3	2	1	
香	桂		金		金		桂	香	一
	王	銀				飛			二
	歩	歩	歩	歩	銀	角	歩	歩	三
					歩	歩			四
歩							歩		五
		歩		歩		歩			六
歩	歩	角	歩	銀	歩			歩	七
香	玉			金			飛		八
	桂	銀	金				桂	香	九

▲佐藤　なし

第2図以下の指し手

▲6六銀24　△4二角15　▲6八角24
△5二金左2　▲9九玉1　△5四歩20
▲8八銀7　△4五歩33　▲3七桂43
△4四銀67　▲3八飛7　（第3図）

工夫の▲6六銀

第2図で▲9九玉と穴熊を急ぐのは△3五歩▲同歩△4五歩と強く決戦を挑まれる。そういう指し方もあるが、居飛車としては玉が不安定なので怖い意味がある。私は▲6六銀と工夫した。△4五歩なら▲3八飛と回り、その後▲3七桂と跳ねる。これは先手も十分戦える。谷川先生は△4二角と引いた。次のねらいは△3五歩で、場合によっては△5四歩～△6四角。角のラインで飛車のコビンを攻めようとしている。

▲6八角は3筋の交換を防ぎつつ、▲2四歩の決戦をにらんだ手。これを見せておけば後手

も自由には動けない。谷川先生が☖5二金左～☖5四歩と様子をうかがう間に、私は穴熊を一応完成させた。続く☗3七桂が序盤のポイントとなった一手だった。

第3図以下の指し手
☖6四歩52 ☗7九金12 ☖6三金1
☗5九金13 ☖7四歩3 ☗6九金右
☖7三桂4 ☗7八金右4 ☖6五歩29
☗7七銀引11 ☖5五歩4 ☗同　歩66
☖同　銀 ☗2四歩30 ☖同　歩2
☗2八飛 ☖2二飛37 ☗2五歩4
☖5三角 ☗2四歩1 ☖2六歩
（第4図）

【第3図は☗3八飛まで】

☖谷川　なし

9	8	7	6	5	4	3	2	1	
v香	v桂		v金				v桂	v香	一
	v王	v銀		v金	v角	v飛			二
	v歩	v歩	v歩				v歩	v歩	三
				v歩	v銀	v歩			四
v歩					v歩		歩		五
		歩	銀	歩		歩			六
歩	歩		歩		歩	桂		歩	七
香	銀		角	金		飛			八
玉	桂		金					香	九

☗佐藤　なし

ガッチリ4枚穴熊

☗3七桂はすぐ桂頭をねらわれるだけに怖いが、大丈夫と判断した。**第3図**の☗3八飛は決戦に備えた手。もし**第3図**で☖3五歩なら以下☗同歩☖同銀☗3三歩☖同角☗4五桂☖4四角☗5五歩と戦う予定だった。

谷川先生は連続長考の末、☖6四歩。決戦をあきらめ、持久戦の方針に切り替えた。こちらは穴熊の完成を急いだ。以下は互いに囲いの整備。居飛車としてはガッチリ4枚穴熊に組めたので一応不満はない。しかし飛角をさばくのは大変。今見ると、駒が偏りすぎている感もある。

谷川先生は5筋の歩を交換。その動きに呼応し、私は2筋から仕掛ける。☗2五歩は手筋の継ぎ歩で☖同歩なら☗同飛☖2四歩☗4五飛とさばいて先手が大優勢だ。

【第4図は☖2六歩まで】

☖谷川　歩

9	8	7	6	5	4	3	2	1	
v香			v金				v桂	v香	一
	v王	v銀					v飛		二
	v歩	v桂	v金	v角				v歩	三
		v歩				v歩	歩		四
v歩			v歩	v銀	v歩				五
		歩				歩	v歩		六
歩	歩	銀	歩		歩	桂		歩	七
香	銀	金	角				飛		八
玉	桂	金						香	九

☗佐藤　歩

第4図以下の指し手
☗3五歩39 ☖5七歩30 ☗同　角16
☖4六歩 ☗同　歩37 ☖3五角3
☗4五桂 ☖2四飛7 ☗3八飛4
☖7一角28 ☗2五歩4 ☖1四飛
☗5四歩12 ☖2七歩成1 ☗5三歩成2
☖3八と1 ☗6三と ☖同　銀
☗5四歩3 ☖5二歩13 ☗1六歩4
☖3五歩2 ☗2四金
（第5図）

手筋の応酬

飛先を止め合った**第4図**。私は☗3五歩と突き、角の利きを遮断した。谷川先生も☖5七歩と歩を垂らし、角道を止める。☗同角には☖4六歩と突き捨てる。このあたりは手筋の応酬といった感じだ。

☖3五角の飛び出しに、私は右桂を中央にさばいた。谷川先生は☖2四飛と歩を取りにいく手があったが、ここでは☖4四歩と桂を取りにいく手があったかもしれない。当時の読み筋は思い出せないが、心配していたような気もする。

数手後の☗5四歩が厳しい垂れ歩。☖同金なら☗5三歩☖2七歩成☗1六歩☖3八と☗1五歩。飛の取り合いは穴熊の堅さが生きるので居飛車が優勢だ。本譜、谷川先生は構っていられないと見て、攻め合いを選ぶ。私は再度の垂れ歩から飛を捕獲した。

第5図以下の指し手

△2七飛2　▲6八角6　△2四飛
▲同　歩　△同飛成　▲7五歩6
△同　歩　▲8六銀　△7六歩8
▲7五銀2　△7二金5　▲6一飛12
△5四銀2　▲7四銀7　△6二金打11
▲4一飛成10　△4四歩9　▲3三桂不成11
△同　桂　▲1一竜　△2一歩1
（**第6図**）

【第5図は▲2四金まで】

△谷川　持駒　飛　歩一

	9	8	7	6	5	4	3	2	1
一	v香		v角	v金				v桂	v香
二		v王			v歩				
三		v歩	v桂	v銀					v歩
四			v歩		歩			金	v飛
五	v歩			v歩	v銀	桂	v歩	歩	
六			歩			歩			歩
七	歩	歩	銀	歩	角				
八	香	銀	金				vと		
九	玉	桂	金						香

▲佐藤　なし

懸命の手作り

谷川先生は△2七飛と打ち、2四に竜を引きつけた。竜の横利きは強力だ。私は△1七角成の筋を消すためにあえて△3五歩と突かせてから飛を捕獲したが、してみると、△3五歩は突かせないほうが実は得だったかもしれない。このあたりは分からない。

▲7五歩～▲8六銀は懸命の手作り。谷川先生は△7六歩と伸ばす。歩切れの先手に、歩を渡さない意味もある。私は飛を打ち下ろし、▲7四銀と圧力をかけた。対して谷川先生は△6二金打とはじいたが、少々角が使いづらくなった。ここでは△6三金打がまさったようだ。以下▲同銀成△同銀▲8六角△6四銀打と頑強に受けられると、後手陣の攻略は容易ではない。もっとも本譜も大変。先手の竜が封じ込められてしまった。

【第6図は△2一歩まで】

△谷川　持駒　桂　歩三

	9	8	7	6	5	4	3	2	1
一	v香		v角					v歩	竜
二		v王	v金	v金	v歩				
三		v歩	v桂				v桂		v歩
四			銀		v銀	v歩		v竜	
五	v歩			v歩	v銀		v歩		
六			v歩			歩			歩
七	歩	歩		歩					
八	香	銀	金	角			vと		
九	玉	桂	金						香

▲佐藤　香

第6図以下の指し手

▲1二竜　△2九竜7　▲4二竜7
△7七桂2　▲8六香4　△8九桂成2
▲同　金1　△7七桂　▲同　銀13
△同歩成　▲同　角2　△7六歩
▲7五桂9　△9四銀　（**第7図**）

優勢を意識

香を手にしたものの、底歩にブロックされてこのままでは竜が使えない。私は▲1二竜～▲4二竜と竜を脱出させた。その間、谷川先生は△2九竜と突っ込み、△7七桂と拠点に打ち込んできた。迫力のある攻めだが、直後の▲8六香がそれを上回る厳しい打ち返しで、ここでは優勢を意識していた。

谷川先生は△8九桂成から再度△7七桂と打ち込む。以下7七の地点で清算。ただし▲7七同角はやや疑問で、ここでは▲7七同金が正着。上部を手厚くしつつ、いつでも▲5九歩の底歩を用意するべきだった。私は▲7五桂と打って、8三の地点に駒を足した。この手は詰めろ。しかし谷川先生も△9四銀（**第7図**）と数で対抗。これがしぶとい受けで後手玉は容易に寄らない。

第7図以下の指し手

☗6八角1　☖6四銀　☗8三桂成4
☖同　銀　☗同銀成　☖同　金
☗7四桂　☖9三玉　☗8三香成
☖同　玉　☗6二桂成　☖7七桂1
☗7二銀3　☖7四玉1　☗7九金寄
（第8図）

三たび☖7七桂

☗6八角はやむをえない。谷川先生は☖6四銀と催促した。以下後手玉頭に殺到。☗6二桂成に☖同角は☗5九歩で居飛車が指せる。そこで谷川先生は手抜きで、三たび☖7七桂と打ち込んできた。私は☗7二銀と王手してから☗7九金寄（**第8図**）。

【第7図は☖9四銀まで】

☗佐藤　桂歩

9	8	7	6	5	4	3	2	1	
香		角					歩		一
	王	金	金	歩	竜				二
	歩	桂				桂		歩	三
銀		銀		銀	歩				四
歩		桂	歩	銀		歩			五
	香	歩			歩			歩	六
歩	歩	角	歩						七
香		金				と			八
玉	金						竜	香	九

☖谷川　歩二

第8図以下の指し手

☖7九同竜3　☗同　金　☖8九金
☗同　金　☖同桂成　☗同　玉
☖8八歩　☗7九玉　☖7七香
☗7八歩2　☖同香成　☗同　玉
☖7七銀　☗同　角　☖同歩成
☗同　玉　☖7六歩　**（第9図）**

重なる疑問手

第8図の局面、私は☖8八歩と垂らされる手を恐れていた。☗同金寄は☖7九竜☗同角☖7八銀でたちまち受けなしに追い込まれる。飛を手にしても後手玉はわずかに詰まないのだ。結論から言えば、☖8八歩には☗同玉と強く取って寄らないのだが、対局中は読み切れていなかった。

谷川先生はいきなり☖7九同竜と切って寄せにきた。厳密には後手の攻めは足らないが、このあと私に疑問手が重なる。

☖7七香に対する☗7八歩はミス。ここでは☗7七同角と取り、以下☖7八銀☗同玉☖7七歩成☗同玉が正しい手順だった。これなら本譜とまるまる一歩違う。余計な一歩を渡したために、後の変化に響いた。さらに☖7六歩（**第9図**）に対しても応手を誤る。

【第8図は☗7九金寄まで】

☗佐藤　金金歩二

9	8	7	6	5	4	3	2	1	
香		角					歩		一
		銀	圭	歩	竜				二
		桂				桂		歩	三
		王	銀	銀	歩				四
歩			歩			歩			五
		歩			歩			歩	六
歩	歩	桂	歩						七
香		金	角			と			八
玉		**金**					竜	香	九

☖谷川　銀香歩二

【第9図は☖7六歩まで】

☗佐藤　飛金三銀桂香歩二

9	8	7	6	5	4	3	2	1	
香		角					歩		一
		銀	圭	歩	竜				二
		桂				桂		歩	三
		王	銀	銀	歩				四
歩			歩			歩			五
		歩			歩			歩	六
歩	歩	玉	歩						七
香	歩					と			八
								香	九

☖谷川　角金歩

第9図以下の指し手
▲8八玉4　△6六歩　▲6三銀打1
△同　銀　▲同銀不成　△6五玉
▲6六歩　△同　玉　▲6七歩
△5七玉1　（第10図）

すばらしい一着

玉の逃げ場所は実質3通り。私は▲8八玉とかわした。いちばん安全なところへ逃げたつもりだったが、実はいちばん危険だった。正しくは▲6八玉で、▲7八玉でもよかった。

谷川先生の△6六歩がすばらしい一着だった。▲7一成桂で先手勝ちのようだが、その瞬間、△7七歩成▲同玉△6五桂▲8八玉△7七角▲7九玉△7八歩▲同玉△6七歩成▲同玉△6八金▲5六玉△6六角成という恐ろしい順がある。以下どう応じても先手玉は詰んでいる。なお手順中の△7八歩はさきほど余計な一歩を渡したために生じた手だ。

残り2分でこの詰みが見え、私はパニックに陥った。実戦は秒に追われて▲6三銀打だが、これでは捕まらない。谷川先生の玉が大海に泳ぎ出して訳が分からなくなった。

【第10図は△5七玉まで】

△谷川　角金銀歩二

9	8	7	6	5	4	3	2	1	
香		角					歩		一
			竜	歩	竜				二
		桂	銀			桂		歩	三
			銀		歩				四
歩						歩			五
		歩			歩			歩	六
歩	歩		歩	王					七
香	玉					と			八
								香	九

▲佐藤　飛金三銀桂香歩三

第10図以下の指し手
▲6八銀　△同　玉　▲7八飛
△5九玉　▲5二竜　△5五歩
▲5八金　△4九玉　▲4八金打

【第11図は▲7六飛まで】

△谷川　角金銀歩

9	8	7	6	5	4	3	2	1	
香		角					歩		一
			竜	竜					二
		桂	銀			桂		歩	三
			銀		歩				四
歩				歩		歩			五
		飛			歩			歩	六
歩	歩		歩						七
香	玉			金					八
					と	王		香	九

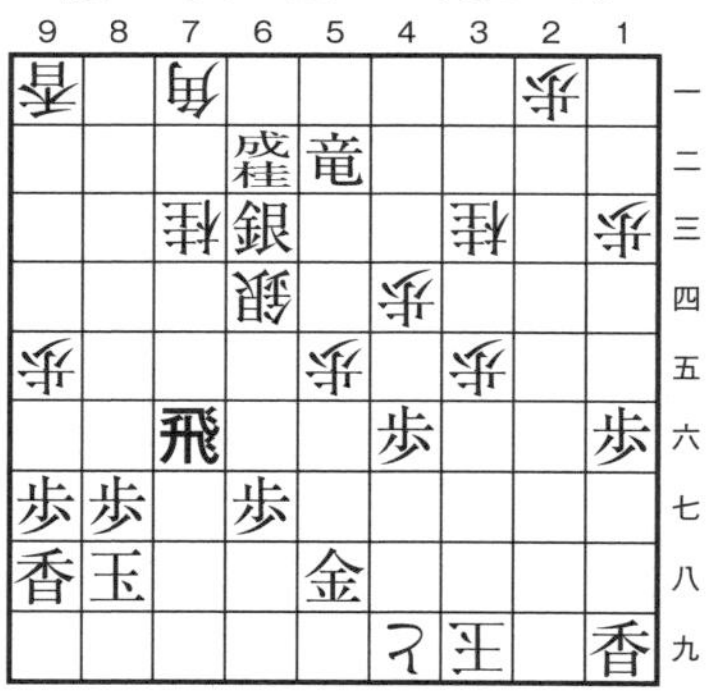

▲佐藤　金金桂香歩五

△3九玉　▲7九飛　△4九金
▲同　金　△同　と　▲7六飛　（第11図）

気が動転

▲6八銀は負ければ敗着。この手では▲6九桂△4八玉▲7八飛△3九玉▲7一成桂ならまだ先手が残していた。本譜は玉を九段目に潜り込まれて寄らない。私は気が動転していた。しかし投了はせず、気がつけば▲7六飛（第11図）と歩を払っていた。

第11図以下の指し手
△8五桂　▲8九桂　△7五歩
▲7九飛　△9六歩　▲同　歩
△7六銀　▲7八香　△9六香
▲7六香　△7七銀　（第12図）

裏目に出た棋風

「よく投了しないで▲7六飛と指せたね」と聞かれることはあるが、1分将棋なのでとりあえず指した、というのが本当のところだ。今でもこれくらいなら指し続けると思う。

しかし、勝ちになった谷川先生もまた冷静でなかった。△8五桂と寄せにきたが、一回△9三角と逃げていれば明快だった。その後もどこかで角が逃げるチャンスはあった。寄せて勝とうとする谷川先生ならではの鋭い棋風が、この場面では裏目に出た。

もっとも実際に寄せは存在したのだから、決めにきたこと自体は間違いではない。△7六銀では△9六香なら難解ながらも寄りがあった。本譜は▲7八香がしぶとい受けで、先手玉は妙に抵抗力がある。迎えた**第12図**。184手目の△7七銀が敗着となった。

第12図以下の指し手
▲7七同桂　△9八香成　▲同　玉
△9一香　▲9六歩　**（第13図）**

詰んでいた先手玉

第12図の△7七銀では△7七角と角を打ち込めば後手の勝ちだった。▲同桂は△9八香成▲同玉△9七銀、▲同飛は△9八香成▲同玉△9七歩▲同桂△8八金▲同玉△7七桂成▲同玉△7六歩で長手数ながら先手玉は詰む。

本譜は銀を打ち込んできたので、▲同桂と取る手が生じた。今度は△9八香成▲同玉のとき、9七へ打つべき銀がない。ふだんの谷川先生であれば、難なく発見できた詰みだと思う。2日間神経を消耗し、延々と1分将棋を指し続け、両者の疲労と緊張感はピークに達していた。私は相当混乱の中で指していたが、さすがの谷川先生も正確な読みができなかった。本譜は奇跡的に二度の中合いで逃れた。△9一香に▲9六歩（**第13図**）が一度目。

【第12図は△7七銀まで】

▲佐藤　金金銀歩六

	9	8	7	6	5	4	3	2	1
一			v角					v歩	
二				v成桂	竜				
三				銀			v桂		v歩
四				v銀		v歩			
五		v桂	v歩		v歩		v歩		
六	v香		香			歩			歩
七		歩	v銀	歩					
八	香	玉			金				
九		桂	v飛			vと	v王		香

△谷川　角　金歩

【第13図は▲9六歩まで】

▲佐藤　金金銀銀香歩五

	9	8	7	6	5	4	3	2	1
一	v香		v角					v歩	
二				v成桂	竜				
三				銀			v桂		v歩
四				v銀		v歩			
五		v桂	v歩		v歩		v歩		
六	歩		香			歩			歩
七		歩	桂	歩					
八	玉				金				
九			v飛			vと	v王		香

△谷川　角　金歩

第13図以下の指し手
△9六同香　▲8九玉　△8八歩
▲7八玉　△7七桂成　▲同　玉
△7六歩　▲8六玉　△8一香
▲8四桂　△同　香　▲9五玉
△8三桂　▲8四玉　**（投了図）**
まで203手で佐藤の勝ち
（消費時間＝▲8時間59分、△8時間59分）

放心状態

▲8四桂が2度目の中合いで先手玉はわずかに詰まなかった。当時としては名人戦史上、最も遅い終局時刻だった。直後、私は放心状態で、何で自分が勝てたのか分からないほどだった。

【投了図は▲8四玉まで】

▲佐藤　金金銀銀香香歩五

	9	8	7	6	5	4	3	2	1
一			v角					v歩	
二				v成桂	竜				
三		v桂		銀			v桂		v歩
四		玉		v銀		v歩			
五					v歩		v歩		
六	v香		v歩			歩			歩
七		歩		歩					
八		v歩			金				
九			v飛			vと	v王		香

△谷川　角　金桂歩

対戦相手

ここでは佐藤康光九段の1000勝の軌跡をデータで振り返ってみたい。

まずは対局相手に着目してみよう。佐藤はどのような相手と対局してきたのだろうか？

左の表は1000勝達成時点までの、対局数の多かった上位20名の対局相手と対戦成績をまとめたものだ。

ひと目でわかることだが羽生善治竜王との対局数が抜きん出ている。2位の森内俊之九段の倍以上の数だ。

佐藤は1000勝を達成した時点で598敗。約1600局の対局のうち1割が羽生戦だったということになる。

対局数上位20人と対戦成績

No	相手	対局数	勝	敗
1	羽生　善治	158	53	105
2	森内　俊之	72	39	33
3	谷川　浩司	71	38	33
4	丸山　忠久	62	34	28
5	郷田　真隆	60	31	29
6	久保　利明	57	32	25
7	深浦　康市	48	25	23
8	渡辺　明	45	21	24
9	森下　卓	43	30	13
10	三浦　弘行	40	27	13
11	藤井　猛	35	24	11
12	屋敷　伸之	31	15	16
13	中原　誠	29	17	12
13	高橋　道雄	29	18	11
15	行方　尚史	24	11	13
16	木村　一基	21	13	8
17	南　芳一	20	14	6
18	島　朗	19	12	7
19	中田　宏樹	18	14	4
19	先崎　学	18	12	6

ちなみに佐藤の対羽生戦の成績は53勝105敗。「いかにして羽生に勝つか」ということが佐藤にとって大きなテーマであり、佐藤将棋に大きな影響を与えたことは間違いないだろう。

ランキングの上位陣を見てみると同世代のライバル森内俊之九段が2位。3回のタイトル戦がすべて第7局までもつれ込む熱戦になった谷川浩司九段が3位と続く。

4位の丸山忠久九段、5位の郷田真隆九段、6位の久保利明王将は世代も近く順当だろうか。8位の渡辺明棋王とは世代は違うがタイトル戦で4回対戦しているのが大きい。

また13位には中原誠十六世名人が入っている。タイトル戦での対戦はないものの順位戦、竜王戦、挑戦者決定リーグ戦などで当たっており通算で17勝12敗という成績が残っている。

その他の棋士も同世代で活躍した棋士の名前が並んでいる。ちなみにこの強豪ぞろいの上位20人との対局数だけで900局となる。

1000勝の道のりがいかに険しいものであったか、この数字からも容易に想像できるだろう。

第5局

棋聖位獲得の一局

第73期棋聖戦五番勝負第5局（産経新聞）
2002年8月1日　終了19時16分
新潟県西蒲原郡岩室村「高島屋」
持ち時間各4時間

☗王将　佐藤　康光
☖棋聖　郷田　真隆

いよいよこの日がやってきた、という感じである。第4局を勝ち、2勝2敗で迎えた最終局。間隔が2週間程あったが、日が経つにつれ、勝ちたいと思う気持ちはだんだん強くなっていくのが分かった。

簡単に振り返ってみる。

第1局はこちらにも勝つチャンスがあっただけに残念な1局。しかし大激戦ではあったと思う。2局目は完敗。私の方が特に指し手がチグハグで全く歯車が噛み合わなかった。

さすがに厳しくなったと思いながらも早くもシリーズの反省をしていた。

1局目からも分かる様に、郷田さんはかなり作戦を練られている。一方、私の方は明らかな準備不足。これでは話にならない。

しかし不思議なもので2局目の3日後に竜王戦で当たり、その将棋は快勝。この辺りから突然流れが変わってきた様だ。

3局目も途中苦しかった所があったのだがうまく盛り返し、終盤はかなり慌てたが、何とかつかみとった勝利だった。4局目は快勝。自分としてはうまく指せた将棋だった。

勢い、流れはいいが、最終局となれば話は別。そういうものは一切関係がないと思った。

かなり不安もあったがこういう大一番を戦えるというのは幸せなことだ。

とにかく悔いの残らないよう戦いたいと願って家を出発。集合場所の東京駅に向かった。

初手からの指し手

▲7六歩 △8四歩 ▲2六歩1
△8五歩 ▲7七角 △3四歩
▲8八銀 △3二金1 ▲7八金
△7七角成1 ▲同　銀 △4二銀
▲3八銀 △7二銀 ▲9六歩
△9四歩 ▲1六歩1 △1四歩
▲4六歩 △6四歩 ▲4七銀
△6三銀2 ▲6八玉 △5二金3
▲7九玉2 △4一玉3 ▲5六銀4
△5四銀 (第1図)

角換わりへ

決戦となった地は新潟県岩室温泉、高志の宿「高島屋」。今までも数々の名勝負が戦われてきた宿である。私は初めて行かせて頂いたが素晴らしい。美味しく食事を頂き、温泉にゆっくりとつかり鋭気を養った。

女将さんがご病気をされ、大変な状態にもかかわらず、当日わざわざお出迎え頂き、恐縮した。とにかくいい将棋が指したいと思った。

やはり前夜はなかなか寝つけなかった。いつものことだが勝負の前の緊張が高まってくる。

朝、蝉の声を聴き、目が覚める。まだ時間があったので、小泉首相ではないがしばらくは部屋から見える蝉を見ながらボーッとしていた。

いよいよ対局開始。振り駒の結果、私の先手に。今期は先手になったら角換わりを目指そうと思っていた。迷いなく進めた。郷田さんも堂々と受けて立たれてきた。4局目では私が少し趣向を凝らしたが本局はオーソドックスな形に進めた。じっくりとした腰掛け銀に進む。郷田さんの作戦に注目していたが指し手が早い。何か秘策を用意されてきている感じである。

第1図以下の指し手

▲3六歩3 △3一玉4 ▲3七桂5
△7四歩 ▲5八金7 △4四歩8
▲6六歩6 △3三銀4 ▲4八飛6
△4二金右2 ▲8八玉1 △2二玉1
▲2五桂55 △2四銀25 ▲2八角
(第2図)

【第1図は△5四銀まで】

△郷田　角

	9	8	7	6	5	4	3	2	1
一	v香	v桂				v王		v桂	v香
二		v飛			v金	v銀	v金		
三			v歩		v歩	v歩		v歩	
四	v歩			v歩	v銀		v歩		v歩
五		v歩							
六	歩		歩		銀	歩		歩	歩
七		歩	銀	歩	歩		歩		
八			金					飛	
九	香	桂	玉			金		桂	香

▲佐藤　角

温故知新

局面はわりと基本の定跡形へと進んでいく。最近では後手測もいろいろな対策が生じているが、本局は一昔前によくある形に進んでいった。

対局中、時折、以前の将棋を思い出しながら進めていたが、△2二玉の局面は最近では私の記憶になかった。

55分の長考。▲2五歩なら穏やかか。また▲1八香も有力だが、損になる可能性もある。いけそうだと思い、▲2五桂を決断した。

▲2五桂に△3七角なら▲3三桂成△同桂▲4九飛でやはり銀を取った得の方が大きそうだ。▲2八角の局面は有名な局面で、飛車先保留の効果。この打開があるので腰掛け銀が復活したといわれている。私も認識してはいたが、実際に指すのは初めてであった。

【第2図は▲2八角まで】

郷田△ 角

	9	8	7	6	5	4	3	2	1	
	△香	△桂						△桂	△香	一
		△飛				△金	△金	△王		二
					△歩			△歩		三
	△歩		△歩	△歩	△銀	△歩	△歩	△銀	△歩	四
		△歩						▲桂		五
	▲歩		▲歩	▲歩	▲銀	▲歩	▲歩	▲歩	▲歩	六
		▲歩	▲銀		▲歩					七
		▲玉	▲金		▲金	▲飛		▲角		八
	▲香	▲桂							▲香	九

▲佐藤 なし

今改めていろいろと悩むと、考えてみる材料もかなりありそうだ。

温故知新。郷田さんの次の手に注目していた。

第2図以下の指し手

△7五歩4 ▲同 歩7 △8四飛28

▲4五歩68 △同 歩6 ▲同 銀2

（第3図）

新構想

わずか4分で△7五歩。これが本局で郷田さんが用意されていた新構想であった。

私も先程で長考したが少し意表を衝かれた。

ここでは△3五歩を予想していた。以下▲4五歩△3六歩▲6四角△9二飛▲4七金でどうか、と思っていた。以下△5九角に▲4四歩。これも難しい戦いである。

また△3五歩に▲同歩△同銀▲4五歩△2四歩▲6四角△9二飛▲3三歩の順か。これは攻め切れるかどうかというぎりぎりの順だ。

本譜△7五歩に▲4五歩は△7六歩▲同銀△8六歩で形が乱れるので指す気がしなかった。

△8四飛と浮かれまたしても長考。しかし他に思わしい手もなく、▲4五歩と行くよりない。いよいよ大決戦である。

第3図以下の指し手

△4五同銀 ▲同 飛 △7六歩50

▲5五角13 △3三銀打18 ▲同桂成4

△同 銀 ▲6八銀 △5四角11

▲4六飛14 △6三桂25 （第4図）

苦戦

図より△4五同銀であったが、先に△7六歩と叩くのも有力であった。以下手抜きで▲5四銀は△7七歩成▲同金△5四歩▲4三歩△同金直▲4四歩△5三金▲4三銀△3一金で自信なし。▲3四銀成に△4七歩が強烈だ。

よって△7六歩なら▲同銀△4五銀▲同飛△5四角と進む。

【第3図は▲4五同銀まで】

郷田△ 角歩

	9	8	7	6	5	4	3	2	1	
	△香	△桂						△桂	△香	一
						△金	△金	△王		二
					△歩			△歩		三
	△歩	△飛		△歩	△銀		△歩	△銀	△歩	四
		△歩	▲歩			▲銀		▲桂		五
	▲歩			▲歩			▲歩	▲歩	▲歩	六
		▲歩	▲銀		▲歩					七
		▲玉	▲金		▲金	▲飛		▲角		八
	▲香	▲桂							▲香	九

▲佐藤 歩二

本譜は銀を取られてから△7六歩だったので気が変わってしまったのだが良くなかった様だ。やはり▲同銀と応じ、△5四角に▲4八飛△7六角▲6七金右（A図）とする順だったか。以下△5四角▲5五角△3三銀打▲5一銀。または△同角成▲同金△2五銀▲同歩△8六歩▲同歩△同飛▲8七銀。自信はないが後手もなかなか大変ではあるようだ。

本譜▲5五角△3三銀打にもやはり▲5一銀だった。△7七歩成▲同金△3一銀▲4二銀成△同銀上▲3三桂成△同銀引▲4一銀は先手も十分戦えたと思う。

やはり銀をタダで取られるのは、と思いためらったのだが△5四角から△6三桂が好手順。

【A図は▲6七金右まで】

△後手　銀銀

	9	8	7	6	5	4	3	2	1	
	v香	v桂						v桂	v香	一
						v金	v金	v王		二
					v歩			v歩		三
	v歩	v飛		v歩			v歩	v銀	v歩	四
		v歩	歩					桂		五
	歩		v角	歩			歩	歩	歩	六
		歩		金	歩					七
		玉	金			飛		角		八
	香	桂							香	九

▲先手　銀歩三

先に△6三桂は▲4三歩で先手もやれる。打たれて見ると想像以上の厳しさにガク然。甘かった。

苦戦を意識した。

第4図以下の指し手

▲5六歩2　△7五桂11　▲9七銀6
△8六歩4　▲同　銀2　△同　飛1
▲同　歩　△6九銀8　（第5図）

決まったか？

図より▲3三角成は△同金右▲4一飛成△7五桂ではっきり一手負けになりそう。

善悪はともかくこの将棋を勝つならこの手しかないと思い、▲5六歩を指す。

この辺り郷田さんも小考が続く。いろいろ指せそうな順があるので迷っていたようであった。

△7五桂では△5五桂▲同歩△6三角もあったのだがやはり実戦ではこちらに跳ねたい所だろう。私もそう指されると思っていた。

▲9七銀と受けた所で郷田さん4分で△8六歩。決めにこられた。が、ここが重大な勝負所であった。

ここは先に△9五歩と突き、▲同歩△同香▲9六歩を決めてから△8六歩とするべきだった。

これを▲同歩と辛抱するのは△7三桂▲9五歩△8五歩が厳しい。よって△8六歩に▲同銀だが本譜と同じ様に進めれば大いに違った。理

【第4図は△6三桂まで】

△郷田　なし

	9	8	7	6	5	4	3	2	1	
	v香	v桂						v桂	v香	一
						v金	v金	v王		二
				v桂	v歩		v銀	v歩		三
	v歩	v飛		v歩	v角		v歩		v歩	四
		v歩	歩		角					五
	歩		v歩	歩		v飛	歩	歩	歩	六
		歩			歩					七
		玉	金	銀	金					八
	香	桂							香	九

▲佐藤　銀銀歩二

【第5図は△6九銀まで】

△郷田　歩

	9	8	7	6	5	4	3	2	1	
	v香	v桂						v桂	v香	一
						v金	v金	v王		二
					v歩		v銀	v歩		三
	v歩			v歩	v角		v歩		v歩	四
			v桂		角					五
	歩	歩	v歩	歩	歩	v飛	歩	歩	歩	六
										七
		玉	金	銀	金					八
	香	桂		v銀					香	九

▲佐藤　飛銀歩三

由は次譜に譲る。

郷田さんはこれで決まりと思われていた様だ。私も対局中、これで決まったら仕方がないと思い、次の手を着手した。

第5図以下の指し手
▲7一飛2　△5八銀成1　▲7五飛成2
△4五歩4　▲4七飛　△6八成銀
▲同　金　△4六銀　（第6図）

混戦に

▲7一飛と打ち、トイレに立つ。戻ってみると金を取られていたのでアレ?と思った。これは難しくなったと思った。

【B図は▲9七玉まで】

後手△なし

9	8	7	6	5	4	3	2	1	
香	桂	飛					桂	香	一
					金	金	王		二
				歩		銀	歩		三
歩			歩	角		歩		歩	四
		桂		角					五
歩	歩	歩	歩	歩	飛	歩	歩	歩	六
玉	歩								七
		金	銀	金					八
香	桂		銀					香	九

▲先手　銀歩三

普通はここで△8七歩が効かなければおかしい。これに対し▲同金は△5八銀成で後手の勝ち。しかし、△8七歩には▲9七玉（B図）と逃げる手がある。

B図より△7八銀成だが▲4二飛成△同金▲3一銀で△3二玉は▲4二銀成以下勝ち。ただ後から考えてみると△1二玉の変化は難しかった様だ。▲1五歩は詰めろでなく、▲2二金△1三玉▲2一金も△3六角で負けだ。▲2二金△1三玉▲7五飛成か。しかしこれも大変だったと思う。

しかし実戦では指しにくい順のようだ。

B図に戻って前譜の△9五歩▲同歩△同香▲9六歩となっている形ならB図で後手に一歩ある勘定なので、△4五歩で全く問題ない。一歩千金である。とはいえ本譜は私が良くなった訳ではない。△4六銀で混戦が続く。

【第6図は△4六銀まで】

△郷田　金

9	8	7	6	5	4	3	2	1	
香	桂						桂	香	一
					金	金	王		二
				歩		銀	歩		三
歩			歩	角		歩		歩	四
		竜		角	歩				五
歩	歩	歩	歩	歩	銀	歩	歩	歩	六
					飛				七
	玉		金						八
香	桂							香	九

▲佐藤　銀銀桂歩三

第6図以下の指し手
▲3三角成3　△同金右1　▲8七飛
△5九角2　▲7九銀1　△2六角成2
▲4二歩1　△4四馬3　▲5五銀6
△同　銀　▲同　歩　（第7図）

戦いは続く

図より▲3三角成と切ったが、局後副立会人の富岡七段に指摘されたのだが▲1七飛△5五銀▲同歩△4三角▲7八金というのも有力な順

【第7図は▲5五同歩まで】

△郷田　金銀歩

9	8	7	6	5	4	3	2	1	
香	桂						桂	香	一
					歩	金	王		二
				歩		金	歩		三
歩			歩	角	馬	歩		歩	四
		竜		歩	歩				五
歩	歩	歩	歩			歩		歩	六
	飛								七
	玉		金						八
香	桂	銀						香	九

▲佐藤　銀銀桂歩二

であった様だ。

本譜は４六の銀に空を切らせる狙いであったが馬を作られた後、▲４二歩に△４四馬が絶好の位置。▲４一歩成は△６五金▲７一竜△６六金がうるさい。仕方なく▲５五銀だがこれでは当初の予定が狂ってしまった。

しかしここで郷田さんにも逸機が出る。

第７図以下の指し手

△７七歩成　▲同　飛　△７四歩
▲６四竜　△６三銀1　▲５四竜
△同　歩　▲４一歩成　△２九飛3
▲７八金5

（第８図）

逸機

△７七歩成が「筋」に見えて、私もこう指されると思っていたのだが逸機。ここは郷田さんにとってチャンスであった。△６三角と引き、▲７四銀△同角▲同竜△７三金▲８五竜△８四銀▲７六竜△４三馬とする順や、いきなり△７七銀と打ち込み、▲同桂△同歩成▲同飛△６三桂とともにかくハガしてこられる順でこられたらまだ少し悪かったのかもしれない。

本譜は竜が捕獲されたが、私の方もスッキリとした陣形になったのでようやく指せそうだという自信が湧いてきた。

とはいえ道のりはまだ長い。

△２九飛に玉頭を強化し、▲７八金。ここで郷田さんに敗着が出る。

第８図以下の指し手

△５三馬　▲４二銀3　△８六馬1
▲８七歩　△４二馬1　▲同　と
△同　金　▲５四歩　△６四銀打
▲６五歩1　△７五銀　▲５三歩成
△同　金　▲４二銀　△３二金打
▲５三銀成　△８六歩　▲６三成銀
△８七歩成　▲同　飛　△６八歩
▲８一飛成1　△６九歩成　▲５三角4
△４三金寄　▲５五角　△１二玉
▲４一竜　まで125手で佐藤の勝ち

（消費時間＝▲３時間58分、△３時間59分）

【第８図は▲７八金まで】

△郷田　持駒　金

9	8	7	6	5	4	3	2	1	
v香	v桂				と		v桂	v香	一
						v金	v玉		二
			v銀			v金	v歩		三
v歩		v歩		v歩	v馬	v歩		v歩	四
				歩	v歩				五
歩	歩		歩			歩		歩	六
		飛							七
	玉	金							八
香	桂	銀					v飛	香	九

▲佐藤　角銀銀桂歩四

棋聖獲得

△５三馬が敗着。というよりポカに近い。何か錯覚があったと思う。▲４二銀がより激しくなってしまった。

まだ図より△５五馬とし、▲４二銀に△６六馬とされていたら優劣不明の激戦が続いていたと思う。いつでも△８七歩のタタキがあるので全然違ってくるのである。

本譜は似ている様だが▲８七歩とフタができるのが大きい。△７七馬▲同桂△８六歩も▲３三銀成△同桂▲４四桂の攻め合いで一手勝ちだ。

とはいえ△４二馬や△６四銀打、△３二金打には対局中ながら感動を覚えた。

この一局の大きさを改めて感じながら戦った。塚田正夫先生の「勝つことは偉いことだ」という言葉を思い出し、とにかく楽をしないように、と自分に言い聞かせた。

▲４一竜で郷田さん投了。さすがに受けがない。

これで念願であった棋聖位獲得。二冠になる事ができた。

私にとっても忘れられない日となった。

今までも二冠になるチャンスは何回かあったが跳ね返された。本局も途中はっきり苦しかったので信じられないという気持ちである。しかし今後も厳しい競争は続いていく。より一層精進し、頑張っていきたいと思う。

第6局

藤井システムと戦う

第50期王座戦挑戦者決定戦（日本経済新聞）
２００２年８月６日　終了22時17分
東京都渋谷区「将棋会館」
持ち時間各５時間

☗九段　藤井　猛
☖棋聖・王将　佐藤　康光

▲7六歩1 △8四歩2 ▲1六歩6
△3四歩1 ▲6六歩 △6二銀2
▲6八飛2 △4二玉1 ▲1五歩21
△3二玉1 ▲7八銀 △5四歩4
▲6七銀1 △5二金右5 ▲3八銀2
△5三銀12 ▲5八金左2 △3三角4
▲4六歩1 △4四歩1 ▲3六歩
△4三金5 ▲3七桂1 △8五歩3
▲7七角 △2二玉15 ▲6五歩4
△3二金 ▲4七銀 （第1図）
△4二角25 ▲4五歩48 △1二玉50
▲4六銀17 （第2図） △4五歩81
▲1四歩4 △同 歩 ▲同 香
△1三歩 ▲同香成 △同 桂
（第3図） ▲1四歩9 △4六歩5
▲1三歩成2 △2一玉3 ▲1一角成21
△同 玉 ▲1四香 （第4図）
△2二金1 ▲2三と △1二歩
▲1三歩 △同 歩1 ▲同香成
△同 金3 ▲同 と △1二歩
▲2三桂3 △2一玉 ▲3一桂成
△同 玉1 ▲2三と △1五角
（第5図） ▲6四歩56 △同 歩5
▲6二歩16 △同 飛14 （第6図）
▲6三銀48 △8二飛7 ▲6二歩1
（第7図） △4一玉7 ▲6一歩成27
△2一香7 （第8図） ▲3二金6
△同 飛1 ▲5一と △3一玉1
▲3二と △同 玉 ▲5二銀不成
△4二金2 ▲4一銀成 △3七角成2
▲4八金上 △1五馬2 ▲4二成銀
△同 銀 ▲5二と △7九銀7
（第9図） ▲4五飛 △6八銀成2
▲同 玉 △1九飛 ▲4一銀
△2三玉 ▲4二と △7九銀
▲7八玉 △7七香 ▲同 玉
△8八角 ▲7八玉 △6八金

まで102手で佐藤の勝ち
（消費時間＝▲4時間59分、△4時間43分）

1年前の9月11日。私は連盟で当日戦われているC級1組の順位戦の検討をしていた。夜戦に入りいよいよこれからという時であった。記者の斎藤さんが検討室に入ってきて「すごいことになってるよ」と言う。何だろうと思い特別対局室の画面を切り替えるとそこには映画のシーンのような異様な光景があった。それからそれまで賑やかであった検討が突然静かになり、皆テレビに見入る。私も将棋を検討する気力を失い、早く将棋の終わった小倉六段と共に深夜まで自宅でテレビを見ながら話をしていた。

ニューヨークのテロから早一年。先日特別番組の「カメラはビルの中にいた」を見たが、実際中にいた一人のカメラマンの映像が公開されたものだがそのあまりの惨状、惨劇には呆然とするよりない。忘れかけていたものの思いを呼び起こし、より一層深く考えさせられることの多い貴重な番組であった。

自分自身の無力さを痛感するがとにかく棋士としていい将棋を指せるよう精進するしか道がない。頑張りたい。

藤井九段との王座戦の一局を振り返ってみたい。勝てば挑戦権獲得という大きな一番である。また王座戦は3年間ベスト4で負けているので何とかチャンスを生かしたいと思っていた。

藤井システム対策というのはいつも悩むのであるが本局は棋聖戦が終わってからあまり時間もなく、最近はやや分が悪いという事もあり、少し厳しい状況かと思っていた。とにかく思い切りぶつかっていこうとだけは決めて臨んだ。

【第1図は▲4七銀まで】

△佐藤 なし

9	8	7	6	5	4	3	2	1	
v香	v桂					v銀	v桂	v香	一
	v飛					v金	v玉		二
v歩		v歩	v歩	v銀	v金	v角	v歩	v歩	三
				v歩	v歩	v歩			四
	v歩		歩					歩	五
		歩			歩	歩			六
歩	歩	角	銀	歩	**銀**	桂	歩		七
			飛	金					八
香	桂			玉	金			香	九

▲藤井 なし

振り駒の結果、藤井九段の先手に。

局面は**第1図**。先手藤井システムの基本型ともいえる形に進んだ。この局面が最初に出現してから5年位経つのだろうか。いつも考えてはどうしようかと思っている局面の一つである。

第1図より△1二香、△7四歩、△4五歩が有力手とされ、いずれもよく指されているが、なかなか居飛車側もどれもはっきりとした結論は出ていないようだ。

第1図より本局は△4二角と引いた。以前（と言っても半年位前からだが）から少し考えていた手だったが、よく結論を出さないまま時間だけが過ぎ去ってしまった。せっかくの機会なので本局で採用してみることにした。

【第2図は▲4六銀まで】

△佐藤　なし

9	8	7	6	5	4	3	2	1	
v香	v桂					v銀	v桂	v香	一
	v飛				v角	v金		v王	二
v歩		v歩	v歩	v銀	v金		v歩	v歩	三
				v歩	v歩	v歩			四
	v歩		歩		歩			歩	五
		歩			**銀**	歩			六
歩	歩	角	銀	歩		桂	歩		七
			飛	金					八
香	桂			玉	金			香	九

▲藤井　なし

△4二角には▲4八玉△1二玉▲3八玉のような囲い合いを本線として考えていた。△1二玉もいい形ではないのであるが先手の▲4七銀もマイナスになる可能性が高い。どちらがより響くか、という将棋でこれならゆっくりとした戦いになる。

しかし藤井九段の構想はそういうことではなかった。以降の展開は私の想像をはるかに超える激しいものであった。

▲4五歩△1二玉▲4六銀で**第2図**。

△1二玉で50分の長考。この局面は手順が少し違うのだが前例がある。

平成13年6月の王位リーグ畠山成―郷田戦で以下▲6四歩△同歩▲4四歩△同銀▲2五桂△2二銀▲1四歩△同歩▲1三歩△同銀（**A図**）という激しい展開。これは後手もやれるのではないかと思っていた。

【A図は△1三同銀まで】

△郷田　歩四

9	8	7	6	5	4	3	2	1	
v香	v桂						v桂	v香	一
	v飛				v角	v金		v王	二
v歩		v歩			v金		v歩	**v銀**	三
			v歩	v歩	v銀	v歩		v歩	四
	v歩						桂		五
		歩				歩			六
歩	歩	角	銀	歩	銀		歩		七
			飛	金					八
香	桂			玉	金			香	九

▲畠山　なし

また▲4四歩△同銀▲4五歩△3三銀▲4八玉△2四歩も△7四歩から△7三桂の右桂の活用が間に合いそうなのでまずまずと思っていたが、この長考で▲4六銀は全く読めていなかった。こういう時は勝負うんぬんより、軽い目まい、ショックを覚える。精神的にも少しダメージを受けている。読んでいく程に段々自分に自信が持てないでいるのが分かった。しかし▲4六銀はなかなか浮かびにくい着想で正に藤井九段の面目躍如である。

自然は▲5六銀左△2二銀だがこれだと私の方も十分である。

しかし本譜▲4六銀に△2二銀は▲3五歩といきなり突けるのが大きく、△2四歩（△4五歩は▲同銀で後手不利）▲5六銀となり、歩が2つぶつかっていてどうにも収まらない。反撃する筋がなく、以下二枚銀をぶつけられて一方的に攻めつぶされそうな気がした。

本譜の順を読んで、かなり怖いが私の方も腹をくくるよりない。81分。残り時間もかなり少なくなってきたが△4五歩を決断した。

これに対して当然のように▲1四歩。いよいよ大決戦である。△同歩▲同香△1三歩▲同香成△同桂で**第3図**。

ここが1つのポイントの場面であった。局後真っ先に藤井九段が次の手がどうだったか、と言った局面。

短考で▲1四歩。勢いからしてもこう指されると思っていたのだがここは▲4五銀も有力だったようだ。以下△4四歩▲1四歩△2四歩▲1三歩成△同玉▲5六銀引△2三玉▲4五歩△1七香成（**B図**）がまず予想される変化。以下▲3八金△1六成香の進展か。

何とも言えない変化で善悪は今のところ分からない。藤井九段としてもいったん▲5六銀引と引いてしまうと、流れが止まる感じの手順なので指しにくかった様だ。しかしこれもあった。これからの研究課題としたい。

本譜**第3図**より▲1四歩△4六歩▲1三歩成△2一玉▲1一角成△同玉▲1四香で**第4図**。
▲1四歩に△2二銀は▲1三歩成△同銀▲4五桂△4四銀▲5六桂だがそこで△1五角はあったか？　本譜は怖いが銀を取って△2一玉もこの一手で△1三同玉は▲1一角成と角がさばけて支えきれない。しかし△2一玉にも角切りの強襲から一気の攻めを見せる。
私も一方的に攻められているが駒得なのと先手の飛車が働く見込みがないのが頼りである。
第4図より△2二金▲2三と△1二歩▲1三歩△同歩▲同香成△同金▲同と△1二歩▲2三桂△2一玉▲3一桂成△同玉▲2三と△1五角で**第5図**。割合早く一気に進んだ。▲2三桂で▲1四歩なら千日手の可能性が高かったと思う

【第3図は△1三同桂まで】

△佐藤　香歩

9	8	7	6	5	4	3	2	1	
v香	v桂					v銀		v香	一
	v飛				v角	v金		v王	二
v歩		v歩	v歩	v銀	v金		v歩	v桂	三
				v歩		v歩			四
	v歩		歩		v歩				五
		歩			銀	歩			六
歩	歩	角	銀	歩		桂	歩		七
			飛	金					八
香	桂			玉	金				九

▲藤井　歩二

【B図は△1七香成まで】

△後手　香歩

9	8	7	6	5	4	3	2	1	
v香	v桂					v銀			一
	v飛				v角	v金			二
v歩		v歩	v歩	v銀	v金		v王		三
				v歩	v歩	v歩	v歩		四
	v歩		歩		歩				五
		歩		銀		歩			六
歩	歩	角	銀	歩		桂	歩	v杏	七
			飛	金					八
香	桂			玉	金				九

▲先手　桂歩

【第5図は△1五角まで】

△佐藤　角銀桂香香

9	8	7	6	5	4	3	2	1	
v香	v桂					v王			一
	v飛							v歩	二
v歩		v歩	v歩	v銀	v金		と		三
				v歩		v歩			四
	v歩		歩					v角	五
		歩			v歩	歩			六
歩	歩		銀	歩		桂	歩		七
			飛	金					八
香	桂			玉	金				九

▲藤井　金銀歩二

【第4図は▲1四香まで】

△佐藤　角銀香歩

9	8	7	6	5	4	3	2	1	
v香	v桂					v銀		v王	一
	v飛				v角	v金			二
v歩		v歩	v歩	v銀	v金		v歩	と	三
				v歩		v歩		香	四
	v歩		歩						五
		歩			v歩	歩			六
歩	歩		銀	歩		桂	歩		七
			飛	金					八
香	桂			玉	金				九

▲藤井　桂歩

が回避。
私の方も▲3一桂成に△同角は▲2三と△3二銀▲2四銀でどうしても攻めが振りほどけずダメだ。
第2図の長考でこの辺りまでは考えたのであるが形勢判断もはっきりせず、しかしやむを得ない選択と思っていた。藤井九段の消費時間もわりと早く、研究範囲なのだろうと思っていた。
第5図で藤井九段も夕食休憩を挟んで長考に入る。
▲6四歩△同歩▲6二歩△同飛で**第6図**。
▲6四歩で▲4二歩もある様だが△同玉▲2六銀△2二歩や△同金▲2六銀△4七歩成▲1五銀△4八歩の攻め合いでも後手が有望。やはり一番イヤな手でこられたと思った。

【第6図は△6二同飛まで】

▲藤井　金銀歩

	9	8	7	6	5	4	3	2	1
一	v香	v桂					v王		
二				v飛					v歩
三	v歩		v歩		v銀	v金		と	
四				v歩	v歩		v歩		
五		v歩							v角
六			歩			v歩	歩		
七	歩	歩		銀	歩		桂	歩	
八				飛	金				
九	香	桂			玉	金			

△佐藤　角銀桂香歩二

▲6二歩が大駒を近付ける手筋の一着。私の方も△3七角成をやりたいが▲4八金上と先手を取られてしまうのでなかなか指せない。
▲6二歩に△4一玉が第一感だったがじっと▲6一歩成とされて難しい。
効かされたが取るよりない。
第6図。▲6三歩は△9二飛▲6二銀△4二玉で後手指せる。▲6三金も怖い手だが△同飛▲5二銀に△1四銀と受けに回って切れていると思っていた。△1四銀では△3七角成の攻め合いも相当のようだ。
また**第6図**で▲3三金を恐れていたのだが△同金▲同と△同角▲4五桂に△4七桂▲同金△1五角の順。また△同金▲同とに△7九銀とし、▲4三金△3三角▲同金△6八銀成▲同玉△9五角▲7七銀△同角成▲同桂△8九飛（**C図**）も私が有望。**C図**以下▲6九歩に△8八飛成が厳しい。

【C図は△8九飛まで】

▲先手　角角銀歩

	9	8	7	6	5	4	3	2	1
一	v香	v桂					v王		
二				v飛					v歩
三	v歩		v歩		v銀		金		
四				v歩	v歩		v歩		
五		v歩							
六			歩			v歩	歩		
七	歩	歩	桂	銀	歩		桂	歩	
八				玉	金				
九	香	v飛				金			

△後手　金銀桂香歩三

結局長考の末▲6三銀を選択。△8二飛▲6二歩で**第7図**。
ここで△4一玉が怖いがこの一手と思った。が△4二金も有力で▲5二銀成△2一香▲5三成銀△2三香はあったと思う。
△4一玉で藤井九段最後の長考。そして▲6一歩成だが△2一香（**第8図**）と打ってここで初めて優勢になったと思った。
後から考えてみると▲6一歩成では▲3二金

【第7図は▲6二歩まで】

▲藤井　金

	9	8	7	6	5	4	3	2	1
一	v香	v桂					v王		
二		v飛		歩					v歩
三	v歩		v歩	銀	v銀	v金		と	
四				v歩	v歩		v歩		
五		v歩							v角
六			歩			v歩	歩		
七	歩	歩		銀	歩		桂	歩	
八				飛	金				
九	香	桂			玉	金			

△佐藤　角銀桂香歩二

☖5一玉☗3三と☖4四金☗5六銀（D図）がかなり際どかった様に思う。

D図で☖8四飛は☗4五銀☖同金☗4三と。また☖5二銀も☗6四飛！　で受けにくい。☖6二飛も☗4二と☖同飛☗同金☖同玉☗5二飛☖4三玉☗1二飛成で私が大変。

ただ☗4二とに☖同銀が有力で少し残っていそうだ。D図では☖7一桂も有力で☗6四飛☖3七角成☗4八金上☖9五角☗6九玉☖4八馬☗同金☖6三桂（E図）となれば☗同飛成☖6四香で後手勝ちと思う。

また☖3七角成に☗6九玉も☖4七歩成☗4二と☖同銀☗6一歩成☖同玉☗4二金☖5八と☗同金☖6三桂☗同飛成☖7一玉で残していそう。

しかし実戦では読めていなかったので果たして指せたかどうか。

本譜☖2一香以降も藤井九段の猛烈な攻めが続くが少しずつ切れ模様となって行った。

第9図の☖7九銀が回りはっきりと勝ちを意識した。☖6八金を見て藤井九段投了。以下は簡単な即詰みである。

本局は勢いで押した一局であった。

これで王座挑戦権獲得、嬉しい勝利であった。私としてはこれでタイトル戦全てで挑戦者となることができた。

一つ目標がクリアできたので次は全てのタイトル獲得、棋戦優勝を目指し精進したいと思う。

【第8図は☖2一香まで】

☖佐藤　角銀桂香歩二

	9	8	7	6	5	4	3	2	1
一	v香	v桂		と		v王		v香	
二		v飛							v歩
三	v歩		v歩	銀	v銀	v金		と	
四				v歩	v歩		v歩		
五		v歩							v角
六			歩			v歩	歩		
七	歩	歩		銀	歩		桂	歩	
八				飛	金				
九	香	桂			玉	金			

☗藤井　金

【D図は☗5六銀まで】

☖後手　角銀桂香歩二

	9	8	7	6	5	4	3	2	1
一	v香	v桂			v王				
二		v飛		歩			金		v歩
三	v歩		v歩	銀	v銀		と		
四				v歩	v歩	v金	v歩		
五		v歩							v角
六			歩		銀	v歩	歩		
七	歩	歩			歩		桂	歩	
八				飛	金				
九	香	桂			玉	金			

☗先手　なし

【E図は☖6三桂まで】

☖後手　金銀銀桂香香歩二

	9	8	7	6	5	4	3	2	1
一	v香	v桂			v王				
二		v飛		歩			金		v歩
三	v歩		v歩	v桂	v銀		と		
四				飛	v歩	v金	v歩		
五	v角	v歩							
六			歩		銀	v歩	歩		
七	歩	歩			歩			歩	
八						金			
九	香	桂		玉					

☗先手　角歩

【第9図は☖7九銀まで】

☖佐藤　角金銀桂桂香歩三

	9	8	7	6	5	4	3	2	1
一	v香	v桂						v香	
二					と	v銀	v王		v歩
三	v歩		v歩						
四				v歩	v歩		v歩		
五		v歩							v馬
六			歩			v歩	歩		
七	歩	歩		銀	歩			歩	
八				飛	金	金			
九	香	桂	v銀		玉				

☗藤井　飛金

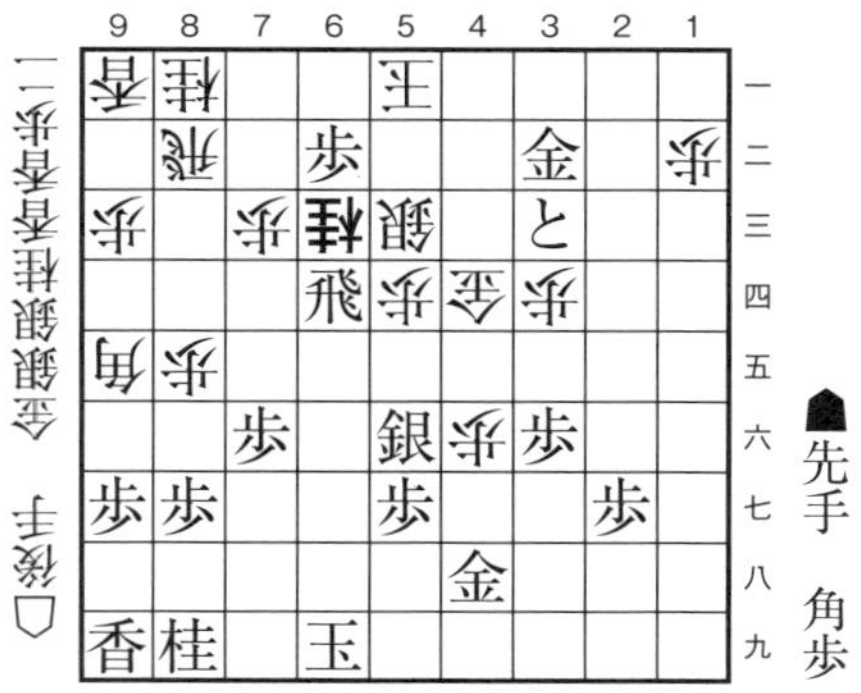

第7局

嬉しい防衛の一局

第74期棋聖戦五番勝負第3局（産経新聞）
2003年7月1日　終了18時51分
神奈川県箱根町「箱根ホテル小涌園」
持ち時間各4時間

☗棋聖　佐藤　康光
☖棋王　丸山　忠久

棋聖戦開幕前。私は3連敗し、4月からは負け越しで臨むこととなった。相手は好調の丸山棋王。かなり厳しい戦いになる、と覚悟していた。

が、フタを開けてみると2連勝。第一局の競り合いを勝てたのが大きく第二局は勢いで押した感じであった。

そして第三局。ここで決めないと流れが変わる可能性がある。あまり余裕のある状態ではなかった。勝ちたいとは思ったが簡単な道のりは残っていないぞ、と気を引き締め対局に向かった。

丸山棋王とのタイトル戦は名人戦以来。あれから3年ちょっと経つが随分と昔の出来事のように感じる。

その時はフルセットの末敗れたが自分にとっては若さみなぎる将棋が多く、全力も尽くせたので今では良き思い出として残っているシリーズである。

あの時は戦型が決まっていた。確かに他の方策もあったかもしれない。

阿呆だの馬鹿だの言われたりもした。しかし、賢いだけでは感動は呼ばない。アホ、バカが戦うから面白いのである。ともかくまたこの大舞台で戦えることを嬉しく思った。

初手からの指し手

☗7六歩　☖3四歩　☗2六歩
☖8四歩1　☗2五歩　☖8五歩
☗7八金　☖3二金　☗2四歩
☖同　歩　☗同　飛　☖8六歩
☗同　歩　☖同　飛　☗3四飛
☖3三角　☗3六飛2　☖2二銀
☗8七歩3　☖8五飛1　☗2六飛
☖4一玉
（第1図）

やはり……ですか

対局場は箱根小涌谷にある「箱根ホテル小涌園」。私は昨年に続いての来訪となった。ロビーから歩いて5分程の貴賓館が対局室。大正七年に藤田平太郎男爵の別荘として建築されたもので藤田観光の原点とか。歴史を感じる場所で有形文化財建造物として登録されている。

昨年、面白い事があった。関係者が下見で訪れた際、倉庫より調べて出てきた碁盤があり、裏に本因坊のサインもある何千万かの価値あるもの。ところが係の人がそれまで気が付かず、宿泊客に安価で貸し出していたそうである。

さぞかしこの幸運に恵まれた人は不思議に感じつつも幸せな気分だったろう。

さあ皆さん、今から倉庫を調べてみましょう。ひょっとすると掘り出し物があるかも。

前日はその盤を鑑賞しながら関係者だけの夕食会。その後、蛍見物に。

広大な庭園の中、まばらではあったが見ることができた。いつ以来か記憶がないが心休まるひとときであった。

午前9時、対局開始。戦型はやはり、と言うべきか横歩取りに進む。

しかし丸山棋王も本当にこれが好きですね。もう少し私も振り飛車が上手ければ、と思うが中々変化しづらい。もうそろそろ相手に止めてもらうような対策を、と思っているのだが中々決定版、という様なものは出来ない。

第一局では作戦をはっきりと決めて臨んだが本局は全く決めていないまま、この時を迎えた。

【第1図は☖4一玉まで】

☖丸山　歩一

9	8	7	6	5	4	3	2	1	
v香	v桂	v銀	v金		v玉		v桂	v香	一
						v金	v銀		二
v歩		v歩	v歩	v歩	v歩	v角		v歩	三
									四
	v飛								五
		歩					飛		六
歩	歩		歩	歩	歩	歩		歩	七
	角	金							八
香	桂	銀		玉	金	銀	桂	香	九

☗佐藤　歩二

第1図以下の指し手

☗6八玉7　☖6二銀1　☗3八銀3
☖7四歩3　☗3六歩1　☖7三桂1

▲3七桂1　△5一金1　▲4六歩
△5五飛26　▲4五歩13　△5四飛3
▲3三角成　△同　桂　▲6六歩
（第2図）

常識手順に

第一局では▲5八玉としたが本局は▲6八玉。これで別の将棋になった。

第2図までは6八玉型としては一番多く、今では常識手順となっている型に進んで行く。

ただ私自身はこの型は公式戦ではあまり経験がない。何となく手順に必然性が見出せない感じがするのであるが、先程の名人戦でも戦われた様に今現在では一番多い対抗策かもしれない。

【第2図は▲6六歩まで】

△丸山　角歩二

9	8	7	6	5	4	3	2	1	
v香				v金	v王			v香	一
			v銀			v金	v銀		二
v歩		v桂	v歩	v歩	v歩	v桂		v歩	三
		v歩		v飛					四
					歩				五
		歩	**歩**			歩	飛		六
歩	歩			歩		桂		歩	七
		金	玉			銀			八
香	桂	銀			金			香	九

▲佐藤　角歩二

丸山棋王とこの型を指すのは3年前の名人戦以来か。

ただ当時からは当たり前だが結論も様変わりし、認識も違っている。が、経験不足は少し不安であった。

皆さんもそういう経験があるかもしれない。相手はこの形のスペシャリスト。対して自分は無知に等しく、全く分かっていない。一夜漬けに近い感覚か。少なくとも局面を推考している時間は大差であろう。通常は駄目としたものであるが不思議と勝負ではそうでない場合も多い。かえって常識に毒されずに済んでいる、自分なりの感性を殺されずに済んでいる、という事もある。

勢いだけの若手が経験豊富なベテランに勝つ時があるのもそういう場合があるからかもしれない。

第2図。次の一手で本局の骨格が決まった。

第2図以下の指し手
△7五歩7　▲8三角19　△4五桂10
▲同　桂2　△4六角　▲5八金8
△1九角成　（第3図）

大決戦に

そういえば最近はタイトル戦の一局目の振り駒で先手を引く事が多い。昨年の王座戦から3回連続である。

当然、歩が出た方がいいでしょうと思われそうだが、そうでもない。

最近の私は五番勝負は先手、七番勝負は後手が良いと思っている。

私はタイトル戦一局目の前は7割方後手番の作戦を考えている気がする。その観点からいくと一局目は後手番の方が満足して戦うことができる気がする。

ただ五番勝負で今回のようにストレートで終わった場合、一局目が後手で先手番一回だけでは何となく不完全燃焼のような気がする。

もっとも振り駒で勝負がつくはずもないし、これらの論理はかなり偏った観点から見ているかもしれない。

先後の決め方を一局目の一週間程前に振り駒をしておいて戦うタイトル戦があっても面白い気がしている。

まあ元来私はあまり振り駒を気にするタイプではないし、いろいろなタイプの棋士がいる。あくまで自分に都合の良さそうなルールですけどね。

ついでに言えば二日制の将棋の封じ手時間は5時が良い。しかしこれは新聞掲載の関係ではっきり無理だろう。

とここまで書きながら思ったがルールによって自分のベストの状態が違うかも、と思っているようではまだまだ修業が足りないですな。

局面に戻る。

△7五歩より実戦例の少ない型に進む。最近何局かあったのは△2四歩▲8二角△6四角▲4八金△4五桂▲同桂△1九角成▲9一角成△4四香という順。

丸山棋王も指されている順なのでそちらの方を主に考えていたのだが手を変えられた。

▲7五同歩もあるが▲8三角。これに対して△4五桂。あの将棋になった。

あの将棋とは2年前の名人戦最終局。名人位を懸けた将棋での丸山棋王の強手であった。相手の谷川王位も周りの観戦者も驚いた一手である。通常、こんな手はない。要所の桂を捨てて急所にとばし、スミで遊んでいる香との交換。率が悪いにも程があるが私も当時、現地で研究していてあまりにも難解なのでまた驚いた記憶がある。

ただ今現在では常識化され皆平然とするようになったのがすごい所だ。この戦型独特の大局観である。

第3図で昼食休憩。じっくりと考える事にした。

【第3図は△1九角成まで】

△丸山　香歩三

	9	8	7	6	5	4	3	2	1	
	香				金	王			香	一
				銀			金	銀		二
	歩	角	桂	歩	歩	歩			歩	三
					飛					四
			歩			桂				五
			歩	歩			歩	飛		六
	歩	歩			歩				歩	七
			金	玉	金		銀			八
	香	桂	銀						馬	九

▲佐藤　桂歩二

第3図以下の指し手

▲2三歩102　△3一銀2　▲3五歩
△5五馬52　▲5六角成1　(**第4図**)

【第4図は▲5六角成まで】

△丸山　香歩三

	9	8	7	6	5	4	3	2	1	
	香				金	王	銀		香	一
				銀			金			二
	歩		桂	歩	歩	歩		歩	歩	三
					飛					四
			歩		馬	桂	歩			五
			歩	歩	馬			飛		六
	歩	歩			歩				歩	七
			金	玉	金		銀			八
	香	桂	銀							九

▲佐藤　桂歩

手を変える

ここで迷う。名人戦は▲2三歩△3一銀▲3三桂打△5二玉▲2一桂成△2五歩と進んだ。これも有力だが玉を逃がす感じがイヤであまり考えなかった。

この局面でもう一つ前例があり昨年の竜王戦本戦の▲中田宏―△野月戦。▲3五歩△1八馬▲3四桂以下先手快勝の将棋があった。その印象があり先手が指せるのではないかと認識していた。しかし改めて読み直してみると▲3五歩に△2五歩の時の応対が難しい。▲同飛は△2三香。▲5六飛は△8四飛▲7二角成△5四香。という事は▲3六飛か。しかし△5五馬でどうか。

本譜との比較であったがやはり一本は▲2三歩を利かしたくなり、本譜の順を選ぶ。この二局を複合した手順。ここから新しい将棋になった。

▲2三歩に△同銀は▲同飛成△同金▲3五桂と強攻して良い。

ここで丸山棋王も初めて腰を据えて長考。52分で△5五馬。一番自然な一手だ。

これに対して▲5六角成とぶつける。ここでどう指されるか。緩か急かの選択である。

第4図以下の指し手

△4四馬3　▲4六馬2　△7六歩14
▲8八銀18　△2一歩6　▲4七銀4
△5二玉47　▲6七金左8　(**第5図**)

緩やかな流れに

第4図。一手前の△5五馬の大長考の継承もあり、3分で△4四馬。当然と思われるこの手は難しい所であった。

△5六同馬と取り、▲同歩（▲同飛は△同飛▲同歩△3九飛）△2五歩▲3六飛△5二玉（△1八角を利かすかは微妙）という順もあったかもしれない。これはよく分からない。

ただ対局中は私も馬を引かれると思っていた。自然な感じを受けるし、何より△7六歩の取り込みが大きい。プロでも8割方馬を引くだろう。

これに対して私も馬を切られてはいけない。片方だけ消えると形勢に差が付きそう。▲4六馬からは一転渋い進行に。

対局中▲8八銀に△5五飛を心配していた。▲3四歩△4五飛▲3三歩成△同金▲2二歩成△4二銀は後手有望。ただ△5五飛には▲7四歩△4五馬（△8五桂は▲7三歩成△同銀▲5三桂成）▲7三歩成△4六馬▲6二との変化は後手も嫌なようだ。

△2一歩、△5二玉と丸山棋王らしい順だが局後の感想ではこの辺りを悔やまれていた。どうも落ち着き過ぎだったと。控室では△2一歩で△7五香が検討されていた様だ。▲6七桂△7七歩成▲同桂△同香成▲同銀△3四桂。しかしこれは▲同歩△2六馬▲3三歩成と飛を捨てても先手良し。ただ△3四桂の前に△8五桂から味を付ける。これはあったか。また△7五香に▲6七金左もある。また△5二玉で△6六馬も検討されたが後から考えてみると▲7三馬△8八馬に▲3三桂打で先手指せそうだ。

が、とにかく動く所だった様で丸山棋王らしい渋さが裏目に出た格好だ。

▲6七金左と上がり、少しずつ好形に。だんだんと後手が忙しくなってきた。

【第5図は▲6七金左まで】

△丸山　持駒　香歩三

9	8	7	6	5	4	3	2	1	
v香				v金		v銀	v歩	v香	一
			v銀	v玉		v金			二
v歩		v桂	v歩	v歩	v歩		歩	v歩	三
				v飛	v馬				四
					桂	歩			五
		v歩	歩		馬		飛		六
歩	歩		金	歩	銀			歩	七
	銀		玉	金					八
香	桂								九

▲佐藤　持駒　桂歩

第5図以下の指し手

△3四歩9　▲3六銀24　△4二銀17
▲5六歩1　△7一香23　▲7五歩5
△8四飛5　▲2九飛4　△8六歩5
▲同　歩　△8五歩　（第6図）

優勢に

第5図より△3四歩。これがいろいろ激しい順を見送った丸山棋王の期待の一手だったと思う。地味であるが次に△3五馬から馬を消されるとどういう訳かはっきり苦しくなる。

うまい手を指されたと思い長考。そしてじっと辛抱の▲3六銀。駒がそっぽにいくので指しにくかったが最善だった様。が、丸山棋王も長考で△4二銀。これは少し良くなったと思った。

手の調子からするとここは△5五馬でなければいけない。そっぽに追いやった瞬間に中央で動きたい。▲同馬△同飛▲3四歩は△3七角で大変。ただ▲3四歩で▲7四歩△8五桂▲7三

【第6図は△8五歩まで】

△丸山　持駒　なし

9	8	7	6	5	4	3	2	1	
v香		v香		v金			v歩	v香	一
			v銀	v玉	v銀	v金			二
v歩		v桂	v歩	v歩	v歩		歩	v歩	三
	v飛				v馬	v歩			四
	v歩	歩			桂	歩			五
	歩	v歩	歩	歩	馬	銀			六
歩			金					歩	七
	銀		玉	金					八
香	桂						飛		九

▲佐藤　持駒　桂歩

歩成☖同銀☗7六金で自信がないと丸山棋王。玉頭が薄い。ただとにかく何か暴れる最後のチャンスではあった。

☗5六歩と突けて馬を押さえこめそうになり、手応えをつかんだ。負担になる可能性のあった4五の桂がこうなると燦然と輝いてくる。

☖7一香は怪しい手だが☗7五歩がぴったりとした受け。☖8四飛からの継ぎ歩は攻めるならここしかない、という場所。私も気を付けて応接しなければならない。残り時間も少なくなったがそれ程気にならない展開になってきた。

第6図以下の指し手

☗5五歩5　☖8六歩　☗7六金
☖5四歩　☗8五歩　☖同　桂
☗3四歩　☖5五馬　☗同　馬
☖同　歩　☗2二歩成　☖同　金
☗3三歩成　☖同　銀　**（第7図）**

勝ちを意識

第6図より☗8五同歩とすると☖同桂☗8六歩☖7七桂成☗同桂☖8六飛☗8七歩☖7七歩成☗同金☖6六飛で逆転する。また単に☗7六金も☖5四馬☗6七金☖4四歩で桂を取られる。

先に☗5五歩が抜かりない手順。☖8六歩☗7六金☖8七歩成も☗8五歩が利くので大丈夫。

☖5四歩は自玉の頭だけに苦しいが放置しては☗5六桂で馬が取られる。

しかしこのタイミングで☗3四歩の取り込みが味が良い。桂のさばけるメドも付き、はっきりと優勢を意識した。**第7図**。銀を取る前に。

【第7図は☖3三同銀まで】

☖丸山　角歩五

	9	8	7	6	5	4	3	2	1
一	v香		v香		v金			v歩	v香
二				v銀	v王			v金	
三	v歩			v歩		v歩	v銀		v歩
四		v飛							
五		v桂	歩		v歩	桂			
六		v歩	金	歩			銀		
七	歩								歩
八		銀		玉	金				
九	香	桂						飛	

☗佐藤　角桂歩二

第7図以下の指し手

☗5三歩2　☖6一玉　☗3三桂成
☖同　金　☗2一飛成　☖4六桂1
☗9五角2　☖――1　**（投了図）**

まで89手で佐藤の勝ち

（消費時間＝☗3時間57分、☖3時間59分）

棋聖防衛

銀を取っても良いが一回☗5三歩が良いタイミング。☖同銀は☗9五角でしびれる。この筋が常に厳しく、本譜でも決め手になった。☖6一玉とさせてから銀を取る。以下は形作り。

投了図は☖4四飛☗5一竜以下の即詰み。

これで棋聖位初防衛。自分として防衛は4年前の名人戦以来。久しぶりであった。3連勝という望外な結果。私自身は万全ではなかったが徐々に上向きか。丸山棋王はどうも調子を落とされていたようだ。本局ではらしさが裏目に出るなど私の方にツキもあったかもしれない。

昨年二冠になって以来、あまり良い事がなかったので嬉しく、少しホッとしたという感じだ。が、これに緩まずより一層気を引き締め頑張っていきたい。今回応援していただいた方に御礼申し上げます。ありがとうございました。

【投了図は☗9五角まで】

☖丸山　角歩五

	9	8	7	6	5	4	3	2	1
一	v香		v香	v王	v金			竜	v香
二				v銀					
三	v歩			v歩	歩	v歩	v金		v歩
四		v飛							
五	角	v桂	歩		v歩				
六		v歩	金	歩		v桂	銀		
七	歩								歩
八		銀		玉	金				
九	香	桂							

☗佐藤　銀桂歩二

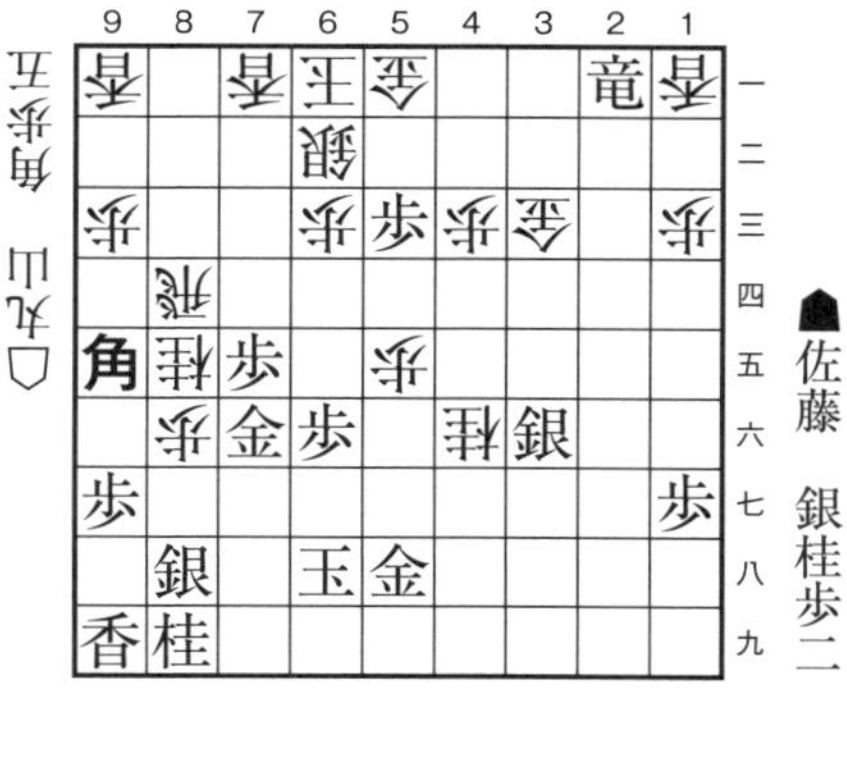

第8局

最強の挑戦者を迎えて

第75期棋聖戦五番勝負第1局（産経新聞）
2004年6月17日　終了19時27分
神奈川県箱根町「ホテル小涌園」
持ち時間各4時間

▲竜王・名人　森内　俊之
△棋聖　佐藤　康光

初手からの指し手

▲7六歩　△8四歩　▲6八銀1
△3四歩　▲6六歩　△6二銀
▲5六歩　△5四歩　▲4八銀
△4二銀　▲5八金右　△3二金
▲7八金　△4一玉　▲6九玉
△5二金　▲7七銀1　△3三銀
▲7九角　△3一角　▲3六歩
△4四歩　▲6七金右1　△4三金右2
▲6八角　△7四歩5　▲7九玉
△9四歩4　▲8八玉2　△7三桂10
▲2六歩7　△9五歩6　▲2五歩6
△1四歩49　（第1図）

【第1図は△1四歩まで】

△佐藤　なし

	9	8	7	6	5	4	3	2	1	
	v香					v王	v角	v桂	v香	一
		v飛		v銀			v金			二
			v桂	v歩		v金	v銀	v歩		三
		v歩	v歩		v歩	v歩	v歩		v歩	四
	v歩							歩		五
			歩	歩	歩		歩			六
	歩	歩	銀	金		歩			歩	七
		玉	金	角		銀		飛		八
	香	桂						桂	香	九

▲森内　なし

意思表示

ライバルである森内さんとの一戦。この時期、森内さんは羽生さんから竜王、王将、名人と立て続けにタイトル奪取。その勢いで棋聖戦にも登場してきた。まさに最強の挑戦者という感じで、私は厳しい防衛戦になると覚悟した。

森内さんとは奨励会で切磋琢磨し、昇級・昇段ペースもほぼ同じだったことから、自然と意識するようになった。研究会も一緒に行ったし、カードゲームで遊んだりもした。棋士番号は、私が182で、森内さんが183。1つ違いである。

開幕戦の本局は相矢倉。森内さんは森下システムで、玉の入城を急ぐ。私は後手番だったが、追随するような指し方はしないつもりだった。積極的な△7三桂～△9五歩はその表れだ。

第1図の△1四歩は矢倉戦では珍しい。棒銀にこられると損な意味があるからだ。どういう心境で突いたか記憶は定かではないが、もう△3一玉～△2二玉とは囲わないという意思表示だったように思う。

第1図以下の指し手

▲3七銀6　△6四角　▲1六歩29
△8一飛1　▲4六角3　△5三角1
▲2六銀1　△4五歩2　▲6八角
△4四銀1　▲3七銀1　△5二玉9
（第2図）

4筋を盛り上がる

森内さんは▲3七銀と上がり、▲1六歩と1筋の歩を突く。目標は1四の歩だ。私は△6四角とのぞいて先手の銀の動きを牽制しつつ、△8一飛と陣形を整備する。

▲4六角のぶつけには、△5三角と交換を避けた。△4六同角は▲同銀で、▲7二角のキズが残るので自信がない。もっとおとなしく角を引いたのは、△4五歩の反発があるからだ。先手の角を後退させたあと、△4四銀と盛り上がった。森内さんは柔軟に▲3七銀と引き、2筋をねらう。この手では▲3七桂と跳ねて、4五の位を目標にする戦い方もあった。

【第2図は△5二玉まで】

△佐藤　なし

	9	8	7	6	5	4	3	2	1	
	v香	v飛						v桂	v香	一
				v銀	v玉		v金			二
			v桂	v歩	v角	v金		v歩		三
		v歩	v歩		v歩	v銀	v歩		v歩	四
	v歩					v歩		歩		五
			歩	歩	歩		歩		歩	六
	歩	歩	銀	金		歩	銀			七
		玉	金	角				飛		八
	香	桂						桂	香	九

▲森内　なし

私は戦場から遠ざかる意味で☖5二玉（**第2図**）と構えた。1、2筋は軽く受け流す方針だ。

第2図以下の指し手
▲4六歩3　☖同　歩11　▲同　銀
☖3三桂6　▲6五歩16　（**第3図**）

決戦を自重

▲4六歩☖同歩▲同銀に、私は☖3三桂と跳ねる。4筋への応援だ。対して森内さんは▲6五歩（**第3図**）と6筋を伸ばしてきた。この手では▲2四歩☖同歩▲4五歩☖同銀▲同銀☖同桂▲2四飛の決戦も考えられた。森内さんは自重したようだ。

【第3図は▲6五歩まで】

佐藤☖　歩

9	8	7	6	5	4	3	2	1	
v香	v飛							v香	一
			v銀	v王		v金			二
		v桂	v歩	v角	v金	v桂	v歩		三
	v歩	v歩		v歩	v銀	v歩		v歩	四
v歩			歩				歩		五
		歩		歩	銀	歩		歩	六
歩	歩	銀	金						七
	玉	金	角				飛		八
香	桂						桂	香	九

▲森内　歩

第3図以下の指し手
☖4五歩8　▲3七銀　☖6五桂
▲6六銀1　☖6四歩　▲2四歩32
☖同　歩　▲同　飛　☖6三銀47
▲2八飛7　☖8五歩1　▲1五歩17
☖5五歩8　（**第4図**）

互いの方針

第3図の▲6五歩は☖6四角ののぞきを消しつつ、場合によっては自ら▲6六銀と盛り上がる手も見ている。私は☖4五歩と4筋を押さえてから、☖6五桂と先手の歩を取り払った。6筋に位を許すわけにはいかない。▲6六銀とかわした手に、☖6四歩と突いて桂を支えた。

ここで森内さんは長考に沈んだ。そして本局で自身最長となる32分を消費し、▲2四歩と2筋を交換してきた。▲1五歩との比較検討をされたのかもしれない。2筋交換後、私は☖6三銀と陣形を整えた。こちらは右玉のような構えである。

先手は薄くなった1筋をねらう方針、後手は中央の厚みを生かして戦う方針だ。ここから本格的な戦いが始まる。

ねらいの一手

☖6三銀に▲2三歩は☖2一歩で大丈夫。森内さんはいったん▲2八飛と引いた。2筋が直通している格好だが、私は放置して☖8五歩と伸ばした。▲1五歩は満を持しての決戦。対する☖5五歩（**第4図**）がねらいの一手だった。

第4図以下の指し手
▲2四歩27　☖5六歩31　▲同　金19
☖2七歩　▲同　飛2　☖2六歩
▲同　飛7　☖2五歩1　▲2七飛8
☖1五歩　▲4八銀　（**第5図**）

取りづらい歩

第4図で▲5五同歩なら☖5七歩と垂らしておく。先手としては目障りな歩で、次に☖2七歩▲同飛☖5八歩成のねらいがある。また▲5五同銀も☖同銀▲同歩に、やはり☖5七歩と垂

【第4図は☖5五歩まで】

佐藤☖　歩一

9	8	7	6	5	4	3	2	1	
v香	v飛							v香	一
				v王		v金			二
			v銀	v角	v金	v桂			三
		v歩	v歩		v銀	v歩		v歩	四
v歩	v歩		v桂	v歩	v歩			歩	五
		歩	銀	歩		歩			六
歩	歩		金			銀			七
	玉	金	角				飛		八
香	桂						桂	香	九

▲森内　歩二

らす。次に△2七歩のタタキや△6九銀と引っ掛ける筋がある。つまり**第4図**の△5五歩は取りづらいのだ。

森内さんは手を抜いて、▲2四歩と垂らしてきた。ここで△2二歩と受けるのは、今度こそ5五の歩が取りやすくなってしまう。第一2筋を謝るのでは面白みがない。

私は△5六歩と強く取り込んだ。▲2三歩成には△2七歩以下、飛先を連打すれば受かる。本譜は▲5六同金だったが、やはり2筋を連打。そして▲2七飛に、△1五歩と手を戻した。

第5図以下の指し手

△1六歩 2　▲5五歩 3　△7五歩 11

【第5図は▲4八銀まで】

▲森内　歩四

9	8	7	6	5	4	3	2	1	
v香	v飛							v香	一
				v王		v金			二
			v銀	v角	v金	v桂			三
		v歩	v歩		v銀	v歩	歩		四
v歩	v歩		v桂		v歩		v歩	v歩	五
		歩	銀	金		歩			六
歩	歩						飛		七
	玉	金	角		**銀**				八
香	桂						桂	香	九

△佐藤　歩

▲1四歩 12　△同　香 4　▲1五歩

△同　香　▲1四歩　△1七歩成 13

（第6図）

味の良い突き出し

ここまで構想どおりに進んでいるが、形勢は何とも言えない。このあたりで、お互いの残り時間は40分前後。

第5図の▲4八銀は飛の横利きを通す柔らかい手だ。続く▲5五歩は中央を押さえる大きな手だが、こちらも△7五歩が味のよい突き出し。以下▲同銀は△5四歩と5筋の位を奪回にいく。▲同歩は7六に桂のキズができるので指し切れない。

【第6図は△1七歩成まで】

▲森内　なし

9	8	7	6	5	4	3	2	1	
v香	v飛								一
				v王		v金			二
			v銀	v角	v金	v桂			三
			v歩		v銀	v歩	歩	歩	四
v歩	v歩	v歩	v桂	歩	v歩		v歩	v香	五
		歩	銀	金		歩			六
歩	歩						飛	vと	七
	玉	金	角		銀				八
香	桂						桂	香	九

△佐藤　歩三

森内さんは歩を駆使して香をつり上げ、▲1四歩と垂らしてきた。次は▲2三歩成～▲1三歩成。というよりはこのねらいを見せることで、後手の攻めを催促しているのだ。

私はそれを警戒しながら、攻めの手順を組み立てた。まずは△1七歩成（**第6図**）と成り捨ててから入った。

第6図以下の指し手

▲1七同香 1　△5七歩　▲同銀上 13

△1六歩　▲1三歩成　△1七歩成

▲4七飛　△8三香 3　**（第7図）**

攻防の垂れ歩

▲1七同香に、△5七歩が攻防の垂れ歩。と金作りを見せながら、前述した▲2三歩成～▲1三歩成の筋を防いでいる。△5七歩に▲1五香と香を取ってくれれば、△5八歩成でこれは後手優勢。実戦は▲同銀上だが、依然角筋は止まったままで、▲6七飛と転回する手も消えている。こちらとしては、一本利かした格好だ。

私は△1六歩と1筋を逆襲した。森内さんは構っていられないと判断し、▲1三歩成と攻め合ってきた。以下△1七歩成に▲4七飛。本来は6筋へ大きく転回したいところだが、しかたがない。私は手に入れた香を8三に打ち据えた。これは力をためた手だ。ここで私の残り時間は4分となった。

第7図以下の指し手
▲2三歩成 △4二金寄 ▲7五銀6
△7四歩1 ▲6六銀引 △2八と
▲3三と △同金上 ▲3七桂
△3八と1 ▲4五桂 △同　銀
▲同　飛 △8六桂 ▲7三銀5
（第8図）

ねらいの「歩頭桂」

森内さんは▲2三歩成を入れたあと、▲7五銀と歩を払った。以下7筋に歩を打たせ、銀をバックした。

手番を得た私は△2八と、と桂を取りにいく。そして▲3七桂には△3八と、とさらに追いかけた。なんだかお手伝いのような手順だが、むろんねらいはあった。

跳ねてきた4五の桂を食いちぎり、私は△8六桂！と歩頭に打ちつけた。この手を指したいがために、わざわざ桂を追いかけたのだった。対して▲7九金とかわす手もあったようだが、実戦では指しづらい。

森内さんは▲7三銀（**第8図**）と挟撃してきた。これは後手玉にプレッシャーをかけた手で△7八桂成▲同玉△8六歩▲同歩△同香なら▲8二歩と押さえる手を見ている。

第8図以下の指し手
△6二角1 ▲同銀成2 △同　玉
▲6五銀 △同　歩 ▲同　金
△6四歩 ▲7五桂 （第9図）

勝因の△6二角

第8図の局面で、△6二角とぶつけて交換を迫ったのが自慢の一手だった。

角銀交換のうえ、かなり怖い形だが、8筋9筋の位に近づくほうが安全と判断した。それに8筋の関係は、こちらから下手に触れないほうがいい。8六の桂は相手に取ってもらったほうが寄せやすいし、銀を手にして△6九銀と引っ掛ける手も厳しい。1分将棋の状況で、△6二角を決断できたことが勝因だったように思う。

もっとも、それは今だから言えることであっ

【第7図は△8三香まで】

△佐藤　歩

	9	8	7	6	5	4	3	2	1
一	v香	v飛							
二					v王		v金		
三		v香		v銀	v角	v金	v桂		と
四				v歩		v銀	v歩	歩	
五	v歩	v歩	v歩	v桂	歩	v歩		v歩	v香
六			歩	銀	金		歩		
七	歩	歩			銀	飛			vと
八		玉	金	角					
九	香	桂						桂	

▲森内　歩二

【第8図は▲7三銀まで】

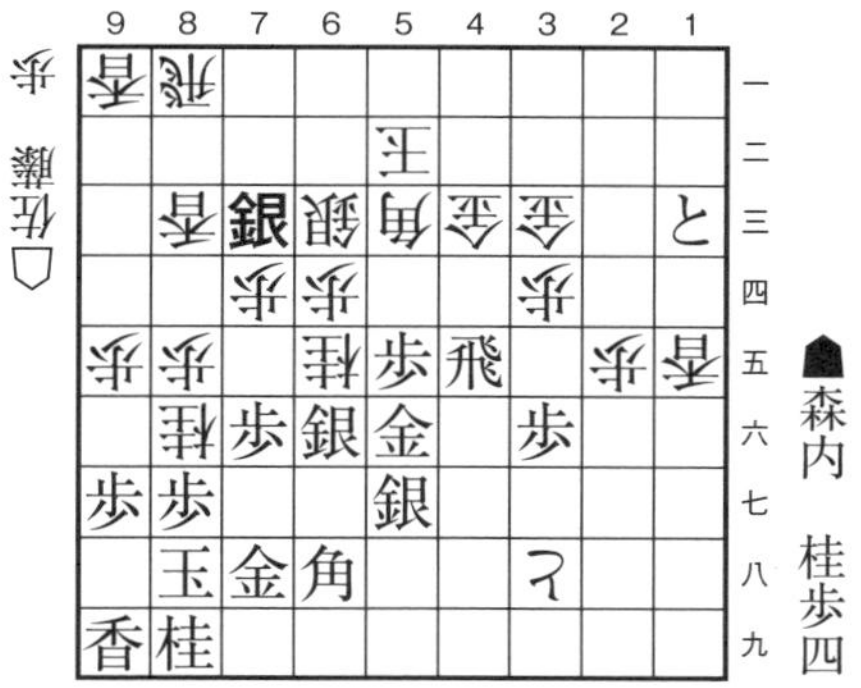

△佐藤　歩

	9	8	7	6	5	4	3	2	1
一	v香	v飛							
二					v王				
三		v香	銀	v銀	v角	v金	v金		と
四			v歩	v歩			v歩		
五	v歩	v歩		v桂	歩	飛		v歩	v香
六		v桂	歩	銀	金		歩		
七	歩	歩			銀				
八		玉	金	角			vと		
九	香	桂							

▲森内　桂歩四

【第9図は▲7五桂まで】

△佐藤　銀銀

	9	8	7	6	5	4	3	2	1
一	v香	v飛							
二				v王					
三		v香		v銀		v金	v金		と
四			v歩	v歩			v歩		
五	v歩	v歩	桂	金	歩	飛		v歩	v香
六		v桂	歩				歩		
七	歩	歩			銀				
八		玉	金	角			vと		
九	香	桂							

▲森内　角桂歩五

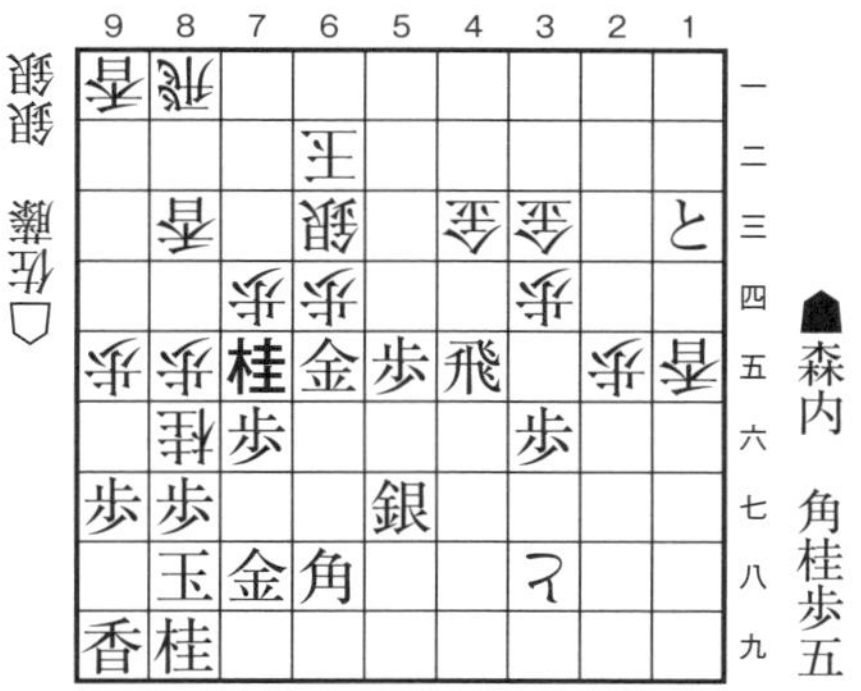

て、対局中はまったく余裕がなかった。森内さんも次の▲6二同銀成で1分将棋に突入した。
以下6筋、7筋の攻防。森内さんは▲7五桂**（第9図）**と非常手段で迫ってきた。

第9図以下の指し手

○6五歩　▲6三桂成　○同　玉
▲6四歩　○7三玉　▲5二角
○7八桂成　▲同　玉　○5八銀
▲8八玉　○6七銀不成▲7八銀
○同銀成　▲同　玉　○5八銀
（第10図）

手番が回る

○7五同歩は▲7四桂と打ち込まれ、たちまち後手玉は危うくなる。**第9図**では○6五歩と金のほうを外すのが正解だ。

森内さんは▲6三桂成～▲6四歩と嫌みをつけてくる。▲6四歩に○同玉は▲5六桂で追いかけられる。こちらの玉は薄いので、自玉周辺の応対には細心の注意を払わなければいけない。私は○7三玉とかわした。▲5二角でこちらに手番が回ってきた。

私は○7八桂成と金を取り、○5八銀と絡んだ。上下（6七と6九）からの打ち込みのねらいがあるので部分的に受けはない。本譜は▲8八玉の早逃げだが、○6七銀不成と追いかける。以下▲7八銀○同銀成▲同玉○5八銀**（第10図）**と銀の打ち替えが発生し、一瞬、千日手模様となった。

第10図以下の指し手

▲6三角成　○8四玉　▲6七銀
○6六桂
（第11図）

千日手にはしない

私は千日手にするつもりはなかった。再度▲8八玉なら、○6七銀打と手を変える予定だったが森内さんが手を変えた。▲6三角成と王手したあと、▲6七銀。ただしこれには○6六桂**（第11図）**が痛打でようやく勝利を確信した。

【第10図は○５八銀まで】

○佐藤　持駒：金金銀桂

9	8	7	6	5	4	3	2	1	
v香	v飛								一
				角					二
	v香	v王			v金	v金		と	三
		v歩	歩			v歩			四
v歩	v歩		v歩	歩	v飛		v歩	v香	五
		歩				歩			六
歩	歩			銀					七
		玉	角	v銀		vと			八
香	桂								九

▲森内　持駒：銀桂桂歩四

第11図以下の指し手

▲同銀右　○6九銀打　▲7七玉
○6六歩　▲5八銀　○同銀不成
▲7三銀　○9四玉　▲6六玉
○6七金
まで144手で佐藤の勝ち
（消費時間＝▲3時間59分、○3時間59分）

位が終盤で生きた

投了以下▲6五玉は○5六銀▲7四玉○6五銀打▲7五玉○7四金▲同馬○6六銀まで詰み。本局は序中盤で取った8筋、9筋の位が終盤で生きた格好となった。開幕戦の勝利で勢いがつき、結果的には3連勝で棋聖を防衛できた。

【第11図は○６六桂まで】

○佐藤　持駒：金金銀

9	8	7	6	5	4	3	2	1	
v香	v飛								一
									二
	v香		馬		v金	v金		と	三
	v王	v歩	歩			v歩			四
v歩	v歩		v歩	歩	v飛		v歩	v香	五
		歩	v桂			歩			六
歩	歩		銀	銀					七
		玉	角	v銀		vと			八
香	桂								九

▲森内　持駒：桂桂歩四

第9局
思いを強く持って

ＪＴ将棋日本シリーズ第25回記念大会（主催：地方新聞11社、協賛：ＪＴ）
２００４年11月28日　15時３分～16時35分
東京都千代田区「よみうりホール」
持ち時間各10分

☗棋聖　佐藤　康光
☖八段　久保　利明

久しぶりに日本シリーズの決勝の舞台に進む事ができた。6年振りである。今回は第25回記念大会という事でより気合も入る。このトーナメントはトッププロ12人選抜なのでまず選ばれるだけで名誉な事だと思っているがそれだけあって近い位置にいながらも優勝する事の難しさ、一つ勝つ事の難しさを痛感する棋戦である。ここまで来たからには勝ちたい、とは思ったがそれは相手とて同じであろう。

決勝の相手は久保利明八段。今期の対戦では順位戦、王将リーグと連敗している。久保八段は昨年初出場だが2年連続で決勝進出。これは素晴らしい。

ここまでを少し振り返るとまず二回戦の三浦八段戦は内容が悪かった。よく勝てたものだと思うが反省材料の多い将棋だった。準決勝の谷川棋王戦は接戦でギリギリの将棋を制する事ができた。これは全力を出せたと思う。直前にNHK杯で中井女流王将と当たり辛勝したのだがそれで気合を入れ直す事ができたのかもしれない。とにかく自分の力を全て出せる様願って盤に向かった。

初手からの指し手

▲7六歩　△3四歩　▲2六歩
△5四歩　▲2五歩　△5二飛
▲2二角成　△同　銀　▲6八玉
△6二玉　▲4八銀　△7二玉
▲4六歩　△3三銀　▲4七銀
△6二銀　▲7八銀　△7四歩
▲7九玉　△6四歩　▲5八金右
△6三銀　▲6六歩　△8二玉
（第1図）

初の東京開催

今回、東京では初の開催。お客さんの入りが心配であったが、開場と同時に沢山の方が見えられていると聞き、まずはホッとする。当日は千人程の入場者があった様だ。やはり大勢の前の方が力が入る。

この日本シリーズは地方転戦が楽しみの一つなのであるが今回は前日自宅で静養。英気を養った。

【第1図は△8二玉まで】

△久保　角

9	8	7	6	5	4	3	2	1	
v香	v桂		v金		v金		v桂	v香	一
	v玉			v飛					二
v歩	v歩		v銀		v歩	v銀	v歩	v歩	三
		v歩	v歩	v歩		v歩			四
							歩		五
		歩	歩		歩				六
歩	歩			歩	銀	歩		歩	七
		銀		金			飛		八
香	桂	玉	金				桂	香	九

▲佐藤　角

対局の前のこどもも対局。これも定着してきたが各地はもちろん、初の東京大会も大盛況であった。これはやはり嬉しい事。連盟だけでは駄目でJT、主催新聞社、放送局ら各スポンサーによる宣伝等の影響が大きいと思う。ありがたい事だ。

いよいよ対局開始。振り駒で私の先手。戦型は予想通り、久保八段のゴキゲン中飛車に。角交換して▲6八玉は私の趣向。ここで△3三角と打てば乱戦になる所だが本譜は△6二玉。じっくりとした展開となった。

第1図以下の指し手

▲9六歩　△9四歩　▲8八玉
△7二金　▲5六銀　△7三桂
▲7七桂　△8四歩　▲8六歩
△2二飛　▲3六歩　△4四銀
▲3七桂　△3三桂　（第2図）

構想を練る

しばらく駒組みの手順が続く。この角交換型は手詰まりになり易く、なかなか打開が難しいが、私自身は好きな型で割とよく指している。

▲5六銀がやや珍しい手。普通はこれを上がらずに駒組みを進める所だがバランスを考えて上がった。

△3三桂で△3五歩と桂頭を狙われるのも気

になる所だが、☗同歩☖同銀☗4五桂と軽く指すつもり。これも難しいが、ちょっと指す気のしない順であろう。

☖3三桂で解説の加藤一二三先生が封じ手を宣言。封じ手をして15分程休憩。いろいろと構想を練った。

第2図以下の指し手
☗8七銀　☖2一飛　☗7八金
☖4二金　☗6八金右☆☖5五銀
☗同　銀　☖同　歩　☗4五桂
☖同　桂　☗同　歩　☖5四桂
☗6七金直①☖4六角　☗2九飛
☖5八銀
(第3図)

【第2図は☖3三桂まで】

☖久保　持駒　角

	9	8	7	6	5	4	3	2	1	
	v香					v金			v香	一
		v王	v金					v飛		二
			v桂	v銀		v歩	v桂	v歩	v歩	三
	v歩	v歩	v歩	v歩	v歩	v銀	v歩			四
								歩		五
	歩	歩	歩	歩	銀	歩	歩			六
			桂		歩		桂		歩	七
		玉	銀		金			飛		八
	香			金					香	九

☗佐藤　持駒　角

苦しくなる

封じ手は☗8七銀。会場では☗1六歩が多かった様だが、それは何となく突かない方が良いと思った。そのカンが本局では当たった。これは後々分かる。☗8七銀の瞬間☖5五銀の決戦を予想していた。☗同銀☖同歩☗6八金寄の予定であったが、これもあったと思う。

本譜☖2一飛から☖4二金が久保八段の構想。そして☖5五銀から決戦に。やはりじっと手待ちをする棋風ではない。☗同銀☖同歩に☗4五桂が狙いの一手。右辺は軽くさばいて左辺で勝負するつもり。最後は玉頭戦の予感があった。この辺りはまずまずかと思っていた。☖5四桂は好点の桂打ち。これに対し私は☗6七金直としたが、これが疑問で苦しくしてしまった原因。対局中も考えたのだが、ここは☗6七金左が正解だった。これならいい勝負だったと思う。本譜はすかさず☖4六角から☖5八銀と乗じられ、少し苦しくなったと思った。

第3図。どう指していいか難しい。多分私の次の一手は当たらないでしょう。

【第3図は☖5八銀まで】

☖久保　持駒　なし

	9	8	7	6	5	4	3	2	1	
	v香							v飛	v香	一
		v王	v金			v金				二
			v桂	v銀		v歩		v歩	v歩	三
	v歩	v歩	v歩	v歩	v桂		v歩			四
					v歩	歩		歩		五
	歩	歩	歩	歩		v角	歩			六
		銀	桂	金	歩				歩	七
		玉	金		v銀					八
	香							v飛	香	九

☗佐藤　持駒　角銀桂

第3図以下の指し手
☗9八香①　☖6七銀不成☆☗同　金
☖5八金　☗8五歩①　☖同　歩①
☗8四桂①
(第4図)

本能で

第3図での次の一手は☗9八香。さすがに当たった方はいないだろう。私自身も最善とは思えなかったのだが指、本能が勝手に動いた、という感じである。全くの一手パスになる可能性が高いのだが、逆転にはこれしかないと思った。

久保八段は金を取って☖5八金と手厚い攻め。ここ☖6六桂☗同金☖5七角成もあるが、☗7八桂で大変か。ゆっくり攻めて十分の判断だ。

☖5八金に☗8五歩が狙いの勝負手。これに対し久保八段の☖同歩が、私もそう指されると思ったが疑問であった様だ。ここでは☖5七金☗同金☖同角成☗8四歩☖6六馬とすれば玉頭が手厚く、後手が良かった。☖同歩が普通に見えてまずかったのは**第4図**の▲8四桂があった為。単調に見えるこの手が思いの他厳しい手になったからだ。これに△8三金なら？

第4図以下の指し手
△6二金①　▲9五歩　△5七金②
▲同　金　△同角成　▲9四歩
△7一玉　▲2六角①　△3五歩
（第5図）

好転する

第4図で△8三金と上がられて困る様に見えるが、これには▲6二銀がある。以下△8四金▲7三銀成△同玉▲6五桂打△同歩▲同桂△8三玉▲7三銀となると一遍に寄り形になってしまう。ここに久保八段の誤算があった。そこで△6二金だが▲9五歩が厳しい。△同歩なら▲9九飛で先程の▲9八香が効いてくる。なんとなく流れの良さを感じる手順になってきた。

しかし▲9四歩に△7一玉が手筋の早逃げ。▲9三歩成も△6一玉で間に合わない。考慮時間を使い切り▲2六角は私も良く分からず打ったが、△3五歩と遮断させてさて。

【第4図は▲8四桂まで】

△久保　歩

	9	8	7	6	5	4	3	2	1	
	v香							v飛	v香	一
		v王	v金			v金				二
			v桂	v銀		v歩		v歩	v歩	三
	v歩	桂	v歩	v歩	v桂		v歩			四
		v歩			v歩	歩		歩		五
	歩		歩	歩		v角	歩			六
		銀	桂	金	歩				歩	七
	香	玉			v金					八
								v飛	香	九

▲佐藤　角銀銀

第5図以下の指し手
▲1五角　△2四歩①　▲同　角
△3二金打　▲3五角　△同　馬
▲同　歩　△6一玉　▲5三歩

【第5図は△3五歩まで】

△久保　金歩二

	9	8	7	6	5	4	3	2	1	
	v香		v王					v飛	v香	一
				v金		v金				二
			v桂	v銀		v歩		v歩	v歩	三
	歩	桂	v歩	v歩	v桂					四
		v歩			v歩	歩	v歩	歩		五
			歩	歩			歩	角		六
		銀	桂		v馬				歩	七
	香	玉								八
								v飛	香	九

▲佐藤　金銀銀歩

△6六桂　▲6七銀　△5七角
▲8二角　△5八桂成　▲同　銀
△8四角成　▲9一角成　△6五桂打
▲8九桂　△7七桂成　▲同　桂
△6五桂打　▲8九桂　△7七桂成
▲同　桂　△6五桂打　**（第6図）**

千日手模様

△3五歩と突かせて▲1五角が良いタイミング。端を突かなかった得が出てきた。△2四歩で久保八段も考慮時間を使い果たす。

そして△3二金打は執念を感じるが、これではっきり私が優勢になったと思った。しかし時間もなくこの位では簡単に形勢が入れ替わる。

【第6図は△6五桂打まで】

△久保　歩三

	9	8	7	6	5	4	3	2	1	
	馬			v王				v飛	v香	一
				v金		v金	v金			二
			v桂	v銀	歩	v歩			v歩	三
	歩	v馬	v歩	v歩						四
		v歩		v桂	v歩	歩	歩	歩		五
			歩							六
		銀	桂						歩	七
	香	玉			銀					八
								v飛	香	九

▲佐藤　金銀桂香歩二

そう思い、より気を引き締めたつもりだったが、▲8二角がどうだったか。▲8三角△5一玉▲7一銀と厳しく迫る所だったのかもしれない。

△6五桂打と喰い付かれ、千日手模様。考えたいが時間がない。どうするか。

第6図以下の指し手

▲6五同桂　△同　桂　▲6九香
△4八馬　▲6五香　△5三金左
▲2四桂　△2二金　▲3四桂
△7三桂　▲2二桂成　△同　飛
▲3四桂　△6六馬　▲7七銀
△同　馬　▲同　玉　△6五桂
（第7図）

打開が幸運を呼ぶ

実は昨年の日本シリーズでも久保八段と当たり、その時も千日手模様になった。その時は私が打開。やや強引だったがうまく行った。しかし着地に失敗した。本局でもその事が頭をよぎった。しかし迷いはなかった。形勢うんぬんより、気力、気合が充実していたのかもしれない。

直後の久保八段の△4八馬が敗着。ここは△8六桂、あるいは△8六歩▲同銀△8五歩▲9五銀△同馬▲同香△7七銀も気持ち悪かった。

本譜は銀取りに構わず攻め合いに出て読み易くなった。△6六馬からは久保八段最後の攻撃。気を付けないと逆転する。どこへ玉を逃げるか。

第7図以下の指し手

▲6七玉　△5二飛　▲3三角
△4一香　▲3二桂成　△7二金
▲4一成桂　△8二銀　▲5一成桂
△6二玉　▲8四金　△6一桂
▲5二成桂　△同　金　▲8二馬
△同　金　▲4二桂成　△5六角
▲6八玉　△2九角成　▲5二成桂
△同　銀　▲5一銀　△5三玉
▲4四金　△同　歩　▲同角成
（投了図）

まで141手で佐藤の勝ち

（消費時間＝▲10分＋5分、△10分＋5分）

【第7図は△6五桂まで】

△久保　銀桂香歩四

9	8	7	6	5	4	3	2	1	
馬			王					香	一
			金				飛		二
			銀	金	歩			歩	三
歩		歩	歩			桂	桂		四
	歩		桂	歩	歩	歩	歩		五
		歩							六
	銀	玉						歩	七
香				銀					八
							飛	香	九

▲佐藤　角金金歩二

念願の優勝

▲6七玉が一番安全な逃げ場。△7七銀にも▲6六歩で詰めろが続かない。局面がはっきりとした。しかし久保八段もこの一局にかける思い、意気込みが最後まで頑張られる。△6一桂辺りだったか大粒の水が久保八段の袴にボタッと落ちた。汗か涙かは分からなかったが……。最後まで緩むな、とまた自分に言い聞かせた。▲4四同角成で久保八段投了。初優勝が決まった。10回目の出場だったが同年代の人が皆優勝していたのでカップを手にした時喜びもひとしおであった。思いを強く持って臨めたのが良かったと思っている。来年も連覇を目指したい。

【投了図は▲4四同角成まで】

△久保　飛金桂桂歩四

9	8	7	6	5	4	3	2	1	
			桂	銀				香	一
	金			銀					二
				王				歩	三
歩	金	歩	歩		馬				四
	歩		桂	歩	歩	歩	歩		五
		歩							六
	銀							歩	七
香			玉	銀					八
							馬	香	九

▲佐藤　飛金香歩三

手数

ここでは、手数に着目して1000勝の軌跡を振り返ってみたい。

左図は佐藤の1000勝達成までの対局のうち、短手数と長手数の上位10局をまとめたものである（千日手、持将棋は除く）。

短手数ランキング

手数	対局日	棋戦	詳細	相手	勝敗
40	1989/3/22	棋王戦	予選	伊藤　果	勝
52	2007/3/26	王位戦	挑戦者決定リーグ紅組	阿久津主税	勝
54	1998/9/25	全日本プロトーナメント		田村　康介	勝
55	1995/11/14	順位戦	B級1組	青野　照市	勝
55	1996/8/29	竜王戦	挑戦者決定三番勝負第1局	谷川　浩司	負
55	1998/6/12	竜王戦	出場者決定戦1組	高橋　道雄	負
55	2000/11/28	王将戦	挑戦者決定リーグ戦	久保　利明	負
57	2003/7/15	順位戦	A級	丸山　忠久	負
57	2009/2/28	棋王戦	五番勝負第2局	久保　利明	負
58	1997/5/7	王位戦	挑戦者決定リーグ紅組	岡崎　洋	勝

長手数ランキング

手数	対局日	棋戦	詳細	相手	勝敗
251	2011/10/24	王位戦	予選	森下　卓	負
245	2016/9/24	JT将棋日本シリーズ		三浦　弘行	勝
233	2015/3/1	順位戦	A級	深浦　康市	負
222	2013/8/24	JT将棋日本シリーズ		羽生　善治	負
215	2011/4/8	竜王戦	出場者決定戦1組	藤井　猛	勝
211	2014/4/8	王位戦	挑戦者決定リーグ白組	森下　卓	負
207	2007/2/15	王将戦	七番勝負第5局	羽生　善治	勝
203	1999/6/7	名人戦	七番勝負第6局	谷川　浩司	勝
202	2012/1/12	朝日杯将棋オープン戦	本戦トーナメント	谷川　浩司	勝
201	2011/7/26	竜王戦	決勝トーナメント	深浦　康市	負

まず、短手数の方から見てみよう。佐藤の最短手数対局は伊藤果八段戦の40手。相掛かりからの大乱戦を制したものだ。

短手数の表からは、意外にも大きな勝負を短手数で落としている例が多いことがわかる。どちらかといえば短期決戦は苦手ということなのかもしれない。

一方長手数だが、こちらの方が印象に残っている対局が多いのではないだろうか。

なんといっても谷川との名人戦のインパクトは絶大だ。A図は投了図だが、この佐藤の玉はもともとガチガチの4枚穴熊に囲われていたというから驚く。

他にも相矢倉から入玉を決めた羽生との王将戦も、タイトル戦での200手超えの勝利である。長手数の混沌とした局面でこそ、佐藤の読みの力が存分に発揮されるということなのだろう。

この短手数、長手数の表を見てもう一つ気づくことは短手数の将棋が全て2010年以前であるのに対して、長手数の方は2010年以降の対局がほとんどであるということ。年齢を重ねると淡白になって長手数の対局が少なくなりそうなものだが、その逆を行く佐藤。ここにも佐藤将棋の魅力の一つがあると言えそうだ。

【A図は▲8四玉まで】

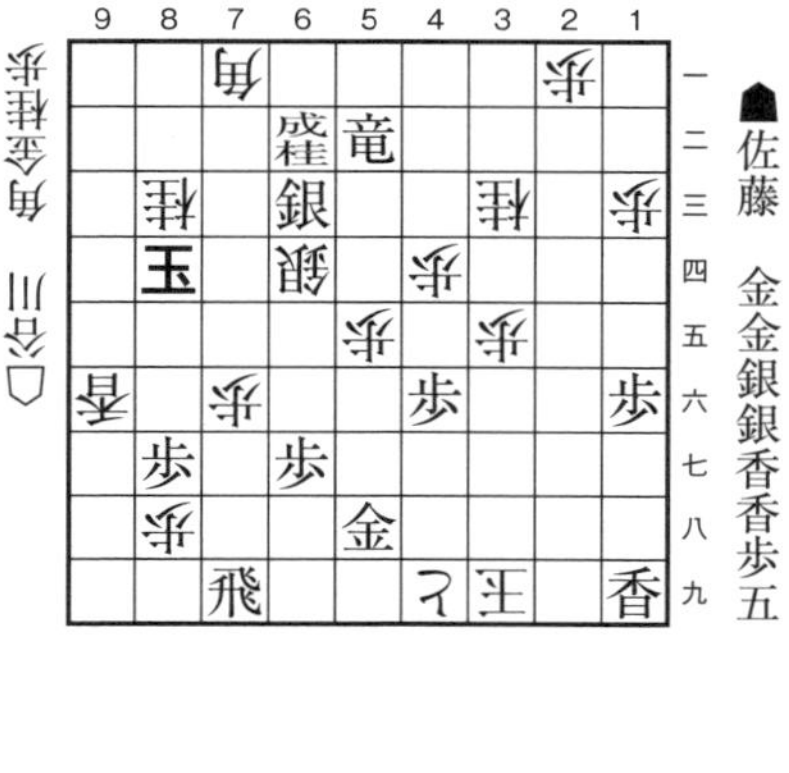

△谷川　角金桂歩

	9	8	7	6	5	4	3	2	1	
			v角					v歩		一
				成桂	竜					二
		v桂		銀			v桂		v歩	三
		玉		v銀		v歩				四
					v歩		v歩			五
	v香		v歩			歩			歩	六
		歩		歩						七
		v歩			金					八
			v飛			vと	v王		香	九

▲佐藤　金金銀銀香香歩五

第10局

新たな出発点

第55期王将戦七番勝負第4局（スポーツニッポン・毎日新聞）
2006年2月14、15日　終了15日19時35分
山口県大島郡周防大島町「大観荘」
持ち時間各8時間

☗棋聖　佐藤　康光
☖王将　羽生　善治

成長の場

どの一局を選ぶか迷ったが、第55期王将戦第4局を見ていただくことにした。

理由は、私は記憶力が悪く、昔のことをあまりはっきりと覚えていないという点がひとつ。そしてこの将棋が今後自分の中で深く記憶に残るであろう将棋だと思ったからだ。

王将戦の状況は、ここまで私の三連敗。内容的には勝っていてもおかしくない将棋もあったが、星自体はついてこなかった。早くもカド番である。

これは私のタイトル戦における持論であるが、タイトル戦に一度出る度に香一枚強くなると思っている。タイトル戦で戦うと当然最強者との戦いになるわけで、いろいろなことを思い、感じ、そして考えることとなる。将棋の技術そのものも進歩するし、勝つためには何をすべきか。精神的なものも含め、成長できるからだ。しかし、タイトル戦でストレート負けを喫すると自分の格がひとつ落ちる気がしている。ここ一番で踏ん張れないということは全く成長できていない、というよりもむしろマイナスだ。私はこれまで羽生さんとのタイトル戦を一番多く戦ってきた。その中で、ストレート負けもかなり喫している。これだけ数多くの成長の場を与えてもらっているが、終わった後、とにかく自分はもっと強くならなければならないといつも心に強く思うのだ。

自分の中に

この一戦を戦うにあたり、前々日に山口県の湯田温泉に宿を取った。

長時間の移動は体力的にも影響するということもあったが、この一局はどうしても勝たねばならないと思ったからだ。もちろん毎局そう思って臨んではいる。

偶然であったが、そこの旅館は囲碁の趙治勲先生もタイトル戦の前に時々来られるとのことだった。私は温泉に浸かりながら、何となくこの偶然を大変嬉しく感じていた。

タイトル戦の対局の直前までの時間、これだけ余裕を持って過ごしたのは久しぶりのような気がした。普段は、移動の準備や研究に勤しむ時間に費やしたりと、わりと忙しいものである。この時間のお陰で、私は少しずつ力が湧いてきたのを感じた。そしてふと、12年前の第7期竜王戦第4局のことを思い出していた。あのときは初防衛戦であったが、正直、勝てるような状況ではなかった。将棋の調子の状態は、かなり最悪であった。ただ負けたくないという一念だけは、若かったということもあろうが、かなり強かった。当時はその意識だけで立っていたようなものだ。そのときもカド番で、自分はこのままで良いのかと自問自答し続けた。そして自分の中に凄まじいエネルギーが漲っているのを確信した。その一局を私は勝つことができた。

月日は経ったが、あのときと同じエネルギーが今も変わらず自分の中に宿っているのをこのとき確信できた。あの一局は自分の原点であった。あの一局があったからこそ今の自分がある。

今回この王将戦第4局の一局を私は激闘の末、制することができた。

この一局は自分の心の中に深く深く刻み込まれた。これからの棋士人生で新たな自分の出発点になるのでは、と思っている。

初手からの指し手

▲7六歩　△8四歩2　▲2六歩2
△3二金4　▲7八金2　△3四歩4
▲2五歩2　△8八角成14　▲同　銀
△2二銀　▲1六歩12　△1四歩36
▲4八銀3　△3三銀1　▲3六歩15
△6二銀34　▲9六歩11　△9四歩20
▲3七銀11

（第1図）

一手損角換わり

戦型は羽生さんの誘導で一手損角換わりに進む。この年度に大流行し、現在も研究が進んでいる戦型だ。

先手側の作戦もいろいろあるが、1筋の突き合いを見て私は早繰り銀を選択した。

その前に9筋の突き合いを入れたのが私流の細心の手順。この損得が重大なポイントになると思った。☖9四歩と受けなければ☗9五歩と突き越し、受けにまわる展開になりそう。☖9四歩は堂々とした一手だ。

第1図以下の指し手
☖6四歩33　☗4六銀5　☖6三銀
☗3五歩1　☖4四歩　☗3四歩16
☖同　銀　☗2四歩1　☖同　歩2
☗同　飛　☖2三金　☗2八飛
☖2四歩1　☗5六歩46　（第2図）

違う将棋に

第1図から羽生さんは腰掛け銀模様に。この局面では一番多い対応策である。

【第1図は☗3七銀まで】

☖羽生　角

	9	8	7	6	5	4	3	2	1
一	v香	v桂		v金	v王			v桂	v香
二		v飛		v銀			v金		
三			v歩	v歩	v歩	v歩	v銀	v歩	
四	v歩	v歩					v歩		v歩
五								歩	
六	歩		歩				歩		歩
七		歩		歩	歩	歩	銀		
八		銀	金					飛	
九	香	桂			玉	金		桂	香

☗佐藤　角

この対局の2週間ほど前の順位戦で羽生さんと全く同じ形を指したばかりであった。そのときは☗3五歩に☖同歩☗同銀☖5四銀と進展。こうなると予想し、もう一度やってみたいと思っていたのだが☖4四歩と変化。ここから新しい将棋となった。

第2図以下の指し手
☖3三桂10　☗7七銀2　☖4五歩32
☗5五銀58　☖4三銀12　☗3五角14
（第3図）

風雲急を告げる

第2図からの☖3三桂を局後羽生さんは悔やんでおられた。やや形を決め過ぎたと。

【第2図は☗5六歩まで】

☖羽生　角歩

	9	8	7	6	5	4	3	2	1
一	v香	v桂		v金	v王			v桂	v香
二		v飛							
三			v歩	v銀	v歩			v金	
四	v歩	v歩		v歩		v歩	v銀	v歩	v歩
五									
六	歩		歩		歩	銀			歩
七		歩		歩		歩			
八		銀	金					飛	
九	香	桂			玉	金		桂	香

☗佐藤　角歩二

他では☖5四銀から☖4二玉ぐらいか。しかしこれもなかなか後手をもってまとめるのは大変であるが。私の方から見れば一番怖い手。最強の応手を好む羽生さんらしい一手だと思った。

これでは私も引き下がれない。☖4五歩に☗5五銀と出て、☗3五角が狙いの一着。単純だが受けにくいのだ。

早くも緊迫して一日目が終了した。

第3図以下の指し手
☖6二玉49　☗2四角7　☖2五歩
☗3八飛51　☖3四銀42　☗6八角1
☖2六歩1　☗2八歩4　☖5二金2

【第3図は☗3五角まで】

☖羽生　角歩

	9	8	7	6	5	4	3	2	1
一	v香	v桂		v金	v王				v香
二		v飛							
三			v歩	v銀	v歩	v銀	v桂	v金	
四	v歩	v歩		v歩				v歩	v歩
五					銀	v歩	角		
六	歩		歩		歩				歩
七		歩	銀	歩		歩			
八			金					飛	
九	香	桂			玉	金		桂	香

☗佐藤　歩二

▲6九玉63　△4三金33　（第4図）

読みを入れる

第3図から封じ手は△6二玉。

ここで△5二飛は▲4四銀△同銀▲同角△5四銀に強く▲3五銀か、柔らかく▲6八銀のどちらでも指せると思った。

△2五歩に▲3八飛はぎりぎりの利かし。ここで単に▲6八角は△5二金▲2四歩△2二金で後続がない。51分の長考の中身は▲3八飛に△2七角が怖かったのだが、▲3七飛△4九角成▲同玉△2四金▲3三飛成△6九角▲6八金△4七角成▲4八歩△3二歩▲4二竜△5二金に▲7一角（**A図**）が妙手で私が良い。

【第4図は△4三金まで】

△羽生　角

	9	8	7	6	5	4	3	2	1
一	v香	v桂							v香
二		v飛		v王					
三			v歩	v銀	v歩	v金	v桂	v金	
四	v歩	v歩		v歩			v銀		v歩
五					銀	v歩			
六	歩		歩		歩			v歩	歩
七		歩	銀	歩		歩			
八			金	角			v飛	歩	
九	香	桂		玉		金		桂	香

▲佐藤　歩二

以下△7一同玉は▲3一竜から▲4七歩だし、△7二玉も▲4七歩△4二金▲8二角成△同玉▲6二飛がある。他にもどこかで△4六歩を絡めるなど怖い筋があるが、大丈夫と読みを入れた。

本譜は2筋で屈伏したが、△3四銀とさせたのが大きい。

▲6九玉で▲3二歩が間に合えば良いが、△1五歩▲同歩△同香▲同香△1八角と強襲されてまずい。△4三金と次に△5四歩を見せられ、忙しいようだが、狙いの構想があった。

第4図以下の指し手

▲5九角17　△2五銀5　▲7九玉4

【A図は▲7一角まで】

△後手　金

	9	8	7	6	5	4	3	2	1
一	v香	v桂	角						v香
二		v飛		v王	v金	竜	v歩		
三			v歩	v銀	v歩	v銀			
四	v歩	v歩		v歩				v金	v歩
五					銀	v歩		v歩	
六	歩		歩		歩				歩
七		歩	銀	歩		v馬			
八				金		歩			
九	香	桂				玉		桂	香

▲先手　桂歩二

△3四金左2　▲8八玉　△7四歩20　（第5図）

自画自賛

第4図で自画自賛になるが、▲5九角が狙いの構想。▲2六角を見せて△5四歩を防いだ。後手が金銀を整備している間に玉の入城がぴったり間に合った。これで強い戦いができる。

△7四歩で△5四歩は▲1七桂がある。△7四歩は単なる手待ちではない。それを看破した次の一手が会心の一着であった。

第5図以下の指し手

▲6六歩27　△5四歩16　▲1七桂2

【第5図は△7四歩まで】

△羽生　角

	9	8	7	6	5	4	3	2	1
一	v香	v桂							v香
二		v飛		v王					
三				v銀	v歩	v金	v桂		
四	v歩	v歩	v歩	v歩			v金		v歩
五					銀	v歩		v銀	
六	歩		歩		歩			v歩	歩
七		歩	銀	歩		歩			
八		玉	金				v飛	歩	
九	香	桂			角	金		桂	香

▲佐藤　歩二

△5五歩　▲2五桂　△同　桂
▲2六角　△4四銀　（第6図）

戦機をとらえる

第5図で▲5八金などは△7三玉と上がられる。次に△5四歩を狙われ、困ってしまう。これが真の△7四歩の狙いなのだ。

ここでの▲6六歩が会心の一着だった。とにかく、この将棋は5五の銀が引く展開になってはまずいのである。

自ら銀の退路を断つとともに△7三玉なら▲3七角△5四歩▲6四銀△同銀▲6五歩を見せた意味もある。

やむを得ない△5四歩に狙いの▲1七桂が実現。△1六銀なら▲2六角△3五歩▲同飛と強襲して良い。本譜は桂損だが、玉の堅さが違い過ぎ、駒損を補って余りある。私がペースをつかんだ。

【第6図は△4四銀まで】

△羽生　持駒　角桂

	9	8	7	6	5	4	3	2	1	
	v香	v桂							v香	一
		v飛		v王						二
				v銀		v金				三
	v歩	v歩	v歩	v歩		**銀**	v金		v歩	四
					v歩	v歩		v桂		五
	歩		歩	歩	歩			角	歩	六
		歩	銀			歩				七
		玉	金				飛	歩		八
	香	桂				金			香	九

▲佐藤　銀歩三

歩切れが響く

第6図以下の指し手
▲3二銀21　△3三金寄2　▲2三銀成
△3七桂打5　▲3三成銀1　△同　金
▲2四金3　△7三玉6　▲3三金1
△同　銀　▲7一角成4　△7二金
▲6一馬24　△5六歩16　▲4八金2
（第7図）

【第7図は▲4八金まで】

△羽生　持駒　角銀歩

	9	8	7	6	5	4	3	2	1	
	v香	v桂		馬					v香	一
		v飛	v金							二
			v王	v銀			v銀			三
	v歩	v歩	v歩	v歩					v歩	四
						v歩		v桂		五
	歩		歩	歩	v歩				歩	六
		歩	銀			歩	v桂			七
		玉	金			**金**	飛	歩		八
	香	桂							香	九

▲佐藤　金歩三

第6図以下▲3二銀から▲2三銀成が後手の歩切れを衝いた一着。△2三同金なら▲4四角△同金▲3二飛成、△4三金も▲2四成銀で良い。

△3七桂打は羽生流の勝負手だ。▲2四金で決まったかに思えたが、△7三玉が手筋の早逃げ。

私の▲3三金は早まった。単に▲4八金なら、△5六歩に▲3三金△同銀▲5四歩が利くので、取り込めず困っていたと思う。本譜の▲6一馬で▲8二馬は、△同玉で飛車は取れるがつまらない。飛車は遊ばせておくのが正しい感覚だ。

▲6一馬に△4二銀が気になったが、▲2五馬△4九桂成▲3二飛成で処置に困る。

第7図で羽生さんらしい異次元の一手が出る。

第7図以下の指し手
△2九銀13　▲3九飛1　△5七歩成
▲5九飛3　△5六歩3　▲5一馬10
△8三玉1　▲3三馬　△6七角2
（第8図）

異筋の勝負手

第7図で△2九銀が羽生さん一流の異筋の勝負手。常識では考えられない一着である。△5七歩成に▲同金は△4八角がある。間違えそうになったが▲5九飛を発見し、△5八歩なら▲同金ではっきりしている。

本譜の☗5一馬では、☗2五馬☖9三桂☗2六馬☖8五桂☗3七馬で良かった。次の☗6五桂が厳しい手となる。

☖5六歩から☖6七角が第3弾の強烈な勝負手。読みになく、少し動揺が走った。

第8図以下の指し手

☗6七同金10　☖同　と　☗7九金1
☖3八銀成6　☗5六飛5　☖4八成銀
☗6八銀打3　☖5八成銀2　（第9図）

流れが悪くなる

第8図以下☗6七同金から☗7九金は苦心の受けだ。ここで☗7八銀は、☖5七歩成☗同金☖4九桂成が嫌であった。しかし、この方が良かったか。

本譜の☖3八銀成とこの駒に使われてははっきりおかしい。流れが悪くなってきた。

☗6八銀打に☖5八成銀も巧手。銀を取らずに寄るのが良く、☗6七銀は☖5七金と食い付かれてまずい。

【第8図は☖6七角まで】

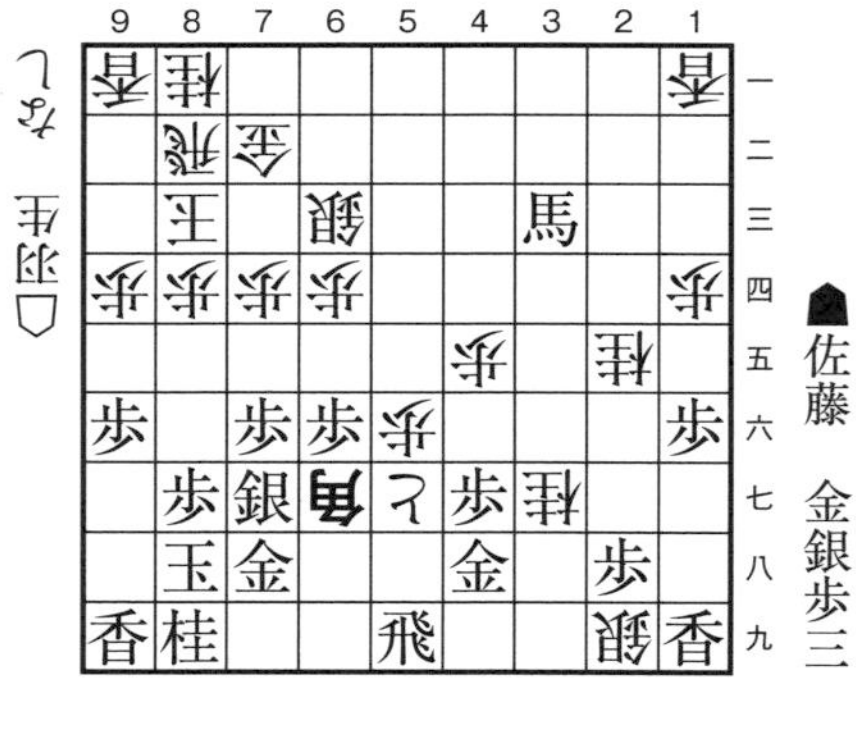

☖羽生　なし

	9	8	7	6	5	4	3	2	1	
	v香	v桂							v香	一
		v飛	v金							二
		v王		v銀			馬			三
	v歩	v歩	v歩	v歩					v歩	四
						v歩		v桂		五
	歩		歩	歩	v歩				歩	六
		歩	銀	v角	vと	歩	v桂			七
		玉	金			金		歩		八
	香	桂			v飛			v銀	香	九

☗佐藤　金銀歩三

第9図以下の指し手

☗2四馬1　☖4六歩8　☗同　馬
☖7七と　☗同　桂3　☖6八成銀3
☗同　馬　☖5四銀打　☗2六飛
☖5五銀12　☗6七銀　☖3四金2
☗3五歩1　（第10図）

【第9図は☖5八成銀まで】

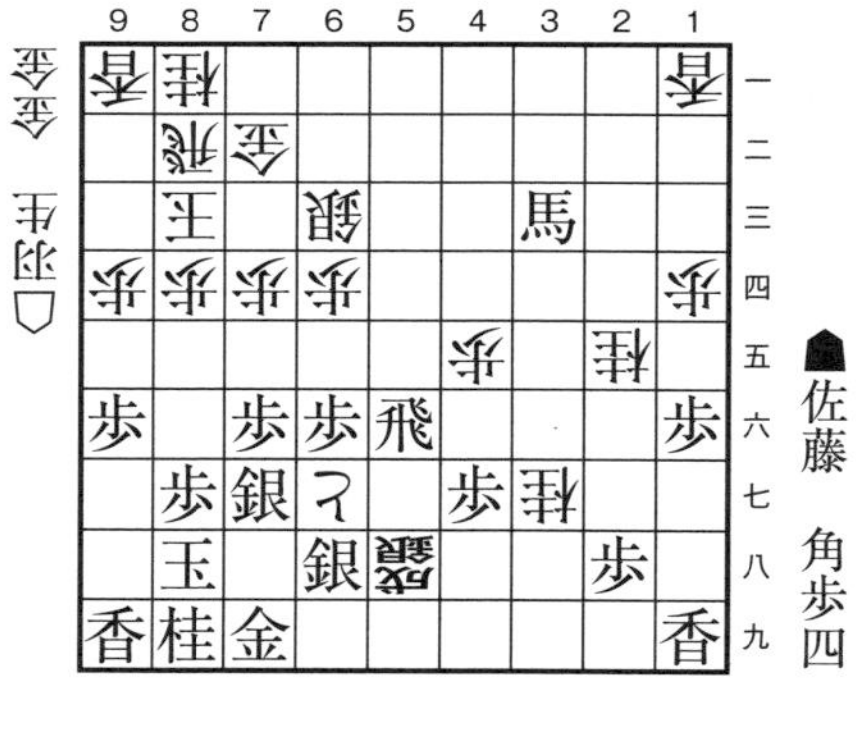

☖羽生　金金

	9	8	7	6	5	4	3	2	1	
	v香	v桂							v香	一
		v飛	v金							二
		v王		v銀			馬			三
	v歩	v歩	v歩	v歩					v歩	四
						v歩		v桂		五
	歩		歩	歩	v飛				歩	六
		歩	銀	vと		歩	v桂			七
		玉		銀	v成銀			歩		八
	香	桂	金						香	九

☗佐藤　角歩四

冷静・手拍子

第9図で☗2四馬が我ながらしぶとい一着。

これで羽生さんは清算するよりなくなったが、こうなってみると私にまだ利が残っていたようだ。

☗2六飛も冷静で、この場合は☗3六飛から敵陣に侵入しても大したことはない。むしろ桂を取りきってしまう方が良い。

羽生さんの☖3四金はこの局面ではこれしかないとはいえ、執念の頑張りである。

しかし☗3五歩はあまりにも手拍子だった。これで良ければ話がうま過ぎると思ったが……。次に強烈なアッパーパンチを食らう。

【第10図は☗3五歩まで】

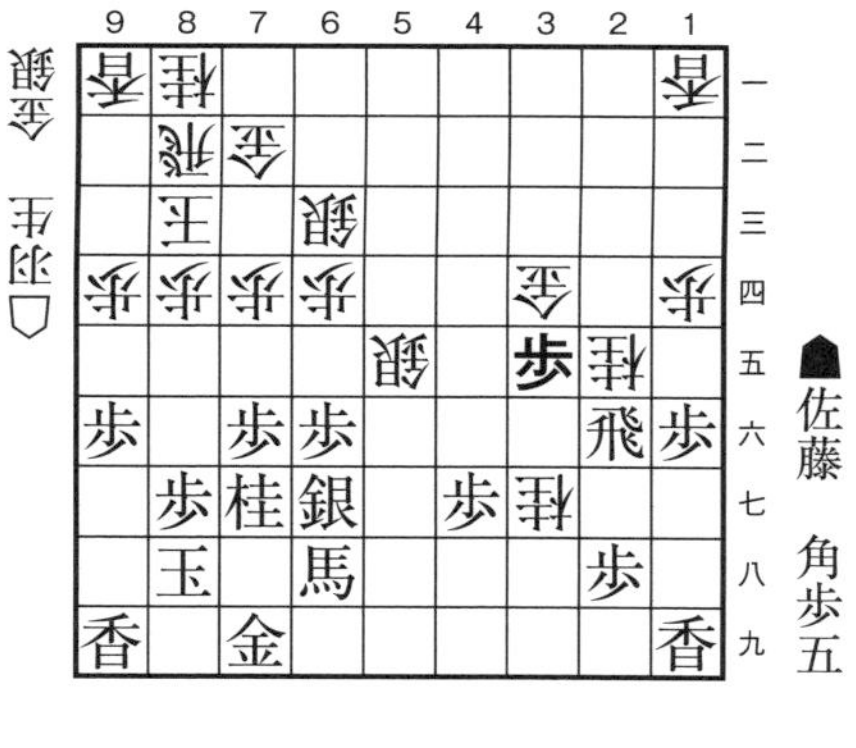

☖羽生　金銀

	9	8	7	6	5	4	3	2	1	
	v香	v桂							v香	一
		v飛	v金							二
		v王		v銀						三
	v歩	v歩	v歩	v歩			v金		v歩	四
					v銀		歩	v桂		五
	歩		歩	歩				飛	歩	六
		歩	桂	銀		歩	v桂			七
		玉		馬				歩		八
	香		金						香	九

☗佐藤　角歩五

第10図以下の指し手
☖5九銀　☗5七馬4　☖4八銀不成
☗同　馬　☖3五金　☗3三角
☖4五金打3　☗5六歩1　☖2六金14
☗5五歩　☖4九桂成　☗同　馬
☖5六歩　（第11図）

見落とし

第10図で☖5九銀を全く見落としていた。☗同馬は☖3五金☗3七馬（☗2七飛は☖2六歩で飛車が詰む）☖同桂成☗2二飛成☖4七成桂で勝てない。

落胆したが、このままあきらめてはいけないと気を奮い立たせた。残り時間の少ない中4分考え、少し冷静になれた。☗5七馬に☖4八銀不成が継続の手段。また☗6八馬なら☖5七金☗3四歩☖6八金☗同金☖3五角（**B図**）がある。

馬を4八に移動してからの☗3三角が急所。5五の銀を狙うのが良い。☖4五金打も凄まじい一手。

☗5六歩がまずく、☗5四歩ならはっきりと良かった。本譜は完全に怪しい。

私の5筋に歩が利かないことを狙い、羽生さんは☖4九桂成から☖5六歩と更に追及の手を緩めない。ついに逆転か？

【B図は☖3五角まで】

☗先手　角金金歩五
☖後手　なし

	9	8	7	6	5	4	3	2	1
一	v香	v桂							v香
二		v飛	v金						
三		v王		v銀					
四	v歩	v歩	v歩	v歩			歩		v歩
五					v銀		v角	v桂	
六	歩		歩	歩				飛	歩
七		歩	桂	銀		歩	v桂		
八		玉		金		v銀		歩	
九	香								香

【第11図は☖5六歩まで】

☗佐藤　銀銀桂歩四
☖羽生　飛

	9	8	7	6	5	4	3	2	1
一	v香	v桂							v香
二		v飛	v金						
三		v王		v銀			角		
四	v歩	v歩	v歩	v歩					v歩
五					歩	v金		v桂	
六	歩		歩	歩	v歩			v金	歩
七		歩	桂	銀		歩			
八		玉						歩	
九	香		金			馬			香

第11図以下の指し手
☗5四歩　☖5七歩成5　☗5三歩成
☖6七と1　☗同　馬　☖3八飛
☗6八銀　☖5六銀　☗同　馬
☖同　金　☗6三と　☖同　金
☗7一銀　☖6七金　☗8二銀成
☖同　玉　（第12図）

開き直る

第11図での☗5四歩が開き直った一着だった。ここで☗6八銀は手堅いが駒不足で☖3七桂成から☖4七成桂の活用が間に合ってきてしまう。☗5四歩に☖同銀なら☗5八歩で銀でなく歩で間に合うのが大きい。

【第12図は☖8二同玉まで】

☗佐藤　飛銀銀桂歩五 
☖羽生　角銀歩

	9	8	7	6	5	4	3	2	1
一	v香	v桂							v香
二		v王							
三				v金			角		
四	v歩	v歩	v歩	v歩					v歩
五								v桂	
六	歩		歩	歩				v金	歩
七		歩	桂	v金		歩			
八		玉		銀			v飛	歩	
九	香		金						香

感覚を研ぎ澄まし、本能で指が動いた。そして羽生さんを見ると、えっという顔。これは間違えなければ勝てるのではないかと思った。以下は一直線の殴り合いとなったが、☗7一銀が先に入ったのが大きい。

☖6七金では☖3二飛の方が良かったようだが、☗4四角成☖6七金☗6九銀で残している。☗5八歩が利くのと2六の金が当たりになっているのが痛いところだ。

☗8二銀成と飛車を取り、**第12図**からの次の一手が決め手。

第12図以下の指し手
☗6一飛1　☖7二銀　☗7一銀
☖9二玉　☗6三飛成1　☖同　銀
☗8二金　☖9三玉　☗5一角成
☖7八飛　☗同　金　☖同　金
☗9八玉　**(投了図)**
まで151手で佐藤の勝ち
(消費時間＝☗7時間58分、☖7時間59分)

際どく勝つ

☗6一飛が☗8三銀以下の詰めろで、決め手となった。羽生さんは☖7二銀と受けたが、☗7一銀を決め、飛車を切り、☗5一角成で必至となった。☖7八飛からは最後のお願い。☗9八玉で羽生さん投了。ここで、☗7八同玉は☖6九角でトン死する。

投了図以下は☖8八金に☗9七玉で王手は続くが詰まない。最後に端が生きた形となった。

本局は序盤から見どころが多く、多少疑問手もあったが、妙手連発で両者力を出し切った面白い将棋であったと思う。

これで一勝を返し、この後タイにまで追い付いたが、最終局は完敗。シリーズとしては残念な結果となった。しかし今回の王将戦で得たものは大きかったと思っている。

初心忘るべからず。常にエネルギーを最高に漲らせ、これからの一局一局を大切に戦っていきたいと思っている。

【投了図は☗9八玉まで】

☖羽生　角金歩

9	8	7	6	5	4	3	2	1	
v香	v桂	銀		馬				v香	一
	金								二
v王			v銀						三
v歩	v歩	v歩	v歩					v歩	四
							v桂		五
歩		歩	歩				v金	歩	六
	歩	桂			歩				七
玉		v金	銀			v飛	歩		八
香								香	九

☗佐藤　飛銀桂歩五

挑戦者決定リーグ戦

順位	氏名	1	2	3	4	5	6	7
1	森内俊之　名人	●久保	○郷田	●佐藤	●深浦	○行方		千○丸山
2	久保利明　八段	○森内	●丸山	○郷田	●行方	●深浦	●佐藤	
挑	佐藤康光　棋聖		○行方	○森内	○郷田	○丸山	○久保	○深浦
4	丸山忠久　九段	○郷田	○久保	○深浦		●佐藤	○行方	千●森内
5	郷田真隆　九段	●丸山	●森内	●久保	●佐藤		○深浦	○行方
5	深浦康市　八段	●行方		●丸山	○森内	○久保	●郷田	●佐藤
5	行方尚史　七段	○深浦	●佐藤		○久保	●森内	●久保	●郷田

第55期王将戦七番勝負

羽生善治王将　○○○●●●○
佐藤康光棋聖　●●●○○○●

第11局

A級復帰の一局

第69期順位戦B級1組11回戦（毎日新聞・朝日新聞）
2011年1月14日　終了15日0時57分
大阪市福島区「関西将棋会館」
持ち時間各6時間

☗七段　山崎　隆之
☖九段　佐藤　康光

今期は15期ぶりにB級1組で戦うことになった。前期「衝撃の降級」などと書かれたりしたこともあったが、内容的にもかなり悪かったし、棋士になって以来初めて年間対局で負け越しという結果にもなった。自分としてはやむを得ないことだったかとは思っている。

40代に入り、棋士として色々と考えることが多いというか難しい年代に入ってきたのは確かなようだ。今期、順位戦を戦うに当たって特に何かを変えた、ということもないのだが敢えていうなら自然に指そう、ということだろうか。自然という言葉は、常に戦型など目まぐるしく変わっていく将棋界では解釈が難しく、私にとってもどういうことなのだろうかと考えるのだが、どんな事態でも鋭敏にならず、受け入れながら戦っていこうという気持ちだった。

そしてここまで好成績で、年末には早くも復帰のチャンスを迎えることとなった。勝負事に絶対ということはないのは骨身に沁みているはずなのだが、「昇級一席は決まり」「当確」などと騒がれると本当に気持ちが悪い。当たり前だが自分にのみ降りかかってくる問題で、年末の敗戦で最悪のシナリオがかなりの確率で起こるような気にもなっていた。

しかし、新しい年になってお参りをし、ファンの方などから年賀状などで激励の挨拶をいただき、日々過ごしているうちにようやく落ち着くことができた。

これも当たり前なのだが、自分が勝つしかないのだ。少しでも楽になりたいと思う気持ちがどこかに入る、残ると元に戻すのがなかなか容易でない。そのモヤモヤが全て消え、今回の対局に臨むことができた。

初手からの指し手

▲2六歩1　△3四歩1　▲7六歩
△5四歩　▲2五歩18　△5二飛1
▲7八金1　△6二玉　▲6九玉2
△7二玉　▲7七角　**(第1図)**

ゴキゲン中飛車

作戦はゴキゲン中飛車に。今期順位戦、居飛車党がほとんどということもあって後手番の作戦は一手損角換わりをずっと用いていたが、前局の屋敷九段戦では逆転負け。気分を変える意味で本局は年末ごろからこれでいこうと決めていた。王将リーグで2局勝てたことも採用への後押しとなった。案外、ゲンを担ぐわけでもないのだがこんな感じで戦型を決めることはよくある。

対する山崎七段の作戦は▲7八金。昔からある作戦だが、最近はほとんど見られない。ただ山崎七段はこれを得意にしており勝率も8割を超えている。こうなる可能性は高いかと思っていた。私も結構この形は好きで昨年、一昨年の棋王戦でも指している。考え方としては飛車先の歩が交換できる可能性が高く、その優位性を生かしていこうということ。**第1図**からやってみたい手順があった。

【第1図は▲7七角まで】

△佐藤 なし

	9	8	7	6	5	4	3	2	1
一	v香	v桂	v銀	v金		v金	v銀	v桂	v香
二			v王		v飛			v角	
三	v歩	v歩	v歩	v歩		v歩		v歩	v歩
四					v歩		v歩		
五								歩	
六			歩						
七	歩	歩	角	歩	歩	歩	歩		歩
八			金					飛	
九	香	桂	銀	玉		金	銀	桂	香

▲山崎 なし

第1図以下の指し手

△7七同角成7　▲同　桂　△2二銀
▲6六歩6　△3三銀1　▲6八銀1
△6二銀10　▲9六歩3　△9四歩9
▲8六歩27　△2二飛10　▲8五歩2
(第2図)

独自の道

第1図のように3九の銀をなかなか動かさないのが山崎流。これによっていろいろな変化で

柔軟に対応できるようになっている。一例は後に述べる。

図は分岐点。△8二玉から美濃に囲うのが多いが、△7七同角成から△2二銀がやってみたかった手。この瞬間なら▲2四歩には△同歩▲同飛△3五角がある。

よってここからは駒組みになる。7手目▲2二角成とする丸山ワクチンプラス佐藤流？に比べて中飛車側が1手損する意味があるのだが、先手も穴熊や銀冠にしにくいなど駒組みに制約ができてくるので釣り合いは取れるのではないかと思っていた。

ちなみにこのことを初めて思いついたのは昨年の棋王戦第4局、久保二冠との一戦で、**第1図**で3分考えられていたときだ。今回の対局に備えて改めて考えてみたのだが、そういう疑問や思いつきなどが蓄積して、新たな定跡が構築されていく。

【第2図は▲8五歩まで】

△佐藤　角

	9	8	7	6	5	4	3	2	1
一	v香	v桂		v金		v金		v桂	v香
二			v王	v銀				v飛	
三		v歩	v歩	v歩		v歩	v銀	v歩	v歩
四	v歩				v歩		v歩		
五		歩						歩	
六	歩		歩	歩					
七			桂		歩	歩	歩		歩
八			金	銀				飛	
九	香			玉		金	銀	桂	香

▲山崎　角

△6二銀は本当は美濃囲いに組みたいが、▲5三角から馬を作られてしまうのでこの場合はこの一手。対する▲8六歩は大胆だが、薄い場所を衝く理にかなった一手である。

ここで私が16分考え、昼食休憩に入った。よく休憩前、相手の考慮中に「指されたら休憩にして」と言って席を立たれる場合がある。そういうときは気分としてすぐに指してしまいたくなるが、序盤でも勝負が決まる可能性のあるときは考えざるを得ない。

第2図以下の指し手

△7四歩 31　▲6七銀 20　△4四銀 8
▲5八金 23　△6四歩 7　▲4八銀 2
△8二玉 12　▲8七金 11　△7二金 1
▲7八玉
（第3図）

細心の注意

第2図で△2四歩もあるが、▲同歩△同銀にいきなり▲9五歩△同歩▲8四歩△同歩▲5六角を気にした。▲9二歩と▲2三歩△同飛▲3四角の両狙いがある。

よって駒組みだが、△6四歩を先にすると▲7五歩△6三銀▲6七銀△4四銀▲7六銀△3三佳▲6七金となって次に▲8八飛からの大転換が受からない。これも序盤の銀上がり保留の効果の一例。駒組みといっても細心の注意を払わなければならない。

ここのポイントを乗り切り、ようやく落ち着いたかと思ったが、▲8七金からの構想はまた山崎七段らしい柔軟な構想で独創的。うかつに指すとすぐ作戦負けになってしまう。地味だが、**第3図**の次の一手が会心だった。

第3図以下の指し手

△7三銀 27　▲8六金 4　△5二金 2
▲7五歩 2　△同　歩 1　▲同　金
△6三金左　▲7六金 1　△3三桂 2

【第3図は▲7八玉まで】

△佐藤　角

	9	8	7	6	5	4	3	2	1
一	v香	v桂				v金		v桂	v香
二		v王	v金	v銀				v飛	
三		v歩				v歩		v歩	v歩
四	v歩		v歩	v歩	v歩	v銀	v歩		
五		歩						歩	
六	歩		歩	歩					
七		金	桂	銀	歩	歩	歩		歩
八			玉		金	銀		飛	
九	香							桂	香

▲山崎　角

▲5九銀1　△3五歩95　（第4図）

大長考

第3図より通常は△6三銀だが、▲8六金△3三桂▲7五歩△同歩▲同金△7四歩▲7六金△2一飛▲5九銀△4二金▲6八銀となって作戦負け。先手に1歩持たれ、通常の形と違い4、5筋などの歩が突いていないのでかえって衝突点がない。あとは玉を固められるのを指をくわえて待っているだけとなる。

△7三銀が臨機応変の一手。要は7筋交換されたとき△6三金左で勢力を確保し、後手も歩を持っておけば打開に困らない。右辺が薄くなり、▲5九銀で▲2四歩も気になるが、△同歩▲2三歩△6二飛▲2四飛に△7五歩▲同金△7四銀で良い。玉周辺の戦いは厚みが違う。

▲5九銀に大長考。今後の構想に迷った。△5五歩もあるが、▲6八銀△5四角に▲3六角と合わせられ自信が持てなかった。

△3五歩に山崎七段もお返しの大長考で夕食休憩に入った。まだ駒がぶつからない順位戦ペースの進行だ。

第4図以下の指し手

▲1六歩67　△3四角7　▲7五歩5
△2五桂1　▲2六飛6　△9二香10
▲6八銀8　△9一玉　▲8八玉1
△8二銀8　▲7八銀21　（第5図）

位取りには穴熊

第4図で67分の長考で▲1六歩。普通なら▲6八銀だが、これには△4五桂の急襲がある。以下▲2六飛なら△3七桂成▲同桂△1五角▲2七飛△3六歩。▲4八角も△3二飛▲4六歩△3七桂成▲同角△3六歩▲4八角△3五銀。後者は難しく私も仕掛けるかどうかは迷っていたが、先手としては避けたいところだろう。端歩は△1五角の筋を消したものだ。

対して△3四角が△3五歩からの構想。打開の意思表示とともにこれで私の陣形も隙がなくなった。ただ、次の△2五桂は早すぎたかもしれない。ここは保留しておいたほうが後々動きやすかったような気がする。

△9二香は△7三銀からのひとつの狙い。▲7五歩の「位取り」には「穴熊」の格言通りの一着だ。

次の▲6八銀を山崎七段は悔やんでいた。ここは先に▲8八玉から▲7八銀を急ぐべきだったと。次の手から戦いの糸口をつかむ。

第5図以下の指し手

△3六歩32　▲同　歩1　△2四歩
▲4八金47　△5五歩8　▲4六歩12
△3八歩8　▲同　金3　△5六歩
▲同　歩1　△同　角　▲4八金　（第6図）

【第4図は△3五歩まで】

△佐藤　持駒：角歩

	9	8	7	6	5	4	3	2	1
一	v香	v桂							v香
二		v玉	v金					v飛	
三		v歩	v銀	v金		v歩	v桂	v歩	v歩
四	v歩			v歩	v歩	v銀			
五		歩					v歩	歩	
六	歩		金	歩					
七			桂	銀	歩	歩	歩		歩
八			玉		金			飛	
九	香				銀			桂	香

▲山崎　持駒：角歩

【第5図は▲7八銀まで】

△佐藤　持駒：歩二

	9	8	7	6	5	4	3	2	1
一	v玉	v桂							v香
二	v香	v銀	v金					v飛	
三		v歩		v金		v歩		v歩	v歩
四	v歩			v歩	v歩	v銀	v角		
五		歩	歩				v歩	v桂	
六	歩		金	歩				飛	歩
七			桂		歩	歩	歩		
八		玉	銀	銀	金				
九	香							桂	香

▲山崎　持駒：角

戦機をつかむ

第5図で△2四歩は▲8七銀とされ、対角線上に衝突物がなく自陣角が空振りに終わる可能性が高い。

△3六歩が機敏な一着。私のほうからすると常に▲同飛が嫌なのだが、△7八角成▲同玉△3五銀打と飛車を打ち込まれても先手にならないので十分戦える。前譜▲6八銀を悔やんでいたのはそのためである。

▲4八金は△3八歩の防ぎ。玉から離れるので指しにくいと思っていたのだがこれが良い辛抱だった。自分が思っているより案外、手ができない。ぎりぎりだが△3八歩からいよいよ仕掛けを敢行した。私の攻め、山崎七段の受けという展開になった。

【第6図は▲4八金まで】

△佐藤　歩二

9	8	7	6	5	4	3	2	1	
v王	v桂							v香	一
v香	v銀	v金					v飛		二
	v歩		v金		v歩			v歩	三
v歩			v歩		v銀		v歩		四
	歩	歩					桂		五
歩		金	歩	v角	歩	歩	飛	歩	六
		桂							七
	玉	銀	銀		金				八
香							桂	香	九

▲山崎　角歩三

第6図以下の指し手

△7四歩22　▲同　歩8　△7五歩
▲同　金　△7四金　▲同　金1
△同　角　▲7六歩7　（第7図）

玉頭戦

第6図で△3七歩も考えたが、▲2八飛△5七歩▲5九歩と辛抱され手ができない。一転して△7四歩から玉頭の金を狙うのが良い構想である。

【第7図は▲7六歩まで】

△佐藤　金歩

9	8	7	6	5	4	3	2	1	
v王	v桂							v香	一
v香	v銀	v金					v飛		二
	v歩				v歩			v歩	三
v歩		v角	v歩		v銀		v歩		四
	歩						桂		五
歩		歩	歩		歩	歩	飛	歩	六
		桂							七
	玉	銀	銀		金				八
香							桂	香	九

▲山崎　角金歩四

金交換し、▲7六歩も落ち着いた良い辛抱。ここで▲7五金もあるが△5六角で案外厚みにならない。穴熊の深さが生きている形である。私としては攻め続けなければならないがどこから攻めるか。

第7図以下の指し手

△7五歩18　▲3一角18　△6二飛1
▲7五歩　△2九角成6　▲同　飛
△7六桂　▲7九玉　△5五銀
（第8図）

強引に

第7図から構わず△7五歩と強引にこじあけに行くのが私らしい一手。

ここで△5五銀と使えれば良いが、▲3三角△5二飛▲5三歩△同飛▲5四歩△同飛▲4五金がある。△7五歩には▲同歩が自然だが△2九角成が狙い筋。以下▲同飛△7六桂▲7九玉に△3七桂成！▲同金△5二飛でどうか。私はあまりこの順は自信がなかったのだが妙に受けにくく、成立しているようだ。

▲3一角はややひねった手で、この角が入っていれば先の△5二飛の局面で3一に角がいる勘定になり▲5三歩で受かる。本譜の▲7五歩に対してやはり狙い筋を決行したが、ここは△5六角ともたれておくほうが良かった。3一の角もかえって負担になっており、以下▲5七金

△2三角▲5四歩△6三金が一例。私としてはこのほうが良かった。△5五銀の活用が味が良いと考えたのだが、実はそうではなかったのだ。

第8図以下の指し手

▲5七金打11　△5二飛5　▲6七銀左5
△8八金5　▲6九玉　△6八桂成
▲同　玉2　△3七銀　▲5八金寄8
△4六銀引成　▲5三歩2　△3二飛
▲5四角　（第9図）

優勢に

第8図で▲5七金打。指されたときはうまい手を指されたと思ったのだが、どうもこの手が良くなかった。

ここは▲5四角と催促するのが良く、△8八金▲6九玉△6八桂成▲同玉△7八金▲同玉△6六銀▲6七歩（A図）は先手が良かった。先手玉が薄く、手が続きそうだが、一例としてA図以下△7七銀成▲同玉△7六歩▲同玉△6五銀▲同角△同歩▲6四桂はすっきりしている。

ここが本局の最大のポイントだった。

△5二飛が味の良い活用。▲5三歩には△3二飛がぴったり。先手としては打った3一の角が負担になる展開は良くないのだ。

▲6七銀左にはいろいろな攻め筋が見えるが、△8八金から△3七銀とわざと重く確実に攻めた。こういう攻めは正確にヒットすると実はかなりパンチが効いている、ということが多い。

本局はそうだったようでここで優勢を意識した。

そして▲5三歩を打たせ狙いの実現。この手から山崎七段は一分将棋に。普段は決断良く指す印象が強いだけにかなり早い感じ。それだけ大きな勝負ということだ。**第9図**では間違えなければ勝てると思った。

第9図以下の指し手

△5七成銀3　▲同　金　△5六歩
▲同　金　△同　銀　▲同　銀
△6三金打　▲4三角成　△3一飛
▲4五銀打　△3七桂成　▲8九銀
（第10図）

【第8図は△5五銀まで】

▲山崎　角金歩五

△佐藤　金

【A図は▲6七歩まで】

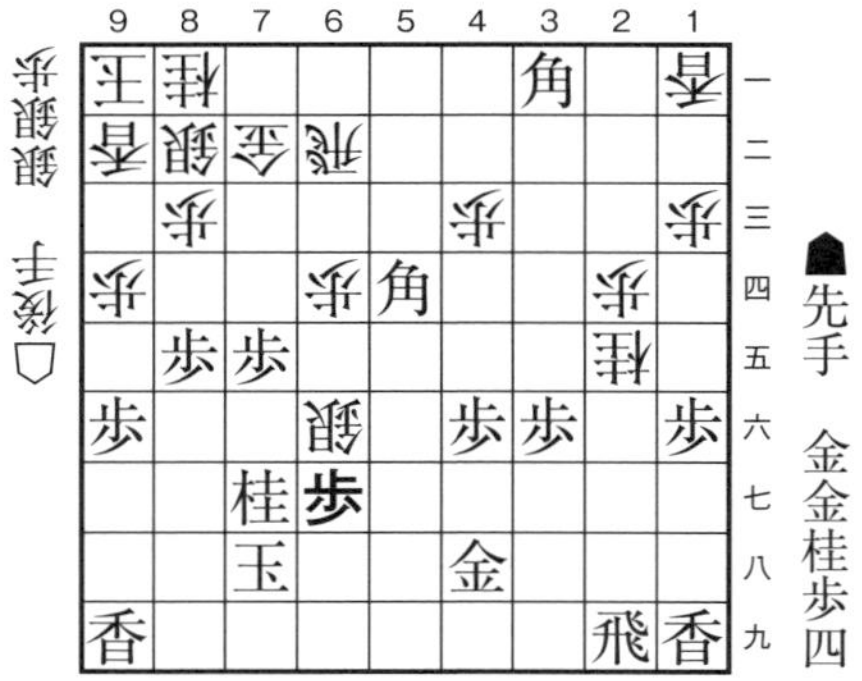

▲先手　金金桂歩四

△後手　銀銀歩

【第9図は▲5四角まで】

▲山崎　桂歩四

△佐藤　歩

思考が停止

私も**第9図**で最後の3分を使い一分将棋に。とにかく金銀をはがす。そして☖6三金打と角に当てるのが好手。これではっきり良くなった、というより勝勢である。

ここで何か攻めてくるよりないと思っていたのだが、ぎりぎりまで考えた次の一手は何と☗4三角成。山崎七段の本局に懸ける執念を感じさせるが角がタダ。しかし後から考えてみるとここでは角を取らず☖3六飛のほうが手としても思想としても良かった。

その後も読みにない手ばかり。これは将棋が終わった、どうやっても良いのではという思いがよぎり、思考が完全に停止してしまった。

第10図以下の指し手
☖8七角　☗4二馬　☖8九金
☗3一馬　☖8八金　☗5七玉
☖3八銀　☗2四飛　☖4七金
☗同　銀　☖同銀成　☗5六玉
（**第11図**）

持病

第10図ではいろいろあるが☖3六成桂が分かりやすい。☗3二歩に☖4六成桂で入玉さえ防げば、アマチュアの方でも勝てる形勢である。

私の悪い癖だが将棋が終わった、と思った瞬間自分でも恐ろしいほどに読みが乱雑になる。勝負はまだ終わっていないのに。この楽観からの逆転も多く、毎回自分が嫌になるがなかなか直らない。経験、教訓をあまり生かせていない。人間なかなか進歩せずこの年まできてしまったという感じ。弱点を克服するというよりは、持病のようなのでこれといかに付き合いながら過ごしていくか、ということを考えたほうがこれからの棋士人生では現実的な対応なのかもしれない。

☖8七角は決め手のつもりで打ったが☗4二馬をうっかりしているのだから話にならない。☖8八金も疑問で、☖4六銀と押さえておけば終わりだった。

本譜☗5七玉とされてはもうおかしい。対局中、特に時間のないときに経過を振り返ることは最悪であるが、この辺りただただ呆然としながら駒を進めていた。

A級復帰

第11図以下の指し手
☖9九金　☗5五玉　☖4三角成　☗2二馬
☖4六銀　☗5六玉　☖5五香　☗6七玉
☖5七香成　☗7八玉　☖7六馬　☗8七金
☖6七成香
まで134手で佐藤の勝ち
（消費時間＝☗5時間59分、☖5時間59分）

【第10図は☗8九銀まで】

☖佐藤　持駒：角金

	9	8	7	6	5	4	3	2	1	
	v王	v桂					v飛		v香	一
	v香	v銀	v金							二
		v歩		v金	歩	馬			v歩	三
	v歩			v歩				v歩		四
		歩	歩			銀				五
	歩			歩	銀		歩		歩	六
			桂				v成桂			七
		v金		玉						八
	香	銀						v飛	香	九

☗山崎　持駒：桂歩六

【第11図は☗5六玉まで】

☖佐藤　持駒：銀

	9	8	7	6	5	4	3	2	1	
	v王	v桂					馬		v香	一
	v香	v銀	v金							二
		v歩		v金		歩			v歩	三
	v歩			v歩				飛		四
		歩	歩			銀				五
	歩			歩	玉		歩		歩	六
		v角	桂			v成銀	v成桂			七
		v金								八
	香								香	九

☗山崎　持駒：飛金桂歩七

第11図で☖9九金。偶然にもこの手があったのが幸いだった。今期の順位戦は毎局そうであったが、運が良かったという感じがする。☗6五歩も☖7八角成がある。☖4三角成で大勢が決した。後はとにかく押し戻して行けば良い。☖6七成香で山崎七段投了。日が替わり15日の午前0時57分だった。

感想戦。山崎七段はあまり長くやるタイプではなく、最初は口頭だけだったのだが、気を遣ってもらい最初からやってもらった。私はおそらく棋士で5本の指に入る感想戦の長さだ。

これで9勝2敗でA級復帰が決まった。最終局、豊川七段戦は中終盤の判断を誤り、負けて9勝3敗で終了。甘さを変わらず痛感。反省点を来期につなげていきたい。

今期を振り返ってみると8月の深浦戦、松尾戦を制することができて上昇気流に乗れた気がする。そのあとも接戦続きで苦しい、負けの局面のある対局もかなりあった。そんな中勝てたのは不思議だが、時間のない終盤でも最善を尽くすことができたことが大きな要因かと思う。

来期はまたA級で戦えることとなった。今期は傍から見ている訳だが熟練された心技体がかみ合い、例年以上にハイレベルな争いになっていると感じている。

厳しい戦いになるが、応援いただいたファンの皆様に感謝申し上げると共にさらなる期待に応えられるよう頑張っていきたいと思う。

第69期順位戦B級1組

順位	段位	氏名	師匠	年齢	出身	1	2	3	4	5	6	7	8	9	10	11	12	13
1	九段	井上　慶太	若松	47	兵庫		○杉本	○松尾	○畠山	●中村	●豊川	○山崎	●行方	●佐藤	●鈴木	●中田	○屋敷	●深浦
昇	九段	佐藤　康光	田中魁	41	京都	●畠山	○鈴木	○中田	○深浦	○松尾	○杉本	○行方	○中村	○井上	●屋敷	○山崎	●豊川	
3	九段	深浦　康市	花村	39	長崎	●松尾	●畠山	○杉本	●佐藤	●屋敷		○鈴木	○豊川	●中村	○中田	○行方	○山崎	○井上
4	八段	行方　尚史	大山	37	青森	○屋敷	●山崎	●鈴木	●中田	●杉本	○松尾	●佐藤	○井上	○豊川	○畠山	●深浦		○中村
5	七段	松尾　歩	所司	31	愛知	○深浦	○豊川	●井上	○鈴木	●佐藤	●行方	○中田	○山崎		●杉本	○畠山	○中村	●屋敷
6	七段	山﨑　隆之	森信	30	広島	○鈴木	○行方	○屋敷	○豊川		●畠山	●井上	●松尾	○杉本	○中村	●佐藤	●深浦	●中田
昇	九段	屋敷　伸之	五十嵐	39	北海道	●行方	●中村	●山崎		○深浦	○中田	○豊川	○畠山	○鈴木	○佐藤	○杉本	●井上	○松尾
8	八段	鈴木　大介	大内	36	東京	●山崎	●佐藤	○行方	●松尾	●畠山	○中村	●深浦		●屋敷	○井上	○豊川	○中田	○杉本
降	七段	豊川　孝弘	関屋	44	東京	○杉本	●松尾	●中村	●山崎	●中田	○井上	●屋敷	●深浦	●行方		●鈴木	○佐藤	○畠山
降	七段	杉本　昌隆	板谷進	42	愛知	●豊川	●井上	●深浦	○中村	○行方	●佐藤		○中田	●山崎	○松尾	●屋敷	●畠山	●鈴木
11	七段	畠山　鎮	森安正	41	大阪	○佐藤	○深浦		●井上	○鈴木	○山崎	●中村	●屋敷	●中田	●行方	●松尾	○杉本	●豊川
12	九段	中村　修	佐伯	48	東京	●中田	○屋敷	○豊川	●杉本	○井上	●鈴木	○畠山	●佐藤	○深浦	●山崎		●松尾	●行方
13	八段	中田　宏樹	桜井	46	東京	○中村		●佐藤	○行方	○豊川	●屋敷	●松尾	●杉本	○畠山	●深浦	○井上	●鈴木	○山崎

第2部 解説編

第1局

第29期王位戦予選（新聞三社連合）

【持ち時間】各5時間

1987年12月18日　終了21時57分　東京都渋谷区「将棋会館」

記録係　中座真1級

四段 ▲佐藤　康光
名人 △中原　誠

タイトル保持者に初勝利

後手ツノ銀中飛車対左美濃

デビュー1年目の佐藤は王位戦予選を勝ち進み、準決勝で中原誠名人と対戦。佐藤は9月の第21回早指し選手権戦で中原に敗れていた。本局で大敵を破った佐藤は、予選決勝で中田宏樹四段（現八段）に勝ってリーグ入りする。

▲7六歩　△3四歩1　▲2六歩
△4四歩　▲4八銀　△4二銀1
▲5六歩　A△5二飛　（第1図）
▲6八玉　△6二玉　▲7八玉
△7二玉2　▲5八金右3　△4三銀1
▲9六歩　△9四歩1　▲7七角5
△6二銀1　▲8八玉　△5四歩1
▲7八銀　△6四歩8　▲2五歩4
△3三角　▲6六歩1　△7四歩6
▲6七金　△6三銀　▲5七銀5
△7三桂14　▲3六歩9　△6二金2
▲5九角25　△3二金3　▲7七桂6
B△5一飛1　▲1六歩　△1四歩
C▲3八飛19　△4二角22　▲3五歩5
△同　歩　▲4六銀1　△3三金
▲3五銀　△3四歩　▲4六銀
△8四歩1　▲8六歩4　△8一飛1
▲8七銀3　△3二金2　▲7八金12
△3三桂6　D▲6八角21　（第2図）
△8五歩12　▲同　歩1　△6一玉10

【第1図は△5二飛まで】

△中原　なし

	9	8	7	6	5	4	3	2	1	
	v香	v桂	v銀	v金	v王	v金		v桂	v香	一
					v飛	v銀		v角		二
	v歩	v歩	v歩	v歩	v歩			v歩	v歩	三
						v歩	v歩			四
										五
			歩		歩			歩		六
	歩	歩		歩		歩	歩		歩	七
		角				銀		飛		八
	香	桂	銀	金	玉	金		桂	香	九

▲佐藤　なし

【第2図は▲6八角まで】

△中原　なし

	9	8	7	6	5	4	3	2	1	
	v香	v飛							v香	一
			v王	v金		v角	v金			二
			v桂	v銀		v銀	v桂	v歩		三
	v歩	v歩	v歩	v歩	v歩	v歩	v歩		v歩	四
								歩		五
	歩	歩	歩	歩	歩	銀			歩	六
		銀	桂	金		歩				七
		玉	金	角			飛			八
	香							桂	香	九

▲佐藤　歩

▲3五歩33　△4五歩　E▲3七銀
△3五歩　▲2六銀　F△4六歩30
▲同　角12　△5五歩4　▲3四歩34
△4五桂23　▲3五銀18　△6五歩3
G▲7五歩3　△同　歩4　▲5五角3
△3七歩19　H▲6五桂21　（第3図）
△同　桂13　▲同　歩　△8六歩17
▲同　銀3　△7六桂14　▲7七玉12
△3八歩成　▲7三桂　△5二玉
▲8一桂成　△2九と1　I▲1一角成3
△7三桂3　▲6六馬32　△8九飛27
▲7五銀1　△8五飛成11　▲7六金
△7五角　▲同　馬　△同　竜
▲同　金　△5七角　J▲4四桂

（第4図）　△同　銀　▲同　銀
△7五角成　▲4三銀打　△同　金
▲同銀成　△同　玉　▲3三飛
△5二玉　▲4三角　△5三玉
K▲5四角成　（投了図）
まで111手で佐藤の勝ち
（消費時間＝▲4時間59分、△4時間25分）

【解説】

A△5二飛（第1図）＝中原といえば矢倉の大家だが、本局は裏芸の中飛車を採用。大山康晴名人から名人を獲得した1972年の第31期名人戦七番勝負第7局で、中飛車を用いて勝ったことはよく知られている。

B△5一飛＝中原は弟弟子である伊藤果八段（ともに高柳敏夫名誉九段門下）の得意戦法である「風車戦法」を拝借。

C▲3八飛＝銀冠を急ぐのは、打開しにくい懸念もある。歩交換で動きやすい形を目指す。

D▲6八角（第2図）＝歩を持ちながら銀冠に組み替える。主張を通して先手十分。

E▲3七銀＝いったん駒が下がるが、▲2六銀と出て、桂頭を攻める楽しみが残っている。

F△4六歩＝次の△5五歩と合わせて、紛れを求めた。ここからは攻め合い。

G▲7五歩＝後手が銀冠の急所である△8六歩を狙っているので、これを緩和する。

H▲6五桂（第3図）＝鋭い踏み込み。▲1八飛と逃げても先手十分だが、最短の勝ちを目指す。デビュー1年目の当時から、すでに棋風が確立しているのが見て取れる。

I▲1一角成＝▲5五香が歩切れを突いて厳しい狙いだ。佐藤が優位を広げている。

J▲4四桂（第4図）＝すでに一分将棋だが、正確に読み切る。

K▲5四角成（投了図）＝以下は△同玉なら▲5五金、△5二玉なら▲4三飛成△6一玉▲7一飛までの詰み。佐藤が作戦勝ちから堂々と戦い、中原に快勝した一局だ。

中原は佐藤について「佐藤さんは一分将棋が本当に強いという印象がある。慌てることがなく正確である」と記している。本局にもその傾向が現れていると言えるだろう。

【第3図は▲6五桂まで】

△中原　歩

9	8	7	6	5	4	3	2	1	
香	飛		王					香	一
			金		角	金			二
		桂	銀		銀		歩		三
歩						歩		歩	四
	歩	歩	桂	角	桂	銀	歩		五
歩			歩	歩				歩	六
	銀		金		歩	歩			七
	玉	金				飛			八
香							桂	香	九

▲佐藤　歩四

【第4図は▲4四桂まで】

△中原　銀歩

9	8	7	6	5	4	3	2	1	
香	成桂								一
			金	王		金			二
		桂	銀		銀		歩		三
歩					桂	歩		歩	四
		金	歩		桂	銀	歩		五
歩				歩				歩	六
		玉		角	歩				七
		金							八
香							と	香	九

▲佐藤　飛飛角香歩六

【投了図は▲5四角成まで】

△中原　金銀三桂歩

9	8	7	6	5	4	3	2	1	
香	成桂								一
			金						二
		桂	銀	王		飛	歩		三
歩				馬		歩		歩	四
		馬	歩		桂		歩		五
歩				歩				歩	六
		玉			歩				七
		金							八
香							と	香	九

▲佐藤　飛金香歩六

第2局

第38回NHK杯予選（NHK）

【持ち時間】各20分（チェスクロック方式）

1988年2月26日 15時～16時2分 東京都渋谷区「将棋会館」 記録係 竹ヶ原文彦3級

四段 ▲日浦 市郎
四段 △佐藤 康光

定跡に一石を投じる

相矢倉

1年目の佐藤は王位戦だけでなく他棋戦も活躍。NHK杯予選では石川陽生四段、鈴木輝彦六段を破って決勝進出。日浦市郎四段と対戦した。なお、佐藤は翌年度の第47期C級2組順位戦で日浦とともにC級1組に昇級した。

▲7六歩 △8四歩 ▲6八銀
△3四歩 ▲7七銀 △6二銀
▲4八銀 △4二銀 ▲5六歩
△3二金 ▲5八金右 △4一玉
▲6六歩 △5四歩 ▲6七金
△5二金 ▲7九角 △3三銀
▲3六歩 △8五歩 ▲7八金
△4四歩 ▲6九玉 △4三金右
▲6八角 △3一角 ▲7九玉
△6四角 ▲3七桂 △3一玉
▲2六歩 △7四歩 A▲**3八飛**
△2二玉 ▲5七銀 △9四歩
▲8八玉 △9五歩 ▲1六歩
△1四歩 B▲**4六銀** △5三銀
▲1七香 △2四銀 C▲**2五桂**
D△**4五歩** （第1図） E▲**同 銀**
△1九角成 ▲4六角 △同 馬
▲同 歩 △5九角 F▲**3七角**
△同角成 ▲同 飛 G△**5九角**
（第2図） ▲2七飛 △4八角成

【第1図は△4五歩まで】

△佐藤 なし

9	8	7	6	5	4	3	2	1	
香	桂						桂	香	一
	飛					金	玉		二
			歩	銀	金		歩		三
		歩	角	歩		歩	銀	歩	四
歩	歩				歩		桂		五
		歩	歩	歩	銀	歩	歩	歩	六
歩	歩	銀	金		歩			香	七
	玉	金	角			飛			八
香	桂								九

▲日浦 なし

【第2図は△5九角まで】

△佐藤 なし

9	8	7	6	5	4	3	2	1	
香	桂						桂	香	一
	飛					金	玉		二
			歩	銀	金		歩		三
		歩		歩		歩	銀	歩	四
歩	歩				銀		桂		五
		歩	歩	歩	歩	歩	歩	歩	六
歩	歩	銀	金			飛		香	七
	玉	金							八
香	桂			角					九

▲日浦 角歩

H▲**6五歩** △7五歩 I▲**5五歩**
△同 歩☆ ▲5四歩 △同 銀
▲同 銀 △同 金 ▲4五銀
△同 金 ▲同 歩 △7六歩
▲同 銀 J△**7五歩** ▲4四角
K△**3三桂** （第3図） ▲3五歩
△4三歩 ▲7一角成 △8四飛
▲6二馬☆ △7三銀 ▲5三馬
△7六歩 ▲4四歩 △4二銀
▲同 馬 △同 金 ▲3四歩
△2五桂 ▲同 歩 △8六歩
▲同 歩 △8七歩 ▲同 金
L△**7五桂** （第4図） ▲7八銀
△6七桂成 ▲同 銀 △6八角

▲7八金　△5九馬　▲2四歩
△同　歩　▲4五桂　△7九銀
▲9八玉　M△8六角成　▲7六銀
△同　馬　▲8八歩　△8六歩
▲7六金　△8八銀成　▲同　金
N△8七金　（投了図）
まで114手で佐藤の勝ち
（消費時間＝▲20分、△20分）

【解説】

A▲3八飛＝当時の主流だった森下システム。

B▲4六銀＝▲6五歩△7三角▲6六銀右も有力。本譜は4六銀戦法に合流。

C▲2五桂＝現在なら▲6五歩△7三角と、後の▲6六角を作ってから▲2五桂としたい。

【第3図は△3三桂まで】

△佐藤　銀歩二

9	8	7	6	5	4	3	2	1	
v香	v桂							v香	一
	v飛					v金	v王		二
			v歩			v桂	v歩		三
					角	v歩	v銀	v歩	四
v歩	v歩	v歩	歩	v歩	歩		桂		五
		銀				歩	歩	歩	六
歩	歩		金				飛	香	七
	玉	金			v馬				八
香	桂								九

▲日浦　金歩

ただし、当時は▲6五歩を突く発想が薄かった。

D△4五歩（第1図）＝▲2五桂に△4五歩自体は本局前もあったが、8二飛型かつ歩切れは本局が初めて。8二飛型は後の▲4六角が飛車取りになり、持ち歩がないと△4五歩▲同銀に△4四歩と打てず条件が厳しい。矢倉の定跡に一石を投じた一局だ。本局の翌年、第7回全日本プロトーナメント準決勝▲島朗竜王―△森内俊之四段戦で類似形が現れ後手勝ち。重要課題としてタイトル戦などで指されるようになる。

E▲4五同銀＝▲6五歩は△4六歩▲6四歩△4七歩成で後手指せる。

F▲3七角＝6五歩型なら▲6六角があった。

G△5九角（第2図）＝1七香型は△5九角、1八香型には△1九角と打ち分けるのが定跡。

【第4図は△7五桂まで】

△佐藤　角銀

9	8	7	6	5	4	3	2	1	
v香	v桂							v香	一
					v金		v王		二
		v銀	v歩		v歩		v歩		三
	v飛				歩	歩	v銀	v歩	四
v歩		v桂	歩	v歩			歩		五
	歩	v歩						歩	六
歩	金		金				飛	香	七
	玉				v馬				八
香	桂								九

▲日浦　金銀桂歩四

H▲6五歩＝▲6一角も有力。

I▲5五歩＝▲7五同歩△同馬▲1五歩とし、△4四歩は▲3四銀△同金▲1四歩、△1五同歩は▲3五歩△同歩▲5五歩で先手もまずまず。

J△7五歩＝相手の手に乗りつつ自然に反撃。

K△3三桂（第3図）＝△3三銀打も後手良しだが、切り合い承知で決めに行くのが康光流。

L△7五桂（第4図）＝△8七桂成▲同玉△6九角▲7八歩△8六飛からの詰めろ。

M△8六角成＝自陣に利かしながら先手陣に迫る決め手。▲8六同金なら△8八金から詰み。

N△8七金（投了図）＝以下は▲同金△同歩成▲同飛△同飛成▲同玉△7八銀から詰み。

【投了図は△8七金まで】

△佐藤　銀歩二

9	8	7	6	5	4	3	2	1	
v香	v桂							v香	一
					v金		v王		二
		v銀	v歩		v歩				三
	v飛				歩	歩	v歩	v歩	四
v歩			歩	v歩	桂				五
	v歩	金						歩	六
歩	v金						飛	香	七
玉	金								八
香	桂			v馬					九

▲日浦　角銀銀桂歩四

第3局

第1期竜王戦ランキング戦6組（読売新聞）

【持ち時間】各5時間

1988年3月22日　終了22時25分　東京都渋谷区「将棋会館」

記録係　高野秀行2級

▲四段　佐藤　康光
△四段　森内　俊之

ライバルとの初対局

後手急戦矢倉

佐藤が四段昇段した1987年、読売新聞はそれまで26期にわたり主催していた十段戦を発展的解消。将棋界最高峰の棋戦として竜王戦を発足した。第1期竜王戦の優勝賞金は2600万円（第31期現在は4320万円）。

ランキング戦6組から出場した佐藤は、四段昇段が同じ1986年度の櫛田陽一四段と中田功四段に勝って準決勝進出。そこで対戦したのが、「島研」の仲間でもあり、ライバルでもある森内俊之四段。対局当時、森内はすでに第18期新人王戦で優勝（三段で出場し、途中で四段昇段）の実績を挙げていた。

87年度の勝率ランキング2位と3位の争い（1位は羽生善治四段で確定）で、観戦記によると、控室で室岡克彦五段、羽生善治四段、村山聖四段、先崎学四段らが検討していたとのこと。棋士からも注目された一戦だった。

本局を制した佐藤。だが、決勝で先崎四段に初手▲7六歩に2手目△3二金を指され、とがめるべく振り飛車にしたが敗れた。

▲7六歩1　△8四歩3　▲6八銀
△3四歩　▲7七銀　△6二銀
▲4八銀　△4二銀　▲5六歩
△3二金2　▲7八金1　△5四歩1
▲6九玉　△4一玉　▲5八金1
△5二金10　▲3六歩3　△7四歩4
▲6六歩5　△6四歩9　▲6七金右9
△7三桂4　▲2六歩19　△5三銀右21
▲2五歩10　A**△6二飛**18　**（第1図）**
▲7九玉52　△6五歩9　▲同　歩
△同　飛　▲6六歩21　△6一飛1
▲2四歩5　△同　歩　▲同　飛
△2三歩　B**▲2八飛**　△1四歩4
▲9六歩3　△4四歩5　▲5七銀15
△8五歩17　▲1六歩10　△8一飛13
C**▲3八飛**27　D**△4三銀**10　▲3五歩1
△同　歩9　▲同　飛2　△4五歩11
▲3八飛12　E**△3五歩**28　F**▲4六歩**8
△同　歩16　▲同　銀　△4五歩
▲3五銀18　△8六歩5　▲同　銀3

△3四歩3　G**▲4四歩**26　△同銀右1
▲同　銀　△同　角1　H**▲7五歩**4
（第2図）　△4六歩4　▲4八歩
△3五角13　▲6八銀3　△5八銀8
▲7四歩1　△8五桂2　I**▲6五歩**4
△7七歩10　▲同　桂　△6七銀成1
▲同　金　△7七桂成　▲同　角2
△9四桂1　J**▲9七銀**5　**（第3図）**
△8七飛成1　▲7八銀　K**△8三竜**
L**▲1一角成**　△3三桂3　▲3五飛4
△同　歩1　▲3四歩　△6六歩6
M**▲3三歩成**3　△6七歩成24　▲3二と
△同　玉　▲6七銀直　△4九飛2
▲6九桂　△5七金2　▲3三香

【第1図は△6二飛まで】

△森内　なし

9	8	7	6	5	4	3	2	1	
△香					△王		△桂	△香	一
			△飛	△金	△銀	△金	△角		二
△歩		△桂		△銀	△歩		△歩	△歩	三
	△歩	△歩	△歩	△歩		△歩			四
							歩		五
		歩	歩	歩		歩			六
歩	歩	銀	金		歩			歩	七
	角	金			銀		飛		八
香	桂		玉				桂	香	九

▲佐藤　なし

△4一玉1 N▲3一香成 △5一玉7
▲9五角2 △6二歩7 ▲3三馬5
△4二金1 ▲4一金 △6一玉
▲4二金 △6八金打 ▲同 角
△同 金 ▲同 玉 △4八飛成
▲5八桂 △4七歩成 ▲4三馬
△7一玉 O▲6一馬 （投了図）
まで119手で佐藤の勝ち
（消費時間＝▲4時間45分、△4時間59分）

【解説】

A△6二飛（第1図）＝5三銀型の右四間飛車は当時に指されていた作戦。

B▲2八飛＝当時は「飛車先の歩交換3つの得あり」という考えが強かった。

【第2図は▲7五歩まで】

▲佐藤 銀歩四

9	8	7	6	5	4	3	2	1	
v香	v飛				v王		v桂	v香	一
				v金		v金			二
v歩		v桂			v銀		v歩		三
		v歩		v歩	v角	v歩		v歩	四
		歩			v歩				五
歩	銀		歩	歩				歩	六
	歩		金						七
	角	金				飛			八
香	桂	玉					桂	香	九

△森内 銀歩

C▲3八飛＝間合いを計りつつ突破口を探す。

D△4三銀＝雁木に組み替える。当時、雁木は古典戦法のように思えたが、30年を経た現在では、最先端の戦型に転じている。将棋の奥深さは計り知れない。

E△3五歩＝△3四歩も無難だが、若手棋士らしい強い主張のある手。

F▲4六歩＝▲3五同飛△5五歩の展開も有力だが、受け身になるのを嫌ったか。

G▲4四歩＝▲2六銀と歩得で局面を収める手もあるが、前進する手を選択。同じ前進でも▲3四同銀だと△1三角が厳しかった。

H▲7五歩（第2図）＝右辺は後手の勢力が勝るので、一転して左辺に手をつける。

【第3図は▲9七銀まで】

▲佐藤 銀桂歩五

9	8	7	6	5	4	3	2	1	
v香	v飛				v王		v桂	v香	一
				v金		v金			二
v歩					v銀		v歩		三
v桂		歩		v歩		v歩		v歩	四
			歩			v角			五
歩				歩	v歩			歩	六
銀	歩	角	金						七
			銀		歩	飛			八
香		玉					桂	香	九

△森内 金

I▲6五歩＝待望の一手。**H▲7五歩**からの桂頭攻めも角の活用を視野に入れていた。

J▲9七銀（第3図）＝飛車を成らせる受けの勝負手。受け方にも個性あり。

K△8三竜＝この局面では角が大事な駒だった。△7七竜▲同銀直△3一玉でいい勝負。

L▲1一角成＝この手が大きく先手有利に。

M▲3三歩成＝肉を切らせて骨を断ちにいく。

N▲3一香成＝△同玉には▲7五角の王手金取りがある。玉の位置を変えて攻防の角を打つ狙い。

O▲6一馬（投了図）＝目の覚めるような一手で決まった。△同玉▲5二金打△7一玉▲6二金△同玉▲7三銀以下詰み。

【投了図は▲6一馬まで】

▲佐藤 金三銀歩五

9	8	7	6	5	4	3	2	1	
v香		v王	**馬**			成香			一
			v歩		金				二
v歩	v竜						v歩		三
v桂		歩		v歩				v歩	四
			歩			v歩			五
歩				歩				歩	六
銀			銀		vと				七
		銀	玉	桂	v竜				八
香			桂				桂	香	九

△森内 角歩

第4局

第30期王位戦挑戦者決定リーグ白組4回戦（新聞三社連合）

【持ち時間】各5時間

1989年5月15日　終了22時4分　東京都渋谷区「将棋会館」

記録係　岡崎洋初段

▲十五世名人　大山　康晴
△五段　佐藤　康光

大山康晴十五世名人との対局

先手三間飛車対天守閣美濃

1989年、佐藤は第47期C級2組でC級1組昇級を果たした。だが、第30期王位戦の挑戦者決定リーグは3回戦終了時点で1勝2敗。残留するには負けられない状況で、振り飛車の大家・大山康晴十五世名人との対戦を迎えた。

▲7六歩　△8四歩1　▲5六歩
△5四歩　A▲**7八飛**　△3四歩
▲6六歩　△6二銀1　▲6八銀
△4二玉　▲4八玉　△3二玉
▲3八玉　△8五歩2　▲7七角
△5二金右　▲2八玉1　△1四歩1
▲1六歩　△2四歩1　▲3八銀
△2三玉　▲5七銀　B△**3二銀**2
（**第1図**）　▲5八金左　△7四歩8
▲3六歩3　△6四歩16　▲4六銀7
△5三銀13　▲6七金7　△4四歩5
C▲**3七銀引**　△4五歩2　▲4六歩2
△同　歩1　▲同　銀　△4五歩1
▲3七銀引1　△4三金1　▲2六歩1

△4四銀15　▲2七銀91　△5二飛8
▲3八金12　△5五歩2　▲5八飛
△5六歩1　▲同　金　△5五歩
▲5七金　△3三角1　D▲**4七金寄**1
△2二玉62　▲5九飛11　△7五歩1
▲6八角7　△6五歩8　▲同　歩
E△**6二飛**　（**第2図**）　F▲**5七金**2
△6五飛5　▲6六歩　△6三飛15
▲7五歩7　△6五歩1　▲7七角12
△8六歩2　▲同　歩2　△6六歩2
▲同　金5　G△**7三桂**3　▲7四歩19
△6五桂　H▲**7三歩成**　△6一飛1
▲6二歩4　△7七桂成　▲6一歩成
△6八成桂　▲5七飛1　I△**8八角**3
J▲**7七飛**7　△4六歩18　▲7二飛8
△4七歩成21　▲同　金1　△5八成桂12
▲5一と2　△同　金2　▲6二と
△7七角成1　▲同　桂　△7一歩
▲8二飛成　△4二金上12　K▲**5二と**2
△6八飛1　▲4二と1　△同　金

▲4三歩9　△同　金12　L▲**4八歩**6
（**第3図**）　△6六飛成　▲6五角
△7二金8　▲9一竜　M△**7七竜**
▲7三歩3　△6八竜1　▲6六歩2
△6四歩3　▲9二角成1　△6三金5
▲7一竜　△4五桂1　▲2五歩3
△3七桂成2　▲同　金　△2五歩
▲2三歩2　△同　銀6　▲1七桂打
△4八成桂3　▲2五桂　△2四角5
▲3一金9　△3二銀打　▲8一馬3
N△**2六歩**1　▲6三馬1　△4七成桂
▲1七玉　△2七歩成　▲同　金
△4一歩　▲同　竜　△同　銀
▲同　馬　△2八銀　▲同　金

【第1図は△3二銀まで】

△佐藤　なし

	9	8	7	6	5	4	3	2	1
一	v香	v桂				v金		v桂	v香
二		v飛		v銀	v金		v銀	v角	
三	v歩		v歩	v歩	v歩	v歩		v玉	
四					v歩		v歩	v歩	v歩
五		v歩							
六			歩	歩	歩				歩
七	歩	歩	角		銀	歩	歩	歩	
八			飛				銀	玉	
九	香	桂		金		金		桂	香

▲大山　なし

△同　竜　▲同　玉　△4八飛
▲1七玉　O△2六金　（投了図）
まで146手で佐藤の勝ち
（消費時間＝▲4時間16分、△4時間59分）

【解説】

A▲7八飛＝大山は中飛車から向かい飛車まで、さまざまな筋の振り飛車を指した。本局は三間飛車を採用。このころの大山は、先手では三間飛車を好んで指していた。

B△3二銀（第1図）＝すでに居飛車穴熊も流行していたが、佐藤は天守閣美濃に組む。当時対振り飛車で得意だったバランス重視の囲い。

C▲3七銀引＝大山十八番の銀美濃囲い。

D▲4七金寄＝いつの間にか、飛車側にいた金銀が玉の周辺に吸い付くのが大山将棋の神髄。

E△6二飛（第2図）＝機敏な揺さぶり。後手がやや指せる立ち上がり。

F▲5七金＝ここは辛抱。

G△7三桂＝右桂を使う一連の構想だが、やや強引な組み立てだったか。

H▲7三歩成＝△同飛なら▲6五金でいい。価値の高いと金ができた。

I△8八角＝被弾しながらも前進。

J▲7七飛＝遊び駒を作らない巧みな返し技。

K▲5二と＝と金と成桂の寄せ合いは、先手に分あり。

L▲4八歩（第3図）＝上手の手から水が漏れた。代えて、▲4五歩△5七成桂▲3八金△4七成桂▲4四歩△同角▲6五角と進めれば先手が有利だった。

M△7七竜＝駒を回収しながら好位置に移動。後手の攻めがつながる形になった。

N△2六歩＝銀冠の急所。▲同銀なら△4七成桂がより効果的になる。

O△2六金（投了図）＝以下は▲同玉△2八飛成▲2七歩△3五角▲同歩△同銀までの詰み。佐藤は本局と次局に勝って、リーグ残留を果たした。自著で「（大山は）雲の上の存在だったから、初めて盤の前に座ったときは、さすがに緊張した」「大山先生と指せたことは大きな財産」と記している。二人は90年にも対戦して大山勝ち。対戦成績は1勝1敗である。

【第2図は△6二飛まで】

△佐藤　なし

9	8	7	6	5	4	3	2	1	
v香	v桂				v金		v桂	v香	一
			v飛			v銀	v玉		二
v歩					v金	v角			三
					v銀	v歩	v歩	v歩	四
	v歩	v歩	歩	v歩	v歩				五
		歩				歩	歩	歩	六
歩	歩				金	銀	銀		七
			角			金	玉		八
香	桂			飛			桂	香	九

▲大山　歩三

【第3図は▲4八歩まで】

△佐藤　歩三

9	8	7	6	5	4	3	2	1	
v香		v歩					v桂	v香	一
	竜					v銀	v玉		二
v歩					v金	v角			三
					v銀	v歩	v歩	v歩	四
				v歩					五
	歩		金			歩	歩	歩	六
歩		桂			金	銀	銀		七
			v飛	v成桂	歩		玉		八
香							桂	香	九

▲大山　角金歩三

【投了図は△2六金まで】

△佐藤　歩三

9	8	7	6	5	4	3	2	1	
					馬	金	v桂	v香	一
							v玉		二
v歩		歩			v金		v銀		三
			v歩		v銀	v歩	v角	v歩	四
				v歩			桂		五
	歩		歩			歩	v金	歩	六
歩					v成桂			玉	七
					v飛				八
香							桂	香	九

▲大山　飛金銀銀香歩四

第5局

第9回早指し新鋭戦決勝（テレビ東京）

1990年6月16日　15時32分〜17時15分　東京都港区「芝公園スタジオ」
記録係　神田真由美女流初段、高群佐知子女流初段

【持ち時間】各10分（チェスクロック方式）

棋戦初優勝を果たす

相矢倉

五段 ▲森内　俊之
五段 △佐藤　康光

1990年の佐藤は2月から本局まで22勝3敗と抜群の成績。第31期王位戦では挑戦者決定リーグ紅組で5連勝し、挑戦者決定戦に進出していた。本局は佐藤2回目の棋戦決勝戦で、1988年の第11回若獅子戦では準優勝だった。

▲7六歩　△8四歩　▲6八銀
△3四歩　▲7七銀　△6二銀
▲5六歩　△5四歩　▲4八銀
△4二銀　▲5八金右　△3二金
▲6六歩　△4一玉　▲6七金
△5二金　▲7九角　△3三銀
▲3六歩　△4四歩　▲6八玉
△3一角　A**▲7八玉**　△4三金右
▲8八玉　△7四歩　▲7八金
△9四歩　▲1六歩　△9五歩
▲3七銀　△7三銀　▲3五歩
△同　歩　▲同　角　△7五歩
▲同　歩　△同　角　▲4六歩☆
△7二飛☆　▲4八飛　△7四銀
▲3六銀　△6四角　B**▲2六角**
（第1図）　△9三桂　▲7五歩
△8五銀　▲3七桂　△3一玉
C**▲4五歩**　△7六歩　▲6八銀
△7五飛　▲4四歩　△同　銀
▲同　角　△3七角成　▲4五飛

【第1図は▲2六角まで】

△佐藤　持駒　歩二

	9	8	7	6	5	4	3	2	1
一	△香	△桂				△王		△桂	△香
二			△飛				△金		
三				△歩		△金	△銀	△歩	△歩
四		△歩	△銀	△角	△歩	△歩			
五	△歩								
六				歩	歩	歩	銀	角	歩
七	歩	歩	銀	金				歩	
八		玉	金			飛			
九	香	桂						桂	香

▲森内　持駒　歩二

D**△5五桂**　**（第2図）**　▲同　歩
△3六馬　E**▲3五飛**　△同　馬
▲同　角　△7七銀　▲同　桂
△同歩成　▲同　銀　F**△同飛成**
▲同金寄　△7六歩　▲7一飛
△4一歩　▲7六金　△同　銀
▲5二銀　△4二金打　▲4三銀不成
△同金左　▲7六飛成　△6四桂
▲7二竜　△7七歩　▲同　金
△3八飛　G**▲7八角**　**（第3図）**
△3五飛成　▲1五桂　△3二銀
H**▲4四歩**　I**△8五桂**　▲4三歩成
△7七桂成　▲同　玉　△3七竜
▲8八玉　J**△7七角**　**（第4図）**

【第2図は△5五桂まで】

△佐藤　持駒　歩三

	9	8	7	6	5	4	3	2	1
一	△香						△王	△桂	△香
二							△金		
三	△桂			△歩		△金		△歩	△歩
四		△歩			△歩	角			
五	△歩	△銀	△飛		△桂	飛			
六			△歩	歩	歩		銀		歩
七	歩	歩		金			△馬	歩	
八		玉	金	銀					
九	香	桂							香

▲森内　持駒　銀歩二

▲同　竜　△同　竜　▲同　玉
△3七飛　▲6七角打　△7六銀
▲8八玉　△7七金　▲8九玉
△6七銀成　▲4二と　△同　歩
▲5一飛　△4一角　▲6七角
△同　金　▲7九歩　K△7八歩
▲4三桂　△同　銀　▲2三桂不成
△2二玉　▲4一飛成　△7九歩成
▲同　玉　△7八歩　▲8九玉
L△3九飛成　（投了図）
まで126手で佐藤の勝ち
（消費時間＝▲10分、△10分）

【解説】

A▲7八玉＝森内は3連覇を懸けた一戦。当時、後手が2七歩型早囲いを許すことも多かった。現在は急戦矢倉を見せ、早囲いを牽制する。

B▲2六角（第1図）＝玉を矢倉囲いに収めている分、先手が指しやすい。

C▲4五歩＝自然な駒運びで先手有利に。

D△5五桂（第2図）＝普通に△4五同飛▲同銀では差が拡大する。強烈な勝負手。

E▲3五飛＝先手の逸機。▲2二銀と打てば、△同金なら▲同角成△同玉▲4三飛成で受けなし。△4二玉なら▲5三角成△同玉▲5四歩△6四玉▲5六桂△7四玉▲7五飛△同玉▲7二飛という大技が決まっていた。

F△7七同飛成＝勝負手第2弾で混戦に。

G▲7八角（第3図）＝角にヒモをつける▲6八角打は△8五桂で勝てない。▲7八角が後手玉への詰めろになる好手。この手があるなら、直前の△3八飛では先に△8五桂だったか。

H▲4四歩＝自然な手に見えたが。

I△8五桂＝わずかな隙も見逃さない。

J△7七角（第4図）＝豪打炸裂。30秒の秒読みとは思えない品質の高い寄せ。

K△7八歩＝最後の歩がぴったり。▲同歩は△5六角が詰めろで受けなし。以下▲7九銀としても△7八金▲同銀△8七飛成で詰み筋。

L△3九飛成（投了図）＝以下は▲9八玉△8九角▲8八玉△7六桂までの詰み。作戦負けだったが、勝負手から迫力ある寄せでライバルを破って、棋戦初優勝を果たす。

【第3図は▲7八角まで】

△佐藤　持駒　銀銀

	9	8	7	6	5	4	3	2	1
一	v香					v歩	v王	v桂	v香
二			竜			v金			
三	v桂			v歩		v金		v歩	v歩
四		v歩		v桂	v歩				
五	v歩				歩		角		
六				歩					歩
七	歩	歩	金					歩	
八		玉	**角**				v飛		
九	香								香

▲森内　金銀銀桂歩五

【第4図は△7七角まで】

△佐藤　持駒　金銀

	9	8	7	6	5	4	3	2	1
一	v香					v歩	v王	v桂	v香
二			竜			v金	v銀		
三				v歩		と		v歩	v歩
四		v歩		v桂	v歩				
五	v歩				歩				桂
六				歩					歩
七	歩	歩	**v角**				v竜	歩	
八		玉	角						
九	香								香

▲森内　金金銀銀桂歩四

【投了図は△3九飛成まで】

△佐藤　持駒　角桂

	9	8	7	6	5	4	3	2	1
一	v香					竜		v桂	v香
二						v歩		v王	
三				v歩		v銀		桂	v歩
四		v歩		v桂	v歩				
五	v歩				歩				
六				歩					歩
七	歩	歩		v金				歩	
八			v歩						
九	香	玉					**v竜**		香

▲森内　角金三銀三歩五

第6局

第31期王位戦七番勝負第4局（新聞三社連合）

【持ち時間】各8時間

1990年8月23、24日終了24日17時2分　福岡市「ホテルセントラーザ博多」　記録係　畠山鎮四段

五段 ▲佐藤　康光
王位 △谷川　浩司

初タイトル戦の矢倉戦

後手急戦矢倉

棋戦初優勝した佐藤は勢いに乗り、第31期王位戦の挑戦者決定戦で兄弟子の福崎文吾八段を破り、タイトル初挑戦を果たす。谷川にとっては「チャイルドブランド」と呼ばれた佐藤や羽生、村山らとの初タイトル戦だった。

▲7六歩　△8四歩2　▲6八銀
△3四歩　A▲**7七銀**　△6二銀
▲5六歩　△4二銀4　▲4八銀
△5四歩　▲5八金右　△3二金4
▲6六歩1　△4一玉　▲6七金
B△**6四歩**13　▲2六歩10　△6三銀5
▲2五歩　△5五歩11　▲同　歩2
C△**同　角**　▲7八金11　△7四歩8
▲6九玉　△5四銀3　▲2四歩22
△同　歩　▲同　飛　△2三歩
▲2八飛　△2二角6　▲5七銀18
△5三銀13　▲6八銀左26　△5二金7
▲7九玉2　△6三金2　▲3六歩53
△8五歩22　▲7七角4　△7三桂
▲5六歩9　△1四歩12　▲9六歩3
△9四歩3　▲4六銀74　D△**4四銀**11
（**第1図**）　▲1六歩1　△5五歩44
▲同　歩34　△同銀左12　E▲**5六歩**2
△4六銀2　▲同　歩　△8六歩27
▲同　歩12　F△**8五歩**4　▲同　歩2

【第1図は△4四銀まで】

△谷川　持駒　歩

9	8	7	6	5	4	3	2	1	
v香					v王		v桂	v香	一
	v飛					v金	v角		二
		v桂	v金		v歩		v歩		三
v歩		v歩	v歩	v銀	v**銀**	v歩		v歩	四
	v歩								五
歩		歩	歩	歩	銀	歩			六
	歩	角	金		歩			歩	七
		金	銀				飛		八
香	桂	玉					桂	香	九

▲佐藤　持駒　歩

△同　桂　▲8六角2　△6五歩15
▲8三歩29　△9二飛12　▲5七銀52
△6六歩13　▲同　金6　△6五歩34
▲6四歩15　△6二金9　▲5五金5
△同　銀14　▲同　歩　△同　角
G▲**8二歩成**43　△同　飛2　▲7一銀
H△**7七銀**23　（**第2図**）　▲同　桂18
△同桂成　I▲**同　角**2　△同角成
▲同　金　J△**8九金**20　（**第3図**）
▲6九玉1　△8八飛成1　▲同　飛7
△同　金　K▲**5八玉**　△2八飛1
▲4八桂1　△5六歩4　▲6二銀不成5
△5七歩成　▲同　玉　△3一玉
L▲**4一銀**4　（**第4図**）　△6八角1

【第2図は△7七銀まで】

△谷川　持駒　金歩三

9	8	7	6	5	4	3	2	1	
v香		銀			v王		v桂	v香	一
	v飛		v金			v金			二
					v歩		v歩		三
v歩		v歩	歩			v歩		v歩	四
	v桂		v歩	v角					五
歩	角	歩			歩	歩		歩	六
		v**銀**		銀					七
		金					飛		八
香	桂	玉					桂	香	九

▲佐藤　持駒　銀歩二

☗5六玉　☖7七角成　☗3二銀成
☖同　玉　☗4一銀　☖同　玉2
M☗4二金　（投了図）
まで105手で佐藤の勝ち
（消費時間＝☗7時間56分、☖6時間6分）

【解説】

A☗7七銀＝七番勝負はここまで谷川の2勝1敗。佐藤は先手番全局を矢倉で戦った。なお、挑戦者決定戦から七番勝負開幕まで日が短かったため、第1局はスーツで対局した。

B☖6四歩＝後手番急戦矢倉の意思表示。

C☖5五同角＝角筋が通っている利点を生かすのが後手急戦のコツ。玉の厚みは得られないが、主導権を握ることでカバーする。

【第3図は☖8九金まで】

☗佐藤　角銀銀桂歩二

☖谷川　角桂歩三

D☖4四銀（第1図）＝中原誠十六世名人が得意にしていた形。金銀3枚を全面に押し出して圧力をかける。

E☗5六歩＝自然な対応だが、現代の目で見ると後手が十分戦える。

F☖8五歩＝後手好調だが、陣形の薄みも目立って怖いところ。

G☗8二歩成＝受けていては一方的に押し切られる。危険は十分承知の勝負手。

H☖7七銀（第2図）＝☖5六歩も有力だが、いかにも光速流。観戦者を引きつける大技だ。

I☗7七同角＝☗8二銀成は☖6七桂☗同金☖同成桂☗6三歩成☖7八金☗同飛☖同成桂☗同玉☖8八飛☗6七玉☖8六飛成で後手勝ち筋。

【第4図は☗4一銀まで】

☗佐藤　飛角金銀歩三

☖谷川　角銀桂歩二

J☖8九金（第3図）＝重かった。☖5六歩☗同銀☖3九角☗2七飛を利かしてから☖8九金なら激戦が続いていた。☖5六歩に対して☗8二銀成は、☖5七歩成☗6三歩成☖6八銀☗同飛☖同と☗同玉☖8五桂で後手一手勝ち。

K☗5八玉＝虎口を脱する。

L☗4一銀（第4図）＝玉の腹から銀を打て。☖同玉は☗6一飛☖4二玉☗5一角以下詰み。

M☗4二金（投了図）＝以下☖同玉☗5一角☖3一玉☗3二金☖同玉☗5二飛以下詰み。

本局に敗れた谷川は『谷川浩司全集　平成2年版』で「大変な七番勝負になった、と思った」と記している。七番勝負は谷川4勝3敗で薄氷の防衛。佐藤は惜しくも初タイトルならず。

【投了図は☗4二金まで】

☗佐藤　飛角金歩三

☖谷川　金銀三桂歩二

第7局

第12回オールスター勝ち抜き戦（日刊ゲンダイ）

【持ち時間】各3時間

1990年11月13日 終了18時7分 東京都渋谷区「将棋会館」

記録係 近藤正和三段

▲五段 佐藤 康光
△竜王 羽生 善治

長手数の詰みを読み切る

角換わり腰掛け銀

オールスター勝ち抜き戦は当時、段位で上位と下位に分けて行われていた。佐藤は森雞二九段、谷川王位を破り2連勝。3人目に上位陣最後の棋士として、竜王の羽生が登場した。本局の終盤の詰みは当時話題になった。

▲7六歩3 △8四歩 ▲2六歩
△8五歩 ▲7七角 △3四歩
▲8八銀 △3二金 ▲7八金
△7七角成A ▲同 銀 △4二銀
▲3八銀 △7二銀 ▲4六歩
△6四歩3 ▲4七銀 △6三銀
▲6六歩1 △4四歩 ▲5八金
△5二金 ▲3六歩 △7四歩
▲6八玉1 △4一玉 ▲5六銀2
△5四銀 ▲7九玉 △3一玉
▲3七桂1 △1四歩 ▲1六歩
△4三金右3 ▲9六歩9 △3三銀3
B**▲9五歩**14 △2二玉12 ▲2五歩7
△4二金引2 ▲8八玉1 △4三金直
▲4八飛28 △4二金引 C**▲4五歩**6
△同 歩1 ▲同 桂1 △4四銀1
D**▲3七角**1 （第1図） E**△7三角**62
▲7五歩16 △同 歩1 ▲7四歩1
△8四角 ▲6七金右28 △9二飛12
▲2四歩16 △同 歩 F**▲6四角**7
△4三歩15 ▲9四歩2 △6三銀4
▲7三歩成3 △6四銀17 ▲8三と
△7六歩 ▲同 銀 G**△9五角**
（第2図） ▲9二と2 △5九角成
▲1八飛3 △7五歩2 ▲8五銀14
△7三桂3 ▲7四銀 △5四歩6
H**▲2三歩**2 △同 玉 ▲6一飛4
△5五歩 ▲4七銀5 △4五銀
▲2一飛成 △2二角1 ▲6一竜
△5三金3 ▲9一と1 △7六桂5
I**▲9七玉** △9五馬 J**▲8一竜**
△5六歩3 ▲7七歩 △8四歩8
▲8六歩 △6五歩1 ▲8七玉
△6六歩 ▲9五香 △6七歩成
▲同 金 △6六歩 ▲5六金
△同 銀 ▲同 銀 △6七歩成
K**▲2五歩** △8八桂成5 ▲同 玉
△7七と ▲同 桂 L**△7六歩**
▲2四歩 △1三玉 ▲2三歩成
△同 玉1 ▲2四歩 △1三玉
M**▲2三歩成** △同 玉 ▲2四歩
△1三玉 ▲2三歩成 △同 玉
▲2七香 △2四歩 ▲同 香
△同 玉 ▲2五歩 △同 玉
▲3七桂 △3六玉 ▲4七銀打
△3五玉 ▲4六角 △4四玉
▲3六桂 △3三玉 ▲4五桂
△2三玉 ▲2八飛 △2七歩1

【第1図は▲3七角まで】

△羽生 持駒：角 歩

9	8	7	6	5	4	3	2	1	
v香	v桂						v桂	v香	一
	v飛				v金	v金	v玉		二
v歩				v歩			v歩		三
		v歩	v歩	v銀	v銀	v歩		v歩	四
歩	v歩				桂		歩		五
		歩	歩	銀		歩		歩	六
	歩	銀		歩		角			七
	玉	金		金	飛				八
香	桂							香	九

▲佐藤 持駒：歩

▲同　飛　△2四歩　▲同　飛
△1二玉　▲2二飛成　△同　金
N▲1三角成　**（第3図）**　△同　玉
▲1一竜　△1二飛　▲2四角
△2三玉　▲3三桂成　△同　金
▲1二竜　△同　玉　**O▲1三飛**
（投了図）

まで159手で佐藤の勝ち
（消費時間＝▲2時間59分、△2時間55分）

【解説】

A▲7七同銀＝矢倉党の佐藤だが、本局の前後は先手番で角換わりを数局指している。

B▲9五歩＝大きな端歩の位。

C▲4五歩＝角換わり腰掛け銀の仕掛けは▲4五歩から。長い序盤から激しい中盤へ。部分的に昭和からある形だが、打開は難しいとされていた。**D▲3七角（第1図）**が当時としては目新しい攻め。後年にタイトル戦でも指された。

E△7三角＝大長考。角の打ち合いは先手に利があるが、辛抱の順を選択。

F▲6四角＝大駒の働きに差があり先手好調。

G△9五角（第2図）＝▲同香は△6二飛で、△5九角や△9四歩が残る。妖気漂う勝負手。

H▲2三歩＝羽生のワナをかいくぐり、優位を拡大。歩の取り方を見て、飛車の打ち場所を決める。△2三同金なら▲6二飛が厳しい。

I▲9七玉＝不思議な形だが9七が安全。香を払ったのは、このしのぎを見越している。

J▲8一竜＝△9四馬の竜取りを避けながら、△8五桂を消している。

K▲2五歩＝急所。歩の攻めはほどけない。

L△7六歩＝△7七角成以下の詰めろ。プレッシャーをかけて、楽には勝たせない。

M▲2三歩成＝歩の成り捨てで時間を稼ぐ。佐藤といえども、簡単には読み切れない。

N▲1三角成（第3図）＝鮮やかな角捨て。米長邦雄王将が局後にいつ読み切ったか聞くと、佐藤は「2回目に歩を成り捨てた時」と答えた。

O▲1三飛（投了図）＝以下は△2一玉に▲2二歩△3一玉▲3三飛成と金を取れるので詰む。羽生は後年「短時間でも、恐ろしいほど読んでいることがわかった一局」と記している。

【第2図は△9五角まで】

▲佐藤　歩二

9	8	7	6	5	4	3	2	1	
v香	v桂						v桂	v香	一
v飛					v金	v金	v玉		二
v歩	と			v歩	v歩				三
歩			v銀		v銀	v歩	v歩	v歩	四
v角	v歩				桂				五
		銀	歩	銀		歩		歩	六
	歩		金	歩					七
	玉	金			飛				八
香	桂							香	九

△羽生　角歩一

【第3図は▲1三角成まで】

▲佐藤　角歩四

9	8	7	6	5	4	3	2	1	
と	竜							v香	一
							v金	v玉	二
v歩		v桂		v金	v歩			馬	三
歩	v歩	銀	v銀			v歩		v歩	四
香					桂				五
	歩	v歩		銀		桂		歩	六
		桂		歩	銀				七
	玉								八
								香	九

△羽生　飛金金香歩三

【投了図は▲1三飛まで】

▲佐藤　香歩四

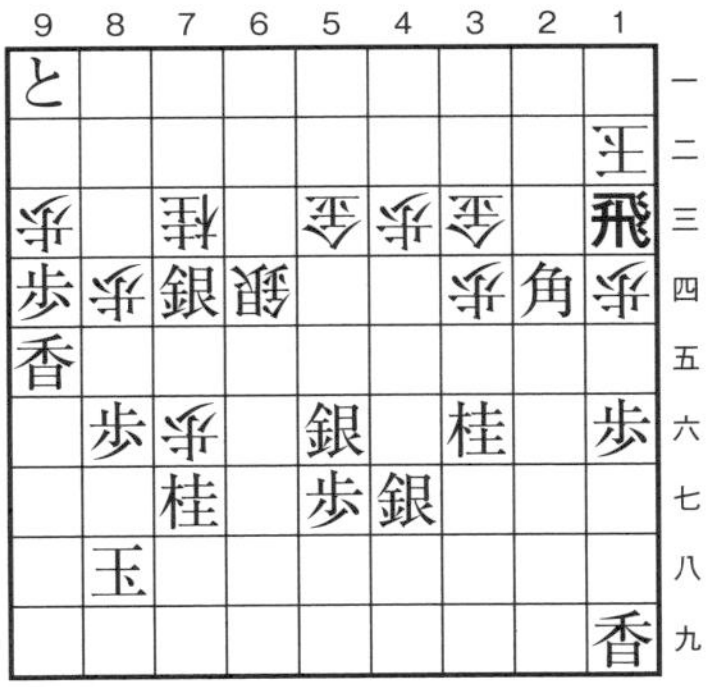

9	8	7	6	5	4	3	2	1	
と									一
								v玉	二
v歩		v桂		v金	v歩	v金		飛	三
歩	v歩	銀	v銀			v歩	角	v歩	四
香									五
	歩	v歩		銀		桂		歩	六
		桂		歩	銀				七
	玉								八
								香	九

△羽生　飛角金金桂香歩三

第8局

第18期棋王戦本戦（共同通信）【持ち時間】各4時間

1992年8月3日　終了19時34分　東京都渋谷区「将棋会館」

記録係　木村一基三段

▲六段 佐藤　康光
△七段 森下　卓

両者得意の相矢倉を制す

相矢倉

1991年度の佐藤は、早指し新鋭戦で2連覇したが、全体的にはおとなしい1年だった。ためていた力が爆発したのが92年度だ。13連勝するなど、本局の時点で8割以上の勝率を挙げていた。

▲7六歩1　△8四歩　▲6八銀1
△3四歩　▲7七銀　△6二銀
▲5六歩　△5四歩　▲4八銀
△4二銀1　▲5八金右　△3二金
▲6六歩　△4一玉2　▲6七金
△7四歩1　▲7八金1　△5二金2
▲6九玉　△3三銀　▲7九角
△3一角　▲3六歩　△4四歩
▲3七銀6　△6四角9　▲6八角1
△4三金右11　▲7九玉　△3一玉
▲8八玉1　A△8五歩4　▲1六歩6
△2二玉11　▲2六歩2　△5三銀5
▲1五歩3　△9四歩3　▲1七香10
△7三角13　▲3八飛27　△2四銀9
B▲4六銀8　（第1図）　△4五歩12
▲3七銀5　C△4四銀　▲4八飛3
D△3三桂7　E▲9六歩26　△5二飛19
▲4六歩13　△同　歩2　▲同　角
△5五歩40　▲2五歩11　△同　桂
F▲4五歩1　△3三銀右　G▲5五歩4

【第1図は▲4六銀まで】

△森下　持駒　なし

	9	8	7	6	5	4	3	2	1
一	v香	v桂						v桂	v香
二		v飛					v金	v玉	
三			v角	v歩	v銀	v金		v歩	v歩
四	v歩		v歩		v歩	v歩	v歩	v銀	
五		v歩							歩
六			歩	歩	歩	銀	歩	歩	
七	歩	歩	銀	金		歩			香
八		玉	金	角			飛		
九	香	桂						桂	

▲佐藤　持駒　なし

（第2図）　H△4四歩2　▲同　歩30
△同　銀　▲2六銀6　I△5五銀32
▲同　角4　△同　飛　▲5六歩
△5一飛　▲2五銀4　△同　銀
J▲5五桂　△4二歩28　▲4三桂成7
△同　歩　▲4四歩　△同　歩
▲同　飛　△3三銀　▲7四飛
K△3八角2　（第3図）　▲4四歩4
△4二歩1　▲7三飛成1　△同　桂
L▲3七桂　△3六銀1　▲6二角
△6一飛4　▲7三角成　△4九角成
M▲2五桂打13　△1八飛3　▲6八金引19
△7五歩5　▲5五馬16　△7六歩5
N▲4三銀4　（第4図）　△7七歩成

【第2図は▲5五歩まで】

△森下　持駒　歩二

	9	8	7	6	5	4	3	2	1
一	v香	v桂							v香
二					v飛		v金	v玉	
三			v角	v歩		v金	v銀	v歩	v歩
四	v歩		v歩				v歩	v銀	
五		v歩			歩	歩		v桂	歩
六	歩		歩	歩		角	歩		
七		歩	銀	金			銀		香
八		玉	金			飛			
九	香	桂						桂	

▲佐藤　持駒　歩

▲同　桂　△4三歩4　▲3三桂成
△同　玉　▲4三歩成　△同　玉
▲5四銀　△5二玉　▲4四馬
（投了図）

まで107手で佐藤の勝ち
（消費時間＝▲3時間58分、△3時間58分）

【解説】

A△8五歩＝佐藤が横歩取りを指し始める1996年まで、対森下戦はほぼ矢倉戦。当時、佐藤は3七銀型と森下システムを併用していた。

B▲4六銀（第1図）＝相矢倉は金銀の配置に手数がかかり、序盤が比較的長い。その分、終盤ですべての駒が働いて、盤面全体を使う戦いになる。強者が力を発揮しやすい戦型だ。

C△4四銀＝森下好みの手厚い構え。

D△3三桂＝△3三銀左とする手も有力。優劣の比較は難しい。

E▲9六歩＝終盤で生きてくる、価値の高い端歩。後手は9五歩型で待機する指し方もあるが、当時は8五歩型が主流だった。

F▲4五歩＝△同銀なら▲5五角△同角▲4五飛△7三角▲4一銀で先手良し。4筋を押さえるのが急所で、桂を持てば▲4四桂がある。

G▲5五歩（第2図）＝▲5五角△同角▲同歩が正着。以下△3七桂成は▲同桂△5九角▲3八飛△4七銀▲4四桂、△5五同飛も▲5六歩△5一飛▲6二角でいずれも先手良し（『康光流現代矢倉I』より）。

H△4四歩＝好手。△3三銀右と引いたばかりなのでうっかりしやすい。**G▲5五歩**によって△5五銀の進出があるのが大きな違い。

I△5五銀＝△1七桂成から△4五香も有力。

J▲5五桂＝迫力のある食いつき。激戦。

K△3八角（第3図）＝失着。△9五歩なら難解。▲同歩は△9八歩▲同香△9七歩▲同香△9六歩▲同香△8四桂で攻めが速くなる。

L▲3七桂＝後手の角に空を切らせた。

M▲2五桂打＝先手が一足先に寄せの態勢に入った。△4四銀なら▲3三歩が厳しい。

N▲4三銀（第4図）＝粘る余地を与えず、一直線にゴールへ向かう。**投了図**は▲5三馬以下の詰めろと▲4三金の適当な受けがない。

【第3図は△3八角まで】

△森下　持駒：桂歩三

	9	8	7	6	5	4	3	2	1
一	v香	v桂			v飛				v香
二							v金	v王	
三			v角	v歩			v銀	v歩	v歩
四	v歩		飛				v歩		
五		v歩						v銀	歩
六	歩		歩	歩	歩		歩		
七		歩	銀	金					香
八		玉	金				v角		
九	香	桂						桂	

▲佐藤　持駒：金銀歩二

【第4図は▲4三銀まで】

△森下　持駒：桂歩三

	9	8	7	6	5	4	3	2	1
一	v香			v飛					v香
二						v歩	v金	v王	
三				v歩		銀	v銀	v歩	v歩
四	v歩					歩	v歩		
五		v歩			馬			桂	歩
六	歩		v歩	歩	歩		v銀		
七		歩	銀				桂		香
八		玉	金	金					v飛
九	香	桂				v馬			

▲佐藤　持駒：金歩

【投了図は▲4四馬まで】

△森下　持駒：銀銀桂桂歩四

	9	8	7	6	5	4	3	2	1
一	v香			v飛					v香
二					v王		v金		
三				v歩				v歩	v歩
四	v歩				銀	馬	v歩		
五		v歩							歩
六	歩			歩	歩		v銀		
七		歩	桂				桂		香
八		玉	金	金					v飛
九	香					v馬			

▲佐藤　持駒：金歩三

第9局

第5期竜王戦挑戦者決定三番勝負第1局（読売新聞）

【持ち時間】各5時間

1992年9月8日 終了23時5分 東京都渋谷区「将棋会館」

記録係 中尾敏之1級

棋王 ▲羽生 善治

六段 △佐藤 康光

対羽生戦初めての大勝負

相掛かり腰掛け銀

佐藤と羽生による長年にわたる対戦。初めての大勝負が、第5期竜王戦の挑戦者決定三番勝負だ。ここは佐藤が羽生に並ぶチャンスでもあった。羽生は直前まで22連勝し、王座戦五番勝負で福崎文吾王座に挑戦していた。

▲2六歩1 △8四歩1 ▲2五歩
△8五歩 ▲7八金1 △3二金
▲2四歩1 △同歩 ▲同飛
△2三歩 ▲2六飛 △7二銀1
▲9六歩3 △9四歩12 ▲1六歩13
△1四歩1 ▲3八銀2 △6四歩3
▲7六歩5 △8六歩1 ▲同歩
△同飛 ▲8七歩3 A△**8二飛**2
B▲**4六歩**2 △6三銀1 ▲4七銀
△5四銀5 ▲5六銀1 △3四歩
▲5八金11 △5二金2 ▲3六歩1
C△**4四歩**3 ▲6九玉2 △4二銀2
▲7七角8 △4三銀上6 ▲8八銀1
△4一玉2 ▲8六歩1 △3一玉1

D▲**8七銀** △7四歩9 ▲7九玉5
△7三桂8 ▲6八金右3 △8一飛19
E▲**8八角**26 △4二金右10 ▲3七桂1
△8五歩27 ▲同歩 △同飛
▲8六歩 △8一飛 ▲2九飛32
△8五歩46 ▲同歩 △同飛
▲8六歩 △8一飛 ▲2六飛70
△8五歩4 ▲同歩 △同飛
▲8六歩 △8一飛 F▲**3五歩**1
（第1図） △同歩19 ▲1五歩1
△同歩 ▲5五銀2 △6五桂27
▲5四銀17 △同歩 ▲6六歩
G△**4八銀**1 ▲6五歩 △3七銀不成
H▲**2七飛**19 **（第2図）** △4六銀成1
▲1三歩1 △3三角5 I▲**1二銀**7
△3六歩24 ▲1五香13 △3七歩成6
▲1七飛 △4七と1 ▲1一銀成7
△5七と2 ▲同金3 J△**同成銀**
▲7七角 △8五歩26 ▲3五香11
△3四歩1 ▲1二歩成2 △8六歩3

▲2一成銀1 △4一玉 ▲8六銀1
K△**8七歩**1 ▲5七飛8 △1五角
▲2二と2 △4八角成1 ▲3二と
△同玉3 ▲1七飛5 △1六歩5
▲同飛1 △1五歩 ▲1八飛
L△**6六香**1 ▲8七金 △5七馬
▲8八玉 △6七香成2 M▲**3四香**1
（第3図） △同銀1 ▲4四角
N△**2一飛** ▲9八玉1 △8五歩2
▲同銀 O△**7八銀** ▲8八金打
△8六歩 ▲同金 △7九馬
▲2六桂2 △4三銀 ▲7八金
△同成香 ▲同飛 △同馬
▲3九香 △3三桂 **（投了図）**

【第1図は▲3五歩まで】

△佐藤 持駒：歩

	9	8	7	6	5	4	3	2	1
一	香	飛					王	桂	香
二						金	金	角	
三			桂		歩	銀		歩	
四	歩		歩	歩	銀	歩	歩		歩
五							歩		
六	歩	歩	歩		銀	歩		飛	歩
七		銀		歩	歩		桂		
八		角	金	金					
九	香	桂	玉						香

▲羽生 持駒：歩

まで140手で佐藤の勝ち
（消費時間＝▲4時間59分、△4時間58分）

【解説】

A△8二飛＝浮き飛車対引き飛車の相掛かり。浮き飛車は攻撃力にすぐれ、引き飛車は守備が安定している。先手引き飛車は後年に流行する。

B▲4六歩＝何でも指す羽生だが相掛かり腰掛け銀は珍しい。当時はひねり飛車が多かった。

C△4四歩＝厚い守備網を目指す。

D▲8七銀＝銀冠が完成して、先手も厚みのある陣形になった。当時よく指された戦型だ。

E▲8八角＝壁形だが△6五桂や△8五歩▲同歩△同桂の当たりを避けている。後手も同様。

F▲3五歩（第1図）＝互いに間合いを計る時間帯の中、敢然と仕掛けた。「本譜と2九飛型で▲5五銀の仕掛けかで迷った」と羽生。

G△4八銀＝△3六歩▲同飛△3四歩で△3五銀を狙っても、▲2六飛と逃げられて失敗。

H▲2七飛（第2図）＝翌年の第6期竜王戦第6局（解説編第12局）で同じ局面が現れた。そして、佐藤は▲2五飛の改良案を披露する。

本局は佐藤の竜王獲得の伏線となった一局だ。当時はよく指された戦型だったが、佐藤新手の▲2五飛以降は激減の運命をたどる。

I▲1二銀＝端攻めの手筋。△同香なら▲同歩成で駒損でも、大きなと金が残る。

J△5七同成銀＝▲同飛には△2四角がある。金をはがして後手がまずまずの展開。

K▲8七歩＝この手が厳しい。後手良し。

L△6六香＝△5七馬▲6八金打△6六香が勝る。以下▲6七桂△3五馬で後手優勢。

M▲3四香（第3図）＝▲2五桂とし、以下△7七成香▲同銀△5二銀▲3四香△4三玉▲8二歩で混戦だが、やや先手に分があった。

N△2一飛＝冷静な受け。後顧の憂いをなくし、寄せを目指す。

O△7八銀＝玉の近くの金を狙うのが寄せのセオリー。筋に入った形で先手は支えきれない。

投了図は後手玉が詰まず、先手玉は一手一手。

本局を制した佐藤だが三番勝負は1勝2敗で敗れた。なお第3局は羽生が角換わり腰掛け銀で佐藤の仕掛け（解説編第7局）を拝借している。

【第2図は▲2七飛まで】

佐藤△ 桂歩三

	9	8	7	6	5	4	3	2	1
一	v香	v飛					v王	v桂	v香
二						v金	v金	v角	
三						v銀		v歩	
四	v歩		v歩	v歩	v歩	v歩			
五				歩			v歩		v歩
六	歩	歩	歩			歩			
七		銀			歩		v銀	飛	
八		角	金	金					
九	香	桂	玉						香

▲羽生 銀桂歩

【第3図は▲3四香まで】

佐藤△ 金桂歩二

	9	8	7	6	5	4	3	2	1
一	v香	v飛						v成銀	
二						v金	v王		
三						v銀		v歩	
四	v歩		v歩	v歩	v歩	v歩	香		
五				歩					v歩
六	歩	銀	歩						
七		金	角	v成香	v馬				
八		玉							飛
九	香	桂							

▲羽生 金銀桂桂歩六

【投了図は△3三桂まで】

佐藤△ 飛金金香

	9	8	7	6	5	4	3	2	1
一	v香							v飛	
二						v金	v王		
三						v銀	v桂	v歩	
四	v歩		v歩	v歩	v歩	角			
五		銀		歩					v歩
六	歩	金	歩					桂	
七									
八	玉		v馬						
九	香	桂					香		

▲羽生 銀銀桂歩九

第10局

第6期竜王戦挑戦者決定三番勝負第1局（読売新聞）

【持ち時間】各5時間

1993年9月9日　終了23時31分　東京都渋谷区「将棋会館」　記録係　上野裕和3級

▲六段 森内　俊之
△六段 佐藤　康光

ライバルとの「七番勝負」

相矢倉

佐藤と森内は1993年9月から11月にかけ、竜王戦挑戦者決定三番勝負、新人王戦決勝三番勝負、B級2組順位戦で対戦。「七番勝負」とも呼ばれた。本局はその第1戦で、両者の一分将棋が50手以上続く熱戦譜だ。

▲7六歩 1　△8四歩 1　▲6八銀
△3四歩　▲6六歩　△6二銀
▲5六歩　△5四歩 1　▲4八銀
△4二銀 1　▲5八金右　△3二金
▲6七金 1　△4一玉　▲7八金
△5二金 1　▲6九玉 1　△3三銀
▲7七銀　△3一角 1　▲7九角
△4四歩 1　▲3六歩　△7四歩 3
▲6八角 3　△4三金右 12　▲7九玉
△9四歩　▲8八玉 6　△9五歩 2
▲3八飛 2　△7三桂 7　▲1六歩 1
△4二角 14　▲3七銀 56　△3一玉 29
A▲**1七桂** 1　△5三銀 38　▲4六銀 13
△6四銀 1　▲8六銀 1　△8五桂 54
▲3五歩 49　△同　歩 14　▲同　銀 1
△3四歩 1　▲2六銀　B△**5五歩** 35
▲同　歩 26　△7五歩 1　▲2五桂 6
△7六歩 15　▲3五歩 25　C△**2二銀** 8
▲3四歩 22　△2四歩　▲3三歩成 1
△同　桂　▲2四角 4　△3四歩 1
▲4六角 4　△4五歩 3　▲2八角 1
△2五桂 3　▲同　銀　D△**7四桂**
▲2六桂 29　△3三銀 28　▲3四銀 2
△同　銀　▲同　桂　△2四角
▲3三歩 7　△同金寄 4　E▲**8五銀** 18
△同　歩 7　▲2二銀 2　△同　金 1
▲同桂成　△同　玉 8　▲3四歩
△同　金　▲同　飛 2　△3三銀
▲2四飛 10　△同　銀　▲3四桂
△2三玉　▲7一角 1　F△**8六桂打** 1
▲8二角成 2　△7八桂成　▲同　玉
△3八飛 1　▲6八金打　△5九銀 2
G▲**5八桂** 1　**（第1図）**　△3四玉
▲3七飛　△同飛成　▲同　角
△7七歩成　▲同　桂　△7五桂
▲6九玉　△6八銀成　▲同　玉
H△**6七桂成**　▲同　玉　△6九飛
▲6八金　I△**3九飛成**　J▲**6四馬**
△同　歩　▲4八銀　△7九竜
▲3五歩　△同　銀　▲3六歩
△同　銀　▲3五歩　△4三玉
K▲**7三飛**　**（第2図）**　△5三歩
▲5四銀　△3二玉　L▲**7二飛成**
M△**3三玉**　▲1五角　△2四歩
▲3四歩　△2三玉　N▲**7四竜**
△8九角　▲7八桂　△5四歩
▲2六桂　O△**3二金**　▲5四歩
P△**6八竜**　▲同　玉　△5六銀
▲7三竜　△1二玉　▲5七飛
△同銀成　▲同　銀　△8八金
▲7九歩　△同　金　▲同　玉
△5九飛　▲6九銀　△6七金
▲8五桂　Q△**7七歩**　**（投了図）**

まで156手で佐藤の勝ち

（消費時間＝▲4時間59分、△4時間59分）

【解説】

A▲**1七桂**＝森下システムの出だし。4六銀・3七桂型を目指すのが自然だが、森内は▲1七桂と工夫した。森下卓九段の対局で端桂が頻出することから「森下の端桂」と呼ばれる。

B△**5五歩**＝いいタイミングでの仕掛け。3一玉型で仕掛けられたのも好材料で、△2二玉と入ると、かえって当たりが強くなる。

C△2二銀＝△3五同歩と取って、▲3三桂成△同金上▲3四歩△3二金▲3五銀△7四桂の攻め合いも有力だった。

D△7四桂＝一足先に矢倉を削る展開になり、後手指せる局面に。

E▲8五銀＝玉頭に歩が伸びてくるので自陣も危険になるが攻め合いに勝負を懸ける。

F△8六桂打＝後手が優勢だが、最善手を指さなければ転げ落ちる緊張感がにじむ局面。この手が急所をとらえた好手。

G▲5八桂（第1図）＝両者一分将棋に入り、森内は▲5八桂と受けたが、それでも△6八銀成▲同金△6六桂▲同桂△7七銀から詰みがあった。ただ、本譜の△3四玉でも後手優勢だ。

H△6七桂成＝当然に見えたが失着。△6九金▲同玉△3九飛▲5九銀△6七桂成で寄り筋。

I△3九飛成＝寄せは遠のいたが執念の一手。秒読みでしのぎを削る死闘に突入。

J▲6四馬＝好手。上部が広くなり体が入れ替わった。先手が優勢に。

K▲7三飛（第2図）＝いったん▲1五角（▲4二飛以下の詰めろ）を利かすべき。ただ、森内は自玉が危険と読んだ。

L△7二飛成＝疑問手。▲5三飛成なら▲4四桂からの詰めろで先手勝ちだった。

M△3三玉＝2択を誤る。△2三玉とこちらに逃げ、▲4三銀成△8九角▲7六玉△3一金とすれば、後手玉は簡単に寄らない。

N▲7四竜＝寄せか安全か。ぎりぎりの局面で安全に手が伸びるのも致し方ない。▲3五桂とし、△3四玉▲3二竜△4四玉▲4三竜△3五玉▲2六角△2五玉▲5三角成で先手勝ちだった。後手に大量の持ち駒があるが、上部に押さえの駒がないので先手玉は詰まない。

O△3二金＝落ち着いた好手。▲6三竜ならば△4三金打でしのいでいる。

P△6八竜＝熱戦に終止符を打つ決め手。**Q△7七歩（投了図）**まで受けなしに追い込み佐藤先勝。第2局も制して、竜王初挑戦を果たす。森内は新人王戦と順位戦で佐藤に勝ち。ともに3勝3敗で「七番勝負」を終えた。

【第1図は▲5八桂まで】

△佐藤 金銀歩三

	9	8	7	6	5	4	3	2	1
一	香								香
二		馬							
三				歩				王	歩
四			桂	銀			桂	銀	
五	歩	歩			歩	歩			
六			歩	歩					歩
七	歩	歩		金		歩		歩	
八			玉	金	桂		飛	角	
九	香	桂			銀				香

▲森内 飛金歩二

【第2図は▲7三飛まで】

△佐藤 角金三銀歩五

	9	8	7	6	5	4	3	2	1
一	香								香
二									
三			飛			王			歩
四			桂	歩					
五	歩	歩			歩	歩	歩		
六				歩			銀		歩
七	歩	歩	桂	玉		歩	角	歩	
八				金	桂	銀			
九	香		竜						香

▲森内 銀桂

【投了図は△7七歩まで】

△佐藤 金銀歩三

	9	8	7	6	5	4	3	2	1
一	香								香
二							金		王
三			竜						歩
四				歩	歩		歩	歩	
五	歩	桂				歩			角
六				歩			銀	桂	歩
七	歩	歩	歩	金	銀	歩		歩	
八			桂		桂				
九	香	角	玉	銀	飛				香

▲森内 金歩

第11局

第6期竜王戦七番勝負第5局（読売新聞）

【持ち時間】各8時間

1993年11月30日、12月1日　終了12月1日19時27分　岐阜市「長良川ホテル」　記録係　石塚徹初段

▲竜王　羽生　善治
△七段　佐藤　康光

カド番に追い込む勝利

相矢倉

羽生との初タイトル戦である第6期竜王戦七番勝負は、第4局まで先手側が勝つシーソーゲーム。どちらが先に後手番を制するかが注目される中で、佐藤が後手の第5局で勝利。当時五冠王の羽生をカド番に追い込んだ。

▲7六歩　△8四歩1　▲6八銀1
△3四歩　▲6六歩　△6二銀1
▲5六歩　△5四歩2　▲4八銀
△4二銀　▲5八金右2　△3二金1
▲7八金2　△4一玉1　▲6九玉1
△7四歩1　▲6七金右2　△5二金3

▲7七銀3　△3三銀2　▲7九角1
△3一角1　▲3六歩1　△4四歩
A ▲6八角42　（第1図）　△4三金右46
▲7九玉1　△9四歩1　▲8八玉19
B △9五歩1　C ▲3五歩60　△同　歩84
▲同　角　D △7三桂1　▲3七銀52
E △5五歩129　（第2図）　▲同　歩54
△9六歩1　▲同　歩　△9七歩
▲同　香　△8五桂1　▲8六銀1
△9七桂成4　▲同　銀　F △9三香打5
G ▲5四歩72　△同　金38　H ▲4六銀23
（第3図）　I △5五歩13　▲3八飛74
△9六香20　▲同　銀1　△同　香1
J ▲9四歩11　（第4図）　△9二飛10

【第1図は▲6八角まで】

△佐藤　なし

9	8	7	6	5	4	3	2	1	
香	桂				王	角	桂	香	一
	飛		銀	金		金			二
歩			歩			銀	歩	歩	三
	歩	歩		歩	歩	歩			四
									五
		歩	歩	歩		歩			六
歩	歩	銀	金		歩		歩	歩	七
		金	角		銀		飛		八
香	桂		玉				桂	香	九

▲羽生　なし

【第2図は△5五歩まで】

△佐藤　歩

9	8	7	6	5	4	3	2	1	
香					王	角	桂	香	一
	飛		銀			金			二
		桂	歩		金	銀	歩	歩	三
	歩	歩			歩				四
歩				歩		角			五
		歩	歩	歩					六
歩	歩	銀	金		歩	銀	歩	歩	七
	玉	金					飛		八
香	桂						桂	香	九

▲羽生　歩

【第3図は▲4六銀まで】

△佐藤　歩

9	8	7	6	5	4	3	2	1	
香					王	角	桂	香	一
	飛		銀			金			二
香			歩			銀	歩	歩	三
	歩	歩		金	歩				四
						角			五
歩		歩	歩		銀				六
銀	歩		金		歩		歩	歩	七
	玉	金					飛		八
	桂						桂	香	九

▲羽生　桂歩四

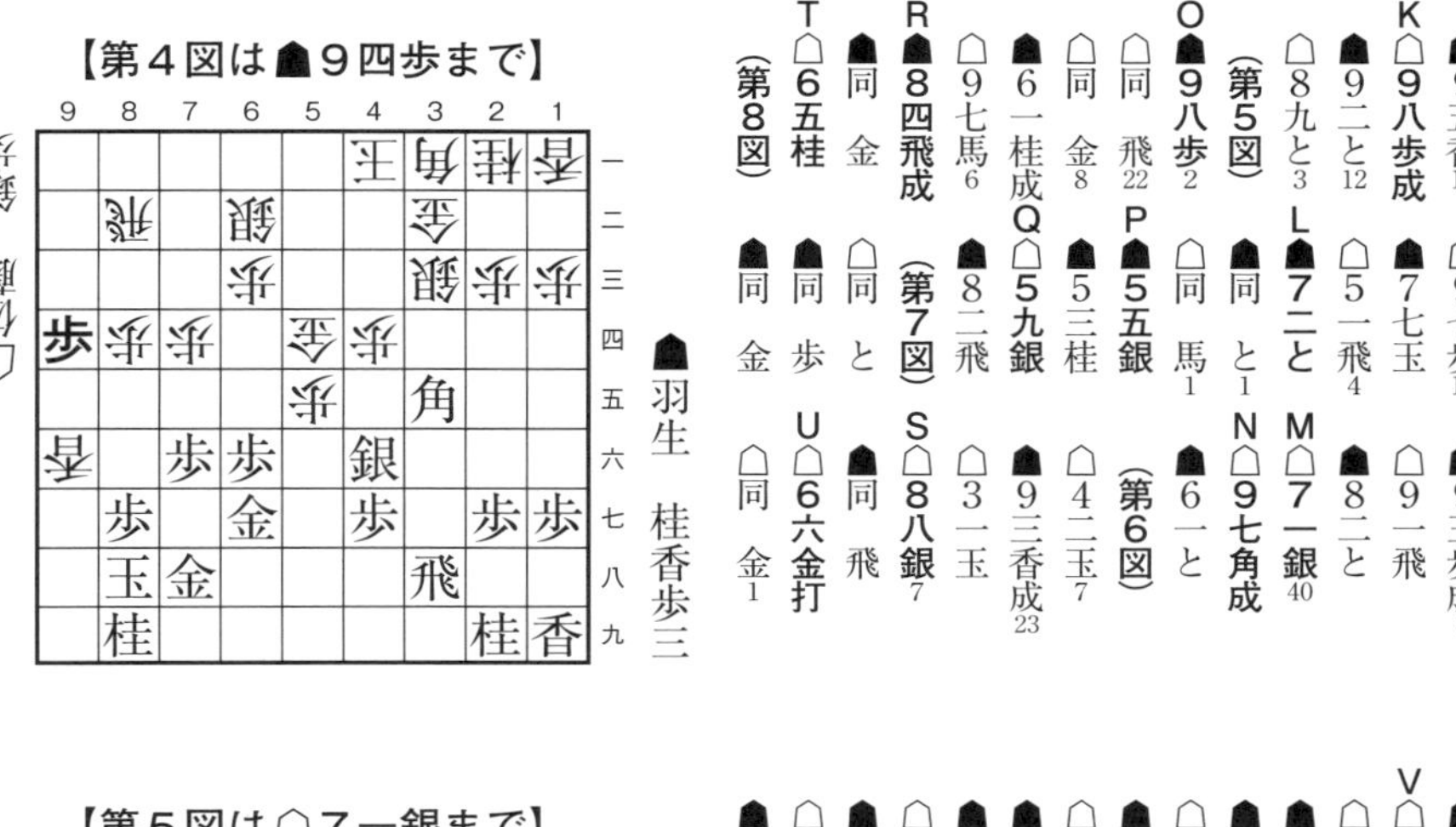

▲9五香11　△9七歩11　▲9三歩成2
K△9八歩成　▲7七玉　△9一飛
▲9二と12　△5一飛4　▲8二と
△8九と3　L▲7二と　M△7一銀40
（第5図）　▲同　と1　N△9七角成
O▲9八歩2　△同　馬1　▲6一と
△同　飛22　P▲5五銀　（第6図）
△同　金8　▲5三桂　△4二玉7
▲6一桂成　Q△5九銀　▲9三香成23
△9七馬6　▲8二飛　△3一玉
R▲8四飛成　（第7図）　S△8八銀7
▲同　金　△同　と　▲同　飛
T△6五桂　▲同　歩　U△6六金打
（第8図）　▲同　金　△同　金1

【第4図は▲9四歩まで】

▲羽生　持駒　桂香歩三
△佐藤　持駒　銀歩

▲同　玉　△8八馬　▲7七桂
V△5六金　（第9図）　▲同　玉
△7七馬　W▲6六銀1　△5五歩
▲同　玉1　X△5二飛　（第10図）
▲5三歩　△同　飛　▲5四歩
△4三桂　▲5六玉　△5五歩
▲4六玉　△6六馬　Y▲8二竜2
△5六馬　▲3六玉　△4五馬
▲3七玉　Z△3五桂1　（第11図）
▲4一金　△同　玉　a▲5一金1
△3一玉　▲4一金打　△2二玉
▲3一銀　△1二玉　▲3二竜
△2二金　▲同銀成　△同　銀
▲同　竜　△同　玉　▲3一銀

【第5図は△7一銀まで】

▲羽生　持駒　桂歩三
△佐藤　持駒　銀桂

9	8	7	6	5	4	3	2	1	
		v銀		v飛	v王	v角	v桂	v香	一
		と				v金			二
			v歩			v銀	v歩	v歩	三
	v歩	v歩		v金	v歩				四
香				v歩		角			五
v香		歩	歩		銀				六
	歩	玉	金		歩		歩	歩	七
		金				v飛			八
	vと						桂	香	九

△3三玉　▲4二銀不成　△2二玉
（投了図）
まで136手で佐藤の勝ち
（消費時間＝▲7時間59分、△7時間59分）

【解説】

A▲6八角（第1図）＝森下システム。先手は玉の囲いを優先しながら相手の出方を見て、それに適した攻撃陣を構築する意図だ。二人はこの七番勝負の矢倉戦では森下システムを追究。だが、その後、5二金型の雀刺しが後手十分と判断されるようになる。そのため、次期竜王戦以降は矢倉でも3七銀型が中心になった。

B△9五歩＝玉の囲いを優先するという森下システムの性格から、後手の9筋攻めは有効。

【第6図は▲5五銀まで】

▲羽生　持駒　銀桂歩三
△佐藤　持駒　銀桂歩二

9	8	7	6	5	4	3	2	1	
			v飛		王		v桂	v香	一
						v金			二
			v歩			v銀	v歩	v歩	三
	v歩	v歩		v金	v歩				四
香				銀		角			五
v香		歩	歩						六
	歩	玉	金		歩		歩	歩	七
v馬		金				v飛			八
	vと						桂	香	九

C▲3五歩＝早くも小競り合い。中央方面での戦いになれば、後手の端歩の2手が立ち遅れるとみている。

D△7三桂＝3筋歩交換の対策に△4五歩から△5三銀、そして△4四銀右と盛り上がる指し方もあるが、C▲3五歩で述べたように9筋に2手を費やした分、立ち遅れる可能性がある。佐藤は△7三桂から端攻めを選択した。

E△5五歩（第2図）＝2時間9分使って封じ手。佐藤が攻撃ののろしを上げた。▲4六角と引かれたときの利きを事前に消す。第2図は前例ある局面で、1号局は本局の4ヵ月前に指された第52期C級2組順位戦▲深浦康市四段－△中田章道六段戦。深浦は△5五歩で先手苦しいとコメント。先手が避けたい進行という認識があった。佐藤は研究済み。羽生も前例があることは知っていたが、避けられなかったという。

F△9三香打＝迫力のあるロケット砲。5筋の突き捨てがないと、△9三香打に▲4六角△9二飛▲9五桂とされ、後手は攻めにくかった。

G▲5四歩＝5筋の突き捨てがあるが、それでも▲9五桂は有力だった。一歩あれば△9四歩が厳しいが、なかなか入手は難しい。△9五同香は▲同歩△同香▲9六歩△8五桂▲9九香が手筋で手にならない。また、△7五歩は▲同歩△同角に▲4六角△4五歩▲3五角△4四銀▲同角△同金▲8三銀の反撃がある。

H▲4六銀（第3図）＝銀を活用して本筋の一手。先手は中央に圧力をかけた。

I△5五歩＝敵の打ちたいところに打て。逆に▲5五歩と打たれ、金の形がゆがむのを嫌う。

J▲9四歩（第4図）＝羽生らしいふっくらとした手。ただ、ここでは▲3四歩が勝った。以下△同銀に▲5五銀△同金▲4四角と切り込んで先手がやや指せていた。

K△9八歩成＝と金の作り合いは、玉に近いところを攻めている分だけ後手が有利だ。

L▲7二と＝上部の開拓に活路を求める。

M△7一銀（第5図）＝佐藤、会心の一手。平凡な△5三銀は大駒が使いにくくなるうえに、▲5六歩△同歩▲5五歩△6四金▲5六金で先手の陣形が厚くなって後手大変。しかし、後手

【第7図は▲8四飛成まで】

▲羽生　銀歩四

	9	8	7	6	5	4	3	2	1
一				成桂			v王	v桂	v香
二							v金		
三	成香			v歩			v銀	v歩	v歩
四		竜	v歩			v歩			
五					v金		角		
六	v香		歩	歩					
七	v馬	歩	玉	金		歩		歩	歩
八			金				v飛		
九		vと			v銀			桂	香

△佐藤　銀桂歩二

【第8図は△6六金打まで】

▲羽生　銀銀桂歩五

	9	8	7	6	5	4	3	2	1
一				成桂			v王	v桂	v香
二							v金		
三	成香			v歩			v銀	v歩	v歩
四		竜	v歩			v歩			
五				歩	v金		角		
六	v香		歩	v金					
七	v馬	歩	玉	金		歩		歩	歩
八		v飛							
九					v銀			桂	香

△佐藤　歩二

【第9図は△5六金まで】

▲羽生　金金銀銀歩五

	9	8	7	6	5	4	3	2	1
一				成桂			v王	v桂	v香
二							v金		
三	成香			v歩			v銀	v歩	v歩
四		竜	v歩			v歩			
五				歩			角		
六	v香		歩	玉	v金				
七		歩	桂			歩		歩	歩
八		v馬							
九					v銀			桂	香

△佐藤　飛歩二

が放っておいて▲6二とと銀を取られるのは飛車取りになって厳しい。△7一銀は銀を取らせる位置を変える高等テクニック。と金の位置が7一と6二では大違いだ。

N△9七角成＝壁を解消しつつ、攻めに厚みを加える大きな一手。後手優勢。

O▲9八歩＝相手の馬筋を急所からそらして損のない利かし。

P▲5五銀（第6図）＝妖しい勝負手。**O▲9八歩**から技を駆使して王手飛車取りをかける。

Q△5九銀＝次の△9七馬と合わせて退路を封鎖する。先手玉を大海に逃がさない。

R▲8四飛成（第7図）＝飛車は二段目に置いておきたいが、△8五桂を防いで致し方なし。

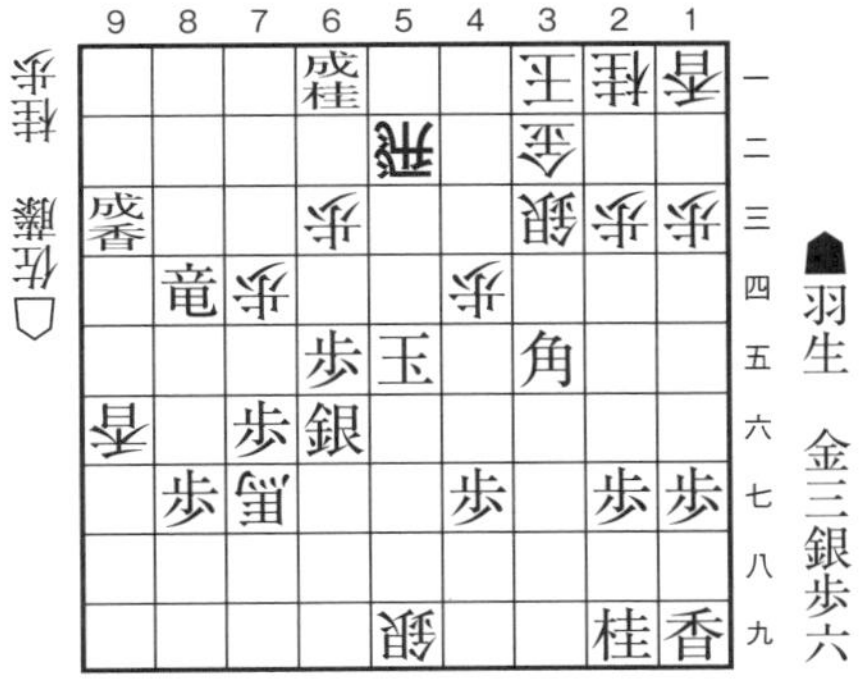

▲6八金引は△5六金でますます受けにくい。また、▲5七金も△5六歩が厳しい。

S△8八銀＝包囲網を築いた。秒読みの中、寄せ切れるかどうかの勝負。

T△6五桂＝相手の玉を上に追う手順なので指しにくいが、正確な寄せだった。

U△6六金打（第8図）＝△8八馬▲同玉△6六金打は手順前後。▲8二竜が▲4三桂以下の詰めろで逆転する。また、▲6六同金に△8八馬は▲8六玉と逃がしてしまう。

V△5六金（第9図）＝好手。△4五金は▲7四竜で脱出口が開いてしまう。盤上の歩は入玉を阻む大事な駒。足を止めず走り続ける。

W▲6六銀＝▲8二竜と手抜きができればよいのだが、△5四飛▲5五歩△同馬で王手飛車取りの位置になる。

X△5二飛（第10図）＝入玉阻止の決め手。上部脱出を阻みながら攻めることができた。そして、この飛車が受けにも働く。

Y▲8二竜＝▲4一金以下の詰めろだが。

Z△3五桂（第11図）＝角を取った手が詰めろ逃れの詰めろになっている。佐藤はこの手で勝ちを確信したという。

a▲5一金＝猛烈な追い込みだが、わずかに詰まない。**投了図**で▲3一銀不成は連続王手の千日手。▲3三金は△同飛と取られて足りない。

佐藤は大熱戦となった第4局（自戦記第2局）、第5局を連続で制して、流れを引き寄せた。

【第10図は△5二飛まで】

▲羽生　金三銀歩六

	9	8	7	6	5	4	3	2	1
一				v成桂			v王	v桂	v香
二					v飛		v金		
三	v成香			v歩			v銀	v歩	v歩
四		竜	v歩			v歩			
五				歩	玉		角		
六	v香		歩	銀					
七		歩	v馬			歩		歩	歩
八									
九					v銀			桂	香

△佐藤　桂歩

【第11図は△3五桂まで】

▲羽生　金三銀歩四

	9	8	7	6	5	4	3	2	1
一				v成桂			v王	v桂	v香
二		竜					v金		
三	v成香			v歩	v飛		v銀	v歩	v歩
四			v歩		歩	v歩			
五				歩	v歩	v馬	v桂		
六	v香		歩						
七		歩				歩	玉	歩	歩
八									
九					v銀			桂	香

△佐藤　角桂歩

【投了図は△2二玉まで】

▲羽生　金金歩四

	9	8	7	6	5	4	3	2	1
一				v成桂	金	金		v桂	v香
二						銀		v王	
三	v成香			v歩	v飛			v歩	v歩
四			v歩		歩	v歩			
五				歩	v歩	v馬	v桂		
六	v香		歩						
七		歩				歩	玉	歩	歩
八									
九					v銀			桂	香

△佐藤　飛角銀銀歩

第12局

第6期竜王戦七番勝負第6局（読売新聞）

【持ち時間】各8時間

1993年12月9、10日　終了10日16時43分　山形県天童市「滝の湯ホテル」　記録係　三浦弘行四段

七段　▲佐藤　康光
竜王　△羽生　善治

快勝で初タイトルを獲得

相掛かり腰掛け銀

大激戦の第5局を制し、羽生竜王をカド番に追い込んだ佐藤。第6期竜王戦では、ランキング戦から七番勝負まで先手矢倉で無敗（7連勝）を誇っていた。ところが、先手番の本局で意外な戦型を選んで、新手を放った。

▲2六歩　△8四歩3　A**▲2五歩**4
△8五歩1　▲7八金　△3二金1
▲2四歩2　△同　歩2　▲同　飛
△2三歩　B**▲2六飛**　（**第1図**）
△7二銀1　▲1六歩2　△1四歩2
▲3八銀1　△6四歩1　▲7六歩3
△8六歩2　▲同　歩1　△同　飛
▲8七歩2　C**△8二飛**1　D**▲4六歩**7
（**第2図**）　△6三銀2　▲4七銀1
△5四銀2　▲5六銀2　△3四歩3
▲6八玉28　E**△4四歩**27　▲7七角24
△4二銀2　▲8八銀2　F**△4三銀上**3
▲8六歩3　△5二金21　▲5八金5
G**△4二玉**1　▲8七銀2　△3一玉3
▲7九玉9　△7四歩2　H**▲9六歩**8
△9四歩6　▲3六歩4　△7三桂3
I**▲8八角**9　（**第3図**）　△8一飛56
▲3七桂9　△4二金右1　▲6八金右9
J**△8五歩**1　▲同　歩　△同　飛
▲8六歩　△8一飛　K**▲3五歩**72

【第1図は▲2六飛まで】

△羽生　持駒：なし

	9	8	7	6	5	4	3	2	1
一	v香	v桂	v銀	v金	v王		v銀	v桂	v香
二		v飛					v金	v角	
三	v歩		v歩	v歩	v歩	v歩	v歩	v歩	v歩
四									
五		v歩							
六								飛	
七	歩	歩	歩	歩	歩	歩	歩		歩
八		角	金						
九	香	桂	銀		玉	金	銀	桂	香

▲佐藤　持駒：歩

【第2図は▲4六歩まで】

△羽生　持駒：歩

	9	8	7	6	5	4	3	2	1
一	v香	v桂		v金	v王		v銀	v桂	v香
二		v飛	v銀				v金	v角	
三	v歩		v歩		v歩	v歩	v歩	v歩	
四				v歩					v歩
五									
六			歩			**歩**		飛	歩
七	歩	歩		歩	歩		歩		
八		角	金				銀		
九	香	桂	銀		玉	金		桂	香

▲佐藤　持駒：歩

【第3図は▲8八角まで】

△羽生　持駒：歩

	9	8	7	6	5	4	3	2	1
一	v香						v王	v桂	v香
二		v飛			v金		v金	v角	
三			v桂		v歩	v銀		v歩	
四	v歩		v歩	v歩	v銀	v歩	v歩		v歩
五									
六	歩	歩	歩		銀	歩	歩	飛	歩
七		銀		歩	歩				
八		**角**	金		金				
九	香	桂	玉					桂	香

▲佐藤　持駒：歩

△同　歩21　▲1五歩30　△同　歩6
L▲5五銀1（第4図）M△6五桂56
▲5四銀14　△同　歩　▲6六歩
△4八銀59　▲6五歩23　△3七銀不成11
N▲2五飛3（第5図）O△3四銀19
▲2七飛23　P△4六銀成7　Q▲2四歩11
△同　歩11　▲同　飛　△4三金直24
▲2九飛6　R△3六歩17（第6図）
S▲1二歩38　△2八歩4　▲4九飛3
△1三角　T▲1五香18　△2四角2
▲1一歩成U△5七成銀1　▲2一と1
△4二玉　V▲2七香3（第7図）
△6八成銀11　▲同　金　△8五歩
▲2四香24　△8六歩　▲同　銀5
△同　飛　W▲2二と22　△5六桂5
▲3二と3　△同　玉　X▲2二香成2
（第8図）Y△同　玉3　Z▲4四角1
△同　金　▲1一角　△2三玉1
a▲1四金　（投了図）
まで107手で佐藤の勝ち
（消費時間＝▲7時間20分、△6時間45分）

【解説】

A▲2五歩＝竜王獲得を懸けた運命の一局に相掛かりを採用。当時、「矢倉ばかりではファンも楽しめないので、七番勝負で一度は使ってみたいと思っていた」と佐藤は述べている。

B▲2六飛（第1図）＝浮き飛車に構える。佐藤にとってよき先輩であり、研究仲間でもある室岡克彦七段が当時得意にしていた戦型。佐藤に入念な準備があったことは想像に難くない。

C△8二飛＝羽生も堂々と受けて立つ。

D▲4六歩（第2図）＝腰掛け銀に構えて、金銀を押し上げていく展開を目指す。相掛かりの中でも穏やかな展開だ。▲3六歩から▲4六銀と機動性を重視するのは中原流。佐藤は本局の2日前に、棋王戦の対谷川浩司王将戦で相掛かり腰掛け銀を用いて勝ったばかりだった。

E△4四歩＝角筋を止めて、後手も金銀の盛り上がりを目指す。あくまで角筋を開けて指す△4二玉も一局。

F△4三銀上＝△7四歩とし、▲8六歩に△7五歩▲8七銀△7六歩▲同銀の進行もあった。

【第4図は▲5五銀まで】

△羽生　歩三

9	8	7	6	5	4	3	2	1	
v香	v飛					v王	v桂	v香	一
					v金	v金	v角		二
		v桂		v歩	v銀		v歩		三
v歩		v歩	v歩	v銀	v歩				四
				銀		v歩		v歩	五
歩	歩	歩			歩		飛		六
	銀		歩	歩		桂			七
	角	金	金						八
香	桂	玉						香	九

▲佐藤　歩

【第5図は▲2五飛まで】

△羽生　桂歩三

9	8	7	6	5	4	3	2	1	
v香	v飛					v王	v桂	v香	一
					v金	v金	v角		二
					v銀		v歩		三
v歩		v歩	v歩	v歩	v歩				四
			歩			v歩	飛	v歩	五
歩	歩	歩			歩				六
	銀			歩		v銀			七
	角	金	金						八
香	桂	玉						香	九

▲佐藤　銀桂歩

【第6図は△3六歩まで】

△羽生　桂歩五

9	8	7	6	5	4	3	2	1	
v香	v飛					v王	v桂	v香	一
						v金	v角		二
					v金				三
v歩		v歩	v歩	v歩	v歩	v銀			四
			歩					v歩	五
歩	歩	歩			v成銀	v歩			六
	銀			歩					七
	角	金	金						八
香	桂	玉					飛	香	九

▲佐藤　銀桂歩

G△4二玉＝△6五銀▲同銀△同歩と銀交換する指し方も有力だった。いろいろな分岐の中で、羽生は最も穏やかな展開を選択した。

H▲9六歩＝銀冠完成。後手の4三銀型よりも堅い、というのが先手の主張。また、先手だけ角筋が通っており、主導権を握っている。

I▲8八角（第3図）＝一見奇異な手だが、これが定跡。事前に桂の当たりを避けた。代えて、▲8八玉の入城は△8五歩▲同歩△同桂▲8六角△4五歩で、玉が角の射程に入り危険だ。

J△8五歩＝形を保ちながら待機する。1手パスの手筋だ。後手は千日手でも十分。

K▲3五歩＝「開戦は歩の突き捨てから」。3筋に歩が使えるようになると攻め筋が増える。

【第7図は▲2七香まで】

▲佐藤　銀桂桂歩

△羽生　桂歩五

L▲5五銀（第4図）＝▲4五歩は△同歩▲2二角成△同玉で、後手の金銀のブロックが手厚く攻めにならない。

M△6五桂＝△5五同銀は▲同角△8五歩▲同歩△同飛に▲6四角が△8六歩を受けた攻防手でぴったり。

N▲2五飛（第5図）＝佐藤用意の一手。ここで前例（解説編第9局）に別れを告げる。前例はすぐに▲2七飛とし、以下△4六銀成▲1三歩△3六歩と進んだ。▲2五飛はあえて△3四銀を誘い、その駒を攻撃目標にするという意味がある。

O△3四銀＝△4六銀成なら、▲1三歩△同香▲6四歩と攻めて先手が指せる。途中、▲1三歩に△3四銀は▲1五飛、△3三角も▲1五香△3四銀▲2九飛△1五角▲4四角でやはり先手が指せる。

【第8図は▲2二香成まで】

▲佐藤　角金銀銀桂桂歩二

△羽生　金銀歩六

P△4六銀成＝N▲2五飛O△3四銀の2手がないときと同じ対応だが、羽生は△3六歩が勝ったと述懐している。

Q▲2四歩＝さっそく揺さぶりをかける。△同歩▲同飛が銀取りになるのが、▲2五飛として△3四銀と上がらせた効果だ。

R△3六歩（第6図）＝誰しも△2三歩と思うところ。だが、以下▲6四歩△6二歩と辛抱する進行では、充実の挑戦者を前にして追いつかないと見たか。尋常ならざる勝負手だ。

S▲1二歩＝痛打。△同香は▲2四桂がある。

【A図は▲6四歩まで】

▲先手　金銀桂桂歩三

△後手　金歩六

T▲1五香＝損のない利かし。この香が最後までよく働いた。

U△5七成銀＝とにかく玉が露出する形にして、勝負のアヤを求める。

V▲2七香（第7図）＝先手好調。急所の駒である角を責める。佐藤は「▲2七香で勝ちを意識した」と述べている。

W▲2二と＝駒得なので▲7七銀のように受けに回る指し方もあるが、切り合いにして1手勝ちを選ぶのが康光流。

X▲2二香成（第8図）＝好手。△4二玉なら▲2四角△3三銀▲3一銀△5二玉▲6四歩（**A図**）で寄り。以下△6八桂成は▲同角と取れるので先手勝ちだ。

【B図は▲3二銀まで】

△後手　角金歩六

9	8	7	6	5	4	3	2	1	
v香					v王				一
						銀	成香		二
					v銀				三
v歩		v歩	v歩	v歩	v飛	v銀			四
			歩					香	五
歩	v飛	歩		v桂		v歩			六
									七
			金				v歩		八
香	桂	玉							九

▲先手　角金金銀桂桂歩三

また△4一玉には▲4四角が詰めろ逃れの詰めろの攻防手。以下△同金▲同飛△4三銀打に▲3二銀（**B図**）として長手順の詰みがある。

▲3二銀からは、①△5二玉には▲4三銀成△同銀▲6三銀△同玉▲4三飛成△5三銀▲4一角△7二玉▲7三銀△同玉▲5三竜△8二玉▲7三金△8一玉▲7二銀以下詰み。②△5一玉には▲6三桂△5二玉▲4三銀成△同銀▲4二金△同玉▲3一角△5二玉▲5三銀△6三玉▲6二銀成△同玉▲6三銀△7三玉▲6四角成以下詰みがある。

Y△2二同玉＝首を差し出した。

Z▲4四角＝鮮やかな決め手。

a▲1四金（投了図）＝以下は△3二玉▲3三銀△4一玉▲4四飛△5二玉▲4二飛成△6三玉▲7二銀△7三玉▲8三金△同飛▲同銀成△同玉▲8二飛△9三玉▲8五桂（**C図**）と盤面と大駒を広く使う雄大な手順で詰み。

【投了図は▲1四金まで】

△羽生　角金銀銀香歩六

9	8	7	6	5	4	3	2	1	
v香								角	一
									二
							v王		三
v歩		v歩	v歩	v歩	v金	v銀		金	四
			歩					香	五
歩	v飛	歩		v桂		v歩			六
									七
			金				v歩		八
香	桂	玉			v飛				九

▲佐藤　銀銀桂桂歩三

佐藤が新工夫を成功させ、会心の勝利で初タイトル獲得を飾った。

なお、本局の行われた「滝の湯ホテル」（現在は「ほほえみの宿 滝の湯」と屋号を変えて経営）は、竜王戦では定番の対局場として知られる。本局で大きな栄冠を勝ち取った佐藤だが、翌年に羽生の挑戦を受け2勝4敗で敗退。史上初の六冠王を許すことになる。4敗目を喫したのがこの「滝の湯ホテル」だった。佐藤にとって、大きな喜びと痛みを味わった対局場である。

【C図は▲8五桂まで】

△後手　角金金銀銀香歩六

9	8	7	6	5	4	3	2	1	
v香								角	一
	v飛				竜				二
v王						銀			三
v歩		v歩	v歩	v歩		v銀		金	四
	桂		歩					香	五
歩		歩		v桂		v歩			六
									七
			金				v歩		八
香	桂	玉							九

▲先手　桂歩三

第13局

第43回ＮＨＫ杯準決勝（ＮＨＫ）

【持ち時間】各10分＋考慮各10分（チェスクロック方式）

1994年2月7日　11時12分～12時40分　東京都渋谷区「ＮＨＫ放送センター」

記録係　藤森奈津子女流二段、植村真理女流二段

竜王　▲佐藤　康光

六段　△森内　俊之

「七番勝負」後の激闘

四間飛車対天守閣美濃

「七番勝負」を戦った二人は、3ヵ月後にも大勝負を演じた。本局の勝者は初の決勝進出となる一戦だった。本局を制した佐藤だったが、決勝で加藤一二三九段に敗退。初優勝は13年後の第56回までかかることになる。

A▲**2六歩**　△3四歩　▲7六歩
△4四歩　▲2五歩　△3三角
▲4八銀　B△**4二飛**　▲5六歩
△6二玉　▲6八玉　△7二銀
▲7八玉　△7一玉　▲5七銀
△3二銀　▲9六歩　△9四歩
C▲**8六歩**　△5二金左　▲8七玉
△6四歩　▲7八銀　△7四歩
▲5八金右　△4三銀　▲6六銀
△4五歩　▲7九角　△6五歩
▲7七銀引　△5四銀　▲3六歩
D△**8四歩**　▲2四歩☆①　△同　歩
▲3五歩　△同　歩☆①　▲同　角
E△**3二飛**　**（第1図）**　▲3四歩①
△5一角　▲4四角　△3四飛①
▲1一角成　F△**7三角**②　▲5五歩①
△3三桂　▲1二馬　△3九飛成
▲2四飛　△5五角　▲5七香
△1九角成　▲5四香　△同　歩
G▲**3四馬**①　△6四馬　▲4四馬
△5三金　H▲**3四飛**③　△同　竜③
▲同　馬　△3九飛　▲3五飛
△同飛成②　▲同　馬　△3九飛
I▲**3七飛**①　**（第2図）**　△2九飛成①
▲5三馬　△同　馬　▲3三飛成
△4四角　▲5三竜　△同　角
▲4三角　J△**4四飛**　K▲**6一角成**①
（第3図）　△同　玉　▲5六桂
△4二飛　L▲**4四銀**　△8六角
▲同　銀　△8五香　M▲**5三角**
△8六香　▲同　玉　△8五香
▲7七玉　△6二飛　▲8六歩①
△同　香　N▲**6四香**　△6三桂
▲6二角成　△同　玉　▲5三金
△7一玉　▲6二金打　△8二玉
▲7二金　△同　玉　▲6二飛
△8三玉　▲6三飛成　△7三銀
▲7二銀　△9二玉　▲6一竜
△8二金　▲8六玉　O△**6四銀**
P▲**8七玉**　△8五香　▲8六桂
△6九竜　▲同　銀　△7九角
▲6四桂　△8六香　▲同　玉
△8五歩　▲同　玉　△7三桂
▲7四玉　△8五角　▲7五玉
△8三桂　▲同銀成　△同　金
▲8一竜　**（投了図）**

まで133手で佐藤の勝ち

（消費時間＝▲10分＋10分、△10分＋10分）

【第1図は△3二飛まで】

△森内　歩二

9	8	7	6	5	4	3	2	1	
v香	v桂	v玉	v金				v桂	v香	一
		v銀		v金		v飛			二
				v歩		v角		v歩	三
v歩	v歩	v歩		v銀			v歩		四
			v歩		v歩	角			五
歩	歩	歩		歩					六
	玉	銀	歩		歩			歩	七
		銀		金			飛		八
香	桂		金				桂	香	九

▲佐藤　歩

【解説】

A▲2六歩＝第43回NHK杯の佐藤は、全局先手。当時は集中的に相掛かりを志向した。

B△4二飛＝居飛車党の森内、弘法筆を選ばず。2002年の第60期名人戦七番勝負第4局対丸山忠久名人戦で名人を戴冠した一局も四間飛車だった。本局当時は珍しい選択。

C▲8六歩＝居飛車が持久戦にすると、8八角が玉を深く囲うための邪魔駒になる。天守閣美濃は▲8六歩から▲8七玉として、スムーズに振り飛車と同等の堅さを得られるのが特徴。

天守閣美濃は当時の佐藤の得意戦法。だが、天守閣美濃用の藤井システムが猛威を振るい始め、本局から5ヵ月後の藤井猛五段（当時）戦で敗れると、佐藤は居飛車穴熊に転向した。

D△8四歩＝天守閣美濃の弱点は玉頭。終盤戦での△8五歩が先手の脅威となる。

E△3二飛（第1図）＝戦いの起こった筋に飛車を移動するのが振り飛車の極意。

F△7三角＝△3九飛成には▲2七飛が手筋。次に▲3七飛のぶつけが残る。

G▲3四馬＝銀得で馬が好位置にきたので先手がよさそうだが、意外にも局面はまだ難しい。

H▲3四飛＝駒得を生かした長期戦ではかえって危険とみた。飛車をぶつけて激しく戦う。

I▲3七飛（第2図）＝好手。△同馬なら▲5三馬がある。

J△4四飛＝悪手。秒読みに追われたか。△8五歩▲同歩に△8三香として、次の△8六歩を狙えば後手にも楽しみが多かった。

K▲6一角成（第3図）＝大駒を切って駒損だが、守りの要と交換なら大局的に損ではない。

L▲4四銀＝後手は玉と大駒が近いため、受けにくい。△4四同角は▲同桂△同飛▲5三角がある。本譜の△8六角は勝負手だ。

M▲5三角＝細心の注意を払い8六に利かす。

N▲6四香＝玉と飛車を同時に攻めて好調。

O△6四銀＝△8五香を狙って油断ならない。

P▲8七玉＝落ち着いた受け。▲7七玉では△8六角▲同玉△8五香の「最後のお願い」が飛んでくる。**投了図**以下は△8一同玉▲7二銀から詰み。佐藤が森内の勝負手をかわして制勝。

【第2図は▲3七飛まで】

△森内　香香歩四

	9	8	7	6	5	4	3	2	1
一	△香	△桂	△王	△金					
二			△銀						
三					△金		△桂		△歩
四	△歩	△歩	△歩	△馬	△歩				
五				△歩		△歩	馬		
六	歩	歩	歩						
七		玉	銀	歩		歩	飛		歩
八			銀		金				
九	香	桂		金			△飛	桂	

▲佐藤　銀歩

【第3図は▲6一角成まで】

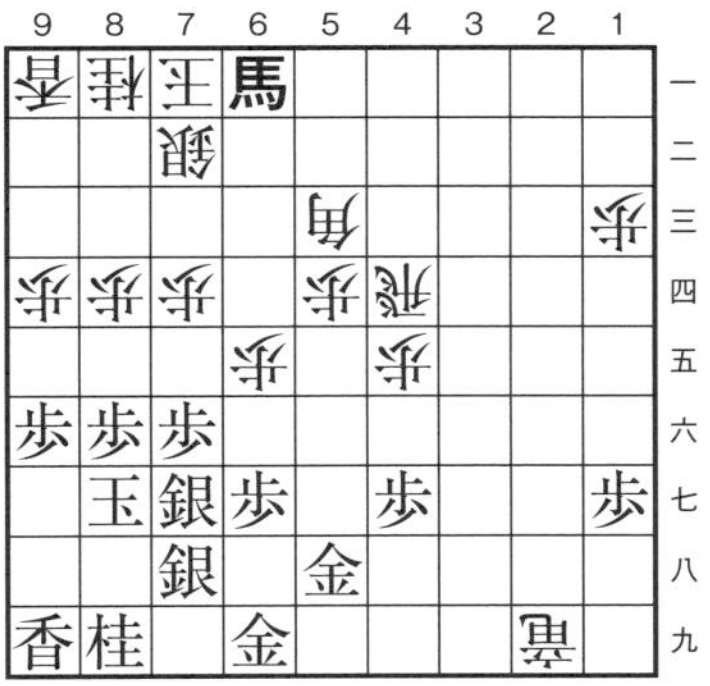

△森内　桂香香歩四

	9	8	7	6	5	4	3	2	1
一	△香	△桂	△王	馬					
二			△銀						
三					△角				△歩
四	△歩	△歩	△歩		△歩	△飛			
五				△歩		△歩			
六	歩	歩	歩						
七		玉	銀	歩		歩			歩
八			銀		金				
九	香	桂		金				△竜	

▲佐藤　金金銀桂歩

【投了図は▲8一竜まで】

△森内　金銀歩六

	9	8	7	6	5	4	3	2	1
一	△香	竜							
二	△王								
三		△金	△桂		金				△歩
四	△歩			桂	△歩	銀			
五		△角	王	△歩		△歩			
六	歩		歩						
七				歩		歩			歩
八					金				
九	香	桂	△角	△銀					

▲佐藤　飛銀桂香香歩二

第14局

第7期竜王戦七番勝負第4局（読売新聞）

【持ち時間】各8時間

1994年11月17、18日　終了18日19時11分　福岡県北九州市「北九州プリンスホテル」　記録係　山本真也三段

名人 ▲羽生　善治
竜王 △佐藤　康光

カド番をしのいだ「原点の一局」

後手相掛かり棒銀

1993年末に竜王を獲得した佐藤だが、年度が変わると調子を落とし、5割台の勝率で防衛戦を迎えた。名人を獲得し、史上初の六冠王を目指してリターンマッチに挑んできた羽生に3連敗でカド番に追い込まれてしまう。

▲2六歩1　△8四歩1　▲2五歩2
△8五歩1　▲7八金2　△3二金
▲2四歩1　△同　歩　▲同　飛1
△2三歩4　A▲2八飛2　（第1図）
△8六歩26　▲同　歩10　△同　飛
▲8七歩8　B△8二飛3　▲3八銀45
△3四歩8　▲2七銀8　C△3三角114
▲3六銀27　△2二銀9　▲7六歩14
△4二玉11　▲1六歩27　△1四歩10
▲6八玉56　D△8四飛31　▲5八金48
△6二銀4　E▲6六角7　（第2図）
△同　角7　▲同　歩　△5二金12
▲8八銀8　△6四歩33　▲7七銀39
△6三銀1　F▲4五銀17　△3三銀16
▲3六歩6　△4四歩5　▲5六銀
△5四銀1　▲4六歩15　G△8二飛1
▲7九玉5　△3一玉　▲9六歩8
△9四歩　▲3七桂18　△4三金右5
▲8八玉4　H△2二玉2　I▲2六角4
J△9三桂10　K▲4五歩14　（第3図）

【第1図は▲2八飛まで】

△佐藤　なし

9	8	7	6	5	4	3	2	1	
v香	v桂	v銀	v金	v玉		v銀	v桂	v香	一
	v飛					v金	v角		二
v歩		v歩	v歩	v歩	v歩	v歩	v歩	v歩	三
									四
	v歩								五
									六
歩	歩	歩	歩	歩	歩	歩		歩	七
	角	金					飛		八
香	桂	銀		玉	金	銀	桂	香	九

▲羽生　歩

△8五桂13　▲8六銀9　△9五歩2
▲同　歩13　△4五歩2　L▲9六香8
（第4図）　M△6五歩8　N▲9四歩1
△6六歩41　▲9三歩成　△8一飛
▲9二歩1　△6一飛18　O▲8五銀9
△6五銀　▲同　銀8　△同　飛
▲7七桂　△6二飛2　▲6三歩15
△4二飛　▲9一歩成6　P△6九銀4
▲6八金右　△7八銀成　▲同　金
△3九角31　▲2七飛2　Q△4八角成4
（第5図）　▲4五桂5　△3八馬2
▲3七飛1　△同　馬18　▲同　角
△8四歩　▲同　銀　△6七歩成
▲同　金　△3八飛　▲4八銀

【第2図は▲6六角まで】

△佐藤　歩

9	8	7	6	5	4	3	2	1	
v香	v桂		v金				v桂	v香	一
			v銀		v玉	v金	v銀		二
v歩		v歩	v歩	v歩	v歩	v角	v歩		三
	v飛					v歩		v歩	四
									五
		歩	角			銀		歩	六
歩	歩		歩	歩	歩	歩			七
		金	玉	金			飛		八
香	桂	銀					桂	香	九

▲羽生　歩

☖5四金1　R☗5六角1　（第6図）
☖3七飛成　S☗同　銀1　☖4五金
☗4三歩　T☖5六金4　（第7図）
☗4二歩成　☖6七金11　☗3二と
U☖1三玉1　V☗2二銀　☖同　銀
☗2五桂　☖2四玉　☗3五金1
☖同　歩　W☗6四飛1　（第8図）
☖4四歩1　☗6七飛　X☖3四角1
（第9図）　Y☗4五歩　Z☖9九銀
☗9七玉　a☖7四桂　☗7九金
☖4五角　☗2六銀　☖8八角
☗同　金　b☖同銀不成　（投了図）
まで128手で佐藤の勝ち
（消費時間＝☗7時間59分、☖7時間59分）

【第3図は☗4五歩まで】

☗羽生　歩

	9	8	7	6	5	4	3	2	1
一	香							桂	香
二		飛					金	王	
三	桂		歩		歩	金	銀	歩	
四	歩			歩	銀	歩	歩		歩
五						**歩**			
六	歩		歩	歩	銀		歩	角	歩
七		歩	銀		歩		桂		
八		玉	金		金			飛	
九	香	桂							香

☖佐藤　角歩

【解説】

A☗2八飛（第1図）＝相掛かりから、飛車を深く引く2八飛型を採用。横利きがある分、2六飛型よりも守備に働いている。

本局の6ヵ月前、羽生は第52期名人戦七番勝負第3局で米長邦雄名人に用いていた。当時は2六飛型がほとんどで、2八飛型は珍しかった。ひねり飛車を含め、2六飛型の旗色が悪くなった1990年代後半から2八飛型が注目されて、相掛かりの主流をなすようになる。時代や流行を先取りしたような将棋ともいえそうだ。

B☖8二飛＝☖8二飛は少数派。先手の棒銀に備えて☖8四飛と高く構える場合が多い。

C☖3三角＝棒銀は2三の地点を狙っている。☖3三角から☖2二銀と補強すれば、先手の一点突破は怖くない。

D☖8四飛＝先手の銀が出てくる前に、3四歩にヒモをつけた。慎重な駒組み。

E☗6六角（第2図）＝本譜の☗6六角☖同角☗同歩のほうが、平凡に☗3三角成☖同銀☗6六歩とするよりも先手は1手得になる。この戦型ではよく出てくる手筋だ。

F☗4五銀＝中央に転戦する。以下、腰掛け銀に繰り替えて先手は手損した。だが、後手も飛車の動きで手損しているので釣り合っている。

G☖8二飛＝仕切り直し。戦いは起こらず、持久戦になった。

H☖2二玉＝後手の1手損だが、形勢は互角。

【第4図は☗9六香まで】

☗羽生　歩二

	9	8	7	6	5	4	3	2	1
一	香							桂	香
二		飛					金	王	
三			歩		歩	金	銀	歩	
四				歩	銀		歩		歩
五	歩	桂				歩			
六	**香**	銀	歩	歩	銀		歩	角	歩
七		歩			歩		桂		
八		玉	金		金			飛	
九		桂							香

☖佐藤　角歩二

【第5図は☖4八角成まで】

☗羽生　銀銀桂香

	9	8	7	6	5	4	3	2	1
一	と							桂	香
二						飛	金	王	
三	と		歩	歩	歩	金	銀	歩	
四							歩		歩
五		銀				歩			
六	香		歩	歩			歩	角	歩
七		歩	桂		歩		桂	飛	
八		玉	金			馬			
九									香

☖佐藤　金歩三

損が損にならないのだから将棋は深い。

I▲2六角＝膠着状態の打開を図る。現在なら▲4七金、または▲4八金から▲2九飛とするだろう。佐藤は▲4七金を予想していた。

J△9三桂＝後手も全軍で迎撃態勢に。

K▲4五歩（第3図）＝いよいよ開戦。ここまでの消費時間は羽生が6時間37分、佐藤が5時間15分。力の入った序盤だった。

L▲9六香（第4図）＝△9八歩など、端に絡まれる手を回避した。

M△6五歩＝後手の一連の動きは、一手損角換わりにおける腰掛け銀での攻撃法に似ている。同戦法の最盛期は10年後の2004年から始まるので、本譜は時代を先取りしている手順だ。

N▲9四歩＝上部開拓の方針を明示。▲9六香からの構想だ。相手玉を攻めるのではなく、相手の攻撃陣を責めようとしている。

O▲8五銀＝桂を拾って玉頭がすっきりした。

P△6九銀＝先手は桂香得だが、駒の効率は後手がいい。激戦になった。

Q△4八角成（第5図）＝△6七歩成▲同金△4八角成として△4九馬を狙う手は、▲5五桂△4九馬▲4三桂成△同金▲4四歩と渡した歩で攻められて危険。また、△5七角成は▲2五桂が馬と銀の両取りで△6七歩成を受けるぴったりした手になる。

R▲5六角（第6図）＝▲4三歩△同飛▲5六角なら、以下△3七飛成▲同銀△4五金▲6五角△5四金という進行が予想された。この変化も激戦。羽生は「▲5六角では▲4三歩△同飛▲5六角だった」と述懐している。

S▲3七同銀＝▲3三桂成△同桂▲3七銀は△4九飛成▲9七玉で、先手は入玉に勝負を懸けることになる。この変化も勝負不明。

T△5六金（第7図）＝裂帛の気合。カド番の将棋だが、佐藤は飛車取りを手抜いてすさまじい踏み込みを見せる。先手からすると、R▲5六角のところで、先に▲4三歩△同飛を利かしておけば本譜の順はなかった。

U△1三玉＝△3二同玉は▲4四桂△同銀▲4二金から詰みがある。△1二玉も▲2二飛から詰む。△1三玉はこの一手。

【第6図は▲5六角まで】

△佐藤　金歩二

9	8	7	6	5	4	3	2	1	
と							v桂	v香	一
					v飛	v金	v王		二
と		v歩	歩	v歩		v銀	v歩		三
	銀			v金		v歩		v歩	四
					桂				五
香		歩		角		歩		歩	六
	歩	桂	金	歩		角			七
	玉				銀	v飛			八
								香	九

▲羽生　銀桂香歩三

【第7図は△5六金まで】

△佐藤　角角金桂歩二

9	8	7	6	5	4	3	2	1	
と							v桂	v香	一
					v飛	v金	v王		二
と		v歩	歩	v歩	歩	v銀	v歩		三
	銀					v歩		v歩	四
									五
香		歩		v金		歩		歩	六
	歩	桂	金	歩		銀			七
	玉								八
								香	九

▲羽生　飛銀桂香歩二

【第8図は▲6四飛まで】

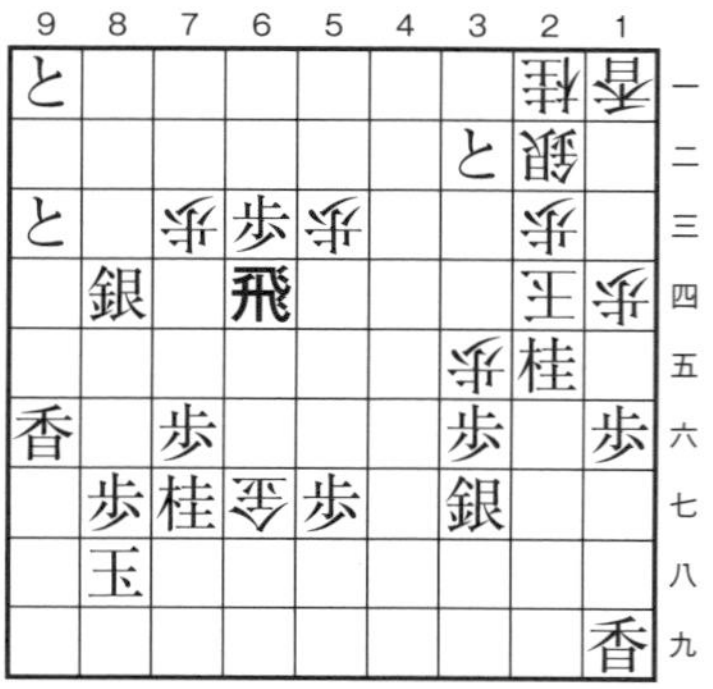

△佐藤　角角金三銀桂歩二

9	8	7	6	5	4	3	2	1	
と							v桂	v香	一
						と	v銀		二
と		v歩	歩	v歩			v歩		三
	銀		飛				v王	v歩	四
						v歩	桂		五
香		歩				歩		歩	六
	歩	桂	v金	歩		銀			七
	玉								八
								香	九

▲羽生　飛香歩二

V▲2二銀＝後に△3四角を打たせない意味。

W▲6四飛（第8図）＝この局面で△3四角なら▲同飛が成立する。▲2二銀△同銀とさせているので△同玉しかなく、▲3五歩△同玉▲3六香と攻め、①△4四玉は▲3四飛△5五玉▲4四角△6四玉▲5三角成△同玉▲6五桂以下詰み。②△4五玉は▲3五飛△5四玉▲4五角△4四玉▲6七角と金を外して先手勝ち筋。

X△3四角（第9図）＝▲2二銀の捨て駒が利いていて、ここでも△9九角▲同玉△9七銀と駒を渡す寄せは、▲3四金以下詰みがあって成立しない。秒読みの中、とっさの判断で自玉の安全を図りつつ寄せを狙ったが、△3四角は敗因になりかねない手だった。

【第9図は△3四角まで】

△佐藤　角金三銀桂歩

9	8	7	6	5	4	3	2	1	
と							△桂	△香	一
						と	△銀		二
と		△歩	歩	△歩			△歩		三
	銀				△歩	△角	△王	△歩	四
						△歩	桂		五
香		歩				歩		歩	六
	歩	桂	飛	歩		銀			七
	玉								八
								香	九

▲羽生　飛金香歩二

代えて、①△8九金▲同玉（▲9七玉は△8五歩▲同桂△7四桂で寄り）としてから△3四角と打てば詰めろ。以下▲4五歩に△8六桂▲同歩△8七銀（A図）と寄せれば後手が勝ちだった。また、②△5五桂と打つ手も△7九角以下の詰めろになっているので有力だった。

Y▲4五歩＝なんと、後手はたくさん駒を持っているが先手玉は広いため、△3四角が詰めろになっていなかった。なので、▲4六金と詰めろをかけて先手勝ちだった。相手の技術を信用していればこそ起こりうる逆転劇だ。

Z△9九銀＝「玉は下段に落とせ」で鋭い手。▲同玉は△9七金で寄り。

a△7四桂＝玉の脱出を封じて勝負あり。

【A図は△8七銀まで】

△後手　角金金歩

9	8	7	6	5	4	3	2	1	
と							△桂	△香	一
						と	△銀		二
と		△歩	歩	△歩			△歩		三
	銀				△歩	△角	△王	△歩	四
					歩	△歩	桂		五
香	歩	歩				歩		歩	六
	△銀	桂	飛	歩		銀			七
									八
	玉							香	九

▲先手　飛金金桂香歩

b△8八同銀不成（投了図）＝以下は▲同玉△8九金▲同玉△6七角成から詰みがある。佐藤が迫力ある終盤戦を制して1勝返した。

佐藤は七番勝負こそ2勝4敗で竜王を失冠したが、本局について「初めてのカド番をしのいだ原点となった一局」「ここで勝てたことが3年後の名人獲得につながった」と述懐している。

ちなみに、羽生も初防衛戦で3連敗した後に迎えた、第3期竜王戦七番勝負第4局の対谷川浩司王位戦を「原点の一局」としている。

初のカド番で勝った対局を「原点」とするところが共通する。大きなものを失いそうな厳しい状況で、自分自身や将棋と向き合い乗り越えたことが、あとの飛躍につながったのだろう。

【投了図は△8八同銀不成まで】

△佐藤　金四歩二

9	8	7	6	5	4	3	2	1	
と							△桂	△香	一
						と	△銀		二
と		△歩	歩	△歩			△歩		三
	銀	△桂			△歩		△王	△歩	四
					△角	△歩	桂		五
香		歩				歩	銀	歩	六
玉	歩	桂	飛	歩					七
	△銀								八
								香	九

▲羽生　飛角香歩

第15局

第54期順位戦B級1組7回戦（毎日新聞）

【持ち時間】各6時間

1995年10月13日　終了14日0時47分　東京都渋谷区「将棋会館」

記録係　中座真三段

八段 ▲中村　修
前竜王 △佐藤　康光

厚みで制する

ひねり飛車

第53期B級2組順位戦でB級1組に昇級した佐藤。そのB級1組では、本局まで6連勝と連勝街道を邁進した。最終戦は敗れたが、11勝1敗と抜群の成績でA級昇級を果たす。ライバルの羽生、森内、村山を追いかけた。

▲2六歩2　△8四歩1　▲2五歩
△8五歩　▲7八金　△3二金
▲2四歩　△同　歩　▲同　飛
△2三歩　▲2六飛　△7二銀1
▲1六歩　△1四歩1　▲3八銀
△6四歩2　▲7六歩1　△8六歩
▲同　歩　△同　飛　▲9六歩
△8二飛10　▲7五歩3　△4一玉
A▲7七桂1　△4二銀2　▲4八玉
△9四歩　▲8五歩1　△6三銀
▲7六飛　△3四歩2　▲6八銀1
△3一玉1　▲5六歩4　△4四歩5
▲5七銀17　B△4五歩27　▲6六歩28
△7二金24　▲9七角25　△3三角2

▲6八金10　△2二玉31　▲3九玉5
△5四銀19　▲5八金寄20　△6三金11
▲8六飛5　△8三歩49　▲2八玉39
△7四歩10　▲同　歩4　△同　金
▲7六飛　△7二飛　▲7五歩4
△7三金　C▲4六歩1　（第1図）
△同　歩2　▲同　銀　△6三金1
▲8四歩48　△同　歩　▲6五歩
△同　歩33　▲5五歩6　△同　銀8
▲4五銀1　△4三銀2　▲8二歩1
D△9三桂4　▲8一歩成3　△8五桂11
▲同　桂7　△同　歩　▲2六桂12
E△4六桂59　（第2図）　▲3四銀23
△4四角3　▲4三銀成10　△同　金
▲3四銀　△3二銀17　▲4三銀成2
△同　銀　▲3六金30　F△6六歩2
▲4五歩1　△3三角2　▲4八金寄2
△3八桂成2　▲同金上　△3五歩2
▲同　金1　△4六銀打　G▲3四金10
H△同　銀2　▲同　桂　△3二玉

I▲7四歩3　J△4七歩2　▲同金直8
△同銀成4　▲同　金　K△3五金
▲7三歩成9　△3四金　▲6三と
L△2七金5　（第3図）　▲同　玉
△3五桂　▲1七玉3　△7六飛
▲4三銀6　△2二玉　M▲3六銀2
N△2五金　▲3五銀　△同　金
▲2七歩　△7八飛成　▲4八桂
△3八飛　▲2八金　△4八竜
▲同　金　O△2五桂　（投了図）

まで128手で佐藤の勝ち

（消費時間＝▲5時間59分、△5時間59分）

【解説】

A▲7七桂＝佐藤とともにB級1組に昇級し

【第1図は▲4六歩まで】

△佐藤　歩

9	8	7	6	5	4	3	2	1	
v香	v桂						v桂	v香	一
		v飛			v銀	v金	v王		二
	v歩	v金		v歩		v角	v歩		三
v歩			v歩	v銀		v歩		v歩	四
	歩	歩			v歩				五
歩		飛	歩	歩	**歩**			歩	六
角		桂		銀		歩			七
				金		銀	玉		八
香					金		桂	香	九

▲中村　歩

た中村は、ひねり飛車を採用。２七歩を手持ちにした振り飛車なので、攻め筋が豊富な戦法だ。当時はタイトル戦でもよく指されていた。特に森雞二九段がひねり飛車を駆使して第43期王座戦で挑戦者になり（佐藤は準決勝で森九段に敗戦）、B級1組順位戦でも好成績を挙げていた。

B☖４五歩＝よくある陣形だが、サッと4筋の位を取るのは鋭敏な序盤センス。

C☗４六歩（第１図）＝先手は美しい陣形が完成。４筋の位に反発しながら動きだす。

D☖９三桂＝☖８二同飛と穏やかに対応する手もあるが、駒が前に出る棋風が表れている。

E☖４六桂（第２図）＝互いに好所に桂を打ち合う。激しい終盤に入った。

【第２図は☖４六桂まで】

☗中村　歩

9	8	7	6	5	4	3	2	1	
v香	と						v桂	v香	一
		v飛				v金	v王		二
			v金	v歩	v銀	v角	v歩		三
v歩						v歩		v歩	四
	v歩	歩	v歩	v銀	銀				五
歩		飛			v桂		桂	歩	六
角						歩			七
				金		銀	玉		八
香					金		桂	香	九

☖佐藤　歩五

F☖６六歩＝飛車を押さえて筋の良い手。

G☗３四金＝☗４七桂と打って、厚みを保つほうが良かった。

H☖３四同銀＝☖４七歩と攻め合い、☗同金直☖同銀成☗同金☖４六歩☗４八金に☖３四銀☗同桂☖１二玉で後手の一手勝ちだった。

I☗７四歩＝飛車角を同時に働かせて、自然な手に見えたが緩手。ここは☗４四歩☖同銀☗４七歩と４七を埋めて固めるのが最優先だった。

J☖４七歩＝急所に手がついた。実質0手で守備の要の金をはがせる効果は大きい。４七周辺が攻防の要所だった。

K☖３五金＝玉頭の厚みで勝負する好判断。３四桂を外せるのも価値が高い。

【第３図は☖２七金まで】

☗中村　金銀銀桂歩三

9	8	7	6	5	4	3	2	1	
v香	と						v桂	v香	一
		v飛				v王			二
			と	v歩		v角	v歩		三
v歩						v金		v歩	四
	v歩			v銀	歩				五
歩		飛	v歩					歩	六
角					金	歩	v金		七
							玉		八
香							桂	香	九

☖佐藤　銀桂歩三

L☖２七金（第３図）＝「終盤は駒の損得よりも速度」を地で行く好手。金を犠牲に先手で☖３五桂を利かして、後手優勢がはっきりした。☖２七金から☖３五桂とせず、単に☖７六飛は☗４三銀から上部を厚くされて後手大変だ。

M☗３六銀＝☖３五桂が利いているため、☗３四銀成は☖２七飛☗１八玉☖７八飛成以下詰みがあった。先手は上部を厚くできない。

N☖２五金＝３五に打った金が攻防に大活躍。後手玉は王手をされても、１三に逃げ込んだ形がしっかりしている。☖２五金に☗同銀は、やはり☖２七飛☗１八玉☖７八飛成で詰み筋。

O☖２五桂（投了図）＝以下は☗１八玉に☖１七銀☗同桂☖同桂成☗同玉☖２五桂から詰み。

【投了図は☖２五桂まで】

☗中村　飛金桂歩二

9	8	7	6	5	4	3	2	1	
v香	と						v桂	v香	一
							v王		二
			と	v歩	銀	v角	v歩		三
v歩								v歩	四
	v歩			v銀	歩	v金	v桂		五
歩			v歩					歩	六
角						歩	歩	玉	七
					金	v飛	金		八
香							桂	香	九

☖佐藤　銀銀歩三

第16局

第8期竜王戦七番勝負第3局（読売新聞）

【持ち時間】各8時間

1995年11月7、8日　終了8日19時8分　島根県出雲市「出雲大社勅使館」　記録係　野月浩貴三段

前竜王 ▲佐藤　康光
竜王 △羽生　善治

藤井システムに影響を与えた一局

後手四間飛車対居飛車穴熊

竜王戦七番勝負は3年連続で佐藤と羽生の争いとなった。第8期竜王戦七番勝負は先手側が勝つシーソーゲーム。だが、第5局で敗れたのが響いて佐藤は2勝4敗で敗退。羽生は六冠すべて防衛し、七冠王に進んでいく。

▲7六歩　△3四歩2　▲2六歩7
△4四歩3　▲2五歩5　△3三角1
▲4八銀1　A△**4二飛**5　▲6八玉
△6二玉　▲7八玉　△7二銀
▲5六歩　△7一玉1　▲7七角21
△9四歩78　▲5七銀27　△9五歩13
▲8八玉3　△6四歩28　B▲**9八香**14
△5二金左68　▲9九玉2　C△**9三桂**15
（**第1図**）　D▲**8八銀**102　△8五桂18
▲8六角　E△**6五歩**11　▲5八金右15
△4五歩18　▲6八金寄2　△4四飛64
▲7九金24　△3五歩5　▲7八金寄4
F△**3四飛**8　▲2六飛5　△4二銀26
▲6八銀16　G△**6六歩**54　▲同　歩27

△同　角　▲7五角　△3三角3
▲5五歩6　△同　角4　▲6六角4
△同　角2　H▲**同　飛**　△9六歩6
▲同　歩1　△9七歩1　I▲**同　桂**12
△同桂成　▲同　香1　△8五桂
J▲**7七桂**52　（**第2図**）　△9七桂成2
▲同　銀　△3三角20　▲5五歩5
△6二香2　▲6五歩3　△3六歩
K▲**6四桂**15　△同　香1　▲同　歩
△5五角　▲6五飛5　△6四角
▲同　飛26　△同　飛　▲6五香
L△**同　飛**4　▲同　桂　△8五桂
▲8八金寄8　△6三香3　M▲**7五飛**14
△6五香3　▲同　飛　△9七桂成
▲同　金　△6四歩　▲同　飛22
△8五桂1　N▲**8六金**　O△**6三歩**3
▲6七飛3　P△**8四歩**2　▲5五角5
Q△**2八飛**　（**第3図**）　R▲**7四桂**3
△同　歩　▲9一角成　S△**9七銀**1
▲9三角3　△6二玉　T▲**8四角成**

△7三桂　▲8五金1　△2九飛成
▲9八香1　△5六桂　▲6九歩
△6八桂成1　▲同　飛　△9八銀成1
▲同　玉　△8三香　▲7三馬引1
△同　銀　U▲**8三馬**　△7二銀
▲9四馬1　△1九竜　▲6五桂1
△9一香　▲7三桂成2　△同　銀
▲8三馬1　△7二金　▲4四桂1
△8三金　▲5二桂成　△同　玉
▲4四桂　△6二玉　▲6一銀
（**投了図**）　まで129手で佐藤の勝ち
（消費時間＝▲7時間52分、△7時間58分）

【解説】

A△**4二飛**＝二人の対戦で初の四間飛車に。

【第1図は△9三桂まで】

△羽生　なし

9	8	7	6	5	4	3	2	1	
v香		v王	v金			v銀	v桂	v香	一
		v銀		v金	v飛				二
v桂	v歩	v歩		v歩		v角	v歩	v歩	三
			v歩		v歩	v歩			四
v歩							歩		五
		歩		歩					六
歩	歩	角	歩	銀	歩	歩		歩	七
香							飛		八
玉	桂	銀	金		金		桂	香	九

▲佐藤　なし

七番勝負前「振り飛車に興味がある」と羽生。

B▲9八香＝このころ佐藤の振り飛車対策は左美濃から穴熊に移った。

C△9三桂（第1図）＝盤上に波紋を呼ぶ端桂。大舞台では初めて指された。藤井猛九段が藤井システムを考案する上で参考にした将棋だ。

D▲8八銀＝▲9五角は△8五桂▲8六角△4五歩▲8八銀△9七桂成▲同香△9六歩▲同香△同香▲9七歩に△8四香や△9七同香成▲同角△9一香で難解だが、先手好ましくない。

E△6五歩＝△4五歩は▲6四角△9七桂成▲同角△9六歩▲7五角△9七歩成▲同香△同香成▲同桂△9六歩▲9八歩で先手良し。

F△3四飛＝△7四飛の揺さぶりもあった。

【第2図は▲7七桂まで】

△羽生 角歩

9	8	7	6	5	4	3	2	1	
香		王	金				桂	香	一
		銀		金	銀				二
	歩	歩		歩			歩	歩	三
						飛			四
	桂				歩	歩	歩		五
歩		歩	飛						六
香	歩	桂			歩	歩		歩	七
	銀	金	銀						八
玉		金					桂	香	九

▲佐藤 角歩三

G△6六歩＝△3六歩も有力。①▲3六同歩△4四角▲2八飛△3六飛は後手良し。②▲3六同飛△同飛▲同歩△3九飛▲4一飛で難解。

H▲6六同飛＝軽快な手筋で自陣をほぐす。ただ、王手飛車の筋が生じたので注意は必要。

I▲9七同桂＝▲9七同香は△同桂成▲同桂△9八歩▲同玉△9六香が嫌み。

J▲7七桂（第2図）＝「筋がいい手ではない」と佐藤。▲7七銀右が本筋だったようだ。

K▲6四桂＝「▲4一角△3七歩成▲6四桂が勝った」と佐藤。

L△6五同飛＝駒損だが△8五桂に期待。

M▲7五飛＝先手を取る受け。▲6六歩では△6五香▲同歩△9七桂成から攻めが続く。

【第3図は△2八飛まで】

△羽生 銀歩

9	8	7	6	5	4	3	2	1	
香		王	金				桂	香	一
		銀		金	銀				二
		歩	歩	歩			歩	歩	三
	歩								四
	桂			角	歩		歩		五
歩	金	歩				歩			六
	歩		飛		歩	歩		歩	七
			銀				飛		八
玉		金					桂	香	九

▲佐藤 角桂香歩二

N▲8六金＝受けの勝負手。きわどいしのぎ。

O△6三歩＝手堅いが、△9七桂成▲9八香△同成桂▲同玉△6二香で後手が指せた。

P△8四歩＝△9七桂成▲9八香△同成桂▲同玉△8四香で後手が指せた。以下▲7五金なら△5六銀で①▲6六飛は△5七銀不成▲同銀△7七飛、②▲7七飛は△3七歩成～△9七歩。

Q△2八飛（第3図）＝△3九飛のほうが△9七桂成や△7八銀に迫力があった。

R▲7四桂＝9一香を外して、攻撃力を削る。

S△9七銀＝△6二金上ならまだ難しい。

T▲8四角成＝馬が手厚く先手勝勢になった。

U▲8三馬＝自陣を安全にし、▲6五桂から▲4四桂で寄せた。**投了図**は後手受けなしだ。

【投了図は▲6一銀まで】

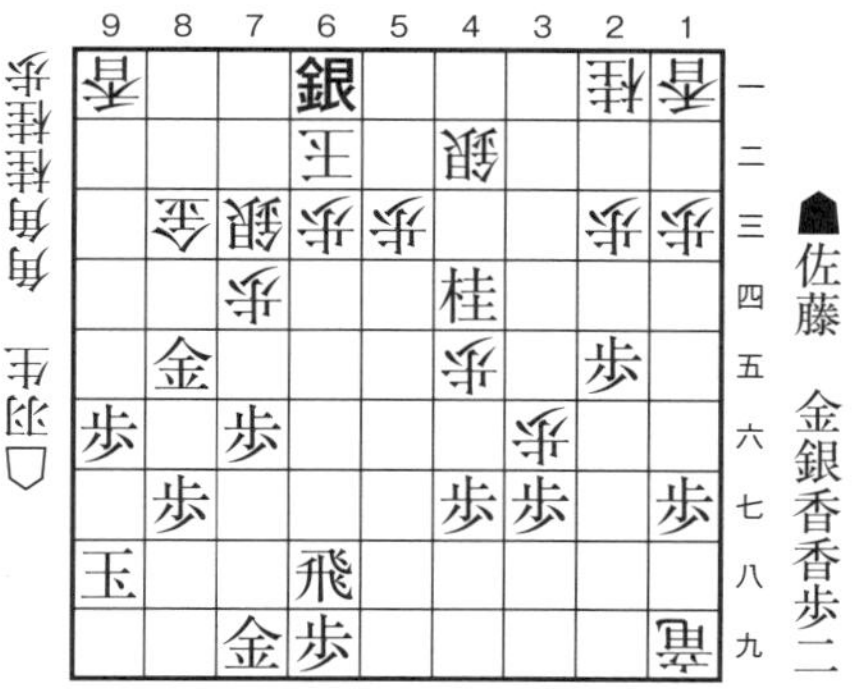

△羽生 角角桂桂歩

9	8	7	6	5	4	3	2	1	
香			銀				桂	香	一
			王		銀				二
	金	銀	歩	歩			歩	歩	三
		歩			桂				四
	金				歩		歩		五
歩		歩				歩			六
	歩				歩	歩		歩	七
玉			飛						八
		金	歩					竜	九

▲佐藤 金銀香香歩二

第17局

第9期竜王戦決勝トーナメント（読売新聞）

【持ち時間】各5時間

1996年8月5日　終了22時35分　東京都渋谷区「将棋会館」　記録係　飯島栄治初段

八段 ▲佐藤　康光
六段 △日浦　市郎

四間飛車破りの模範局

後手四間飛車対居飛車穴熊

7月30日に三浦弘行五段が第67期棋聖戦で羽生善治棋聖を破り、七冠の一角を崩した。あとに続くべく佐藤は竜王戦を勝ち進むが、挑戦者決定三番勝負で谷川浩司九段に敗退。羽生竜王との4期連続七番勝負はならなかった。

▲7六歩　△3四歩　▲2六歩
△4四歩　▲2五歩　△3三角
▲4八銀　A△**4二飛**　▲6八玉
△6二玉　▲7八玉　△7二銀
▲5六歩　△7一玉　▲7七角3
△5二金左1　▲5八金右1　△3二銀2
▲5七銀3　△6四歩1　▲8八玉2
△7四歩6　▲9八香1　△7三桂10
▲6六歩4　B△**4三銀**2　▲9九玉1
△4五歩　▲8八銀3　△4四銀
▲3六歩3　△6三金　▲7九金
△8二玉1　▲6七金13　△9四歩10
C▲**5九角**25　△9五歩26　▲2六角8
△1四歩11　▲1六歩2　D△**8四歩**9

（第1図）　▲4八飛9　E△**4一飛**38
F▲**4六歩**47　△同　歩　▲同　銀
△4五歩　▲5七銀　△2二角12
G▲**6八金引**2　△5四歩4　H▲**3七桂**6
△3三桂23　I▲**4九飛**9　△5五歩2
▲4六歩19　△同　歩14　▲同　銀
J△**5六歩**　K▲**4五歩**3　△5三銀
▲5九飛　△9六歩18　▲同　歩
△9七歩　▲同　香3　△8五桂
L▲**5六飛**　△5四歩　▲5五歩12
M△**同　歩**36　▲同　銀　△5四歩1
N▲**5三角成**2　（第2図）　△5五歩2
▲同　飛1　△2五桂　▲6三馬21
△同　銀　▲5三飛成2　△6二銀1
▲5四歩4　△6六角7　▲7七銀打6
△同桂成3　▲同　銀11　△同角成11
▲同　桂2　△3七桂成　▲2三竜18
△9五歩16　O▲**9四桂**12　（第3図）
△同　香1　▲9五歩　△8六桂4
▲同　歩1　△9六歩1　▲同　香34
△9七銀1　▲8七角　△9五香4
▲同　香　△9六桂4　▲8九香
△9八歩2　▲同　角　△4五飛
▲8七金　△9八銀成5　▲同　玉
△9五飛　P▲**9七歩**　△5五飛
▲5三歩成　△同　飛　Q▲**9三銀**5
△同　玉　▲5三竜　△同　銀
R▲**7三飛**　△8二玉　▲6三飛成
△6二金　▲7三銀　△同　金
▲5三竜　△4九飛　S▲**7一銀**

（投了図）　まで129手で佐藤の勝ち

（消費時間＝▲4時間58分、△4時間49分）

【解説】

A△**4二飛**＝居飛車党の日浦だが、大一番に

【第1図は△8四歩まで】

△日浦　なし

	9	8	7	6	5	4	3	2	1
一	v香			v金				v桂	v香
二		v王	v銀			v飛			
三			v桂	v金	v歩		v角	v歩	
四		v歩	v歩	v歩		v銀	v歩		v歩
五	v歩					v歩		歩	
六			歩	歩	歩		歩	角	歩
七	歩	歩		金	銀	歩			
八	香	銀						飛	
九	玉	桂	金					桂	香

▲佐藤　なし

四間飛車を採用。佐藤は居飛車穴熊で対抗した。

B△4三銀＝△4五歩から△3五歩として石田流を目指すのは、△7四歩との相性が悪い。

C▲5九角＝角の転換を図る。このあと▲2六角から▲3七桂となれば、攻撃のめどが立つ。

D△8四歩（第1図）＝△5四歩からの攻勢は角が直射して危険。一例は▲4八飛△5五歩▲同歩△同銀▲5六歩△4四銀に▲4六歩△同歩▲同銀△4五歩▲4三歩△同飛▲4五銀△同銀▲4四歩△同角▲4五飛で先手良し。△8四歩の次手**E△4一飛**は攻めの当たりを避けた。

F▲4六歩＝▲3七桂は△3五歩▲同歩△2二角で△3一飛を狙われて危険。以下▲3四歩△1三角▲1五歩△3五銀となると後手良し。

【第２図は▲５三角成まで】

△日浦 なし

9	8	7	6	5	4	3	2	1	
香			金		飛			香	一
	玉	銀					角		二
			金	馬		桂	歩		三
	歩	歩	歩	歩		歩		歩	四
	桂			銀	歩		歩		五
歩		歩	歩	飛		歩		歩	六
香	歩					桂			七
	銀		金						八
玉	桂	金						香	九

▲佐藤 銀歩三

G▲6八金引＝自陣が一気に引き締まった。

H▲3七桂＝全軍が配置について、▲4六歩からの4筋逆襲が楽しみ。ここで△3五歩▲同歩△1三角は、4筋歩交換の効果で▲1七角△3五銀▲4五飛とさばける。先手作戦勝ち。

I▲4九飛＝間合いを計る。△8三銀なら隙ができた瞬間に、▲4六歩△同歩▲同銀△4五歩▲同桂△同桂▲同銀△同銀▲5三桂と強襲して先手良し。後手に有効手がないのを見越し、△5五歩のタイミングで▲4六歩を決行する。

J△5六歩＝△4五歩は▲5五銀とされる。

K▲4五歩＝▲5五銀は△5七歩成▲同金△4五桂がある。以下**L▲5六飛**まで先手好調。

M△5五同歩＝△9七桂成▲同銀△9二香打は、▲8八玉△9六香▲同銀△同香▲9七歩と応じられて手にならない。

【第３図は▲９四桂まで】

△日浦 角銀銀桂歩

9	8	7	6	5	4	3	2	1	
香			金		飛			香	一
	玉		銀						二
			銀				竜		三
桂	歩	歩	歩	歩		歩		歩	四
歩					歩				五
歩		歩				歩		歩	六
香	歩	桂				成桂			七
			金						八
玉		金						香	九

▲佐藤 角金歩四

N▲5三角成（第2図）＝優勢なときは、わかりやすく攻める。△同金なら▲5四銀でいい。

O▲9四桂（第3図）＝好手。後手に逆転の要素があるなら端攻めだが、佐藤は強く切り返す。△9四同香と近づけ▲9五歩で催促する。

P▲9七歩＝△8六桂から日浦は勝負手で迫るが、佐藤は猛追を振り切った。

Q▲9三銀＝銀の捨て駒から**R▲7三飛**で内部から後手陣を破る。一気に寄せ形を築いた。

S▲7一銀（投了図）＝手筋で決めた。△同玉は▲7三竜以下詰み。△9一玉は▲7三竜で必至。居飛車穴熊対四間飛車の模範的な一局だ。

【投了図は▲７一銀まで】

△日浦 角角銀三香歩二

9	8	7	6	5	4	3	2	1	
		銀						香	一
	玉								二
		金		竜					三
	歩	歩	歩			歩		歩	四
									五
桂	歩	歩				歩		歩	六
歩	金	桂				成桂			七
玉			金						八
	香	金			飛			香	九

▲佐藤 桂歩六

第18局

第38期王位戦七番勝負第2局（新聞三社連合）

【持ち時間】各8時間

1997年7月23、24日　終了24日18時36分　愛知県犬山市「名鉄犬山ホテル」　記録係　山本真也三段

王位 ▲羽生　善治
八段 △佐藤　康光

横歩取りの快勝譜

横歩取り3三角型

1996年度のタイトル挑戦がなかった佐藤だが、97年度は王位戦と王将戦の七番勝負に登場した。このころ、2手目△3四歩から横歩を取らせる将棋も指すようになり、2手目△8四歩派だった佐藤の戦術に変化が出た。

▲7六歩　△3四歩11　▲2六歩1
△8四歩　▲2五歩2　△8五歩
▲7八金1　△3二金　▲2四歩3
△同　歩　▲同　飛　△8六歩2
▲同　歩1　△同　飛　▲3四飛1
△3三角3　▲3六飛20　△8四飛8
▲2六飛1　△2二銀　▲8七歩
A△5二玉3　▲5八玉15　△1四歩11
▲1六歩33　B△8八角成14　▲同　銀1
△3三桂　▲3八金74　△2五歩8
C▲5六飛1　△6二銀60　D▲2七歩22
E△7二金11　▲4八銀17　△7四歩9
F▲3六歩41　△7三桂117　▲7七銀87
△2二銀7　▲3七桂13　△9四歩21

▲9六歩11　G△8五飛23　（第1図）
▲7五歩26　H△8四飛15　I▲7六飛15
J△8三金17　（第2図）　▲5六角46
K△5四角17　▲7四歩6　△6五桂6
▲8六飛5　△8五歩9　▲2三角成1
△同　金25　▲5六飛　△7七桂成2
▲同　桂　△7四金1　▲6六桂5
L△6五角5　▲4六飛4　△5五銀7
▲6五桂2　△4六銀　▲7四桂
△同　飛2　▲7七歩　△8九飛30
▲7九金打　△9九飛成1　▲4六歩1
M△7七飛成6　（第3図）　▲同　金1
△7九竜　▲5九銀打　△6八金19
▲4九玉　N△5六桂　▲同　歩2
△5七角　▲5八飛2　△同　金2
▲同　玉　△4八角成2　▲同　金10
O△5七香　▲同　玉　△5九竜
▲5八金打　△6八銀　▲6六玉1
△7七銀不成3　▲同　玉　△7九竜1
▲6六玉　△6八銀1　▲同　金3

P△同　竜　▲6四桂3　△同　歩
▲7四角　△4二玉　▲5一銀1
△同　玉　▲5二銀　△4二玉
▲4三銀成　△同　玉　（投了図）

まで110手で佐藤の勝ち

（消費時間＝▲7時間59分、△7時間59分）

【解説】

A△5二玉＝横歩取り△3三角型。佐藤は自著で、研究仲間の室岡克彦七段の影響で用いていた旨を記している。当時は先手矢倉の勝率が高く、後手では横歩取りや振り飛車を用いる居飛車党の棋士が出てきた時期でもあった。

本局の約1ヵ月後のC級2組順位戦▲松本佳介四段―△中座真四段戦で、中座四段が△8五

【第1図は△8五飛まで】

△佐藤　角歩

9	8	7	6	5	4	3	2	1	
v香								v香	一
		v金	v銀	v王		v金			二
		v桂	v歩	v歩	v歩	v桂	v銀		三
v歩		v歩						v歩	四
	v飛						v歩		五
歩		歩		飛		歩		歩	六
	歩	銀	歩	歩	歩	桂	歩		七
		金		玉	銀	金			八
香	桂							香	九

▲羽生　角歩

飛と引く中座飛車を発表。棋界で流行していく。
　2018年現在、飛車は8五と8四、玉は4一と5二の計4通りの組み合わせがある。変遷があり、現在も本局のような8四飛・5二玉型が主流だが、指し方や考え方は当時と異なる。

B☖8八角成＝現在は少ない手法だが有力。

C☗5六飛＝☗2八飛では☖2四飛☗2七歩となり、飛車の使い勝手が悪い。☗5六飛は☗7五角の狙い。☗6六飛とかわす指し方も有力。

D☗2七歩＝先手が放っておくと、☖1五歩☗同歩☖1八歩☗同香☖4五角☗1六飛☖2六歩の攻めがあった。成否微妙だが慎重に先受け。

E☖7二金＝両者中住まいから金開きに。堅くはないが、バランスに優れた陣形だ。

【第２図は☖８三金まで】

☖佐藤　角歩

9	8	7	6	5	4	3	2	1	
v香								v香	一
			v銀	v王		v金			二
	v金	v桂	v歩	v歩	v歩	v桂	v銀		三
v歩	v飛	v歩						v歩	四
		歩					v歩		五
歩		飛				歩		歩	六
	歩	銀	歩	歩	歩	桂	歩		七
		金		玉	銀	金			八
香	桂							香	九

☗羽生　角歩

F☗3六歩＝右桂の活用。先の☗2七歩はこの歩を突くための準備でもあった。

G☖8五飛（第1図）＝形を崩さずに待つ。意外にも先手の有効手が難しい。飛車が歩の上にいるので攻めの組み立て方がないのだ。

H☖8四飛＝仕掛けられたのではなく、先手に「仕掛けさせた」格好。巧みな指し方だ。

I☗7六飛＝ここは☗7四歩☖同飛☗8六飛☖8五歩☗7六飛とするのが良かった。

J☖8三金（第2図）＝好手。☖7五歩☗同飛☖7四金☗7六飛☖6五金で飛車を取る狙い。先手の動きをとがめ、後手が指しやすくなった。

K☖5四角＝☗5六角と☖5四角の打ち合いは、飛車を射程に入れている分だけ後手が有利。

【第３図は☖７七飛成まで】

☖佐藤　角桂香歩二

9	8	7	6	5	4	3	2	1	
v香								v香	一
			v銀	v王					二
			v歩	v歩	v歩	v桂	v金		三
v歩								v歩	四
	v歩		桂				v歩		五
歩					歩	歩		歩	六
	歩	v竜	歩	歩		桂	歩		七
		金		玉	銀	金			八
v竜		金						香	九

☗羽生　角銀銀歩

L☖6五角＝羽生の勝負手に佐藤は好手で切り返す。☖6五角は7七桂の利きに入るが、☗同桂なら☖同金から飛車を取って後手良し。

M☖7七飛成（第3図）＝先手に粘る暇を与えず、強手で一気に寄せにかかる。

N☖5六桂＝後手玉は薄いが、詰めろの連続で迫ればいい。次の☖5七角は☖4八角成☗同金☖5九竜以下の詰めろ。4八銀が急所の駒。

O☖5七香＝迫力ある攻めに、さすがの羽生も粘れない。☗5七同金は☖3九飛が厳しい。

P☖6八同竜に羽生は王手を続けたが、後手玉は詰まない。佐藤は七番勝負を1勝4敗で敗れたが、本局は快勝譜だ。佐藤も「横歩取りの感覚が研ぎ澄まされた将棋」と記している。

【投了図は☖４三同玉まで】

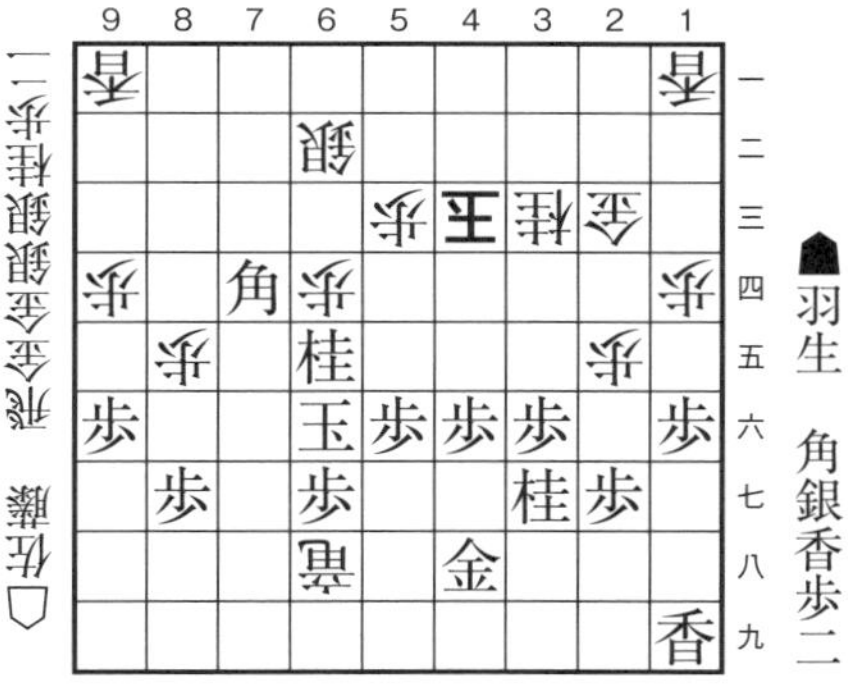

☖佐藤　飛金金銀銀桂歩二

9	8	7	6	5	4	3	2	1	
v香								v香	一
			v銀						二
				v歩	v王	v桂	v金		三
v歩		角	v歩					v歩	四
	v歩		桂				v歩		五
歩			玉	歩	歩	歩		歩	六
	歩		歩			桂	歩		七
			v竜		金				八
								香	九

☗羽生　角銀香歩二

第19局

相穴熊の定跡となる一局

後手四間飛車穴熊対居飛車穴熊

第47期王将戦二次予選（スポーツニッポン・毎日新聞）

【持ち時間】各3時間

1997年8月10日　終了17時56分　東京都渋谷区「将棋会館」

記録係　武次洋一2級

八段 ☗佐藤　康光

六段 ☖藤井　猛

1997年度の佐藤は王位戦に加え、王将戦も挑戦者になった。本局は二次予選。七番勝負は羽生善治王将に王位戦と同じ1勝4敗で敗退。第5局は羽生が長手数の詰みで勝ち。佐藤にとっては内容も厳しいものがあった。

☗7六歩1　☖3四歩2　☗2六歩
☖4四歩　☗4八銀　☖4二飛3
☗6八玉　☖6二玉1　☗7八玉
☖7二玉　☗5六歩　☖3二銀
☗7七角2　☖4三銀　☗5七銀
☖8二玉　☗8八玉　A☖**9二香**8
☗5八金右16　☖9一玉　☗9八香19
B☖**5四銀**　C☗**6六歩**　☖6四歩
☗9九玉　☖8二銀　☗8八銀
D☖**6二飛**　☗2五歩　☖3三角
☗7九金　E☖**5二金左**　☗6八金寄4
☖7一金4　☗7八金寄　F☖**1四歩**3
G☗**5五歩**53　（第1図）　H☖**同　銀**
☗3六歩1　I☖**4五歩**75　☗2四歩5
J☖**同　角**　K☗**同　飛**　☖同　歩
☗2二角　☖4六歩1　☗同　歩1
☖2七飛　L☗**6八銀**5　☖4六銀1
☗1一角成　☖2九飛成1　☗2一馬
☖1九竜　M☗**5四歩**2　☖7四香8
☗8六香19　☖9四桂9　☗8五香1
☖7六香9　N☗**5三歩成**7　☖7七香成
☗同銀右　☖5三金　☗7五桂1
O☖**5六角**10　（第2図）　P☗**9六歩**3
☖7二金8　☗9五歩22　☖7四歩
☗5四香1　☖6三金寄3　☗同桂成
☖同　飛　☗5二香成　☖4三歩6
Q☗**5四歩**8　R☖**7五歩**2　（第3図）
☗5三歩成　☖7三飛　☗6二成香
☖7六歩21　☗7二成香1　☖同　飛
☗6三と1　☖7七歩成1　☗7二と2
☖7八と　☗8二と2　☖同　玉
☗5二飛　☖7二金　S☗**5六飛成**
☖7九と3　☗8三香成1　T☖**同　玉**
☗7四銀1　☖同　玉　☗7五歩
☖8三玉　☗7四角　☖8二玉
☗8三金　☖同　金　☗同角成
☖同　玉　☗5三竜　☖7三歩
☗7四金　☖8二玉　☗6二竜

（投了図）　まで111手で佐藤の勝ち

（消費時間＝☗2時間59分、☖2時間59分）

【解説】

A☖**9二香**＝藤井は四間飛車から穴熊を採用。藤井といえば藤井システムがあまりにも有名だが、穴熊の研究も怠りなし。振り飛車穴熊は奨励会時代の得意戦法だ。

B☖**5四銀**＝牽制球を投げる。☖6五銀を見せて、角筋を止めさせる。

C☗**6六歩**＝☗6六銀も一局。

【第1図は☗5五歩まで】

☖藤井　なし

9	8	7	6	5	4	3	2	1	
v王	v桂	v金					v桂	v香	一
v香	v銀		v飛	v金					二
v歩	v歩	v歩		v歩		v角	v歩		三
			v歩	v銀	v歩	v歩		v歩	四
				歩			歩		五
		歩	歩						六
歩	歩	角		銀	歩	歩		歩	七
香	銀	金					飛		八
玉	桂	金					桂	香	九

☗佐藤　なし

D△6二飛＝積極的な指し方。△5四銀▲6六歩の交換により、6筋に争点がある。

E△5二金左＝△5一金左～△7一金～△6一金左の組み方もある。

F△1四歩＝ほかに△1二香、△6五歩、△6一飛など手が広い局面。ただ、藤井は△1二香をあまり好まないようだ。

G▲5五歩（第1図）＝F△1四歩を緩手にしようとする強い決意の表れ。△1四歩に▲3六歩△4五歩▲2四歩△同歩▲5五歩△同角▲2四飛△6一飛と進んだ将棋もある（1996年8月王将戦▲島朗八段―△藤井猛六段戦）。

H△5五同銀＝気合からいっても取りたい。

I△4五歩＝先手は▲3五歩△同歩▲3八飛を狙っている。△2二角だと▲2四歩△1三角▲4六銀△同銀▲2三歩成で技ありとなる。

J△2四同角＝△2四同歩は▲3七桂が好調子。突き捨てが利いて△1五角と出る筋がない。

K▲2四同飛＝思い切った飛車角交換。先手玉のほうが堅いので成立する。G▲5五歩からK▲2四同飛の指し方は、後に定跡となった。

L▲6八銀＝▲5五角成△5七飛成の取り合いは、負担になっている後手の銀をさばかせる。

M▲5四歩＝馬の活用を図る。

N▲5三歩成＝「単に▲7五桂が良かった」と佐藤の感想がある。以下、本譜と同様に進めば、O△5六角（第2図）に▲5八香が利く。ただ、本譜も先に守り駒をはがして先手がいい。

P▲9六歩＝▲5四香と打ち、△6三金に▲4三馬△5七銀成▲5三香成で先手優勢だった。

Q▲5四歩＝「▲9四歩が勝った」と佐藤。

R△7五歩（第3図）＝△5七銀成▲5三歩成△7八角成▲同金△6七金なら、▲7九金打から千日手濃厚。歩切れで▲7九歩と打てない。

S▲5六飛成＝激しい駒の取り合いになったが、先に王手をかけ、際どく先手一手勝ち。

T△8三同玉＝▲8三香成から後手玉は詰み。△8三同金は▲7二金△9一玉▲8一金△同玉▲7二銀△同玉▲5二竜△7三玉▲4三竜△6三香▲同竜△同玉▲7五桂以下、馬が働いて、長手数だが詰む。投了図は△7二香▲8三金打△9一玉▲9二金△同玉▲7二竜以下詰み。


【第2図は△5六角まで】

△藤井　歩五

	9	8	7	6	5	4	3	2	1
一	v王	v桂	v金					馬	
二	v香	v銀		v飛					
三	v歩	v歩	v歩		v金				
四	v桂			v歩			v歩	v歩	v歩
五		香	桂						
六				歩	v角	v銀	歩		
七	歩	歩	銀						歩
八	香	銀	金						
九	玉	桂	金						v香

▲佐藤　香歩

【第3図は△7五歩まで】

△藤井　桂歩四

	9	8	7	6	5	4	3	2	1
一	v王	v桂						馬	
二	v香	v銀	v金		v竜				
三	v歩	v歩		v飛		v歩			
四	v桂			v歩	歩		v歩	v歩	v歩
五	歩	香	v歩						
六				歩	v角	v銀	歩		
七		歩	銀						歩
八	香	銀	金						
九	玉	桂	金						v香

▲佐藤　金

【投了図は▲6二竜まで】

△藤井　角金銀桂香歩四

	9	8	7	6	5	4	3	2	1
一		v桂						馬	
二	v香	v王		竜					
三	v歩		v歩			v歩			
四	v桂		金	v歩			v歩	v歩	v歩
五	歩		歩						
六				歩		v銀	歩		
七		歩							歩
八	香	銀							
九	玉	桂	vと						v香

▲佐藤　金

第**20**局

第16回全日本プロトーナメント（朝日新聞）

【持ち時間】各3時間

1998年1月13日 終了17時38分 大阪市福島区「関西将棋会館」 記録係 山本真也三段

▲八段 佐藤 康光
△八段 村山 聖

村山聖九段との激闘

後手向かい飛車対天守閣美濃

佐藤のライバルというと、羽生、森内の名が挙がるが、二人は1年年下である。同年度生まれの棋士では、故・村山聖九段が佐藤と激しく戦った。本局は二人の最後の対戦。村山はこの年の8月8日に29歳の若さで亡くなった。

▲7六歩1 △3四歩 ▲2六歩
△4四歩 ▲2五歩 △3三角
▲4八銀 △9四歩 ▲5八金右3
A△**2二飛** ▲6八玉 △6二玉
▲7八玉 △7二玉 ▲9六歩5
△4二銀1 ▲5六歩1 △5二金左2
▲5七銀6 △8二玉1 B▲**8六歩**2
△7二銀2 ▲8七玉 △5四歩
▲7八銀 △6四歩 ▲3六歩6
△4三銀5 C▲**4六銀**2 △3二飛16
▲3五歩2 D△**8四歩**32 （第1図）
▲3四歩32 △同 銀1 ▲3八飛
△4五歩20 ▲3三角成 △同 飛
▲5七銀2 △4三銀1 ▲3三飛成3

△同 桂8 ▲3四歩 △同 銀2
▲3一飛 △4三銀 ▲1一飛成1
△3九飛6 E▲**3一角**75 （第2図）
△4六歩19 ▲同 歩2 F△**4二歩**1
▲2二角成1 △4四角10 ▲6六銀1
△2九飛成 ▲3四歩3 △同 銀10

【第1図は△8四歩まで】

	9	8	7	6	5	4	3	2	1	
	v香	v桂		v金				v桂	v香	一
		v王	v銀		v金		v飛			二
			v歩			v銀	v角	v歩	v歩	三
	v歩	v歩		v歩	v歩	v歩	v歩			四
							歩	歩		五
	歩	歩	歩		歩	銀				六
		玉		歩		歩			歩	七
		角	銀		金			飛		八
	香	桂		金				桂	香	九

△村山 なし
▲佐藤 なし

【第2図は▲3一角まで】

	9	8	7	6	5	4	3	2	1	
	v香	v桂		v金			角		竜	一
		v王	v銀		v金					二
			v歩			v銀	v桂	v歩	v歩	三
	v歩	v歩		v歩	v歩					四
						v歩		歩		五
	歩	歩	歩		歩					六
		玉		歩	銀	歩			歩	七
			銀		金					八
	香	桂		金			v飛	桂	香	九

△村山 角歩二
▲佐藤 香

▲3一竜 G△**7四桂**8 ▲3三馬6
△同 角2 ▲同 竜 H△**8六桂**8
I▲**8八香**6 （第3図） △7八桂成16
▲同 玉 △1九竜1 J▲**7五桂**12
△4三銀2 K▲**3一竜**1 △5一香1
▲8四香1 △8三歩 ▲同香成
△同 銀 ▲同桂成 △同 玉
▲8四歩 △同 玉1 ▲7五銀
△9三玉 L▲**5一竜**5 △同金引
▲8五香 M△**8三歩**2 ▲8四歩
△8六桂 ▲8八玉 △4四角
▲9七玉 △8四歩1 ▲同 銀
△8二玉 ▲8三銀成 △7一玉
▲6三銀 △9八桂成 ▲同 香

（投了図）　まで99手で佐藤の勝ち
（消費時間＝▲2時間59分、△2時間59分）

【解説】

A△2二飛＝1998年に入り、村山は端を突いてからの向かい飛車を数局指した。第47回NHK杯決勝対羽生善治四冠戦が知られている。

B▲8六歩＝天守閣美濃を目指す。二人は1981年に第6回小学生名人戦で対戦し、村山の中飛車を佐藤が玉頭位取りで破った。公式戦は本局含め、佐藤6勝、村山4勝。

C▲4六銀＝持久戦志向の▲6六銀から▲7九角では、あらかじめ2筋を守っている向かい飛車が得になっていると見た。佐藤の棋理を重んじる姿勢が序盤の組み立てに表れている。

【第3図は▲8八香まで】

△村山　角歩三

	9	8	7	6	5	4	3	2	1
一	香	桂		金					
二		王	銀		金	歩			
三			歩				竜	歩	歩
四	歩	歩		歩	歩		銀		
五								歩	
六	歩	桂	歩	銀	歩	歩			
七		玉		歩					歩
八		香	銀		金				
九	香	桂		金				竜	香

▲佐藤　角桂

D△8四歩（第1図）＝村山らしく終盤を見据えた手。玉頭攻めに懸ける。普通は△7四歩。

E▲3一角（第2図）＝定跡では、後手陣が7四歩・8三歩型だ。**D△8四歩**は▲3一角から▲6四角成が王手にならないように備えた意味もあるのだが、それでも佐藤は角を打った。

F△4二歩＝後手が佐藤なら、△2五桂▲6六銀（△4四角を受ける）△2九飛成としただろう。△4二歩は実戦的なアプローチ。

G△7四桂＝敵玉に直接迫る。

H△8六桂＝狙っていた切り札を放つ。普通に△6六桂▲同歩は先手玉に響かない。

I▲8八香（第3図）＝▲8六同玉は△8八角▲7七角△6九竜▲同銀△7九角成で先手負け。攻防の香打ちで対抗。佐藤は『将棋世界』での村山の追悼文で「（**H△8六桂―▲8八香**は）なかなか迫力ある応酬と思う」と記した。

【A図は▲8四香まで】

△後手　金銀歩三

	9	8	7	6	5	4	3	2	1
一	香	桂		金					
二		王	銀		金	歩			
三			歩				竜	歩	歩
四	歩	香		歩	歩		銀		
五			桂					歩	
六	歩		歩	銀	歩	歩			
七		玉		歩					歩
八					金				
九	香	桂		竜					

▲先手　角角桂香歩

J▲7五桂＝▲3四竜は△8五香▲同香△8七角▲同玉△6九竜の強襲で先手負け。▲7五桂は△8五香なら、△6九竜のときに▲8四香（**A図**）で後手玉を詰ます意味。△8三歩▲同香成△同銀▲同桂成△同玉▲7五桂△9三玉▲8四角△同玉▲8五歩△9三玉▲7一角以下。

K▲3一竜＝竜の活用。先手有利。

L▲5一竜＝鋭い決め手。

M△8三歩＝△8二香も▲8三歩△同香▲7一角△8二歩▲8四銀打△9二玉▲8三銀成△同歩▲8七香で寄り。**投了図**、先手玉は不詰み。

【投了図は▲9八同香まで】

△村山　飛銀香歩三

	9	8	7	6	5	4	3	2	1
一	香	桂	王	金	金				
二						歩			
三		成銀	歩	銀		銀		歩	歩
四	歩			歩	歩	角			
五		香						歩	
六	歩		歩		歩	歩			
七	玉			歩					歩
八	香				金				
九		桂		金					竜

▲佐藤　角桂桂歩

第21局

第56期順位戦A級9回戦（毎日新聞）

【持ち時間】各6時間

1998年3月2日　終了3日0時58分　東京都渋谷区「将棋会館」

記録係　野口賢大1級

八段 ▲森下　卓
八段 △佐藤　康光

プレーオフ進出を懸けて

相矢倉

第56期A級順位戦の佐藤は、出だし1勝3敗と苦戦。5回戦の高橋道雄九段戦から4連勝で盛り返した。9回戦の時点で首位は羽生善治四冠の6勝2敗。5勝3敗同士の本局は、勝者がプレーオフ進出の可能性があった。

▲7六歩1　△8四歩4　▲6八銀
△3四歩　▲6六歩　△6二銀1
▲5六歩1　△5四歩　▲4八銀
△4二銀1　▲5八金右1　△3二金
▲7八金1　△4一玉　▲6九玉
△7四歩2　▲6七金右4　△5二金5
▲7七銀3　△3三銀1　▲7九角1
△3一角　▲3六歩1　△4四歩1
▲3七銀10　△6四角8　▲6八角6
△4三金右2　▲7九玉　△3一玉1
▲8八玉2　△9四歩7　▲2六歩28
△2二玉50　▲1六歩8　A△**9五歩**2
▲1五歩9　B△**5三銀**14　C▲**4六角**58
D△**6二飛**68　**（第1図）**　E▲**2五歩**45

△7三桂6　F▲**6八角**28　G△**4二銀右**19
▲4六歩2　△5二飛15　▲2六銀8
△8五桂1　▲8六銀　△5五歩
▲同　歩　△同　飛　▲5六歩2
△5一飛　▲3七桂24　△5四金10
▲2四歩22　△同　歩22　▲1四歩6
△同　歩　▲同　香　△同　香67
▲1五歩　H△**7五歩**　▲同　歩30
△9六歩25　▲同　歩　△9七歩
▲1四歩21　△9八香　▲同　香15
△同歩成　▲同　玉　△9六香1
▲8八玉　△9八歩1　▲2三歩6
△同　金1　I▲**2五歩**2　J△**3二玉**4
（第2図）　▲8五銀8　△同　歩1
▲1五銀1　△9九歩成1　▲9五角3
△8九と　▲7七玉　△7六歩5
▲同　金　△7三歩5　▲2四歩1
△同　金4　▲同　銀　△同　銀
K▲**1六桂**　△2三歩2　▲2四桂
△同　歩　▲1三歩成　△同　桂1

L▲**1四歩**1　M△**4六角**　**（第3図）**
▲1三歩成　△7九と　▲6八金
△5七銀　▲8五金　△6八銀不成
▲8六玉　N△**8二香**　▲3五桂
△8五香　▲9六玉　△7六銀1
▲8八香　O△**9一飛**　▲9二歩
△同　飛　▲9三歩　△同　飛
▲8四銀　△9七金　▲同　玉
△9五飛　▲同　銀　△8七香成
▲同　香　△8八角　**（投了図）**

まで128手で佐藤の勝ち

（消費時間＝▲5時間59分、△5時間59分）

【解説】

A△**9五歩**＝当時、佐藤は森下に6連勝中。

【第1図は△6二飛まで】

△佐藤　なし

	9	8	7	6	5	4	3	2	1	
	△香	△桂						△桂	△香	一
				△飛			△金	△玉		二
				△歩	△銀	△金	△銀	△歩	△歩	三
		△歩	△歩	△角	△歩	△歩	△歩			四
	△歩								歩	五
			歩	歩	歩	角	歩	歩		六
	歩	歩	銀	金		歩	銀			七
		玉	金					飛		八
	香	桂						桂	香	九

▲森下　なし

このころ4六銀・3七桂型に後手が9筋の位を取る将棋が増えていた。加藤流にも転用する。将来、右桂を8五に跳ねる含みがある。

B△5三銀＝森下は1月のA級順位戦対島朗八段戦で後手を持ち、△7五歩から敗れた。△5三銀としなかったのは、次の手に理由がある。

C▲4六角＝手損だが右銀の位置の違いで十分とみた。△8五歩▲2五歩△4六角▲同銀△6四銀が森下の注文（同型で先手番になる）。

D△6二飛（第1図）＝熟慮の末に新手を編み出す。現在は幅広く定跡に組み込まれる手筋になった。巨人の肩に乗って定跡は進化する。森下は自戦記で「考えていくうちに大変な好手とわかり驚かされた」と記している。

【第2図は△3二玉まで】

△佐藤　香歩三

	9	8	7	6	5	4	3	2	1
一					v飛			v桂	
二						v銀	v玉		
三				v歩			v銀	v金	
四		v歩		v角	v金	v歩	v歩	v歩	歩
五		v桂	歩					歩	
六	v香	銀		歩	歩	歩	歩	銀	
七		歩		金			桂		
八	v歩	玉	金	角				飛	
九		桂							

▲森下　香香歩

E▲2五歩＝▲6四角△同歩▲4一角は△9二角で受かる。D△6二飛が△6四同歩としたときに、角の打ち込みの隙を消している。△6二飛で△7三桂としたときとの違いは明白。

F▲6八角＝▲2六銀は△4五歩▲6四角△同歩で後手十分。手損だが、森下は▲4六歩と角の利きを止めてから棒銀を目指した。

G△4二銀右＝現在なら、より積極的に△8五桂▲8六銀△4五歩と進めるだろう。

H△7五歩＝反撃開始。形勢は互角。

I▲2五歩＝先手の攻めも急所に入ってきた。

J△3二玉（第2図）＝△9九歩成▲8五銀△同歩▲2四歩△同銀▲2五香の直線は後手勝てないとみて含みを持たせる。

【第3図は△4六角まで】

△佐藤　銀銀桂桂香歩三

	9	8	7	6	5	4	3	2	1
一					v飛				
二						v銀	v玉		
三			v歩	v歩					v桂
四					v金	v歩	v歩	v歩	歩
五	角	v歩	歩						
六	v香		金	歩	歩	v角	歩		
七		歩	玉				桂		
八			金					飛	
九		vと							

▲森下　金銀香香歩二

K▲1六桂＝▲2四同飛は△2二香▲3四飛△3三歩▲3五飛△2六銀で飛車を取られる。

L▲1四歩＝▲5五香なら先手が指せていた。

M△4六角（第3図）＝絶好の位置に飛び出す。ここで後手良しとなった。

N△8二香＝厳しい追撃。▲8四香と受けても、△9七香成▲同玉△9三桂で寄り筋。

O△9一飛＝働きのなかった飛車に見せ場を与える。△8四桂からの詰めろだ。**投了図は**▲8八同玉に△7七銀引成から詰み。

工夫を実らせた佐藤の制勝。羽生四冠は敗れ、佐藤はプレーオフに進出した。この期、大豪の米長邦雄九段が連続26期在籍したA級を陥落。後日フリークラス転出が発表された。

【投了図は△8八角まで】

△佐藤　金桂桂歩六

	9	8	7	6	5	4	3	2	1
一									
二						v銀	v玉		
三			v歩	v歩					と
四					v金	v歩	v歩	v歩	
五	銀		歩				桂		
六			v銀	歩	歩	v角	歩		
七	玉	香					桂		
八		v角		v銀				v飛	
九			vと						

▲森下　飛金金香二歩

第22局

第56期順位戦A級プレーオフ（毎日新聞）

【持ち時間】各6時間

1998年3月17日　終了18日0時25分　東京都渋谷区「将棋会館」
記録係　佐藤佳一郎三段

八段 ▲佐藤　康光
四冠 △羽生　善治

中空の桂の妙手

後手四間飛車対居飛車穴熊

佐藤は第56期A級順位戦を1勝3敗から後半5連勝してプレーオフにこぎつけた。このころから、対羽生戦では接戦を敗れて結果が出ないケースがあった。だが、本局は終盤で妙手を放って、大きな勝ち星を得た。

A▲7六歩2　△3四歩1　▲2六歩
△4四歩1　▲2五歩　△3三角
▲4八銀　B△4二飛2　（第1図）
▲6八玉1　△7二銀4　▲7八玉
△9四歩5　▲5六歩17　△3二銀10
▲7七角23　△4三銀8　C▲6八角2

（第2図）　△2二飛5　▲5七銀2
D△2四歩37　▲同　歩24　△同　角
E▲3六歩　（第3図）　△6二玉25
▲8八玉7　△3二金1　▲2五歩4
△4二角24　▲6六銀3　△7一玉1
▲7八金10　△5四歩13　F▲3七桂25
（第4図）　△8二玉14　G▲4八金55
△6四歩29　▲7七銀2　△3三桂9
▲2四歩3　△2一飛　▲6六歩18
H△2二歩29　▲5七金2　△5一飛
I▲6七金寄2　（第5図）　△5五歩
▲5八飛3　△5六歩23　▲同　金3
J△6三銀3　▲9八香8　△7二金1
▲9九玉　△9五歩1　K▲8八銀上11

【第1図は△4二飛まで】

△羽生　なし

	9	8	7	6	5	4	3	2	1
一	香	桂	銀	金	王	金	銀	桂	香
二						飛			
三	歩	歩	歩	歩	歩		角	歩	歩
四						歩	歩		
五								歩	
六			歩						
七	歩	歩		歩	歩	歩	歩		歩
八		角				銀		飛	
九	香	桂	銀	金	玉	金		桂	香

▲佐藤　なし

【A図は△6三銀まで】

△羽生　なし

	9	8	7	6	5	4	3	2	1
一	香			金	王			桂	香
二					金	飛	銀		
三		歩	桂	銀	歩		角	歩	歩
四			歩	歩			歩		
五	歩					歩		歩	
六			歩	歩	歩				
七	歩	歩	角	金	銀	歩	歩		歩
八		玉	金					飛	
九	香	桂	銀					桂	香

▲島　なし

【第2図は▲6八角まで】

△羽生　なし

	9	8	7	6	5	4	3	2	1
一	香	桂		金	王	金		桂	香
二			銀			飛			
三		歩	歩	歩	歩	銀	角	歩	歩
四	歩					歩	歩		
五								歩	
六			歩		歩				
七	歩	歩		歩		歩	歩		歩
八			玉	角		銀		飛	
九	香	桂	銀	金		金		桂	香

▲佐藤　なし

△7四歩4 ▲8六歩5 △8四歩
▲8七銀 L△7三桂1 M▲5五金8
(第6図) N△6五歩4 O▲5四歩78
△同銀左8 ▲同 金 P△同 銀
▲6五歩1 Q△6七歩14 ▲4六角7
△5五歩1 ▲5三歩6 R△同 飛30
(第7図) ▲6四銀3 △5一飛
S▲7五歩 △6五桂7 ▲5五銀
T△4五歩 (第8図) ▲5四銀7
△4六歩 U▲7四歩 △7七桂成9
▲同 桂1 △6九銀1 ▲7三銀3
△同 金4 ▲同歩成 △同 玉
V▲7五桂4 (第9図) △同 角14
▲6三銀成 △同 玉 W▲5一飛成

【第3図は▲3六歩まで】

△羽生 歩

9	8	7	6	5	4	3	2	1	
香	桂		金	王	金		桂	香	一
		銀					飛		二
	歩	歩	歩	歩	銀			歩	三
歩					歩	歩	角		四
									五
		歩		歩		歩			六
歩	歩		歩	銀	歩			歩	七
		玉	角				飛		八
香	桂	銀	金		金		桂	香	九

▲佐藤 歩

X△8九金 ▲同 玉1 △7八銀成
▲同 銀 △7九金1 ▲9九玉1
△8八銀5 ▲同 玉 △7八金
▲同 玉 △6八歩成1 ▲同 玉
△7六桂 ▲7八玉 (投了図)
まで107手で佐藤の勝ち
(消費時間＝▲5時間52分、△5時間50分)

【解説】

A▲7六歩＝1997年度の対羽生戦は、第38期王位戦と第47期王将戦の七番勝負のほか、A級順位戦や全日本プロ準決勝と大きなところで敗れ、本局まで佐藤が2勝10敗。1997年度の佐藤は本局まで先手番は20勝9敗だが、対羽生戦は5敗1千日手。後手番含め、この年度の負け数は半分近くが対羽生戦だった。

【B図は▲2一飛成まで】

△後手 なし

9	8	7	6	5	4	3	2	1	
香	桂		金	王	金		竜	香	一
		銀							二
	歩	歩	歩	歩	銀	角		歩	三
歩					歩		歩		四
						角	飛		五
		歩		歩					六
歩	歩		歩		歩	歩		歩	七
		玉			銀				八
香	桂	銀	金		金		桂	香	九

▲先手 桂歩二

B△4二飛（第1図）＝羽生はこの数年前から振り飛車もよく指していた。この年度は番勝負に登場した5棋戦中4棋戦で飛車を振った。特に第45期王座戦五番勝負第2局の対島朗八段戦では、羽生新手（A図）を出して藤井システムの定跡に影響を与えた。佐藤は第38期王位戦七番勝負第5局で羽生の四間飛車に敗れ、永世王位を許していた。

C▲6八角（第2図）＝「目新しい指し方」と佐藤は述べている。かなり早いタイミングの角引きだ。従来は▲5七銀が多い。後手は居玉なので、▲6八角に△5二金左なら▲2四歩△同歩▲同角に△2二飛という振り飛車の定番の

【第4図は▲3七桂まで】

△羽生 歩

9	8	7	6	5	4	3	2	1	
香	桂	王	金				桂	香	一
		銀			角	金	飛		二
	歩	歩	歩		銀			歩	三
歩				歩	歩	歩			四
							歩		五
		歩	銀	歩		歩			六
歩	歩		歩		歩	桂		歩	七
	玉	金	角				飛		八
香	桂	銀			金			香	九

▲佐藤 なし

受けに▲3三角成が王手になる。また、△6二玉にも▲2四歩△同歩▲同角と攻め、△2二飛▲3三角成△2八飛成▲4三馬と銀を取れるのが大きく先手有利となる。早い▲6八角は▲2四歩の受けを△2二飛に限定させる意味がある。

D△2四歩＝向かい飛車を生かして、羽生らしい意欲的な仕掛けだ。代えて、△6四歩▲8八玉△5四銀▲6六銀△4五歩▲9八玉の進行も有力。後手の角筋が厳しいので、先手は穴熊に囲いきれない。

E▲3六歩（第3図）＝▲2四同飛△同飛▲1五角も有力。以下△2五飛打▲4八銀△3五歩▲同角△2三歩▲2四角右△同歩▲2三飛△3三角（△3二銀は▲2四角がある）▲2一飛成（**B図**）まで一本道で進む。

以下△3五飛なら▲2二歩△4五歩▲5五桂△5二銀▲1一竜△6二玉▲3六香△5五角▲同歩△2五飛が予想され難解。**B図**では△2九飛成も有力で▲3九金△2五竜▲2二歩△3五竜▲1一竜△2五竜▲3六香△3五桂も難解。

F▲3七桂（第4図）＝右桂の活用。ひとまず後手の揺さぶりを押しとどめた。

G△8二玉＝△6四角は▲4八金△3三桂▲2四歩と応じられ、△4五桂▲4六歩△3七桂成▲同金△4二角▲2三歩成△同金▲5五歩△同歩▲7七角と進む。実戦的には2三金の形が悪く、後手が指しきれない。

H△2二歩＝作戦負けを自認しつつ、辛抱してまた来る春を待つ。

I▲6七金寄（第5図）＝金銀4枚が連結して陣形が安定した。7九に銀のいる金矢倉は珍しい。ここまで組めば一安心。後手の速攻を防いで先手作戦勝ち。

J△6三銀＝△4五桂の勝負は、▲同桂△同歩▲5五歩△4四銀▲6五歩△3三角▲6四歩△5五銀▲6三桂△5二飛▲5五金△同角▲同飛△同飛▲6二銀と強く反発されて、負けを早める。ツノ銀中飛車の格好に組み替えた。

K▲8八銀上＝待望の穴熊完成。

L△7三桂＝自分から崩れずに待機。大一番に臨む百戦錬磨の呼吸。

M▲5五金（第6図）＝「危ない手だった。

【第5図は▲6七金寄まで】

△羽生　なし

9	8	7	6	5	4	3	2	1	
香	桂		金	飛				香	一
	王	銀			角	金	歩		二
	歩	歩			銀	桂		歩	三
歩			歩	歩	歩	歩	歩		四
									五
		歩	歩	歩		歩			六
歩	歩	銀	**金**		歩	桂		歩	七
	玉	金	角				飛		八
香	桂	銀						香	九

▲佐藤　なし

【第6図は▲5五金まで】

△羽生　歩

9	8	7	6	5	4	3	2	1	
香				飛				香	一
	王	金			角	金	歩		二
		桂	銀		銀	桂		歩	三
	歩	歩	歩		歩	歩	歩		四
歩				**金**					五
	歩	歩	歩			歩			六
歩	銀	銀			歩	桂		歩	七
香		金	角	飛					八
玉	桂							香	九

▲佐藤　歩

【第7図は△5三同飛まで】

△羽生　金歩

9	8	7	6	5	4	3	2	1	
香								香	一
	王	金			角	金	歩		二
		桂		**飛**		桂		歩	三
	歩	歩		銀	歩	歩	歩		四
歩			歩	歩					五
	歩	歩			角	歩			六
歩	銀	銀	歩		歩	桂		歩	七
香		金		飛					八
玉	桂							香	九

▲佐藤　銀

▲5五歩から▲4六角、さらに▲5九飛とじっくり指して優位を保てた」と佐藤。羽生は局後に▲5五歩なら△5四歩▲同歩△同銀左▲5五歩△4三銀と1手パスして、待ち続けるつもりだったと述べている。それなら、先手は理想形に組むことができた。

N△6五歩＝機敏な反撃。佐藤は△5四歩▲5六金のつもりで、△6五歩を軽視していた。

O▲5四歩＝▲6五同歩が勝る。以下△同桂▲6六銀△5七歩▲2八飛△6四歩▲7九角とし、次に▲8八角を見せて先手十分だった。

P△5四同銀＝△同飛は▲同飛△同銀▲7五歩△同角▲5一飛で先手良し。

Q△6七歩＝単に△5五歩との比較は難しい。

R△5三同飛（第7図）＝△5三同角も有力だった。以下▲6四銀なら、△同角▲同歩△6九銀▲2八飛△7八銀成▲同銀△5三金でほぼ互角。▲6四銀に代えて▲5五角△同銀▲同飛△4三金は3二金が働いてきて先手自信なし。本譜は結果的に3二金が動かないまま終局した。

S▲7五歩＝穴熊の強みを生かして突進。

T△4五歩（第8図）＝勢いに押された。△5五同銀▲同飛△同飛▲同角△6四銀と応対すれば優劣不明だった。先手の穴熊も△7七桂成がくると一気に弱体化する。

U▲7四歩＝角を取らせたが、この取り込みが厳しい。駒損を補っている。

V▲7五桂（第9図）＝妙手。名人挑戦権をたぐり寄せた中空の桂だ。△5八銀成なら▲6三銀成△7四玉▲6五金で詰み。少し戻って、△6九銀のところで△5七歩としても同様の寄せがある。手順は△5七歩▲7三銀△同金▲同歩成△同玉▲5七飛△6八歩成に▲7五桂だ。▲7五桂が本局の急所となった。

W▲5一飛成＝鮮やかに技が決まった。後手玉を受けなしに追い込む。

X△8九金＝持ち駒は多いが、後手に金が2枚ないので際どく詰まない。佐藤は読み切っており、**投了図**まで逃げ切った。穴熊の遠さを生かした妙手で羽生を制して、名人初挑戦を果たした。佐藤は局後に「挑戦する以上は名人になるつもりで頑張ります」と意気込みを述べた。

【第8図は△4五歩まで】

△羽生　金歩二

	9	8	7	6	5	4	3	2	1
一	△香				△飛				△香
二		△王	△金			△角	△金	△歩	
三							△桂		△歩
四		△歩	△歩		△銀		△歩	歩	
五	△歩		歩	△桂	銀	**△歩**			
六		歩				角	歩		
七	歩	銀	銀	△歩		歩	桂		歩
八	香		金		飛				
九	玉	桂							香

▲佐藤　歩

【第9図は▲7五桂まで】

△羽生　角金銀歩三

	9	8	7	6	5	4	3	2	1
一	△香				△飛				△香
二						△角	△金	△歩	
三			△王				△桂		△歩
四		△歩			銀		△歩	歩	
五	△歩		**桂**						
六		歩				△歩	歩		
七	歩	銀	桂	△歩		歩	桂		歩
八	香		金		飛				
九	玉			△銀					香

▲佐藤　金歩二

【投了図は▲7八玉まで】

△羽生　角銀銀歩三

	9	8	7	6	5	4	3	2	1
一	△香				竜				△香
二							△金	△歩	
三				△王			△桂		△歩
四		△歩					△歩	歩	
五	△歩		△角						
六		歩	△桂			△歩	歩		
七	歩		桂			歩	桂		歩
八	香		**玉**						
九									香

▲佐藤　飛金三銀銀歩三

第**23**局

第39期王位戦挑戦者決定リーグ紅組3回戦持将棋指し直し局（新聞三社連合）【持ち時間】各5時間

1998年4月7日　0時7分～3時46分　東京都渋谷区「将棋会館」　記録係　飯島栄治三段

八段 ▲島　朗

八段 △佐藤　康光

陽動振り飛車の熱戦

後手陽動振り飛車

佐藤は横歩取りを指す前から、後手の変化球に陽動振り飛車も用いていた。「好きだった戦法の一つ」という。こうした動きに後年振り飛車や力戦を指す兆しがうかがえる。島は島研を主宰。佐藤に大きな影響を与えた。

▲7六歩240　△8四歩240　▲6八銀
△3四歩　▲6六歩　△6二銀
▲5六歩　△6四歩1　▲7八金
△6三銀　▲4八銀　△4二銀
▲5八金　△4四歩　▲6九玉
△4三銀　▲2六歩1　△7四歩
▲6七金右　A**△4二飛**1　▲7七銀5
△6二玉　▲2五歩1　△3三角
▲7九角　△5二金左　▲6八角1
△4五歩2　▲7九玉　△7三桂
▲5七銀2　△5四銀左4　▲3六歩6
△9四歩3　▲9六歩　△7一玉4
B**▲8八銀**3　C**△7二銀**　▲7七桂
△8三銀1　▲8六歩　△7二金
▲8七銀　△8二玉　▲5九角
△1四歩2　▲1六歩　△6三金左4
▲3七角　△2二飛2　▲8八玉
D**△4二飛**1　▲2六角5　△4一飛1
E**▲3八飛**4　F**△6五歩**3　▲同　歩1
△同　桂1　▲6六銀　△6四歩3
▲3七角1　△4六歩3　▲同　歩
G**△6六角**2　▲同　金　△5七桂成
▲5五歩1　△4三銀　▲2八飛2
△5二銀3　▲3二角3　△4七成桂
▲4一角成　△同　銀　H**▲6七金引**1
△3七成桂5　▲同　桂　△5九角
▲4五桂1　△3七角成　▲6八飛1
△4六馬　I**▲6五歩**　△6二金引3
▲5四歩9　J**△4五馬**　▲4三飛
△6七馬　▲同　飛　△5二銀
▲5三歩成2　△4三銀1　▲6二と
△同　金　▲6四歩　K**△5六金**2
（第1図）　▲6五飛3　L**△5四銀**2
▲5一角6　△6一歩　▲6三歩成
△同　銀　▲5五桂　△同　金1
▲同　飛　M**△4四角**1　▲6二角成
△同　歩　▲5一飛成　△6五桂1
▲6六歩　△7七桂成1　▲同　金
△6五桂　▲8九桂　△6九飛
▲7八金打　△7七桂成1　▲同　桂
N**△8九金**　▲9七玉　O**△6八飛成**
P**▲8八金打**　△6六竜　▲8九金
△3三角打　Q**▲6七歩**　**（第2図）**
△7七竜　R**▲同　金**　△5一角
▲7三金　△同　玉　▲7一飛
△7二金　▲6五桂　△8二玉
▲5一飛成　△7七角成　▲8八金
S**△8九飛**　▲9八金打　△8八馬
▲同　金　△9九飛成　▲9八角
△9五歩　▲同　歩　△8五桂
▲同　歩　△9六歩　▲8六玉
△8五歩　▲7七玉　△7九竜
▲7八金　△6八銀　▲6六玉
T**△5四桂**　▲5五玉　△5九竜
▲5六歩　△同　竜　▲同　玉
△4六金　**（投了図）**

まで164手で佐藤の勝ち
（消費時間＝▲4時間59分、△4時間59分）

【解説】

A**△4二飛**＝4月6日23時37分、167手で持将棋成立。本局は日付が変わった7日0時7分開始の指し直し局。佐藤は持ち時間1時間の中で、陽動振り飛車を採用する。
B▲8八銀＝矢倉は対振り飛車に向いていない。堅固な銀冠に組み替える。後手も**C△7二銀**と引いて美濃囲いに組む。互いに玉側の銀の動きが2手損で、釣り合いは取れている。
D△4二飛＝双方の銀冠が完成して膠着状態。後手は千日手を視野に入れた動き。
E▲3八飛＝千日手打開を目指した。
F△6五歩＝先手の大駒の位置が崩れた瞬間を見計らって仕掛ける。「棋風なので」と佐藤。
G△6六角＝決断の角切り。
H▲6七金引＝落ち着いた受け。
I▲6五歩＝▲5一飛△4二銀▲4一飛成と銀を追えば先手有利だった。▲6五歩は△6二金引とされ、▲6四歩は△6六歩があるので取り込めず、効果が薄かった。
J△4五馬＝自然に桂を取れたのは大きい。
K△5六金（第1図）＝次の▲6五飛で▲6三歩成は△6七金▲6二と△7八金▲同銀△7九銀以下、長手順だが詰み。△5六金はこの詰みを見越した、読みの入った好手だ。
L△5四銀＝ぴったりした銀の活用。
M△4四角＝手順を尽くして後手優勢に。
N△8九金＝△6五桂▲7三金△同玉▲6五桂△8二玉が△6六角以下詰めろで明快だった。
O△6八飛成＝危ない寄せ。秒読みに追われたか。△7二銀左で優位を保てた。
P▲8八金打＝頑強な粘り。佐藤はこの受けをうっかりしていたという。△8八同金は▲6八金と竜を取られてしまう。これで先手玉が寄らなくなって逆転。
Q▲6七歩（第2図）＝逸機。▲8一金を利かせば先手優勢だ。△9三玉は▲7一竜で寄り。△7三玉は▲6七歩△7七竜▲同金△5一角▲7一飛とすれば、本譜と違って金を渡さず済む。
R▲7七同金＝先手玉に詰めろがかかっているので、ここで▲8一金は△9三玉とされる。
S△8九飛＝鮮やかな寄せ。もう逃さない。
T△5四桂＝玉を追う寄せは難しいが捕まっている。**投了図**以下は▲5五玉△4五金打まで。激戦を制した佐藤は、本局の2日後に第56期名人戦七番勝負第1局を戦う。

【第1図は△5六金まで】

△佐藤　飛角銀桂歩二

9	8	7	6	5	4	3	2	1	
v香							v桂	v香	一
	v王		v金						二
	v銀				v銀		v歩		三
v歩	v歩	v歩	歩			v歩		v歩	四
							歩		五
歩	歩	歩		v金		歩		歩	六
	銀	桂	飛						七
	玉	金							八
香								香	九

▲島　角金桂歩三

【第2図は▲6七歩まで】

△佐藤　銀桂歩三

9	8	7	6	5	4	3	2	1	
v香				竜			v桂	v香	一
	v王		v歩						二
	v銀		v銀			v角	v歩		三
v歩	v歩	v歩			v角	v歩		v歩	四
							歩		五
歩	歩	歩	v竜			歩		歩	六
玉	銀	桂	歩						七
		金							八
香	金							香	九

▲島　金金桂歩

【投了図は△4六金まで】

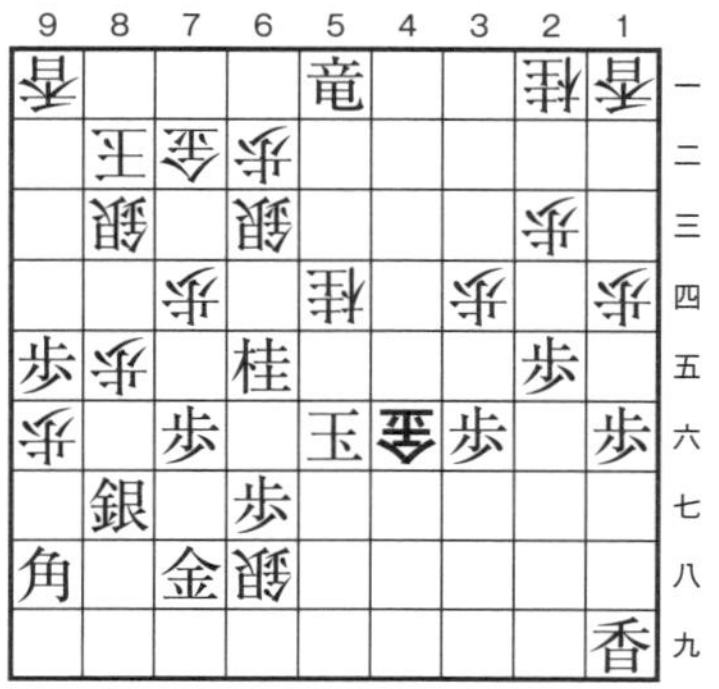

△佐藤　金香歩四

9	8	7	6	5	4	3	2	1	
v香				竜			v桂	v香	一
	v王	v金	v歩						二
	v銀		v銀				v歩		三
		v歩		v桂		v歩		v歩	四
歩	v歩		桂				歩		五
v歩		歩		玉	v金	歩		歩	六
	銀		歩						七
角		金	v銀						八
								香	九

▲島　飛角桂歩

第24局

第56期名人戦七番勝負第４局（毎日新聞）

【持ち時間】各9時間

1998年5月19、20日　終了20日22時58分　福岡県北九州市「ステーションホテル小倉」記録係　水津隆義三段

八段 ▲佐藤　康光
名人 △谷川　浩司

居飛車穴熊の会心譜

後手四間飛車対居飛車穴熊

第56期名人戦はここまで佐藤が1勝2敗。これ以上差をつけられるわけにいかない状況で迎えた対局だ。谷川は1996年ごろから、がっぷりした後手矢倉をあまり指していなかった。注目の作戦は谷川の四間飛車に。

▲7六歩1　△3四歩2　▲2六歩2
△4四歩2　▲2五歩　△3三角
▲4八銀　A△4二飛11　▲5六歩5
△7二銀6　▲6八玉　△3二銀12
▲7八玉5　△5二金左6　▲7七角37
B△6二玉24　▲8八玉11　△9四歩10
▲5八金右31　△9五歩34　▲5七銀3
△7一玉6　▲6六歩53　△4三銀31
C▲6七金16　△6四歩13　▲9八香18
△2二飛41　▲7八金5　△1四歩18
▲1六歩4　D△8二玉23　▲3六歩5
△4五歩26　▲9九玉40　△5四銀3
▲8八銀52　E△7四歩5　▲6八銀5
△7三桂15　F▲7九銀右　△8四歩2

▲6八角13　△6五歩68　G▲5七角3
△6六歩　▲同　金　△6五歩
▲6七金引　△8三銀　▲8六歩25
△7二金2　▲7七金寄　△4四角14
▲3七桂19　△3三桂17　H▲2四歩56
（第1図）　△同　歩59　▲同　飛
△同　飛　▲同　角　△6六歩
I▲3二飛50　△4三金2　▲6三歩1
△同　銀1　▲6四歩　△5四銀31
▲5二飛成1　J△6二飛2　▲4一竜5
△6五桂6　▲8七金寄14　△2三歩3
▲6八角4　△6七歩成　▲同　金
△6六歩　▲7七金右　K△6四飛1
L▲4五桂18　（第2図）　△7七桂不成3
▲同　金　△6七歩成28　M▲4六角
N△5五金　（第3図）　▲同　歩27
△7七と1　O▲5四歩　△8八と
▲同　銀　△5五銀　▲5六桂2
P△6九飛成1　▲7九金　△同　竜5
▲同　角1　△5六銀　▲4六角

△6四歩　▲同　角　△7三金打1
▲8一飛　△9三玉　▲9一飛成1
△9二金　Q▲7七香　△6四金
▲9六歩　△9一金1　▲同　竜
△9二飛　▲8一竜1　△8二金
▲6一竜1　△9六歩　▲9五銀2
△7七角成　▲9四歩1　△同　銀
▲同　銀　△同　玉　▲9五歩
△8三玉　▲7七桂　△9七香
R▲9四銀1　△同　飛2　▲同　歩
△9八香成　S▲同　玉　△9四玉
▲9五歩　△同　玉　T▲9七歩
（投了図）
△――1
まで135手で佐藤の勝ち

【第１図は▲２四歩まで】

△谷川　なし

	9	8	7	6	5	4	3	2	1	
	△香								△香	一
		△玉	△金		△金			△飛		二
		△銀	△桂		△歩		△桂	△歩		三
		△歩	△歩		△銀	△角	△歩	歩	△歩	四
	△歩			△歩		△歩				五
		歩	歩		歩		歩		歩	六
	歩		金		角	歩	桂			七
	香	銀	金					飛		八
	玉	桂	銀						香	九

▲佐藤　歩

（消費時間＝☗8時間59分、☖8時間59分）

【解説】

A☖4二飛＝第2局で陽動振り飛車にした谷川は、本局では四間飛車を用いた。

B☖6二玉＝当時は対居飛車穴熊の藤井システム黎明期。居玉で攻勢を取らず、玉を囲う。

C☗6七金＝慎重。☖2二飛の急戦に☗7八金と離れ駒を作らず対応する。以前は☗9八香から穴熊を急ぐことが多かったが、振り飛車の急戦に備えて駒組みするのが基本になった。

D☖8二玉＝☖2四歩は☗同歩☖同飛☗同飛☖同角☗2二飛☖2八飛☗2一飛成☖2九飛成☗3六桂で無理筋。先手陣がしっかりしている。

E☖7四歩＝☖2四歩は☗3七桂☖1三桂☗2四歩☖同飛☗同飛☖同角☗6八銀で先手良し。きめ細かく駒組みをされ、谷川は急戦を断念。

F☗7九銀右＝後年「松尾（歩八段）流穴熊」と呼ばれる堅陣を組む。満足の序盤戦。

G☗5七角＝☗6五同歩は☖同銀で先手苦戦。

H☗2四歩（第1図）＝機は熟したとみた。

I☗3二飛＝☖4三銀に☗3三飛成を用意し、芸が細かい。☖4三金には☗6三歩が継続手。

J☖6二飛＝堅守。先手が景気良く攻めているようでもいい勝負。

K☖6四飛＝☖7七同桂成☗同角☖6七歩成は☗4四角☖同金☗同竜で先手良し。

L☗4五桂（第2図）＝佐藤は自著で「会心の一手」と記している。☖同桂は☗4六角で先手勝ち。本譜も**M☗4六角**が絶好で先手良し。

N☖5五金（第3図）＝すさまじい勝負手。

O☗5四歩＝☗7七同桂でも先手十分だが、一直線の勝ちを目指す。

P☖6九飛成＝☖4六銀は☗6四桂☖7八金に☗7七金と応じて先手勝ち。

Q☖7七香＝詰めろを受ける。角を取られても手番が大きい。端攻めで後手玉を追い詰める。

R☗9四銀＝☗6四竜は☖9五飛が攻防だ。

S☗9八同玉＝ここで☖9七香が怖いが、☗同銀☖同歩成☗同玉☖9六歩☗同玉☖6九角9五玉できわどくしのいでいる。

T☗9七歩（投了図）＝玉頭戦を制す。先手玉は詰みなし。佐藤、会心譜でタイに持ち込む。

【第2図は☗4五桂まで】

☖谷川　歩

9	8	7	6	5	4	3	2	1	
香					竜			香	一
	王	金							二
	銀			歩	金	桂	歩		三
	歩	歩	飛	銀	角	歩		歩	四
歩			桂		桂				五
	歩	歩	歩	歩		歩		歩	六
歩	金	金			歩				七
香	銀		角						八
玉	桂	銀						香	九

☗佐藤　歩二

【第3図は☖5五金まで】

☖谷川　歩

9	8	7	6	5	4	3	2	1	
香					竜			香	一
	王	金							二
	銀			歩	金	桂	歩		三
	歩	歩	飛	銀	角	歩		歩	四
歩				金	桂				五
	歩	歩		歩	角	歩		歩	六
歩		金	と		歩				七
香	銀								八
玉	桂	銀						香	九

☗佐藤　桂歩二

【投了図は☗9七歩まで】

☖谷川　角銀銀桂香歩四

9	8	7	6	5	4	3	2	1	
			竜					香	一
	金								二
				歩	金	桂	歩		三
	歩	歩	金	歩		歩		歩	四
王					桂				五
歩	歩	歩		銀		歩		歩	六
歩		桂			歩				七
玉	銀								八
								香	九

☗佐藤　飛角金香

第**25**局

第56期名人戦七番勝負第６局（毎日新聞）

【持ち時間】各9時間

1998年6月8、9日　終了9日22時39分　三重県鳥羽市「戸田家」　記録係　藤本裕行初段

八段 ▲佐藤　康光

名人 △谷川　浩司

フルセットに持ち込む

後手急戦矢倉

第56期名人戦は先手側の勝ちが続くシーソーゲーム。３勝２敗と勝ち越した谷川だったが、第６局が後手番のため、「リードしている意識はなかった」と記している。本局は七番勝負で最長手数の熱戦となった。

▲7六歩 1
△8四歩 2
▲6八銀 2
△3四歩 1
▲6六歩
△6二銀 2
▲5六歩 1
△5四歩 7
▲4八銀
△4二銀 1
▲5八金右 1
△6四歩 30
▲7七銀 42
△6三銀 4
▲2六歩
△3二金 36
▲2五歩 25
A **△5二飛** 15
▲5七銀 28
△4一玉 34
▲2四歩 3
△同　歩 11
▲同　飛
△5五歩 1
▲同　歩
△同　飛
▲2八飛 6
△2三歩 1
▲6七金 28
△7四歩 14
▲7八金 4
△5一飛 4
▲6九玉
△5四銀 3
B **▲6八銀左** 27
△6二金 11
▲4六銀 39
C **△5五歩** 74
▲7九玉 28
△6三金 37
▲3六歩 52
△4四歩 23
▲3七桂 1
△3一玉
▲9六歩 6
△4三銀引 5
▲2六飛 10
△5四金 4
D **▲3五歩** 3
△1四歩 6
▲1六歩 6
△9四歩 2
▲7七角 4
△7三桂 11
▲1五歩 61
△同　歩 2
E **▲1三歩** 7
（第1図）
△同　香 23
▲3四歩
△同　銀 28
F **▲3六飛** 2
△3三銀 2
▲3五銀 20
△同　銀 31
▲同　飛
G **△5三飛**
▲3六飛 9
△2四銀 1
H **▲5六歩** 9
（第2図）
△3五歩 23
▲2六飛 2
△8五歩
I **▲6二銀** 41
△6三飛 3
▲5五歩
△同　金 1
▲6五歩
△5四金 16
▲7三銀成
△同　飛
▲3四桂
△3六銀 1
▲2二桂成 4
△同　玉
▲8二角 1
△8三飛 6
J **▲9一角成**
△3七銀不成
▲9二馬 7
△5三飛 2
▲2七飛 1
△5五桂 8
▲8一馬 10
△8六歩 9
▲同　角 8
△6七桂成 7
▲同　銀
△5五桂
▲5六銀 3
△6六金 4
▲5五銀 31
△同　金
▲3四香
△6七銀 9
▲7一馬
△5四金 3
▲3七飛 2
△3三銀 4
▲同香成
△同　飛
K **▲2五桂**
△8三飛 4
▲3三歩 1
△同　桂 1
▲3四桂
△1二玉 3
L **▲3五飛**
（第3図）
△2五桂 2
▲6七金
△2一香 1
▲6六金
△8六飛
M **▲2二歩** 3
△5七角
▲6八銀
△3五角成
▲2一歩成
△同　玉 4
▲2二歩
△同　金
▲同桂成
△同　玉
▲8六歩
N **△5七銀** 1
▲5二飛
△3二歩
▲3一銀
△3三玉
O **▲4六銀**
△同銀成 1
▲5四飛成

【第１図は▲１三歩まで】

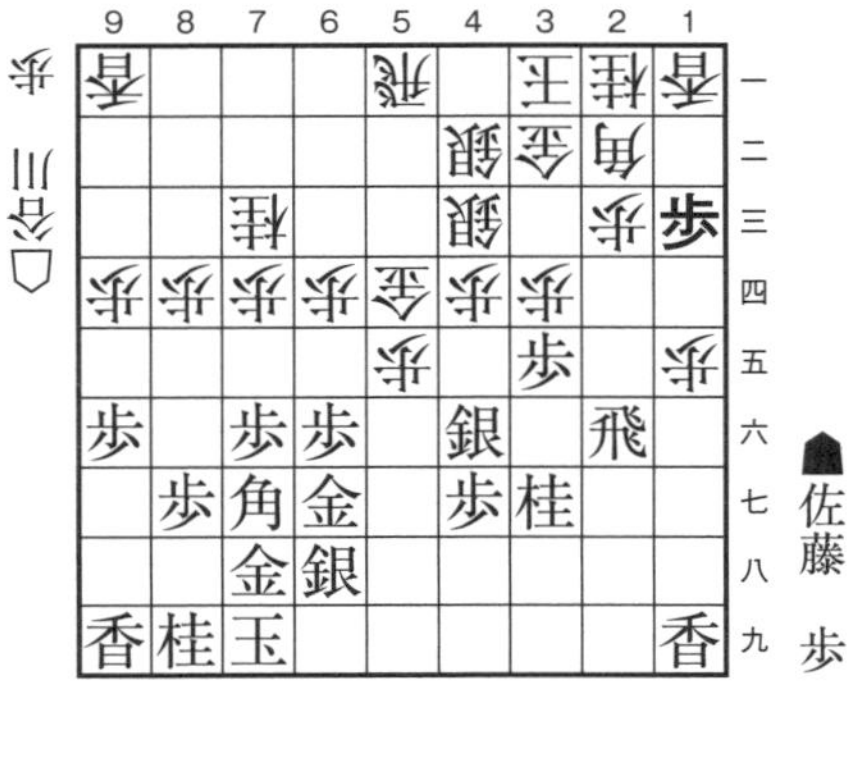

△谷川　歩

9	8	7	6	5	4	3	2	1	
v香				v飛		v王	v桂	v香	一
					v銀	v金	v角		二
		v桂			v銀		v歩	**歩**	三
v歩	v歩	v歩	v歩	v金	v歩	v歩			四
				v歩		歩		v歩	五
歩		歩	歩		銀		飛		六
	歩	角	金		歩	桂			七
		金	銀						八
香	桂	玉						香	九

▲佐藤　歩

△4五成銀　▲6一馬　△2四玉
▲3四金　△同　馬　▲同　馬
△同　玉　▲3六香　△3五銀
▲4三角　△2四玉　▲3四金
△1四玉　▲3五香　△2九飛
▲5九歩　△3七桂成　▲2三金
△同飛成　P▲1五香　（投了図）
まで161手で佐藤の勝ち
（消費時間＝▲8時間59分、△8時間59分）

【解説】

A△5二飛＝早い▲7七銀に予定の陽動振り飛車から矢倉中飛車に変化。玉飛接近で堅陣に組めないが、大駒の利きで主導権を握りやすい。

B▲6八銀左＝中央を厚くする。銀の動きで2手損だが、矢倉中飛車への有力な対抗策。

C△5五歩＝△4四歩は▲5五歩で先手良し。①△同銀は▲同銀△同飛▲6五歩で先手良し。②△4三銀引▲5七銀上△4五歩▲同銀△5五角は一局。

D▲3五歩＝先手十分の立ち上がり。

E▲1三歩（第1図）＝後手は好機の△1三角が角の活用を図り、玉を広くする絶好手。▲1三歩はこの地点を埋めて角を使わせない工夫。

F▲3六飛＝2二角を働かせないよう攻める。

G△5三飛＝辛抱。△2四銀は▲3六飛△3五銀打▲同飛△同銀▲6二銀△8一飛▲7二銀△4一飛▲6三銀不成で飛車と金が目標になる。

H▲5六歩（第2図）＝角を使わないと勝てないという大局観。谷川は軽視。△3五銀打は▲同飛△同銀▲5五歩△同金▲8六角で先手好調。ただI▲6二銀では、▲2五桂が勝った。

J▲9一角成＝仕切り直しだが、駒得でやや先手がいい。

K▲2五桂＝攻めが筋に入ってきた。

L▲3五飛（第3図）＝▲1三桂成△同玉▲1五飛以下の詰めろ。次の▲6七金も▲2一銀△同玉▲2二歩以下の詰めろだ。

M▲2二歩＝これも▲1一金からの詰めろ。

N△5七銀＝△8七銀は▲1二金から詰み。

O▲4六銀＝馬の利きを止め、先手玉が安全になった。これで▲5四飛成が間に合う。

P▲1五香（投了図）＝熱戦に幕。△1五同玉に▲1六金から詰み。決着は第7局へ。

【第2図は▲5六歩まで】

△谷川　銀歩三

9	8	7	6	5	4	3	2	1	
香						王	桂		一
						金	角		二
		桂		飛			歩	香	三
歩	歩	歩	歩	金	歩		銀		四
				歩				歩	五
歩		歩	歩	歩		飛			六
	歩	角	金		歩	桂			七
		金	銀						八
香	桂	玉						香	九

▲佐藤　銀歩

【第3図は▲3五飛まで】

△谷川　銀香歩四

9	8	7	6	5	4	3	2	1	
		馬							一
						金		王	二
	飛					桂	歩	香	三
歩		歩	歩	金	歩	桂			四
			歩			飛	桂	歩	五
歩	角	歩	金						六
	歩		銀		歩				七
		金							八
香	桂	玉						香	九

▲佐藤　銀銀歩三

【投了図は▲1五香まで】

△谷川　角金金桂桂歩五

9	8	7	6	5	4	3	2	1	
						銀			一
						歩			二
					角		竜	香	三
歩		歩	歩	竜	歩			王	四
			歩		成銀	香		香	五
歩	歩	歩	金						六
					歩	成桂			七
			銀						八
香	桂	玉		歩					九

▲佐藤　金銀歩二

第**26**局

第56期名人戦七番勝負第７局（毎日新聞）

【持ち時間】各９時間

１９９８年６月17、18日　終了18日22時40分
静岡県河津町「今井荘」
記録係　大平武洋三段

名人 ▲谷川　浩司
八段 △佐藤　康光

名人獲得を果たす

相矢倉

名人戦で先手側が負けなしで最終局を迎えるのは、第40期の中原誠名人―加藤一二三十段戦以来。そのときは先手の加藤十段の勝ち。本局は後手の佐藤が勝ち、実力制名人となってから史上10人目の名人となった。

▲７六歩
A △**８四歩** 8
B ▲**６八銀** 14
C △**３四歩** 4
▲６六歩
△６二銀 5
▲５六歩 1
△５四歩
▲４八銀
△４二銀 1
▲５八金右 1
△３二金
▲７八金 1
△４一玉
▲６九玉
D △**５二金** 14
▲７七銀 11
△３三銀 1

▲７九角 5
△３一角
▲３六歩 4
△４四歩 1
▲６七金右 15
△７四歩 4
E ▲**３七銀** 15
（第１図）
F △**６四角** 15
▲６八角 6
△４三金右 6
▲７九玉 1
△３一玉 4
▲８八玉 8
△９四歩 28
▲４六銀 20
G △**５三銀** 22
▲３七桂 10
△７三角 7
▲２六歩 17
△２四銀 84
▲１六歩 95
△１四歩 2
▲３八飛 11
△２二玉 4
▲１八香 2
H △**９五歩** 7
（第２図）
I ▲**２五桂** 19
J △**４五歩** 10
▲同　銀 4
△１九角成 1
▲４六角 1
△同　馬 1
▲同　歩
△５九角 2
K ▲**３七角** 18
△同角成 21
▲同　飛
L △**１九角**
（第３図）
▲３八飛 1

【第１図は▲３七銀まで】

△佐藤　なし

	9	8	7	6	5	4	3	2	1
一	v香	v桂				v玉	v角	v桂	v香
二		v飛		v銀	v金		v金		
三	v歩			v歩			v銀	v歩	v歩
四		v歩	v歩		v歩	v歩	v歩		
五									
六			歩	歩	歩		歩		
七	歩	歩	銀	金		歩	銀	歩	歩
八			金					飛	
九	香	桂	角	玉				桂	香

▲谷川　なし

【第２図は△９五歩まで】

△佐藤　なし

	9	8	7	6	5	4	3	2	1
一	v香	v桂						v桂	v香
二		v飛					v金	v玉	
三			v角	v歩	v銀	v金		v歩	
四		v歩	v歩		v歩	v歩	v歩	v銀	v歩
五	v歩								
六			歩	歩	歩	銀	歩	歩	歩
七	歩	歩	銀	金		歩	桂		
八		玉	金	角			飛		香
九	香	桂							

▲谷川　なし

【第３図は△１九角まで】

△佐藤　なし

	9	8	7	6	5	4	3	2	1
一	v香	v桂						v桂	v香
二		v飛					v金	v玉	
三				v歩	v銀	v金		v歩	
四		v歩	v歩		v歩		v歩	v銀	v歩
五	v歩					銀		桂	
六			歩	歩	歩	歩	歩	歩	歩
七	歩	歩	銀	金			飛		
八		玉	金						香
九	香	桂							v角

▲谷川　角歩

【第4図は▲3七歩まで】

△佐藤　銀歩

9	8	7	6	5	4	3	2	1	
v香	v桂						v桂	v香	一
	v飛						v玉		二
				v銀	v金		v歩		三
	v歩	v歩	v歩	v歩	v歩	v歩	v銀	v歩	四
v歩			歩				桂		五
		歩		歩	角	v馬	歩	歩	六
歩	歩	銀	金			歩			七
	玉	金			飛			香	八
香	桂								九

▲谷川　金

△4六角成2　▲4四歩　△4五馬46
▲4三歩成　△同　金　M▲1九角14
△6四歩13　▲4八飛4　△4六歩1
▲同　角53　△4四歩42　▲6五歩1
△3六馬7　N▲3七歩48　(第4図)
O△2六馬65　P▲3六金44　△2七馬2
▲6四歩　Q△4五銀16　R▲同　金6
△同　歩　▲3六銀　△同　馬20
▲2四角　△2五馬1　▲5一角成
△4二銀1　▲4一馬7　S△2四馬26
(第5図)　▲2八飛4　△3三馬
▲4四歩24　△同　金　▲3二銀
T△2四歩11　U▲6三歩成1　△4三銀打7
▲4二馬13　△同　飛3　▲2一銀成4

【A図は△8三飛打まで】

△後手　角銀歩二

9	8	7	6	5	4	3	2	1	
v香	v桂					v玉		v香	一
	v飛								二
	v飛			と	v金	v桂			三
	v歩	v歩		v歩	v歩	v歩	v歩	v歩	四
v歩							桂		五
		歩		歩		v馬	歩	歩	六
歩	歩	銀	金						七
	玉	金			v銀			香	八
香	桂								九

▲先手　金銀歩

△同　玉　▲5三と　△9二飛
▲4二銀1　V△同　飛4　▲同　と
△同　馬　▲3六桂1　△2三銀10
▲4四桂　△同　銀　▲1五歩3
△同　歩　▲8二飛　△6四角1
▲8一飛成2　△2二玉　▲7二竜1
W△3二金　(第6図)　▲3八飛5
△8五桂　▲6五金　△4六角
▲5四金　X△9六歩1　(第7図)
▲同　歩　△9八歩　Y▲8六歩2
△9九歩成2　▲4四金　△8九と4
▲同　玉　△7七桂成　▲同金上
Z△6五桂　▲3三銀6　△同　馬1
▲同　金　△同　玉　▲4四桂

【B図は△4三銀打まで】

△後手　角角歩三

9	8	7	6	5	4	3	2	1	
v香	v桂						v桂	v香	一
		v飛					v玉		二
					v銀		v歩		三
	v歩	v歩		v銀	v飛	v歩	v銀	v歩	四
v歩			v歩	v歩			桂		五
		歩					歩	歩	六
歩	歩	銀	金			歩			七
	玉	金						香	八
香	桂								九

▲先手　金金歩

△7七桂不成　▲同　金　a△9七桂
(第8図)　▲7八玉　△8九銀
▲6九玉4　△6八銀　▲同　飛
△同角成　▲同　玉　b△6五香
(投了図)　まで148手で佐藤の勝ち
(消費時間＝▲8時間48分、△8時間58分)

【解説】

A△8四歩＝第56期A級順位戦はプレーオフ含め、先手が33勝13敗で7割以上の勝率。特に▲7六歩△8四歩の出だしは先手26勝6敗だ。その流れが名人戦も続いている見方もあったが、佐藤は後手番4局で2手目△8四歩を選ぶ。

B▲6八銀＝運命の一戦は相矢倉へ。谷川は先手番では角換わりで勝っていたが「第7局は先後どちらになっても矢倉を選ぶつもりだった」。佐藤は「角換わりを倒さないと名人になる資格はないと考えていた」と述べている。

C☖3四歩＝本局直前の6月12日、佐藤は第11期竜王戦1組対高橋道雄九段戦で大ポカを出して、夕食休憩直後にわずか55手で敗れた。痛い敗戦だったが、引きずった様子はない。

D☖5二金＝佐藤は策を施さずに静かに追随。勝負の重さを感じさせる。

E☗3七銀（第1図）＝当時の花形の3七銀型。☗6八角を選べば「森下システム」に進む。

F☖6四角＝牽制球。☖4三金右はすかさず☗3五歩で先手指しやすくなる。☖6四角に☗3五歩なら、☖同歩☗同角☖3六歩で後手良し。

G☖5三銀＝☖4五歩の反発が再評価されるのは2014年ごろになってからの話。

H☖9五歩（第2図）＝☖8五歩も実戦例が多い。☖9五歩は当時出始めた形。☖9三桂の活用を含みに、先手が穴熊に組み替えるのを牽制している。森内俊之八段（当時）がA級順位戦で指して広まったため「森内流」と呼ばれた。

I☗2五桂＝すべての駒が戦いに参加する総力戦。先手の攻め、後手の受けという構図がはっきりした。後年、☗6五歩とする宮田（敦史七段）新手が主流となる。

J☖4五歩＝解説編第2局☗日浦－☖佐藤戦と似た将棋になった。日浦戦から10年、大舞台に立ち、佐藤流☖4五歩の反発を出す。

K☗3七角＝☖2六角成を許すと、先手は攻めが切れてしまう。

L☖1九角（第3図）＝☖5九角は☗2七飛と逃げられてさえない。☖4八角成から☖3八馬としても☗1七飛が幸便だ。☖1九角に☗4七飛なら☖2八角成で香を取って後手良し。日浦戦から時代が進み、先手の右香の位置で角の打ち方が変わるのは定跡として確立されていた。

M☗1九角＝この角筋が止めにくい。

N☗3七歩（第4図）＝☗3三歩も有力。以下、☖同桂☗6四歩☖3七銀☗2四角☖同歩☗6三歩成☖4八銀不成☗3一銀☖同玉☗5三と☖8三飛打（**A図**。☖9三飛もある）でいい勝負というのが佐藤の読み。この手順を知った深

【第5図は☖2四馬まで】

☖佐藤　金銀桂歩二

9	8	7	6	5	4	3	2	1	
v香	v桂				馬		v桂	v香	一
	v飛				v銀		v王		二
					v金		v歩		三
	v歩	v歩	歩	v歩		v歩	v馬	v歩	四
v歩					v歩				五
		歩		歩				歩	六
歩	歩	銀	金			歩			七
	玉	金			飛			香	八
香	桂								九

☗谷川　銀歩

【第6図は☖3二金まで】

☖佐藤　銀桂桂歩五

9	8	7	6	5	4	3	2	1	
v香								v香	一
		竜			v馬	v金	v王		二
							v銀		三
	v歩	v歩	v角	v歩	v銀	v歩	v歩		四
v歩					v歩			v歩	五
		歩		歩					六
歩	歩	銀	金			歩			七
	玉	金					v飛	香	八
香	桂								九

☗谷川　金桂

【第7図は☖9六歩まで】

☖佐藤　銀桂歩五

9	8	7	6	5	4	3	2	1	
v香								v香	一
		竜			v馬	v金	v王		二
							v銀		三
	v歩	v歩		金	v銀	v歩	v歩		四
	v桂				v歩			v歩	五
v歩		歩		歩	v角				六
歩	歩	銀	金			歩			七
	玉	金				v飛		香	八
香	桂								九

☗谷川　桂歩

浦康市六段（当時）は「名人になる人はここまで読んでいるのかと感服した」と記している。

O△2六馬＝65分の大長考。主に読んだのは△4六馬との比較。以下▲同飛△6五歩▲5五歩△同歩▲6三角△5四角▲同角成△同銀▲7一角△7二飛▲4四角成△同金▲同飛△4三銀打（**B図**）で後手十分。**B図**からさらに進んで、▲5四飛△同銀▲4四金△4八飛▲5四金△4五角なら後手勝ち。「迷ったときは多少危険でも勢いのある方を選ぶのが私の主義」と佐藤。

P▲3六金＝▲6四歩は△4五歩▲6三歩成△4六歩▲同飛△4四馬▲5三と△同馬▲6三金△同馬▲4三飛成△5三金で後手良し、が佐藤の読み筋だった。

【第8図は△9七桂まで】

▲谷川　角桂桂歩三

△佐藤　金金銀三香歩四

Q△4五銀＝先の長考で発見した好手。

R▲4五同金＝▲6三歩成は△4六銀▲5三と△同金▲4六飛△3五歩で攻めが切れている。

S△2四馬（第5図）＝△3二銀も有力だが、佐藤はここでも安易な妥協をしなかった。

T△2四歩＝△3二同馬は▲同馬△同玉▲7一角がある。△2四歩はきわどいしのぎ。

U▲6三歩成＝待望のと金。

V△4二同飛＝守りに強い馬を残す好判断。

W△3二金（第6図）＝ついに猛攻をしのぎ切った。佐藤は指しやすさを感じたという。

X△9六歩（第7図）＝待望の反撃。△6四角から狙いの端攻め。金銀をはがす△7七桂成は▲同金寄△8五桂▲4四金ではっきりしない。

【C図は△8九金まで】

▲先手　角銀三桂三歩三

△後手　飛

Y▲8六歩＝紛れを求めた。▲9八同香は△9七歩▲同香△9六香▲同香△9七銀▲9九玉△7七桂成で寄り。

Z△6五桂＝後手の勝ち筋に入った。

a△9七桂（第8図）＝残り時間は切迫していたが、詰みを読み切った。▲9九玉は△8八銀が好手。①▲同飛は△8九金以下詰み。②▲同玉も△7九銀▲9七玉△8八銀打▲同飛△同銀不成▲同玉△8九金（**C図**）以下詰み。

b△6五香（投了図）＝以下▲6六歩△4八飛▲5八銀△7八金と追って詰み。名人戦史上に残る名局で名人獲得。終局直後のインタビューで、佐藤は鼻の付け根を真っ赤にし、第一声はかすかにつぶやくのがやっとだったという。

【投了図は△6五香まで】

▲谷川　角角銀桂桂歩三

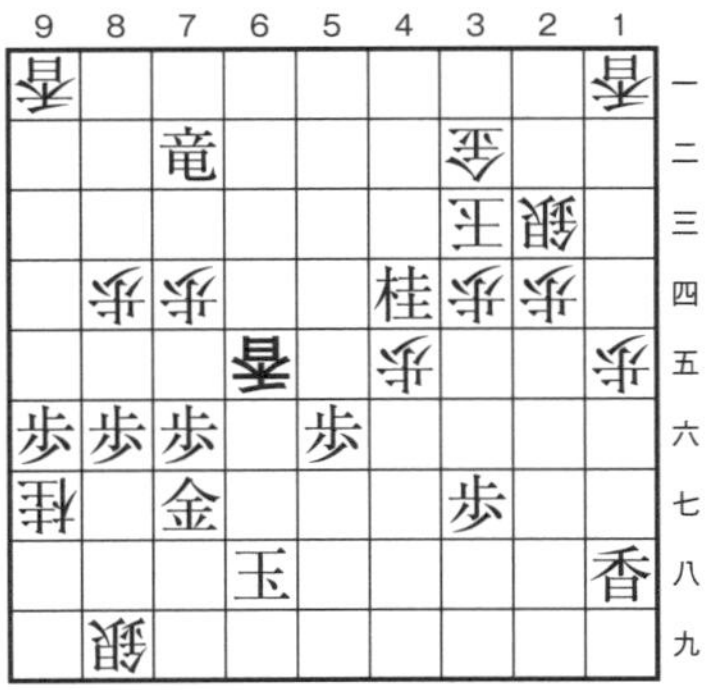

△佐藤　飛金金銀歩四

第27局

第39期王位戦挑戦者決定戦（新聞三社連合）

【持ち時間】各5時間

1998年6月29日　終了23時30分　東京都渋谷区「将棋会館」

記録係　飯島栄治三段

▲七段 郷田　真隆
△名人 佐藤　康光

2期連続王位挑戦を果たす

相矢倉

1998年度の佐藤は、王位戦も勝ち進んでいた。本局は名人獲得後の第1戦。昨年に続き郷田真隆七段との挑戦者決定戦となった。郷田七段はこの年度好調で、本局当時17勝1敗。直後に第69期棋聖戦で棋聖獲得を果たす。

▲7六歩1 △8四歩6 ▲6八銀1
△3四歩 ▲7七銀 △6二銀
▲5六歩 △5四歩 ▲4八銀1
△4二銀 ▲7八金 △3二金7
▲6九玉1 △4一玉 ▲5八金
△5二金7 ▲7九角 △3三銀1
▲3六歩 △3一角1 ▲6六歩
△4四歩4 A▲3八飛3 △4三金右11
▲6七金右1 △7四歩1 ▲6八角2
△9四歩22 ▲7九玉10 △9五歩
▲5七銀35 △6四角46 ▲3七桂2
△3一玉 ▲4六銀27 △7三角2
▲2六歩3 △5三銀1 ▲8八玉1
△1四歩4 ▲1六歩2 B△2二銀18
▲1七香19 △8五歩14 ▲1八飛25
△5一角11 ▲5五歩22 △同　歩3
▲同　銀 △7三角6 ▲5八飛
△5四歩4 ▲4六銀 △2四歩
▲2八飛8 △2三銀5 ▲2五歩
△同　歩 ▲同　飛 △2四歩
▲2九飛 △4二銀1 C▲9八香6
D△3三銀2 （第1図） ▲9九玉1
△2二玉 ▲8八銀 △6四角1
▲7七金寄1 △7三桂2 ▲3五歩13
△同　歩41 E▲7五歩4 △3六歩4
▲7四歩 △9六歩5 ▲同　歩2
F△9七歩 ▲同　桂21 △3七歩成
▲7三歩成 △同　角 ▲7四歩
△6四角6 G▲6五歩4 H△4二角36
▲7三歩成6 △9二飛 ▲3七銀4
I△9六飛 （第2図） ▲7六歩5
△7五歩 ▲3五桂 △7六歩
▲6六金2 △7七歩成23 ▲同　角7
△7六桂 ▲同　金3 △同　飛
▲4三桂成3 △同　金 ▲3五桂
△9六歩 ▲4三桂成 △9七歩成
▲同　香 △同香成 ▲9八歩
△8八成香 ▲同　金 J△9六桂4
▲4二成桂2 △同　銀 ▲4四角24
△3三金 ▲6七金 △4四金
▲7六金 △8四桂 ▲9二飛11
△8八桂成 ▲同　玉 △3二金
▲3六香13 △3四歩 ▲8五金
△5五角 ▲9七玉3 △7七角成
K▲7八金 （第3図） △同　馬
▲8六玉 △6七馬 ▲7五玉
△8一桂 ▲8四金 △7三桂
▲7四玉 L△8一香 ▲2五歩

【第1図は△3三銀まで】

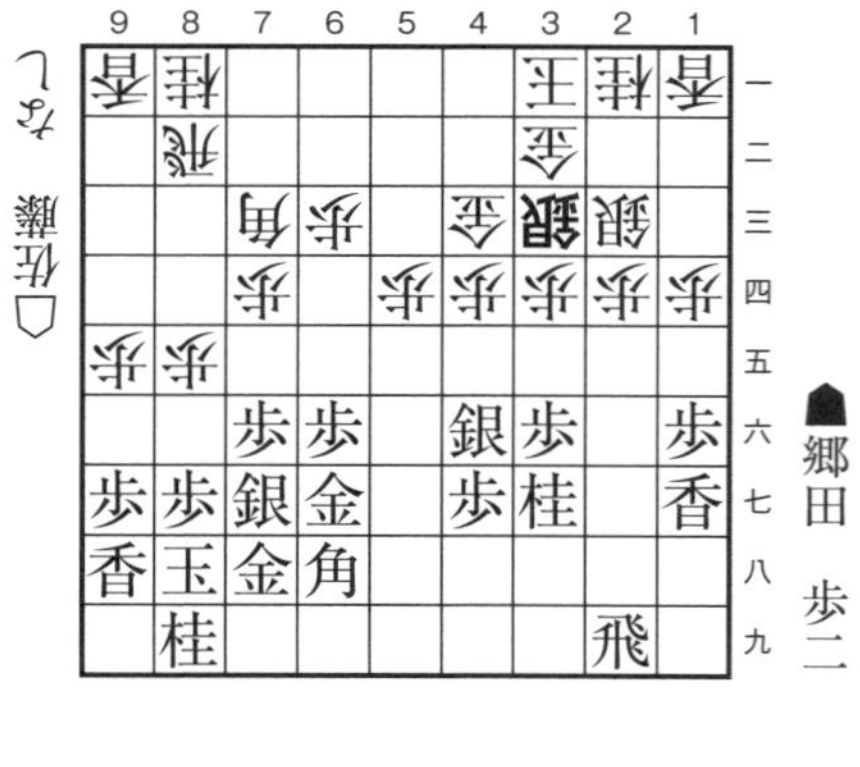

△佐藤　なし

9	8	7	6	5	4	3	2	1	
v香	v桂					v玉	v桂	v香	一
	v飛					v金			二
		v角	v歩		v金	v銀	v銀		三
		v歩		v歩	v歩	v歩	v歩	v歩	四
v歩	v歩								五
		歩	歩		銀	歩		歩	六
歩	歩	銀	金		歩	桂		香	七
香	玉	金	角						八
	桂						飛		九

▲郷田　歩二

△6六馬　M▲2四歩　△8四馬
▲6三玉　N△2四銀　▲同　飛
△2三歩　▲3四香　△7四銀
▲6二玉　△5一金　▲7一玉
△2四歩　▲3二香成　△同　玉
▲5三桂　△8三馬　▲3六桂
△6一金打　▲同桂成　△同　金

（投了図）　まで162手で佐藤の勝ち

（消費時間＝▲4時間59分、△4時間59分）

【解説】

A▲3八飛＝相矢倉で当時郷田が用いていた作戦。直前の第69期棋聖戦第2局で快勝していた。森下システムと3七銀戦法の含みを残す。

B△2二銀＝銀冠に組み直す。記録係の飯島現七段はこの発想に感動したという。

C▲9八香＝穴熊へ。両者堅陣を構築。

D△3三銀（第1図）＝4枚銀冠を完成。

E▲7五歩＝正面突破は困難とみて、からめ手からも攻める。△同角なら角の利きがそれるので▲2五歩から▲3五銀と攻められる。

F△9七歩＝うまいタイミングで利かす。

G▲6五歩＝▲3五桂は金銀両取りだが△3六とで、と金の価値が高い。

H△4二角＝**F△9七歩**に▲同香であれば、△9七角成▲同銀△7五香の強襲で攻めが続いた。本譜は▲9七同桂だったため引き揚げる。

I△9六飛（第2図）＝端攻めの効果はてきめん。相手の手に乗りながら9七桂型をとがめた。飛車が世に出る形になって後手優勢だ。

J△9六桂＝攻め将棋の二人らしく、**第2図**から激しいたたき合いになったが、穴熊の顔が見える形になった。佐藤は早くも一分将棋。

K▲7八金（第3図）＝金を捨てる意表の勝負手。上部脱出に一縷の望みをつなぐ。

L△8一香＝センスのいい寄せ。▲8三桂なら△8二金▲9一飛成△7二銀で一手一手。△8一香で△8一金は▲5二飛成で駒が渋滞気味。

M▲2四歩＝▲7三金は△6五馬▲同玉△5五金▲7六玉△6六金打以下詰み。

N△2四銀＝先手から詰めろが続かない。佐藤は先手玉を追い詰め、**投了図**は▲8一玉△7一飛の詰み。2期連続で王位戦の挑戦権を得た。

【第2図は△9六飛まで】

佐藤△　桂歩二

9	8	7	6	5	4	3	2	1	
v香							v桂	v香	一
					v角	v金	v王		二
		と	v歩		v金	v銀	v銀		三
				v歩	v歩		v歩	v歩	四
	v歩		歩						五
v飛								歩	六
桂	歩	金			歩	銀		香	七
香	銀	金	角						八
玉							v飛		九

▲郷田　桂歩五

【第3図は▲7八金まで】

佐藤△　銀桂香

9	8	7	6	5	4	3	2	1	
							v桂	v香	一
v飛					v銀	v金	v王		二
		と	v歩				v銀		三
	v桂			v歩	v金	v歩	v歩	v歩	四
	金		歩						五
						香		歩	六
玉	歩	v馬			歩	銀		香	七
歩		**金**							八
							v飛		九

▲郷田　角桂歩七

【投了図は△6一同金まで】

佐藤△　飛桂香歩

9	8	7	6	5	4	3	2	1	
	v香	玉	**v金**				v桂	v香	一
v飛					v銀	v王			二
	v馬	v桂							三
		v銀		v歩	v金		v歩	v歩	四
			歩						五
						桂		歩	六
	歩				歩	銀		香	七
歩									八
									九

▲郷田　角金金銀歩九

第28局

第39期王位戦七番勝負第3局（新聞三社連合）

【持ち時間】各8時間

1998年8月6、7日　終了7日19時25分　兵庫県神戸市「中の坊瑞苑」
記録係　本田啓二初段

名人 ▲佐藤　康光
王位 △羽生　善治

矢倉のたたき合いを制す

相矢倉

名人として王位戦七番勝負に登場も2連敗。第3局は負けられない一戦だ。打ち上げで立会人の内藤國雄九段が対局者に詰将棋を見せると、二人は熱心に考えた。それを改良したのが看寿賞特別賞を受賞した攻方実戦初形の作品だ。

▲7六歩 1　△8四歩 2　▲6八銀 1
△3四歩 1　▲6六歩 1　△6二銀 2
▲5六歩 1　△5四歩 2　▲4八銀
△4二銀 3　▲5八金右 1　△3二金 10
▲7八金 3　△4一玉 2　▲6九玉 1
△5二金 3　▲7七銀 3　△3三銀 4
▲7九角　△3一角 1　▲3六歩 1
△4四歩　▲3五歩 29　△同　歩 52
▲同　角　△4三金右　▲3七銀 12
△5三銀 9　▲3六銀 23　△3四銀 10
▲6八角 17　△4五銀 6　▲3五銀 1
A **△4二銀** 44　**（第1図）**　▲4六歩 32
△3四銀 1　▲2六銀　△2四歩 8
▲7九玉 18　△3三銀 31　▲3五歩 6
△2三銀 1　▲3七銀 9　△4二角 9
B **▲3六銀** 1　△3一玉　▲6七金右 3
△9四歩 5　▲8八玉 42　△9五歩 3
▲2六歩 2　△7四歩 39　▲3七桂 33
△7三桂 1　▲8六銀 77　△6四角 33
▲2五歩　△同　歩 2　▲同　銀
△2四歩　▲3六銀　△2二玉 4
▲1六歩 6　△1四歩 3　▲2五歩 39
△同　歩 10　▲1五歩　△同　歩 34
▲2五桂　△2四銀右 1　▲6五歩
△5三角 3　C **▲4五歩** 1　△3三歩 2
▲4六角 11　△7二飛 1　▲6四歩 41
△同　歩 26　▲4四歩 4　△同　角 10
▲5五歩　D **△同　角** 6　▲同　角
△同　歩　▲1二歩 15　△同　香 9
▲1三歩　△同　桂 33　▲同桂成
△同　香　E **▲6三角**　△7一飛
▲7四角成　△2五歩 1　▲同　銀 3
△同　銀 2　▲同　飛　△2四歩
▲2九飛　F **△6五桂** 8　▲6四馬 5
△6六歩 2　▲同　金　△7七歩
▲同　桂 1　△5七桂成 1　▲4四歩 2
△同　金 4　▲3六桂 3　G **△7四桂** 7
（第2図）　▲4四桂 3　△6六桂 6
▲3二桂成　△同　銀 2　H **▲3一銀**
△同　飛　▲同　馬　△同　玉
▲6一飛　△4一歩 6　I **▲6六飛成**
J **△2三角** 7　**（第3図）**　K **▲3四桂** 9
△同　歩　▲5七竜　△5六銀 2
L **▲4三桂** 7　△2二玉 2　▲5六竜 2
△同　歩　▲3四歩　△4二銀 1
▲3一銀　△同　銀　▲同桂成
△同　玉　▲3三銀 1　△2二銀
M **▲4三金** 5　N **△4二金**　▲2二銀成

【第1図は△4二銀まで】

△羽生　持駒：歩

	9	8	7	6	5	4	3	2	1	
	v香	v桂				v王	v角	v桂	v香	一
		v飛				v銀	v金			二
	v歩		v歩	v歩		v金		v歩	v歩	三
		v歩			v歩	v歩				四
						v銀	銀			五
			歩	歩	歩					六
	歩	歩	銀			歩		歩	歩	七
			金	角	金			飛		八
	香	桂		玉				桂	香	九

▲佐藤　持駒：歩

☖同　玉　☗3三銀　O☖同　銀
☗同歩成　☖同　金　☗3一銀
☖同　玉　☗3三金　☖2二銀
☗3二歩　☖同　角　☗同　金
☖同　玉　P☗6五角　☖3三玉1
☗3五金　☖———1　（投了図）
まで157手で佐藤の勝ち
（消費時間＝☗7時間56分、☖7時間59分）

【解説】

A☖4二銀（第1図）＝☖5五歩☗4六歩☖5四銀引の進行も有力だが、堅い銀冠に組める順が好まれている。なお☖4二銀は1986年全日本プロ☗島朗六段―☖羽生四段の羽生新手。

B☗3六銀＝銀を立て直す。歩越しより、歩の内側にいるほうが、銀の形が良い。

C☗4五歩＝どんどん前進。後手の守備の駒が多いのでいい勝負。

D☖5五同角＝相手の手に乗り、駒をほぐす。

E☗6三角＝馬を作れば攻めは途切れない。

F☖6五桂＝切り合いにシフトチェンジ。

G☖7四桂（第2図）＝壮絶なたたき合いに。

H☗3一銀＝先手玉は☖7八桂成からの詰めろ。6六桂を抜いて頑張る。☖2三玉は☗2二金以下詰みなので、☖3一同飛から **I☗6六飛成**は必然。これで先手玉に詰めろがかからない。

J☖2三角（第3図）＝☖4五角は☗5六歩。☖同角なら☗同竜☖同歩☗2四飛☖2三歩☗4三桂☖同銀☗2一金☖4二玉☗3一角で先手勝ち。だが、途中の☖5六同角に代えて☖4七角は有力で、本譜より勝った可能性は高い。

K☗3四桂＝好手。犠打で☖7八角成を消す。

L☗4三桂＝またも桂の犠打。寄せの足場を作る。☖4三同銀は☗3三金が厳しい。

M☗4三金＝好手。☖6六桂がくる前に寄せ切る覚悟。☗4四金では☖4二金で粘られる。

N☖4二金＝☖4三同銀は☗2二銀不成☖4二玉☗3三歩成☖5一玉☗6九飛で先手勝ち。

O☖3三同銀＝☖3三同金は☗同歩成☖同銀☗3四桂☖同角☗3二金打で寄り。**M☗4三金**のところを☗4四金としているとこの筋がない。

P☗6五角＝歩の合駒が利かず一手一手の寄り。絶対詰まない形を生かして寄せ切った。

【第2図は☖7四桂まで】

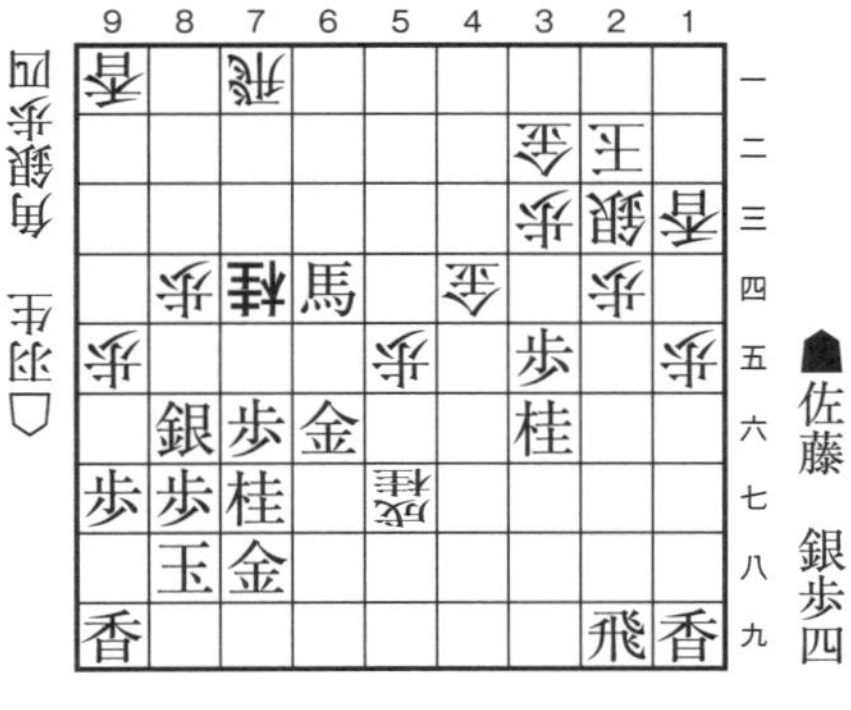

☖羽生　角銀歩四

	9	8	7	6	5	4	3	2	1
一	v香		v飛						
二							v金	v王	
三							v歩	v銀	v香
四		v歩	v桂	馬		v金		v歩	
五	v歩				v歩		歩		v歩
六		銀	歩	金			桂		
七	歩	歩	桂		v成銀				
八		玉	金						
九	香							飛	香

☗佐藤　銀歩四

【第3図は☖2三角まで】

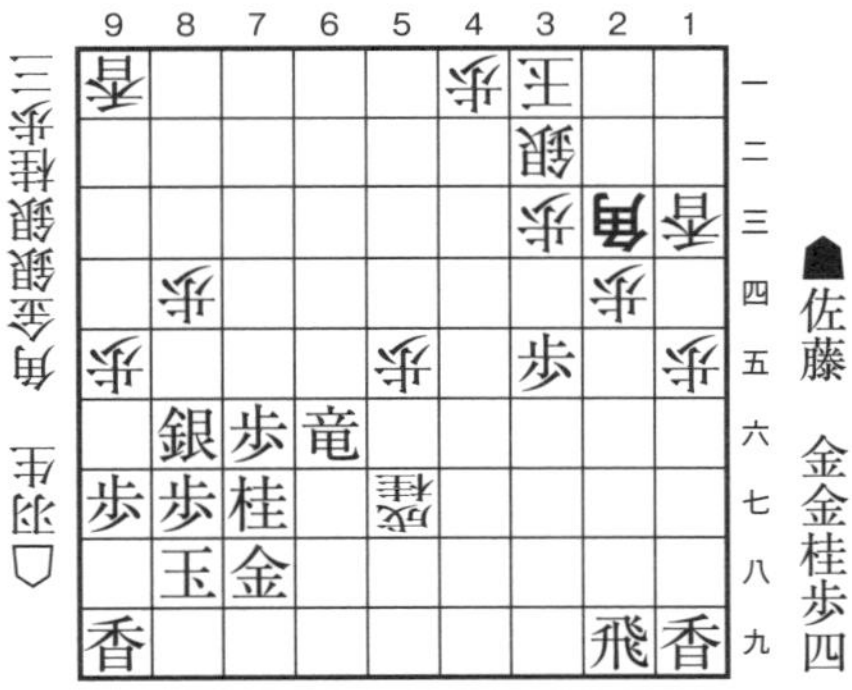

☖羽生　角金銀銀桂歩三

	9	8	7	6	5	4	3	2	1
一	v香					v歩	v王		
二							v銀		
三							v歩	v角	v香
四		v歩						v歩	
五	v歩				v歩		歩		v歩
六		銀	歩	竜					
七	歩	歩	桂		v成銀				
八		玉	金						
九	香							飛	香

☗佐藤　金金桂歩四

【投了図は☗3五金まで】

☖羽生　飛角金銀銀桂三歩五

	9	8	7	6	5	4	3	2	1
一	v香					v歩			
二								v銀	
三							v王		v香
四		v歩						v歩	
五	v歩			角			金		v歩
六		銀	歩		v歩				
七	歩	歩	桂						
八		玉	金						
九	香							飛	香

☗佐藤　金歩四

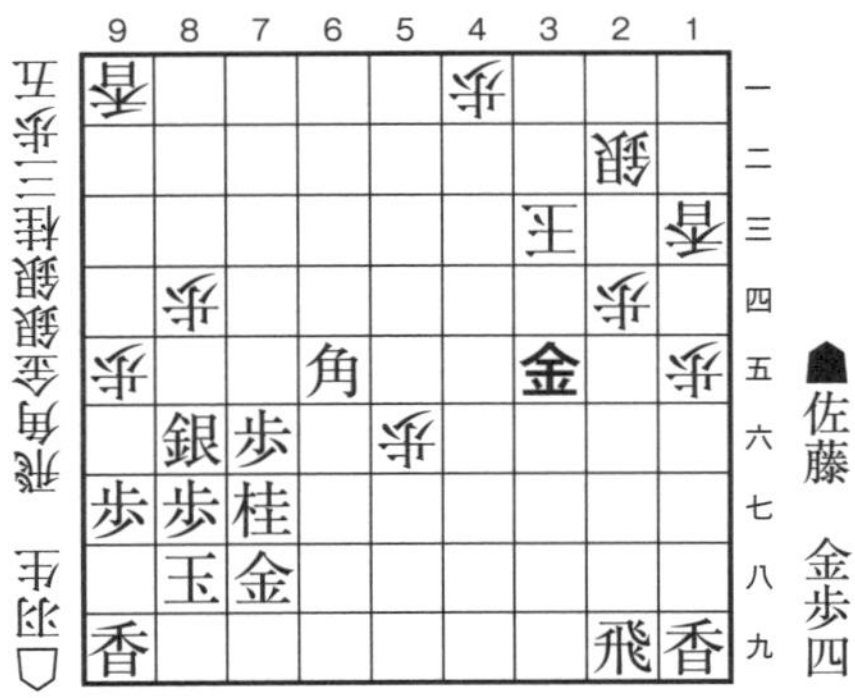

第29局

第29期新人王戦記念対局（しんぶん赤旗）

【持ち時間】各3時間

1998年12月18日 終了16時53分 東京都渋谷区「将棋会館」

記録係 佐藤佳一郎三段

六段 ▲三浦 弘行

名人 △佐藤 康光

追い込まれるが辛勝

横歩取り3三桂型

名人を獲得した佐藤は、新人王戦優勝の三浦弘行六段との記念対局に臨んだ。名人と新人王の対局は毎年恒例で、第36期までは公式戦だった。第37期以降は非公式戦となり、名人以外のタイトル保持者も出場している。

A▲**7六歩** △3四歩 ▲2六歩3
△8四歩 ▲2五歩 △8五歩
▲7八金 △3二金 ▲2四歩
△同 歩 ▲同 飛 △8六歩
▲同 歩 △同 飛 ▲3四飛
B△**3三桂** （**第1図**） ▲5八玉2
△6二玉1 ▲3八金 △1四歩3
▲3六飛5 △4二銀 ▲4八銀
△7二玉 ▲9六歩1 △6二金3
▲7七桂3 △8四飛1 ▲7五歩1
△8二銀6 ▲7六飛3 C△**2四飛**1
▲2七歩 △5四歩6 ▲7四歩
D△**5五歩**3 ▲7三歩成11 △同 銀19
▲8四歩12 △7四歩16 ▲8六飛14
△8二歩 E▲**6五桂**6 △6四銀4
▲7三歩 △同 桂1 ▲同桂成
△同 金 ▲6六角16 F△**7五歩**10
▲8八角 △5三銀上4 ▲9五歩1
△5四銀6 G▲**8五桂**6 （**第2図**）
H△**8四金**27 ▲9四歩17 △6五銀左3
▲9三桂成14 △8五桂5 ▲2六飛6
△2五歩 ▲9六飛1 △7六歩6
▲8二成桂2 △6二玉 ▲9一成桂
I△**5六歩**12 ▲6六歩3 △4五桂2
▲6五歩 △5七歩成 ▲同 銀
△同桂成 ▲同 玉 △5六歩
▲4八玉3 J△**7七桂成**10 （**第3図**）
▲同 金2 △5七歩成 ▲3九玉
△7七歩成 ▲6四歩 K△**同 飛**7
▲6八香5 △同と右4 ▲2二角成5
△同 金 L▲**4五桂** （**第4図**）
△4八金10 ▲同 金 △同 と
▲同 玉 △5七角 ▲同 玉
△6七飛成 ▲4六玉 M△**5五銀**

【第1図は△3三桂まで】

△佐藤 持駒 歩二

9	8	7	6	5	4	3	2	1	
v香	v桂	v銀	v金	v王		v銀		v香	一
						v金	v角		二
v歩		v歩	v歩	v歩	v歩	v桂		v歩	三
						飛			四
									五
	v飛	歩							六
歩			歩	歩	歩	歩		歩	七
	角	金							八
香	桂	銀		玉	金	銀	桂	香	九

▲三浦 持駒 歩三

【第2図は▲8五桂まで】

△佐藤 持駒 桂 歩二

9	8	7	6	5	4	3	2	1	
v香								v香	一
	v歩	v王				v金	v角		二
v歩		v金	v歩		v歩	v桂			三
	歩		v銀	v銀			v飛	v歩	四
歩	桂	v歩		v歩					五
	飛								六
				歩	歩	歩	歩	歩	七
	角	金		玉	銀	金			八
香		銀					桂	香	九

▲三浦 持駒 歩

▲同　玉1　△5七竜　（投了図）
まで100手で佐藤の勝ち
（消費時間＝▲2時間23分、△2時間50分）

【解説】

A▲7六歩＝三浦は第68期棋聖戦で棋聖失冠後、第29期新人王戦で優勝した。タイトル経験者の新人王は初めてだった。

　記念対局は新人王の先手とされている。だが、翌年の第30期ではタイトル保持者の藤井猛竜王が新人王になり、佐藤との記念対局は振り駒で先後を決めた（第36期の記念対局▲渡辺明竜王—△森内俊之名人戦も同様）。

B△3三桂（第1図）＝当時、中座飛車が流行しつつあったが、本局のころの佐藤は、しばらく横歩取り3三桂型を多用していた。名人戦でも指している。3三角型より力戦志向が強い。

C△2四飛＝相振り飛車のような形になった。この戦型ではよく見られる進行だ。

D△5五歩＝中住まい攻略の第一歩。

E▲6五桂＝フライング気味。玉頭を厚くする▲6八銀は必須だった。

F△7五歩＝△7四桂を見せた受け。三浦は△7五銀から歩を取られる筋を消して端を狙う。

G▲8五桂（第2図）＝▲7四歩△同金▲6六桂は△6五銀左▲7四桂△同銀で後手十分。▲9四歩△同歩▲9三歩は△6五銀左▲9四香△5六歩▲同歩△4五桂で後手の狙い通り。

H△8四金＝金銀を押し出す力強い受け。

I△5六歩＝いよいよ急所に手がついた。

J△7七桂成（第3図）＝△8八角成▲同銀△6六角▲5九玉△5七歩成▲3五角△5三銀▲5八歩△4八銀▲同金△同と▲6九玉△5四飛で後手優勢だった。

K△6四同飛＝強く△2六歩と攻め合って後手勝ち筋だった。

L▲4五桂（第4図）＝▲6六桂が飛車の利きを止めながら▲5四桂打以下の詰めろの勝負手だった。以下、△5一香の受けに▲5二歩△同香▲5三歩△同香▲6八銀で、もうひと山あった。▲4五桂は▲5三銀からの詰めろだが。

M△5五銀＝鮮やかな収束で即詰み。**投了図**以下は▲6五玉△7五金打まで。

【第3図は△7七桂成まで】

▲三浦　銀桂香歩四

	9	8	7	6	5	4	3	2	1
一	成桂								△香
二				△王			△金	△角	
三				△歩		△歩			
四	歩	△金		△銀				△飛	△歩
五				歩				△歩	
六	△飛		△歩		△歩				
七			△成桂			歩	歩	歩	歩
八		角	金			玉	金		
九	香		銀					桂	香

△佐藤　銀歩二

【第4図は▲4五桂まで】

▲三浦　角銀銀桂歩四

	9	8	7	6	5	4	3	2	1
一	成桂								△香
二				△王				△金	
三				△歩		△歩			
四	歩	△金		△飛					△歩
五						桂		△歩	
六	△飛								
七					△と	歩	歩	歩	歩
八				△と			金		
九	香		銀				玉	桂	香

△佐藤　角金銀香歩三

【投了図は△5七竜まで】

▲三浦　角角金銀三桂歩五

	9	8	7	6	5	4	3	2	1
一	成桂								△香
二				△王				△金	
三				△歩		△歩			
四	歩	△金							△歩
五					玉	桂		△歩	
六	△飛								
七					△竜	歩	歩	歩	歩
八				△と					
九	香		銀					桂	香

△佐藤　金香歩三

第**30**局

第24期棋王戦本戦（敗者復活戦）持将棋指し直し局

【持ち時間】各4時間

（共同通信）

1998年12月22日　21時21分～23日1時39分　東京都渋谷区「将棋会館」
記録係　千葉幸生三段

名人 ▲佐藤　康光
八段 △島　　朗

365手の決着

相矢倉

王位戦七番勝負で敗れた佐藤は、棋王戦でチャンスを作る。島との対局は第23局に続いて持将棋となった。持将棋局、指し直し局合わせて365手の激闘は、思わぬ幕切れとなる。指し直し局は21時21分開始。

▲7六歩180　A△**3二金**182　▲7八金
△8四歩1　▲6八銀　△3四歩
▲6六歩　△6二銀　▲5六歩
△5四歩　▲4八銀　△4二銀
▲6九玉　△4一玉1　▲5八金
△5二金　▲7七銀　△3三銀
▲7九角　△3一角　▲3六歩
△4四歩　▲6七金右　△4三金右
B▲**3七銀**　△6四角　▲6八角
△7四歩　▲7九玉　△3一玉
C▲**8八玉**　△2二玉2　▲2六歩2
△9四歩1　▲1六歩　△9五歩
▲1五歩1　△5三銀1　▲3八飛2
△8五歩3　▲1七桂11　△2四銀

▲2五桂　△7三桂1　▲1七香5
△4二銀3　D▲**4六銀**　△3三桂
▲5五歩4　△同　歩10　▲6五歩3
△5三角2　▲3五歩　△2五桂6
▲同　歩　△3五銀　▲同　銀
△同　歩　▲1四歩1　△同　歩
▲同　香　△同　香6　E▲**5四歩**
△7一角　F▲**1三銀**2　（**第1図**）
△3一玉2　▲2四歩　△3三銀1
▲2三歩成2　△同　金　▲2五桂
△3四香3　▲3三桂成3　△同金右
G▲**3六歩**　△4三桂6　▲3五歩5
△同　桂　▲3六歩3　H△**2七桂成**3
▲3九飛　△4八銀2　▲3五歩3
△3九銀不成　▲3四歩　△同金左
▲3六香3　△3五歩　▲同　香
△同　金　▲同　角　△3八飛
▲2二銀打3　△同　飛　▲同銀不成
△同　玉　▲6八角　△3五歩1
▲7二飛　△6二銀　▲5三歩成

I△**2三玉**　▲6二と　△9三角
▲7三飛成　△3四玉　▲6三竜5
△4三桂1　▲9三竜　△同　香
▲5一角　J△**2四銀**　▲4二角成
△4八銀成1　▲5七角1　△2九飛
▲9三角成　△3九飛上成　▲7九香
△3七成桂　▲5四歩　△2五玉
▲5三歩成　△2六玉　▲4三と
△2三金　▲3二馬　△1三金
▲3三と　K△**2七玉**　▲2三と
△1七香成　▲1三と　△2五銀
▲9六歩　△3六銀　▲9五歩
△4七銀成　▲9七玉　△3六歩
L▲**9六玉**　△5六歩　▲8五玉
△8一香　▲7四玉　△8七香成
▲同　金　△7九竜　▲5六金
△8九竜　▲8八金　△5九竜
▲6六馬　△6八歩　▲9四歩
△6九歩成　▲9三歩成　△6八と
▲8三と　△4五桂　▲9二香成
△5七桂成　▲同　金　△同成銀
▲4四馬　△6七と　▲8六銀
△5六成銀　▲6四歩　△6六と
▲7五歩　△3八成銀　▲9七金
△4九飛成　▲3五馬　△1八玉
▲6三歩成　M△**7六歩**　▲7三玉
△7七歩成　▲7四歩　△4八竜右
▲7二玉　△7六と引　▲7三歩成

△8八竜　▲5三馬　N△8九竜寄
O▲9九金　（投了図）
まで189手で佐藤の勝ち
（消費時間＝▲3時間59分、△3時間59分）

【解説】

A△3二金＝相矢倉から持将棋になった指し直し局。当時、2手目△3二金は振り飛車を指させる挑発の意味が強かった。後年、佐藤がタイトル戦で用いるとは知る由もなかっただろう。

B▲3七銀＝再び相矢倉。両者自信の戦型だ。

C▲8八玉＝持将棋局と同じ局面。島は▲4六銀〜▲3七桂としたが、佐藤は加藤流を採用。

D▲4六銀＝「攻めは飛車角銀桂」の理想形。

E▲5四歩＝△同金は▲3四桂。抜け目ない。

【第1図は▲1三銀まで】

△島　銀桂香歩三

9	8	7	6	5	4	3	2	1	
香		角							一
	飛				銀	金	王		二
		桂	歩		金		歩	銀	三
		歩		歩	歩			香	四
歩	歩		歩	歩		歩	歩		五
		歩							六
歩	歩	銀	金		歩				七
	玉	金	角			飛			八
香	桂								九

▲佐藤　桂

F▲1三銀（第1図）＝手のなさそうな場所に手を作る。「すごい攻めですね」と控室で検討していた羽生善治四冠が声を上げたという。△同玉なら▲3五角△2二玉▲1三角成△同玉▲3二飛成で大技が決まる。

G▲3六歩＝しつこい攻め。先手良し。

H△2七桂成＝上部をじわじわと開拓する。

I△2三玉＝準備が整ったところで脱出開始。

J△2四銀＝頑強な粘り。こうされては先手も攻め切れない。

K△2七玉＝島は入玉の名手の一人。その神髄を発揮する。

L▲9六玉＝寄せをあきらめて佐藤も入玉に方針を切り替える。

【投了図は▲9九金まで】

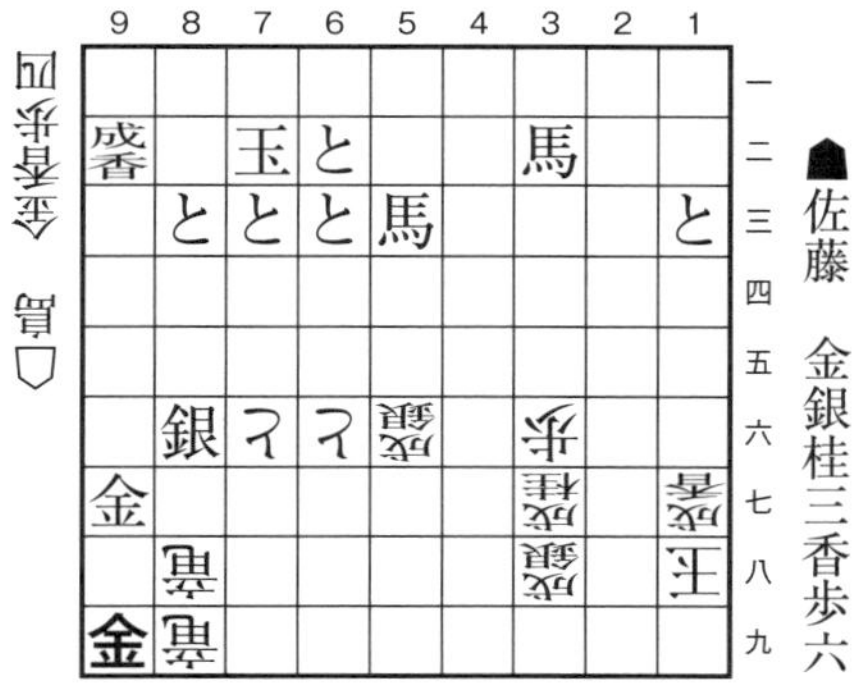

△島　金香歩四

9	8	7	6	5	4	3	2	1	
									一
成香		玉	と			馬			二
	と	と	と	馬				と	三
									四
									五
	銀	と	と	成銀		歩			六
金						成桂		成香	七
	竜					成銀		王	八
金	竜								九

▲佐藤　金銀桂三香歩六

M△7六歩＝点数勝負になった。後手は23点で、もう1点取れるかどうかが焦点。2局連続持将棋は、非常に珍しい。

N△8九竜寄＝7六のと金で金銀の2枚を取れれば引き分けに持ち込める。

O▲9九金（投了図）＝入玉形ならではの妙手。どちらで取っても▲9八金打で竜を仕留めることができる。竜と金3枚の取引は、5点対3点の交換になり点数勝負に決着。

持将棋局は佐藤が24点だった。島が佐藤の金銀を狙った瞬間、馬が頓死して持将棋が確定した（A図）。指し直し局は竜の頓死で、対になる幕切れだ。島は「一日に2回も大駒が頓死とは珍しいこともあるものですね」と苦笑した。

【A図は△4二銀打まで】

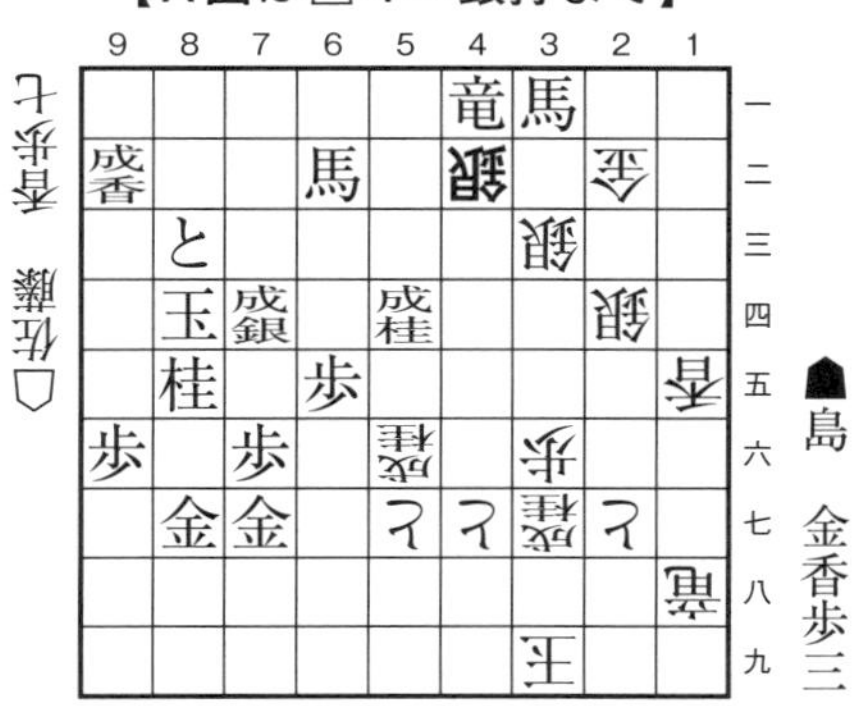

△佐藤　香歩七

9	8	7	6	5	4	3	2	1	
					竜	馬			一
成香			馬		銀		金		二
	と					銀			三
	玉	成銀		成桂			銀		四
	桂		歩					香	五
歩		歩		成桂		歩			六
	金	金		と	と	成桂	と		七
								竜	八
						王			九

▲島　金香歩三

第31局

第24期棋王戦挑戦者決定二番勝負第1局（共同通信）

【持ち時間】各4時間

1999年1月8日　終了19時38分　東京都渋谷区「将棋会館」

記録係　阿久津主税三段

名人 ▲佐藤　康光

竜王 △藤井　猛

藤井システムを破る

後手四間飛車藤井システム

1998年度の藤井は、対居飛車穴熊の藤井システムが大ブレイク。8割以上の勝率を挙げて竜王獲得。佐藤にとって避けて通れない。棋王戦の挑戦者決定戦は変則二番勝負で、敗者復活戦優勝の佐藤は2連勝が必要だ。

▲7六歩3　△3四歩2　▲2六歩
△4四歩　▲2五歩　△3三角
▲4八銀　△4二飛17　▲6八玉
△7二銀　▲7八玉4　△9四歩1
▲5六歩2　△5二金左24　▲5八金右20
△9五歩5　▲5七銀8　A△3二銀4
B▲3六歩2　△6二玉2　▲7七角1
△6四歩7　▲8八玉14　△7四歩5
C▲9八香3　△7三桂5　▲6六歩7
△4五歩8　▲6七金26　D△8五桂26
▲8六角4　△6五歩　E▲7八玉1
（第1図）　△6六歩2　▲同　金
△7三銀　▲5五歩2　△6三金13
▲3七桂27　F△5二金39　▲5六金67
△7五歩4　▲同　歩4　△6四銀8
G▲4五桂　△2二角4　▲4六銀6
△4四歩2　▲6五歩　△7三銀
▲5三桂成　△同金上1　H▲5七銀3
（第2図）　△8四銀3　▲6六銀
△4一飛　▲5八金1　△1四歩5

【第1図は▲7八玉まで】

△藤井　持駒：なし

9	8	7	6	5	4	3	2	1	
v香			v金				v桂	v香	一
		v銀	v王	v金	v飛	v銀			二
	v歩			v歩		v角	v歩	v歩	三
		v歩				v歩			四
v歩	v桂		v歩		v歩		歩		五
	角	歩	歩	歩		歩			六
歩	歩		金	銀	歩			歩	七
香		玉					飛		八
	桂	銀	金				桂	香	九

▲佐藤　持駒：なし

▲2四歩3　△同　歩　I▲6七金
△5二玉11　▲6八角　△9六歩5
▲同　歩　△9七歩　▲同　桂3
△9六香　▲8五桂　△9八香成
▲8六歩　△7一香4　▲5七角3
△4五桂2　▲4六角　△7五銀
▲同　銀　△同　香　▲7六歩
△3七銀　J▲5四歩3　（第3図）
△同金右1　▲5五歩4　△7六香1
▲同　金6　△4六銀成　▲同　金4
△3七桂成18　▲5四歩　△2八成桂
▲5三歩成　△同　玉　K▲5四歩4
△4二玉　▲5二金　△3三玉
▲4一金　△8九角　▲6八玉

【第2図は▲5七銀まで】

△藤井　持駒：桂

9	8	7	6	5	4	3	2	1	
v香							v桂	v香	一
			v王		v飛	v銀	v角		二
	v歩	v銀	v金	v金			v歩	v歩	三
					v歩	v歩			四
v歩	v桂	歩	歩	歩			歩		五
	角			金		歩			六
歩	歩			銀	歩			歩	七
香		玉					飛		八
	桂	銀	金					香	九

▲佐藤　持駒：歩三

△6七飛1　▲5八玉　△5七歩
▲4八玉　△2三玉　L▲2五歩
（第4図）M△6九飛成2　▲2四歩
△1三玉　▲2五桂　△2四玉
▲3五銀　△同　歩　▲同　金
△2三玉　▲2四香　（投了図）
まで115手で佐藤の勝ち
（消費時間＝▲3時間55分、△3時間52分）

【解説】

A△3二銀＝伝家の宝刀、本家の藤井システム。居玉のまま攻めを狙う画期的な穴熊対策だ。

B▲3六歩＝急戦含みの牽制球。△6二玉との交換の損得は微妙なところ。

C▲9八香＝藤井システムにも穴熊を明示。

D△8五桂＝藤井システム眼目の一手。玉が射程に入った瞬間を狙い、角の利きで勝負する。

E▲7八玉（第1図）＝▲9九玉は△6六歩▲同金△6五歩▲5五金△5四歩で金損。▲7八玉は予定でC▲9八香が角筋を避けている。

F△5二金＝もう玉を囲う将棋ではない。玉頭を少しでも厚くする。

G▲4五桂～▲4六銀＝桂損の代わりに、玉頭の厚みを取りに行った。

H▲5七銀（第2図）＝▲5四歩が勝った。△同金直は▲7四歩、△同金右は▲5五歩△4五金▲同銀△同歩▲5四歩で技あり。また、△5二金引には▲5五銀で先手好調だった。

I▲6七金＝第2図で▲5四歩を逸したが、佐藤は厚み重視で一貫している。後手の大駒と8五桂の連携を封じることに成功。先手良し。

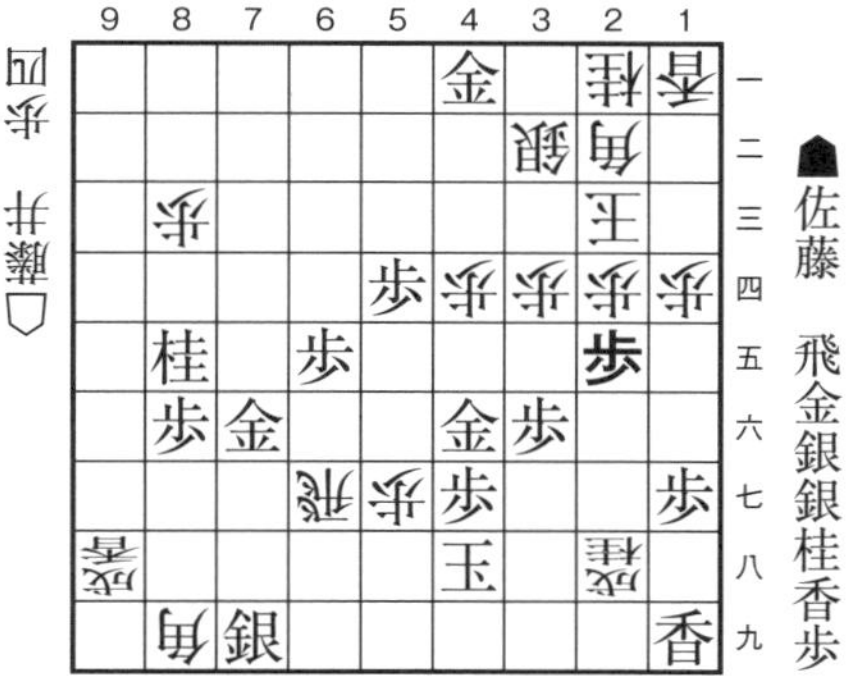

J▲5四歩（第3図）＝両取り逃げるべからず。模様の良さを具体的な形に代えていく。

K▲5五歩＝急所に手が付いて先手勝勢。

L▲2五歩（第4図）＝センスのいい寄せ方。歩の攻めは振りほどけない。

M△6九飛成＝形作り。**投了図**は△1二玉▲2二香成△同玉▲3一角以下詰み。

続く第2局も佐藤が勝ち、挑戦権を獲得した。二番勝負で敗れた藤井は、対居飛車穴熊藤井システムでは4三銀型を主軸に据えるようになる。3二銀型は序盤の△9五歩を省略して、△6四歩を急ぐ手法が発表されるまで下火になった。

【第3図は▲5四歩まで】

▲佐藤　銀桂歩四

	9	8	7	6	5	4	3	2	1
一						v飛		v桂	v香
二					v王		v銀	v角	
三		v歩		v金	v金				
四					**歩**	v歩	v歩	v歩	v歩
五		桂	v香	歩		v桂			
六		歩	歩		金	角	歩		
七				金		歩	v銀		歩
八	v成香		玉					v飛	
九			銀						香

△藤井　歩二

【第4図は▲2五歩まで】

▲佐藤　飛金銀銀桂香歩

	9	8	7	6	5	4	3	2	1
一						v金		v桂	v香
二							v銀	v角	
三		v歩						v王	
四					歩	v歩	v歩	v歩	v歩
五		桂		歩				**歩**	
六		歩	金			金	歩		
七				v飛	v歩	歩			歩
八	v成香					玉		v成桂	
九		v角	銀						香

△藤井　歩四

【投了図は▲2四香まで】

▲佐藤　飛金銀歩三

	9	8	7	6	5	4	3	2	1
一						v金		v桂	v香
二							v銀	v角	
三		v歩						v王	
四					歩	v歩		**香**	v歩
五		桂		歩			金	桂	
六		歩	金				歩		
七					v歩	歩			歩
八	v成香					玉		v成桂	
九		v角	銀	v竜					香

△藤井　銀歩五

第32局

接戦を制して名人初防衛

横歩取り3三角型

第57期名人戦七番勝負第7局（毎日新聞）【持ち時間】各9時間

1999年6月16、17日　終了17日22時33分　山形県天童市「紅の庄東松館」　記録係　城間春樹三段

名人 ▲佐藤　康光

九段 △谷川　浩司

年度が変わり、佐藤は前期名人の谷川のリターンマッチを受けた。佐藤は2連勝スタートを切るも、3連敗でカド番に。大激戦の第6局（自戦記第4局）を制し、名人戦史上初めて同一カードでの2年連続フルセットとなった。

A▲7六歩2　△3四歩4　▲2六歩4　△8四歩9　▲2五歩2　△8五歩　▲7八金　△3二金　▲2四歩　△同　歩　▲同　飛　△8六歩3　▲同　歩　△同　飛　▲3四飛　B△3三角1　C▲3六飛59　△2二銀3

▲8七歩11　△8五飛1　▲3八金18　D△4一玉26　（第1図）　▲5八玉　△6二銀23　E▲3三角成33　△同　桂7　▲7七桂1　F△8二飛53　（第2図）　▲2六飛64　△5四歩44　▲4八銀22　△7四歩18　G▲6八銀21　△5五歩12　H▲3六歩13　（第3図）　I△2五歩5　J▲1六飛4　K△5六歩109　（第4図）　▲3五歩15　△8六歩6　▲同　歩40　△同　飛1　▲8七歩4　△7六飛　▲5六歩　L△4五桂42　（第5図）　▲4六飛77　△5七歩21　▲同銀右1　△同桂成　▲同　銀　M△5二金1　▲6六銀32　△6四角9　▲5五歩5

【第1図は△4一玉まで】

△谷川　歩二

	9	8	7	6	5	4	3	2	1
一	v香	v桂	v銀	v金		v玉		v桂	v香
二							v金	v銀	
三	v歩		v歩	v歩	v歩	v歩	v角		v歩
四									
五		v飛							
六			歩				飛		
七	歩	歩		歩	歩	歩	歩		歩
八		角	金				金		
九	香	桂	銀		玉		銀	桂	香

▲佐藤　歩二

【第2図は△8二飛まで】

△谷川　角歩二

	9	8	7	6	5	4	3	2	1
一	v香	v桂		v金		v玉			v香
二		v飛		v銀			v金	v銀	
三	v歩		v歩	v歩	v歩	v歩	v桂		v歩
四									
五									
六			歩				飛		
七	歩	歩	桂	歩	歩	歩	歩		歩
八			金		玉		金		
九	香		銀				銀	桂	香

▲佐藤　角歩二

【第3図は▲3六歩まで】

△谷川　角歩二

	9	8	7	6	5	4	3	2	1
一	v香	v桂		v金		v玉			v香
二		v飛		v銀			v金	v銀	
三	v歩			v歩		v歩	v桂		v歩
四			v歩						
五					v歩				
六			歩				**歩**	飛	
七	歩	歩	桂	歩	歩	歩			歩
八			金	銀	玉	銀	金		
九	香							桂	香

▲佐藤　角歩二

△7三桂34 N▲6八金33 （第6図）
O△8六歩35 ▲5四角4 △6六飛1
▲同　飛15 △5五角 ▲6一飛19
△5一歩 P▲5三歩1 （第7図）
△同　銀20 ▲6三角成13 △6六角2
▲5二馬 △同　玉 ▲6六飛成
△8九飛2 ▲6九桂9 Q△4一玉6
（第8図） ▲5四歩4 △4二銀3
R▲6四角7 S△8七歩成4 ▲5三歩成
△7七と ▲4二と △同　金
▲7七竜 T△2六桂17 （第9図）
▲3九金2 △3八銀 U▲6六竜
V△3三角4 W▲5三銀1 （第10図）
△同　金4 ▲同角成 △3九銀不成

【第4図は△5六歩まで】

△谷川　持駒：角歩

9	8	7	6	5	4	3	2	1	
v香	v桂		v金		v王			v香	一
	v飛		v銀			v金	v銀		二
v歩			v歩		v歩	v桂		v歩	三
		v歩							四
							v歩		五
		歩		v歩		歩		飛	六
歩	歩	桂	歩	歩	歩			歩	七
		金	銀	玉	銀	金			八
香							桂	香	九

▲佐藤　持駒：角歩二

X▲6二竜1 △4二銀6 Y▲2三歩
（第11図） Z△3一銀左1 ▲5二金
△同　歩 ▲同　竜 △3二玉
▲4三馬 △2三玉 a▲2四歩
△――1 （投了図）
まで103手で佐藤の勝ち
（消費時間＝▲8時間57分、△8時間58分）

【解説】

A▲7六歩＝本局の副立会人は丸山忠久八段。名人挑戦権を獲得し、佐藤に挑むのは翌年の話。

B△3三角＝名人位を懸けた大一番は、振り駒の結果、昨年（第27局）と逆に佐藤の先手に。谷川は横歩取り3三角戦法を採用。

C▲3六飛＝自然な手に59分の長考。当時は見られなかった▲5八玉から▲3六歩の青野流、▲6八玉の勇気流などを思い描いていたか。

【第5図は△4五桂まで】

△谷川　持駒：角歩二

9	8	7	6	5	4	3	2	1	
v香	v桂		v金		v王			v香	一
			v銀			v金	v銀		二
v歩			v歩		v歩			v歩	三
		v歩							四
					v桂	歩	v歩		五
		v飛		歩				飛	六
歩	歩	桂	歩		歩			歩	七
		金	銀	玉	銀	金			八
香							桂	香	九

▲佐藤　持駒：角歩三

D△4一玉（第1図）＝8五飛と4一玉による8五飛戦法は、1997年8月の第56期C級2組順位戦▲松本佳介四段―△中座真四段戦で出て、98年度から実戦数が増えた。本局のころから爆発的に流行する。後手番でも玉が堅くて主導権を狙えるのが魅力。中座四段にちなんで、中座飛車とも呼ばれた。しばらく谷川はこの戦法と四間飛車を併用しながら戦うことになる。佐藤は谷川が後手矢倉を指すこともありうるため「展開が読めず、先手番のときのほうが悩んだ」という。この七番勝負では、第2局でも指されている（佐藤勝ち）。現在は対策が進

【第6図は▲6八金まで】

△谷川　持駒：銀歩

9	8	7	6	5	4	3	2	1	
v香					v王			v香	一
			v銀	v金		v金	v銀		二
v歩		v桂	v歩		v歩			v歩	三
		v歩	v角						四
				歩		歩	v歩		五
		v飛	銀		飛				六
歩	歩	桂	歩		歩			歩	七
			金	玉		金			八
香							桂	香	九

▲佐藤　持駒：角桂歩四

み、5二玉・8四飛型が圧倒的多数となる。駒組みの細部に世相の変遷が表れている。

E▲3三角成＝▲2六飛ならよくある手。角交換の積極策に出る。▲7七桂として8五飛を直接とがめる構想。本局の2週間前、第40期王位戦で二人は▲4八銀と△5四歩の交換がある形を指していた。結果は谷川勝ち。

F△8二飛（第2図）＝△8四飛との比較は甲乙つけがたい。△8二飛は手堅い印象。

G▲6八銀＝両翼に銀が並び戦闘準備の完了。

H▲3六歩（第3図）＝次の▲3五歩を見せて後手の動きを催促。代えて▲1六歩△5一金▲1五歩△8四飛は後手の2手の価値が高い。

I△2五歩＝△7五歩は▲同歩なら△7六歩で後手良しだが、▲3五歩△7六歩▲同飛となると動きを逆用されている。

J▲1六飛＝狭い場所に逃げるのが好手。▲2八飛は横利きが消えて△7五歩で後手良し。

K△5六歩（第4図）＝△1四歩▲3五歩△2六角は、▲3四歩△4五桂▲2三歩で先手良し。△同銀には▲3三角△1五歩▲2六飛△同歩▲5五角成、△同金には▲5四角が厳しい。また、△7五歩は▲3五歩△7六歩▲同飛△5四角▲7四飛△8七角成に▲8三歩△同飛▲8四歩で後手無理筋。先手は△5六歩に▲同歩は△7三桂が気になるので▲3五歩で対抗した。

L△4五桂（第5図）＝△5七歩の筋があるので、この桂は簡単には取られない。

M△5二金＝壁形を解消して価値の高い一手。

N▲6八金（第6図）＝辛抱した。ほかには▲6八桂、▲5四角などが有力。▲6八桂は△5七歩▲同玉△6五桂▲5六玉（▲4八玉は△6六飛▲同歩△5七銀）△7七桂成▲7六桂△同成桂で後手優勢。▲5四角は△6六飛▲同飛△5五角となるが、本譜のほうが得。

O△8六歩＝△6五桂は▲同銀△4六飛▲同歩△5七歩▲4八玉△8九飛▲2四桂で無理筋。

P▲5三歩（第7図）＝直線的に後手玉の攻略を目指す。平凡に▲9一飛成は△5三銀打▲4五角△8七歩成で先手不利。谷川は▲5三歩を軽視していたという。

Q△4一玉（第8図）＝早逃げの好手。一気

【第7図は▲5三歩まで】

△谷川　銀

	9	8	7	6	5	4	3	2	1
一	v香			v飛	v歩	v王			v香
二				v銀	v金		v金	v銀	
三	v歩		v桂	v歩	歩	v歩			v歩
四			v歩		角				
五					v角		歩	v歩	
六		v歩		v飛					
七	歩	歩	桂	歩		歩			歩
八				金	玉		金		
九	香							桂	香

▲佐藤　桂歩三

【第8図は△4一玉まで】

△谷川　角銀銀歩

	9	8	7	6	5	4	3	2	1
一	v香				v歩	v玉			v香
二							v金	v銀	
三	v歩		v桂		v銀	v歩			v歩
四			v歩						
五							歩	v歩	
六		v歩		竜					
七	歩	歩	桂	歩		歩			歩
八				金	玉		金		
九	香	v飛		桂				桂	香

▲佐藤　角金歩四

【第9図は△2六桂まで】

△谷川　角銀銀歩三

	9	8	7	6	5	4	3	2	1
一	v香				v歩	v王			v香
二						v金		v銀	
三	v歩		v桂			v歩			v歩
四			v歩	角					
五							歩	v歩	
六								v桂	
七	歩		竜	歩		歩			歩
八				金	玉		金		
九	香	v飛		桂				桂	香

▲佐藤　金銀歩四

に寄せが遠くなった。
R▲6四角＝攻防の角で重圧をかける。
S△8七歩成＝△4四角▲7三角成△6六角▲同歩△7九銀の進行も有力。佐藤も△4四角を恐れていた。
T△2六桂（第9図）＝谷川らしからぬ重い攻め。△9五角だった。▲8六歩なら△5三銀▲5五角△4四銀で後手がやや指せる。また、▲7八竜は△9九飛成▲8九金△6八角成▲同玉△5六桂▲5七玉△6八銀▲4六玉△4四香で寄り筋。谷川は直前の▲7七竜で▲4二同角成の変化は大丈夫と読み切っていたが、手を戻されるのを軽視して手が見えなくなったという。
U▲6六竜＝ここでは▲5三銀も有力。以下

【第10図は▲5三銀まで】

△谷川　銀歩三

	9	8	7	6	5	4	3	2	1
一	v香				v歩	v王			v香
二						v金		v銀	
三	v歩		v桂		**銀**	v歩	v角		v歩
四			v歩	角					
五							歩	v歩	
六				竜				v桂	
七	歩			歩		歩			歩
八				金	玉		v銀		
九	香	v飛		桂			金	桂	香

▲佐藤　金歩四

△同金▲同角成△4二銀▲6三馬△5二歩▲5三歩△同銀▲5四歩△4二銀▲2三歩△同銀▲5三金と進んで先手優勢。
V△3三角＝ほかにも△4四角、△6五銀、△8二飛成など、候補手は多いがどれも少し先手が良いようだ。
W▲5三銀（第10図）＝好手。竜取りに構わず食いつき、局勢を引き寄せる。
X▲6二竜＝△3九銀不成が詰めろではない。寄せの態勢に入る。ここで△4九銀は▲5七玉△5六銀に▲4六玉で先手勝ち。
Y▲2三歩（第11図）＝好手。佐藤はこの手で勝ちを確信した。単に▲5二金は△同歩▲同竜△3一玉で逆転する。

【第11図は▲2三歩まで】

△谷川　金銀歩三

	9	8	7	6	5	4	3	2	1
一	v香				v歩	v王			v香
二				竜		v銀		v銀	
三	v歩		v桂		馬	v歩	v角	**歩**	v歩
四			v歩						
五							歩	v歩	
六								v桂	
七	歩			歩		歩			歩
八				金	玉				
九	香	v飛		桂			v銀	桂	香

▲佐藤　金金歩三

Z△3一銀左＝△2三同銀は▲5一竜△3二玉▲3一金以下詰み。また△5六銀も▲5二金から押していけば詰み。▲2三歩△3一銀左の交換を入れてから▲5二金がうまい。
a▲2四歩（投了図）＝以下△2四同玉は▲5四竜から、△2四同角も▲3四馬△1四玉▲2四馬△同玉▲3四金から詰み。△1四玉なら詰まないが、▲3三馬で自玉を安全にしつつ受けなしに追い込み勝勢。T△2六桂が後手玉が1五に逃げたときの退路をふさぐ意味もあった。
途中、2勝3敗と追い込まれたが、名人戦史上に残る激戦の第6局と本局を制して逆転防衛。紙一重の勝負を制し、初防衛した佐藤は「七番勝負はツイていた」とインタビューに答えた。

【投了図は▲2四歩まで】

△谷川　金金銀歩四

	9	8	7	6	5	4	3	2	1
一	v香						v銀		v香
二					竜	v銀			
三	v歩		v桂			馬	v角	v王	v歩
四			v歩					**歩**	
五							歩	v歩	
六								v桂	
七	歩			歩		歩			歩
八				金	玉				
九	香	v飛		桂			v銀	桂	香

▲佐藤　金歩四

第33局

第25期棋王戦本戦（共同通信）

【持ち時間】各4時間

1999年8月19日　終了19時27分　東京都渋谷区「将棋会館」

記録係　池辺龍大三段

名人　▲佐藤　康光

八段　△丸山　忠久

連勝を止める

横歩取り3三角型

丸山は1998年の早指し選手権戦で、野月浩貴四段に中座飛車を指され威力を悟る。すぐに取り入れた丸山は、本局まで中座飛車で12連勝。99年に入って全体の成績も本局まで18連勝中、26勝1敗と驚異的な成績だった。

▲7六歩 2　△3四歩 1　▲2六歩
△8四歩　▲2五歩　△8五歩 1
▲7八金　△3二金　▲2四歩
△同　歩　▲同　飛　△8六歩
▲同　歩　△同　飛 1　▲3四飛 2
△3三角 1　▲3六飛 6　△2二銀
▲8七歩 5　A△8五飛　（第1図）
▲2六飛　△4一玉 1　B▲5八玉 3
△6二銀　▲3八金 2　△5一金 12
▲4八銀　△7四歩 1　▲3六歩 1
C△7三桂　▲3七桂　D△8六歩
▲同　歩 3　△同　飛　▲3五歩
△3六歩 4　▲同　飛 3　△8八角成 1
▲同　銀 2　E△5四角　（第2図）

【第1図は△8五飛まで】

△丸山　持駒　歩一

9	8	7	6	5	4	3	2	1	
v香	v桂	v銀	v金	v王			v桂	v香	一
						v金	v銀		二
v歩		v歩	v歩	v歩	v歩	v角		v歩	三
									四
	v飛								五
		歩				飛			六
歩	歩		歩	歩	歩	歩		歩	七
	角	金							八
香	桂	銀		玉	金	銀	桂	香	九

▲佐藤　持駒　歩二

▲2六飛 5　△3六歩 12　F▲8七銀 9
△3七歩成 3　▲同　銀 8　△8五飛 2
G▲6六角 13　（第3図）　H△3五飛 87
▲2二角成 36　△2五歩　▲3二馬
△同　飛　I▲2五飛 68　J△4六桂
▲6八玉　△3八桂成　▲2一飛成

【第2図は△5四角まで】

△丸山　持駒　歩

9	8	7	6	5	4	3	2	1	
v香				v金	v王		v桂	v香	一
			v銀			v金	v銀		二
v歩		v桂	v歩	v歩	v歩			v歩	三
		v歩		v角					四
						歩			五
	v飛	歩				飛			六
歩			歩	歩	歩	桂		歩	七
	銀	金		玉	銀	金			八
香	桂							香	九

▲佐藤　持駒　角歩四

△3一金　▲3二竜 8　△同　金
K▲3三歩 3　△同　金 3　▲3四歩 1
△2九飛 2　▲3三歩成 2　△5九角 1
▲7九玉　△7七角成 1　▲6九桂 3
△3三馬　▲3四歩　△同　馬 74
L▲2六飛 1　（第4図）　△同飛成 1
▲同　銀　△8六歩　▲同　銀
△8八歩 3　▲2一飛 12　△3一歩
▲3二歩 1　△8九歩成　▲同　玉
△5二玉 2　▲3一歩成　△1二馬 12
M▲4一銀 10　△6一玉　▲8三金 1
△6四歩 4　N▲2四飛成 3　△4一金 6
▲5四竜 7　△同　歩　▲7二金打
△5二玉　▲6二金　△5三玉 3

▲4一と　△8七飛　▲8八歩

（投了図）　まで101手で佐藤の勝ち

（消費時間＝▲3時間40分、△3時間59分）

【解説】

A△8五飛（第1図）＝丸山が躍進する原動力となった横歩取り中座飛車。二人は数ヵ月後に第58期名人戦で顔を合わせることになる。決定的な対策が発見されたわけではないが、現在は5二玉・8四飛型に流行の重心が移っている。

B▲5八玉＝5八玉型はバランスがよく、6八玉型は攻撃的なポジションが取りやすい。

C△7三桂＝先手が▲3六歩とした瞬間は、後手が動く最初のチャンス。△2五歩▲2八飛△8六歩の実戦例も多数。有名局は第36局の名人戦や2004年の第17期竜王戦七番勝負第4局▲森内俊之竜王―△渡辺明六段戦など。

D△8六歩＝ここも分岐点。△2五歩、△1四歩、△9四歩など手が広く、そのどれもが難しい。△8六歩の局面の1号局は、4月の第57期名人戦第2局▲佐藤―△谷川浩司九段戦。

E△5四角（第2図）＝△3六歩からの角打ちが丸山の主眼。消費時間から研究手だろうか。終盤に△7六角で先手玉をにらむ可能性もある。

F▲8七銀＝▲2五桂は△7六飛▲7七銀△3七歩成がうるさい。桂損甘受が秀逸な大局観。

G▲6六角（第3図）＝後手は歩切れで▲2二角成が受けにくい。△3三桂は▲3四歩。「（名人戦第2局のときに）ある程度読んで、▲6六角があるから指せると思っていた」と佐藤。本局は定跡となり、E△5四角とする変化は廃れた。

H△3五飛＝長考に苦心の跡がうかがえる。

I▲2五飛＝控室で「▲2五飛はない」といわれていた。気迫でいく。▲2九飛も先手十分。

J△4六桂＝▲同歩なら△3六角打がある。

K▲3三歩＝3二金を攻めるのが寄せの急所。

L▲2六飛（第4図）＝好手。△同飛成▲同銀に△2九飛なら▲2一飛と打てる。

M▲4一銀＝俗手で迫る。△同金は▲同と△2一馬▲4二金△6一玉▲8二金で必至。

N▲2四飛成＝飛車を逃げながら働かせてそつがない。**投了図**は後手玉が一手一手の寄り。

【第3図は▲6六角まで】

△丸山　持駒：桂

	9	8	7	6	5	4	3	2	1
一	v香				v金	v王		v桂	v香
二				v銀			v金	v銀	
三	v歩		v桂	v歩	v歩	v歩			v歩
四			v歩		v角				
五		v飛					歩		
六			歩	角				飛	
七	歩	銀		歩	歩	歩	銀		歩
八			金		玉		金		
九	香	桂							香

▲佐藤　持駒：歩五

【第4図は▲2六飛まで】

△丸山　持駒：歩三

	9	8	7	6	5	4	3	2	1
一	v香				v金	v王			v香
二				v銀					
三	v歩		v桂	v歩	v歩	v歩			v歩
四			v歩		v角		馬		
五									
六			歩					飛	
七	歩	銀		歩	歩	歩	銀		歩
八			金				v成桂		
九	香	桂	玉	桂				v飛	香

▲佐藤　持駒：金金銀歩三

【投了図は▲8八歩まで】

△丸山　持駒：飛銀桂

	9	8	7	6	5	4	3	2	1
一	v香					と			v香
二				金					v馬
三	v歩	金	v桂		v王	v歩			v歩
四			v歩	v歩	v歩				
五									
六		銀	歩					銀	
七	歩	v飛		歩	歩	歩			歩
八		歩	金				v成桂		
九	香	玉		桂					香

▲佐藤　持駒：角金銀歩四

第34局

第71期棋聖戦決勝トーナメント（産経新聞）

【持ち時間】各4時間

2000年3月17日　終了20時55分　東京都渋谷区「将棋会館」

記録係　加藤正紘2級

六段 ▲行方　尚史
名人 △佐藤　康光

矢倉の激戦

相矢倉

佐藤にとって、第58期名人戦七番勝負直前の一戦。調子を上げたい対局で、相矢倉から新手を発表し、長手数のねじり合いを繰り広げる。行方は本局まで対佐藤戦4勝2敗で勝ち越し。前期の棋聖戦ではベスト4まで勝ち進んでいた。

▲7六歩7　△8四歩3　▲6八銀2
△3四歩　▲6六歩　△6二銀
▲5六歩　△5四歩　▲4八銀
△4二銀1　▲5八金右　△3二金
▲7八金　△4一玉　▲6九玉
△5二金　▲7七銀1　△3三銀2
▲7九角　△3一角　▲3六歩
△4四歩　▲6七金右1　△7四歩1
▲3七銀7　△6四角2　▲6八角1
△4三金右　▲7九玉　△3一玉
▲8八玉　△2二玉4　A**▲2六歩**16
△8五歩32　▲1六歩2　B**△7三銀**1
▲4六銀5　△7五歩1　▲同　歩
△4五歩　C**▲3七銀**　△7五角
D**▲7六歩**33　△6四角　▲2五歩1
E**△6二銀**8　▲4六歩12　△同　歩4
▲同　角　F**△5三銀**10　**（第1図）**
G**▲7五歩**46　△4四歩78　H**▲6四角**62
△同　銀2　▲7六銀7　△8六歩6
▲同　歩2　△同　飛　▲8七歩
△8二飛　▲6五歩1　△7三銀
▲3五歩3　△同　歩44　I**▲4五歩**2
△3四金15　▲4四歩8　△同　銀
▲2四歩　△同　歩　J**▲3六歩**
△同　歩4　▲同　銀　△3五歩
▲7一角16　K**△4二飛**7　▲4五歩
△5三角4　▲同角成　△同　銀
▲1七角　L**△6二銀右**1　▲3五銀
△同　金　▲同　角　△4五飛
▲4六金2　△4一飛　▲5五歩
△3四歩1　▲4二歩　M**△同　金**
▲2四角　△2三歩　▲1五角
△3二金　▲4五歩　△5五歩
▲3七桂　N**△5四銀打**7　▲2六角
△3三桂　▲4八飛2　△2四歩
▲1五歩　O**△2三玉**　**（第2図）**
▲9六歩　△9四歩　P**▲5五金**
△同　銀　▲5四歩　Q**△5二金**
▲5三歩成　△同　銀　▲8六歩
△5六歩　▲7七桂　△4六歩
▲4四銀　△同銀上　▲同　歩
△3五銀　▲同　角　△同　歩
▲4三銀　△同金右　▲5二銀
△4四金　▲4一銀不成　△4二金
▲5一飛　R**△3四玉**1　▲5二銀成
△3六歩　▲4二成銀　△3七歩成
▲1八飛　△4五玉　▲1四歩
△4七歩成　▲1六飛　△3六歩
▲6六金打　△5四桂　▲5六金上
△同　銀　▲同　金　△同　玉
▲5三飛成　△7一角　▲3三竜
S**△5七玉**　▲4九銀　T**△6六桂**
▲6七金　△4六玉　▲6六金
△6八金　▲7九桂　△6九角
▲6七銀　△同　金　▲同　金
△8七歩　**（投了図）**

まで164手で佐藤の勝ち

（消費時間＝▲3時間59分、△3時間59分）

【解説】

A**▲2六歩**＝矢倉3七銀戦法のいわゆる「加藤流」。立ち上がりに時間がかかる分、完全に組めれば十分な攻撃形を得られるのが魅力。

B△7三銀＝加藤流に後手は5三銀型と7三銀型に分かれる。△7三銀は反撃含みの積極策。

C▲3七銀＝▲6五歩は△7五角▲5七銀△7四銀で後手指せる。

D▲7六歩＝すぐに打つのが加藤一二三九段流。陣形の強度を重視し、角の逃げ場を見て攻め方を変える。平凡なようで高等戦術だ。△5三角なら▲1七桂から▲2五桂の筋も生じる。

E△6二銀＝銀の大遠征を目指す。4四まで移動できれば位が安定する。定跡化された手法。

F△5三銀（第1図）＝従来は△4六同角▲同銀△4五歩▲3七銀△5三銀と進めていた。佐藤は自著で角交換について「変化の余地がない」と書いていたが、△5三銀は「（対局当時の）最近気づいた」新手。

G▲7五歩＝当時の先端の定跡だが、現在の視点で眺めれば囲いを薄くして指しにくい手だ。

H▲6四角＝行方は▲7四歩のつもりが「考えているうちにわからなくなった」。感想戦で示された▲7四歩△4六角▲同銀△6四銀▲3五歩が、名人戦などで後年指されるようになる。

I▲4五歩＝この戦型ならではの攻め方。△4五同歩なら▲7一角で馬を作れる。次の△3四金の局面で、両者残り30分を切った。

J▲3六歩＝右銀の活用。

K△4二飛＝△3六歩は成立した。▲8二角成△同銀▲2三歩△同玉▲4一飛△4六角▲1八飛△7一歩▲2一飛成△2二銀で後手指せる。

L△6二銀右＝△3九角も有力。▲3五銀△2八角成▲3四銀△1七馬▲同桂△3八飛▲6一角△3三歩は後手良し。

M△4二同金＝辛抱の時間帯。

N△5四銀打＝息長く指して、歩得を生かす。

O△2三玉（第2図）＝陣形を崩さずに待つ。簡単なようで高度な技術だ。

P▲5五金＝暴発気味だが、他の手も難しい。

Q△5二金＝しっかりと金を投入して、5筋の勢力を保つ。ここは後手優勢だ。

R△3四玉＝上部の厚みが頼もしい。

S△5七玉＝敵陣に侵入。入玉が止まらない。

T△6六桂＝寄せて勝つ道を選ぶ。**投了図**は▲8七同桂に△7九銀以下詰み。

【第1図は△5三銀まで】

佐藤△ 歩二

	9	8	7	6	5	4	3	2	1
一	v香	v桂						v桂	v香
二		v飛					v金	v玉	
三	v歩			v歩	**v銀**	v金	v銀	v歩	v歩
四				v角	v歩		v歩		
五		v歩						歩	
六			歩	歩	歩	角	歩		歩
七	歩	歩	銀	金			銀		
八		玉	金					飛	
九	香	桂						桂	香

▲行方 歩

【第2図は△2三玉まで】

佐藤△ 角 歩六

	9	8	7	6	5	4	3	2	1
一	v香	v桂				v飛			v香
二				v銀			v金		
三	v歩			v歩	v銀		v桂	**v玉**	v歩
四					v銀		v歩	v歩	
五			歩	歩	v歩	歩			歩
六			銀			金		角	
七	歩	歩		金			桂		
八		玉	金			飛			
九	香	桂							香

▲行方 なし

【投了図は△8七歩まで】

佐藤△ 金銀銀歩四

	9	8	7	6	5	4	3	2	1
一	v香	v桂	v角						v香
二						v成銀			
三				v歩			竜		v歩
四	v歩					v金		v歩	歩
五			歩	歩					
六	歩	歩				v玉	v歩		飛
七		**v歩**	桂	金		vと	vと		
八		玉							
九	香		桂	v角		銀			香

▲行方 金桂歩

第35局

第58期名人戦七番勝負第4局（毎日新聞）【持ち時間】各9時間

2000年5月18、19日　終了19日22時6分　北海道北広島市「札幌北広島プリンスホテル」　記録係　千葉幸生三段

▲八段　丸山　忠久
△名人　佐藤　康光

斬新な仕掛けで勝つ

角換わり腰掛け銀

丸山忠久八段の挑戦を受けた第58期名人戦。佐藤は第56期から本局まで名人戦で後手角換わり6連敗。それでも受けて立ち続けたのは「自信があるから。負けた将棋も中終盤で悪手を指しているから」と述懐している。

▲7六歩　△8四歩(5)　▲2六歩
△3二金(1)　▲7八金　△8五歩(1)
▲7七角　△3四歩　▲8八銀
△4二銀(1)　▲2二角成　△同　金
▲3八銀　△3二金(5)　▲7七銀
△7二銀(1)　▲9六歩　△9四歩(4)
▲4六歩(1)　△1四歩(2)　▲1六歩(1)
△6四歩(4)　▲4七銀(2)　△6三銀(4)
▲6八玉(2)　△4一玉(15)　A▲5六銀(44)
△3一玉(6)　▲7九玉(39)　△7四歩(28)
▲5八金(18)　△7三桂(21)　▲3六歩(9)
△5四銀(16)　▲6六歩(2)　△6二金(39)
▲3七桂(13)　B△6五歩(177)　（第1図）
▲同　歩(23)　△同　銀(3)　▲同　銀(52)

【第1図は△6五歩まで】

△佐藤　持駒：角

9	8	7	6	5	4	3	2	1	
v香						v王	v桂	v香	一
	v飛		v金		v銀	v金			二
		v桂		v歩	v歩		v歩		三
v歩		v歩		v銀		v歩		v歩	四
	v歩		v歩						五
歩		歩	歩	銀	歩	歩	歩	歩	六
	歩	銀		歩		桂			七
		金		金			飛		八
香	桂	玉						香	九

▲丸山　持駒：角

△同　桂　C▲6六銀　△8六歩(4)
▲同　歩(8)　△6四歩(2)　D▲5五角(68)
（第2図）　△4四角(10)　▲同　角(32)
△同　歩　▲4五歩　E△3九銀(60)
▲2九飛(15)　△4九角　▲4七銀
△5八角成　▲同　銀　△4八銀成

【第2図は▲5五角まで】

△佐藤　持駒：角 銀

9	8	7	6	5	4	3	2	1	
v香						v王	v桂	v香	一
	v飛		v金		v銀	v金			二
				v歩	v歩		v歩		三
v歩		v歩	v歩			v歩		v歩	四
			v桂	角					五
歩	歩	歩	銀		歩	歩	歩	歩	六
				歩		桂			七
		金		金			飛		八
香	桂	玉						香	九

▲丸山　持駒：銀 歩二

F▲2八飛(68)　G△3八金(11)　（第3図）
▲1八飛　△5八成銀(13)　▲3八飛
H△5七桂成(3)　▲同　銀(48)　△同成銀(1)
▲5八歩　△4七銀(18)　▲5七歩(23)
△3八銀成　▲2五桂　△4九飛(8)
▲6九歩(1)　I△4八成銀(9)　▲7七角(2)
△5八成銀(2)　▲8八玉(1)　△6九飛成(21)
▲7九金打(1)　△4九竜(4)　▲7一銀(17)
△7二飛(1)　▲6二銀成(1)　△同　飛
▲7三金(20)　△9二飛(2)　▲8三金(3)
△6二飛(1)　▲7三金　△6一飛(8)
▲5六桂(9)　J△6八銀(11)　（第4図）
▲4四桂(8)　K△7七銀成(8)　▲同　桂
△6六角(2)　▲5二角(5)　L△4四角(6)

▲6一角成　△6六桂　▲4一銀3
△7八桂成　▲同　金　△8七歩
▲同　金　M△6八成銀　▲3二銀成
△同　玉　▲4三金　△同　銀
▲同　馬　△同　玉　▲4四歩
△同　玉　▲6六角　△5五銀
（投了図）　まで116手で佐藤の勝ち
（消費時間＝▲8時間59分、△8時間58分）

【解説】

A▲5六銀＝丸山先手番の十八番、角換わり腰掛け銀。丸山は1998年から本局まで、角換わりで17連勝していた。後手の中座飛車も高勝率で、A級昇級後も7割以上の勝率を挙げた。

B△6五歩（第1図）＝大長考での封じ手は、当時話題になった斬新な仕掛け。▲7一銀の割り打ちに目もくれず、意欲的な指し回しだ。

C▲6六銀＝▲5五角も有力。△7七桂成▲同金△7二飛▲1一角成△2二銀▲1二馬△8六歩▲同歩△7五歩▲同歩△4四角で難解。

D▲5五角（第2図）＝佐藤の読みの主眼は▲7一銀△7二飛▲6二銀成△同飛▲7三角△6三飛▲9一角成△3九銀▲1八飛△2七銀というもの。「成否は微妙」という。

E△3九銀＝角銀を持ったので、この筋が生じた。▲1八飛にも△2七角で飛車を目標にして、先手陣内を荒らすことができる。

F▲2八飛＝自然に▲6七銀が勝った。

G△3八金（第3図）＝異筋の好手で、佐藤が攻めのペースをつかむ。

H△5七桂成＝桂が大出世して後手が有利に。

I△4八成銀＝後手陣はまだキズがないのでこの手が間に合う。

J△6八銀（第4図）＝佐藤らしい豪打。▲同金上には△8七歩が厳しい。佐藤は「△6七銀は甘い」とコメントしている。

K△7七銀成＝角を外して危険が遠のいた。

L△4四角＝3二金は大事な守備駒。

M△6八成銀＝ついに成銀がここまできた。▲4四歩は△7八金から詰み。丸山は**投了図**まで王手をかけたが後手玉は詰まない。佐藤が斬新な仕掛けから、力強く勝利をつかみ取った。

【第3図は△3八金まで】

▲丸山　角角歩二

	9	8	7	6	5	4	3	2	1
一	v香						v王	v桂	v香
二		v飛		v金		v銀	v金		
三					v歩			v歩	
四	v歩		v歩	v歩		v歩	v歩		v歩
五				v桂		歩			
六	歩	歩	歩	銀			歩	歩	歩
七					歩		桂		
八			金		銀	v成銀	v金	飛	
九	香	桂	玉						香

△佐藤　なし

【第4図は△6八銀まで】

▲丸山　角

	9	8	7	6	5	4	3	2	1
一	v香			v飛			v王	v桂	v香
二						v銀	v金		
三			金		v歩			v歩	
四	v歩		v歩	v歩		v歩	v歩		v歩
五						歩		桂	
六	歩	歩	歩		桂		歩	歩	歩
七			角		歩				
八		玉	金	v銀	v成銀				
九	香	桂	金			v竜			香

△佐藤　銀歩二

【投了図は△5五銀まで】

▲丸山　飛銀桂歩二

	9	8	7	6	5	4	3	2	1
一	v香							v桂	v香
二									
三			金		v歩			v歩	
四	v歩		v歩	v歩		v王	v歩		v歩
五					v銀			桂	
六	歩	歩	歩	角			歩	歩	歩
七		金	桂		歩				
八		玉		v成銀					
九	香					v竜			香

△佐藤　角金金銀歩二

第36局

第58期名人戦七番勝負第5局（毎日新聞）

【持ち時間】各9時間

2000年5月31日、6月1日　終了1日19時26分　愛知県蒲郡市「銀波荘」
記録係　石高青児三段

王手飛車取りを2回かけさせる

横歩取り3三角型

名人 ▲佐藤　康光
八段 △丸山　忠久

丸山忠久八段の角換わりと中座飛車の2本立てに、佐藤は堂々と立ち向かった。本局を制して3勝2敗としたが、第6局と第7局を敗れて失冠。丸山と藤井猛竜王、スペシャリストの棋士が頂点に立つ時代になる。

▲7六歩2　△3四歩1　▲2六歩1
△8四歩1　▲2五歩1　△8五歩1
▲7八金　△3二金　▲2四歩
△同　歩　▲同　飛　△8六歩
▲同　歩　△同　飛　▲3四飛11
△3三角　▲3六飛4　△2二銀1

▲8七歩　△8五飛　▲2六飛
△4一玉　▲5八玉4　△6二銀1
▲3八金3　△5一金2　▲4八銀
△7四歩1　▲3六歩2　△2五歩2
▲2八飛　A△8六歩　▲同　歩
△同　飛　▲4六歩2　△7六飛1
▲3三角成1　△同　桂　▲4七銀
△2六歩　B▲8八歩28　（第1図）
C△8七歩140　▲7七歩141　△7五飛35
▲8七歩6　D△2五飛4　E▲3七桂6
△2七歩成74　▲同　金12　△2六歩2
F▲2五桂66　△同　桂　G▲7六歩
（第2図）　H△7三桂11　▲8一飛29
△7五歩40　I▲1五角41　△2七歩成111

【第1図は▲8八歩まで】

	9	8	7	6	5	4	3	2	1	
	香	桂			金	王			香	一
				銀			金	銀		二
	歩			歩	歩	歩	桂		歩	三
			歩							四
										五
			飛			歩	歩	歩		六
	歩			歩	歩	銀			歩	七
		歩	金		玉		金	飛		八
	香	桂	銀					桂	香	九

▲佐藤　角歩二

△丸山　角歩二

【第2図は▲7六歩まで】

	9	8	7	6	5	4	3	2	1	
	香	桂			金	王			香	一
				銀			金	銀		二
	歩			歩	歩	歩			歩	三
			歩							四
								桂		五
			歩			歩	歩	歩		六
	歩	歩		歩	歩	銀		金	歩	七
			金		玉			飛		八
	香	桂	銀						香	九

▲佐藤　飛角歩三

△丸山　角桂

【第3図は△9二角まで】

	9	8	7	6	5	4	3	2	1	
	香	飛			金	王			香	一
	角			銀			金	銀		二
	歩		桂	歩	歩	歩			歩	三
										四
			歩					飛	角	五
			歩			歩	歩			六
	歩	歩		歩	歩	玉			歩	七
			金							八
	香	桂	銀						香	九

▲佐藤　金桂歩四

△丸山　銀桂

☗同　飛　☖3七金　☗2五飛52
☖4七金10　☗同　玉　J☖9二角
（第3図）　☗7四桂6　☖3三桂1
☗同角成5　☖7四角7　☗5六歩3
☖3三銀　☗2一飛成　☖3一桂6
☗7五歩6　☖5六角14　☗同　玉3
K☖**9二角**　**（第4図）**　☗6六玉31
☖8一角2　L☗**5二歩**　**（第5図）**
☖同　金1　☗2三金2　☖4二金右1
☗3二金1　☖同　金　☗5二金
☖同　玉1　☗3二竜　☖4二銀打3
☗4一角2　☖6一玉　☗8二金1
☖――7　**（投了図）**
まで91手で佐藤の勝ち

【第4図は☖9二角まで】

☖丸山　銀歩

9	8	7	6	5	4	3	2	1	
v香	v飛			v金	v王	v桂	竜	v香	一
v角			v銀			v金			二
v歩		v桂	v歩	v歩	v歩	v銀		v歩	三
									四
		歩							五
				玉	歩	歩			六
歩	歩		歩					歩	七
		金							八
香	桂	銀						香	九

☗佐藤　角金桂歩五

【第5図は☗5二歩まで】

☖丸山　飛銀歩

9	8	7	6	5	4	3	2	1	
v香	v角			v金	v王	v桂	竜	v香	一
			v銀	歩		v金			二
v歩		v桂	v歩	v歩	v歩	v銀		v歩	三
									四
		歩							五
			玉		歩	歩			六
歩	歩		歩					歩	七
		金							八
香	桂	銀						香	九

☗佐藤　角金桂歩四

【投了図は☗8二金まで】

☖丸山　飛金金歩二

9	8	7	6	5	4	3	2	1	
v香	v角		v王		角	v桂		v香	一
	金		v銀		v銀	竜			二
v歩		v桂	v歩	v歩	v歩	v銀		v歩	三
									四
		歩							五
			玉		歩	歩			六
歩	歩		歩					歩	七
		金							八
香	桂	銀						香	九

☗佐藤　桂歩四

（消費時間＝☗7時間52分、☖8時間1分）

【解説】

A☖8六歩＝すばやく動く。研究範囲。

B☗8八歩（第1図）＝第1局は☗7七桂だったが、逆転負けを喫した。☗8八歩は新工夫。低く構えて☖8八歩を消す。次に☗2六飛も残っている。本局以降、☗8八歩が主流となる。

C☖8七歩＝強引にこじ開けようとする。本局後、単に☖7五飛が定跡化された。

D☖2五飛＝先手の左辺が壁なので手になるとみている。☖2七歩成☗同金☖3九角の狙い。

E☗3七桂＝強く戦って十分とみた。

F☗2五桂＝☗2六同金は☖同飛☗同飛☖1五角がうるさい。

G☗7六歩（第2図）＝壁形を解消する自慢の一手。☗2六金は☖3七桂成で損。

H☖7三桂＝遊び駒の活用。☖2七歩成は☗同飛で先手楽になる。互いに2筋を触りにくい。

I☗1五角＝☖2七歩成を催促。

J☖9二角（第3図）＝佐藤がかけさせた王手飛車取り。次の☗7四桂が用意の返し技だ。☖8一角に☗6二桂成☖同金☗2二飛成がある。

K☖9二角（第4図）＝2回目の王手飛車取りも佐藤が促した。☗6六玉で先手玉は安全。

L☗5二歩（第5図）＝☖同金と取らせることで玉の退路を塞ぐ。次の☗2三金に☖同金は☗3二角☖5一玉☗3一竜の筋がある。**投了図**は☗4二竜☖同銀☗5二銀と角取りで寄り筋。

第37局

第59期順位戦A級5回戦（毎日新聞）

【持ち時間】各6時間

2000年11月8日　終了9日0時24分　東京都渋谷区「将棋会館」　記録係　天野貴元初段

▲五冠　羽生善治
△九段　佐藤康光

対羽生戦の連敗止める

後手陽動振り飛車

第58期名人戦で敗れた佐藤は、雌伏の時期が続いた。その中で戦い方が少しずつ変化していく。当時の観戦記に「佐藤の作戦を意外に思う声がいくつもあった」と記された本局で、対羽生戦の連敗を12で止める。

▲7六歩1　△8四歩3　▲6八銀3　△3四歩　▲6六歩　△6二銀1　▲5六歩1　△6四歩2　▲7八金3　△6三銀1　▲4八銀1　△4二銀2　▲5八金9　△4四歩6　▲6九玉4　△4三銀　▲2六歩3　△7四歩7

▲6七金右21　△7三桂11　▲3六歩16　A△**4二飛**36　（**第1図**）　▲7九玉15　△6二玉5　▲2五歩3　△3三角　▲5七銀右　△7二金34　▲7七角19　△9四歩1　▲9六歩17　△7一玉41　▲8八玉15　B△**8二玉**23　▲9八香43　△4五歩13　▲9九玉7　△5四歩3　C▲**7九銀**　△4四銀15　▲8八銀3　△5二金　▲1六歩8　△1四歩5　▲7九金28　△4一飛3　▲6八金引1　△6二金左8　▲7八金寄19　D△**5五歩**3　（**第2図**）　▲3七桂35　△5三銀45　▲2四歩16　△同　歩2　▲5五歩1　△同　角2　E▲**5九角**　△3三角6

【第1図は△4二飛まで】

△佐藤　なし

9	8	7	6	5	4	3	2	1	
香			金	王	金		桂	香	一
					飛		角		二
歩		桂	銀	歩	銀		歩	歩	三
	歩	歩	歩		歩	歩			四
									五
		歩	歩	歩		歩	歩		六
歩	歩		金		歩			歩	七
	角	金	銀		銀		飛		八
香	桂		玉				桂	香	九

▲羽生　なし

【第2図は△5五歩まで】

△佐藤　なし

9	8	7	6	5	4	3	2	1	
香					飛		桂	香	一
	王	金	金						二
		桂	銀			角	歩		三
歩	歩	歩	歩		銀	歩		歩	四
				歩	歩		歩		五
歩		歩	歩	歩		歩		歩	六
	歩	角		銀	歩				七
香	銀	金					飛		八
玉	桂	金					桂	香	九

▲羽生　なし

【第3図は▲5五歩まで】

△佐藤　歩二

9	8	7	6	5	4	3	2	1	
香					飛		桂	香	一
	王	金	金						二
		桂	銀			角			三
	歩	歩	歩	銀		歩	歩	歩	四
歩				歩	歩				五
歩		歩	歩	銀		歩		歩	六
	歩				歩	桂			七
香	銀	金	角				飛		八
玉	桂	金						香	九

▲羽生　なし

▲6八角15　△5四銀直16　F▲5六銀1
△9五歩2　**G▲5五歩**4　**（第3図）**
△同　銀1　▲4五銀　△5六歩27
▲5四歩19　△9六歩4　▲5三歩成6
△同　金　▲3四銀　△8五桂7
▲4五桂1　**H△5二金**4　**（第4図）**
▲3三桂成3　△同　桂　▲同銀成2
△9七桂打7　**I▲9四桂**5　**（第5図）**
△同　香1　▲9五歩　△5七歩成
▲8六角2　△8九桂成1　▲同　金
J△9七桂打　▲7九金寄3　△6六銀3
▲9四歩　**K△6七と**　▲9五香3
△7七桂打1　▲9三歩成　△7三玉1
▲――3　**（投了図）**

まで94手で佐藤の勝ち
（消費時間＝▲5時間59分、△5時間53分）

【解説】

A△4二飛（第1図）＝陽動振り飛車。第23局など数局用いてきたが変化球だ。それをA級で3勝1敗同士による大きな一戦でぶつけた。

B△8二玉＝△4五歩だと▲6五歩を警戒。

C▲7九銀＝穴熊を完成させる駒の繰り替え。

D△5五歩（第2図）＝先手は金銀の動きで通常よりも4手多く使っている。その差分を生かすため、佐藤は間髪を入れずに戦端を開いた。

E▲5九角＝▲2四飛は△3七角成で不利。

F▲5六銀＝先手も態勢が整ってきた。△5五歩なら▲6七銀で引き締まる。

G▲5五歩（第3図）＝このあとの進行から判断すると、▲9五同歩と取るべきだった。

H△5二金（第4図）＝検討陣が驚いた好手。角損でも駒の効率で勝るとみた判断が光る。

I▲9四桂（第5図）＝端の圧力が強いので緊急手段。香を近づけ▲9五歩で取りにいく。

J△9七桂打＝先手玉の周囲に後手の駒が多い。端攻め一本で穴熊を攻略。

K△6七と＝金を取って△8九金の詰み筋が生じて後手勝勢。**投了図**は先手に手段がない。

本局の成功は、後年の振り飛車採用や力戦派転向の一因といえるだろう。また、端攻めで穴熊を破ったことは第40局の王将戦を連想させる。

【第4図は△5二金まで】

△佐藤　歩四

9	8	7	6	5	4	3	2	1	
香					飛		桂	香	一
	王	金		金					二
			銀			角			三
	歩	歩	歩			銀	歩	歩	四
	桂			銀	桂				五
歩		歩	歩	歩		歩		歩	六
	歩				歩				七
香	銀	金	角				飛		八
玉	桂	金						香	九

▲羽生　歩

【第5図は▲9四桂まで】

△佐藤　歩四

9	8	7	6	5	4	3	2	1	
香					飛			香	一
	王	金		金					二
			銀			全			三
桂	歩	歩	歩				歩	歩	四
	桂			銀					五
歩		歩	歩	歩		歩		歩	六
桂	歩				歩				七
香	銀	金	角				飛		八
玉	桂	金						香	九

▲羽生　角歩

【投了図は△7三玉まで】

△佐藤　歩五

9	8	7	6	5	4	3	2	1	
					飛			香	一
		金		金					二
と		王	銀			全			三
	歩	歩	歩				歩	歩	四
香	桂								五
歩	角	歩	銀			歩		歩	六
桂	歩	桂	と		歩				七
香	銀	金					飛		八
玉		金						香	九

▲羽生　角桂

第38局

第42期王位戦予選（新聞三社連合）【持ち時間】各4時間

2000年12月1日　終了19時35分　東京都渋谷区「将棋会館」

記録係　天野貴元初段

四段 ▲近藤　正和

九段 △佐藤　康光

衝撃を与えた新構想

先手中飛車

ゴキゲン中飛車で知られる近藤との本局は、王位戦予選の準決勝。近藤は「わが中飛車人生を左右しかねない新手」に衝撃を受ける。佐藤は第51局に見られる佐藤新手とともに、角交換型中飛車の定跡に足跡を残している。

A▲5六歩　△3四歩6　▲5八飛
△5四歩1　▲7六歩　△6二銀
▲4八玉1　△4二玉　B▲2二角成2
△同　銀　▲6八銀　△3三銀7
▲3八玉2　C△5三銀26　（第1図）
▲7七銀10　D△6四銀2　▲2八玉11
△3二玉　▲3八銀　△8四歩3
▲4六歩27　△8五歩3　E▲4七銀22
△4二金39　▲3八金3　△7四歩10
▲4五歩29　△7五歩30　▲同　歩3
△同　銀　▲4六角29　△6四角10
▲同　角5　△同　銀　F▲8八飛
△5七角4　▲3六歩3　G△8四角成5
▲6六銀2　H△9四馬16　▲5七銀11
△5五歩18　▲同　歩3　△同　銀
▲4六銀左1　△同　銀　▲同　銀
I△8三馬　（第2図）　▲4七銀5
△5二飛　▲5六歩3　△6五馬14
▲4八飛4　J△7二飛　▲3七桂16
△5二金上3　▲2六歩　△8七馬3

【第1図は△5三銀まで】

△佐藤　持駒　角

	9	8	7	6	5	4	3	2	1	
	v香	v桂		v金		v金		v桂	v香	一
		v飛				v玉				二
	v歩	v歩	v歩	v歩	v銀	v歩	v銀	v歩	v歩	三
					v歩		v歩			四
										五
			歩		歩					六
	歩	歩		歩		歩	歩	歩	歩	七
				銀	飛		玉			八
	香	桂		金		金	銀	桂	香	九

▲近藤　持駒　角

【第2図は△8三馬まで】

△佐藤　持駒　銀歩二

	9	8	7	6	5	4	3	2	1	
	v香	v桂		v金				v桂	v香	一
		v飛				v金	v玉			二
	v歩	v馬		v歩		v歩	v銀	v歩	v歩	三
							v歩			四
		v歩				歩				五
						銀	歩			六
	歩	歩		歩				歩	歩	七
		飛					金	玉		八
	香	桂		金				桂	香	九

▲近藤　持駒　角銀歩二

▲7八歩1　△5四馬　▲7七桂1
K△8六歩1　（第3図）　▲8三角5
△7一飛3　▲6五角成11　△同　馬1
▲同　桂　△7五飛　▲6六歩
△6四歩6　▲8二角2　△6五歩
▲9一角成　L△7三桂　▲9二馬4
△6六歩　▲6八飛1　M△5四桂1
（第4図）　▲2五桂4　△4六桂1
▲同　銀　N△4九角2　▲4八飛
△3八角成　▲同　玉　△6七歩成1
▲6四角3　△7六飛2　▲9三馬
O△5三銀4　▲5五角2　△5七歩1
▲9四馬6　△5八歩成1　▲7六馬
△2九銀7　▲同　玉1　△4八と

▲1八玉1　△3八と　P▲3五銀1
△同　歩2　▲3三桂成　△同　桂
▲2四桂　△同　歩　▲3四銀
Q△2八金1　▲同　角　△2九銀
▲2七玉　△2八と　▲同　玉
△4八飛　（投了図）

まで114手で佐藤の勝ち
（消費時間＝▲3時間55分、△3時間54分）

【解説】

A▲5六歩＝近藤といえばゴキゲン中飛車。高らかに名乗りを上げる初手。

B▲2二角成＝軽くさばいていくのが近藤流。

C△5三銀（第1図）＝4二玉型での△5三銀は新構想。▲5五歩△同歩▲同飛と歩交換してきたら、△4四角▲5九飛△9九角成と反撃できる。このときに、玉が5三銀にヒモをつけている。佐藤の新手が定跡に根付いている例は多い。本局における工夫もその一つ。近藤は「銀を上がられた瞬間、私の体は血が逆流したかのような感覚に陥った」と自著で記している。

D△6四銀＝5筋の歩交換を阻むのが、C△5三銀から一連の構想だ。

E▲4七銀＝先手は5筋歩交換から5九飛・6六銀型に組みたい。だが、理想形を得られずに、ぎこちない動きになっている。

F▲8八飛＝▲7八金のように重くなる形は、近藤の棋風に合わなかったか。

G△8四角成＝馬を作り、後手が指せる。

H△9四馬＝△8六歩▲同歩△6七馬の狙い。

I△8三馬（第2図）＝3八金を狙う。

J△7二飛＝細かな動きで大駒の位置を調整。

K△8六歩（第3図）＝先手の動きを催促。

L△7三桂＝自然な駒運び。

M△5四桂（第4図）＝▲6六飛を消して、飛車を閉じ込める。優位を拡大している。

N△4九角＝寄せの態勢に入った。玉の近くの金をはがすのは基本。

O△5三銀＝▲3三桂成△同桂▲5四桂から金をはがされる手を未然に防いだ。

P▲3五銀＝ハッとする手だが。

Q△2八金＝落ち着いて対応し、即詰みに打ち取る。新構想から近藤を押さえ込んで快勝。

【第3図は△8六歩まで】

△佐藤　銀歩三

	9	8	7	6	5	4	3	2	1
一	△香	△桂						△桂	△香
二			△飛		△金	△金	△王		
三	△歩			△歩		△歩	△銀	△歩	△歩
四					△馬		△歩		
五						歩			
六		△歩			歩	銀	歩	歩	
七	歩		桂	歩		銀	桂		歩
八			歩			飛	金	玉	
九	香			金					香

▲近藤　角

【第4図は△5四桂まで】

△佐藤　角銀歩四

	9	8	7	6	5	4	3	2	1
一								△桂	△香
二	馬				△金	△金	△王		
三	△歩		△桂			△歩	△銀	△歩	△歩
四					△桂		△歩		
五			△飛			歩			
六		△歩		△歩	歩	銀	歩	歩	
七	歩					銀	桂		歩
八			歩	飛			金	玉	
九	香			金					香

▲近藤　香

【投了図は△4八飛まで】

△佐藤　角桂桂歩三

	9	8	7	6	5	4	3	2	1
一									△香
二					△金	△金	△王		
三			△桂		△銀	△歩	△桂		△歩
四							銀	△歩	
五						歩	△歩		
六		△歩	馬		歩		歩	歩	
七	歩			△と					歩
八			歩			△飛		玉	
九	香			金				△銀	香

▲近藤　飛金銀香歩二

第39局

劇的な決着

横歩取り3三角型

第27期棋王戦挑戦者決定二番勝負第2局（共同通信）

【持ち時間】各4時間

2002年1月10日　終了20時18分　東京都渋谷区「将棋会館」

記録係　大平武洋三段

棋聖 ▲郷田　真隆
九段 △佐藤　康光

佐藤の調子は2001年夏ごろから上向いた。王将戦では挑戦権を獲得。棋王戦も挑戦者決定二番勝負に進出したが、第1局は佐藤が敗れ、郷田に連勝記録を17で止められていた。勝者が挑戦者になる本局は、劇的な決着となった。

▲7六歩　△3四歩3　▲2六歩1
△8四歩　▲2五歩5　△8五歩
▲7八金　△3二金　▲2四歩
△同　歩　▲同　飛　△8六歩
▲同　歩　△同　飛　▲3四飛5
△3三角　▲3六飛　△2二銀
▲8七歩6　△8五飛1　▲2六飛
△4一玉　▲5八玉4　△6二銀1
▲3六歩1　△5一金4　▲3八銀36
△7四歩2　A▲**3七桂**1　△7三桂5
▲4八金1　B△**8六歩**19　▲同　歩1
△同　飛　▲3五歩2　C△**2五歩**2
▲2九飛2　△8八角成97　▲同　銀1
△7六飛2　▲7七銀43　△2六飛
D▲**2七歩**5　（**第1図**）　△3六飛
E▲**8二角**　F△**8六歩**19　▲9一角成38
△8七角1　▲同　金2　△同歩成
▲6六銀　△3五飛3　▲7五歩
△3六歩1　▲7四歩9　△7八と4
▲7三歩成20　△8五飛1　G▲**4六歩**
△8八飛成11　H▲**3五香**30　（**第2図**）
△3七歩成16　▲同　銀1　△3三銀9
▲3四歩5　△8九と5　▲7八歩4
△同　竜　▲6八桂　△4四銀
▲9六角1　△8八竜7　I▲**6三と**1
△8五歩　▲6二と　△同　金
▲7七銀打　△9九竜　▲8五角
△6三歩　▲3三歩成　△同　桂
▲3四歩　△3五銀　▲3三歩成
△同　金　▲4五桂　△3四金3
▲8一馬2　J△**6一香**17　▲3六歩
△4四銀　▲7三歩　△同　金
K▲**7一馬**　△5二玉　▲7六角3
L△**4二金**3　▲5六桂2　△4五銀
▲同　歩　△7四香　M▲**4三角成**2
△同　金　▲4四桂3　△同金上
▲同　歩　△同　金　N▲**5五銀**
（**第3図**）　△9八竜1　▲8八歩
△4三金　▲4四銀打　△4二歩
▲4三銀不成1　△同　歩　▲3三金
△4二銀　▲同　金1　△同　玉
▲6一馬　△7七香成　▲3五香
△8八竜　▲4七玉　O△**8三角**1
▲同　馬　△同　金　▲6一銀
△5八銀1　▲同　金　△3八角
▲4六玉　△8六竜　▲4五玉
△4四歩　P▲**3四玉**　△3三歩
▲2三玉　Q△**3一桂**　（**投了図**）

【第1図は▲2七歩まで】

△佐藤　角歩二

	9	8	7	6	5	4	3	2	1	
	v香				v金	v王		v桂	v香	一
				v銀			v金	v銀		二
	v歩		v桂	v歩	v歩	v歩			v歩	三
			v歩							四
							歩	v歩		五
								v飛		六
	歩		銀	歩	歩	歩	桂	**歩**	歩	七
			金		玉	金	銀			八
	香	桂						飛	香	九

▲郷田　角歩二

まで140手で佐藤の勝ち
（消費時間＝☗3時間59分、☖3時間59分）

【解説】

A☗3七桂＝☗3五歩も多数の実戦例がある。

B☖8六歩＝横歩取りは飛車角桂が戦いの主役になる。小競り合いから始まり、やがて盤面全体に波及していくのがこの戦型の特徴。

C☖2五歩＝☗3五歩と突いた瞬間なので打ちやすい。☗同飛は☗3五歩がマイナスになる。

D☗2七歩（第1図）＝☗2七銀と飛車を逮捕するのは、☖同飛成☗同飛☖2六銀☗2九飛☖3六歩☗2五桂☖3七歩成☗2六飛☖4八と☗同玉☖1五角で攻めが続く。

E☗8二角＝駒得確定だが打った瞬間は怖い。

【第2図は☗3五香まで】

☗郷田　角桂歩二

	9	8	7	6	5	4	3	2	1
一	馬				v金	v王		v桂	v香
二				v銀			v金	v銀	
三	v歩		と	v歩	v歩	v歩			v歩
四									
五							香	v歩	
六				銀		歩	v歩		
七	歩			歩	歩		桂	歩	歩
八		v竜	vと		玉	金	銀		
九	香	桂						飛	香

☖佐藤　金歩

F☖8六歩＝研究手。飛車の働きの差で勝負。☗8八歩なら☖3五飛☗3六歩☖同飛☗9一角成☖3五飛と、しつこく☖3六歩を狙って後手指せる。先手は☗3六歩と受ける歩がない。

G☗4六歩＝玉の退路を確保する。長引けば駒得が生きてくる。

H☗3五香（第2図）＝☗6二と☖同金☗4五桂が成立した。以下☖3七金に☗同銀☖同歩成☗同金☖3六歩☗同金☖3八銀☗9八金で先手有利。手順中、☗6二とに☖6八とは追い過ぎで、☗4七玉☖3七歩成☗同銀☖3五桂☗3八玉☖6二金☗7七銀☖7八竜☗9六角☖8七歩☗7九歩☖同と☗3六銀打で先手優勢。

I☗6三と＝すぐに銀を取らないのがうまい。

【第3図は☗5五銀まで】

☗郷田　金銀歩

	9	8	7	6	5	4	3	2	1
一			馬	v香					v香
二					v王				
三	v歩		v金	v歩	v歩				v歩
四			v香			v金			
五					銀			v歩	
六							歩		
七	歩		銀	歩	歩		銀	歩	歩
八					玉	金			
九	v竜	vと						飛	香

☖佐藤　角桂四歩五

J☖6一香＝☖5二金打が堅かった。

K☗7一馬＝馬の活用が利いたのは大きい。先手が優位に立った。

L☖4二金＝ガッツで粘る。

M☗4三角成＝郷田流の華麗な寄せ。

N☗5五銀（第3図）＝鮮やか。☖同金は☗4四銀。「勝ちになったと思った」と郷田。

O☖8三角＝勝負への執念がドラマを生む。

P☗3四玉＝☗4四同銀とすれば、☖5四金☗3四玉☖4四金☗2三玉で逃げ切りだった。

Q☖3一桂（投了図）＝以下☗2二玉☖1二金☗2一玉☖6五角成☗5四銀打☖同馬☗同銀☖3二銀の詰み。☖6五角成に合駒が悪く、先手玉が頓死。大逆転で佐藤が挑戦権を得た。

【投了図は☖3一桂まで】

☗郷田　角金銀

	9	8	7	6	5	4	3	2	1
一				銀			v桂		v香
二						v王			
三	v歩	v金		v歩	v歩		v歩	玉	v歩
四						v歩			
五					銀		香	v歩	
六		v竜					歩		
七	歩		v成香	歩	歩		銀	歩	歩
八					金		v角		
九		vと						飛	香

☖佐藤　金桂三歩四

第40局

第51期王将戦七番勝負第1局（スポーツニッポン・毎日新聞）

【持ち時間】各8時間

2002年1月16、17日終了17日18時58分　神奈川県大磯町「大磯プリンスホテル別館 滄浪閣」
記録係　天野貴元二段

王将 ☗羽生　善治
九段 ☖佐藤　康光

意表の戦法選択と壮大な雀刺し

三間飛車

羽生とのタイトル戦は第6期竜王戦で勝って以来7連敗。2001年度は本局まで勝率8割強の佐藤は、強い気持ちで七番勝負に臨み、意表の作戦を採る。羽生も「佐藤さんの大胆な構想に感心した」将棋で、佐藤の代表局の一つだ。

☗7六歩　☖3四歩8　☗2六歩5
☖4四歩1　☗2五歩4　☖3三角
☗4八銀1　A☖**3二飛**3　☗6八玉4
☖4二銀1　☗7八玉2　☖6二玉
☗7七角13　☖7二銀48　☗8八玉16
☖7一玉2　☗5六歩7　☖5二金左8
☗5七銀27　☖6四歩26　☗9八香26
☖5四歩13　☗9九玉1　☖5三銀2
B☗**8八銀**7　☖7四歩5　☗3六歩31
☖9四歩16　☗7九金28　☖9五歩13
☗5九金11　☖7三桂39　☗6八角14
☖6五歩10　☗6九金右30　C☖**8一玉**44
（**第1図**）　☗7八金右16　☖6三金2
☗4六銀42　☖6四銀12　☗3五歩5

D☖**7五歩**7　☗3四歩15　☖5一角105
☗7五歩56　☖同　銀　E☗**5七角**6
☖6六歩8　☗同　歩1　☖7六歩
☗3八飛10　☖8五桂5　☗4八角3
☖7三銀16　☗2六角15　F☖**5三金**27
☗5七銀29　☖7四銀4　☗3六飛13
☖9三香11　☗3七角6　G☖**9二飛**4
（**第2図**）　☗6八銀5　☖6三金1
☗6七金4　☖7二金8　☗3五飛1
☖4二角9　☗7八金7　H☖**8四歩**10
☗4六角3　☖6四角3　☗同　角
☖同　銀　☗3三歩成　☖6九角
☗7九歩　☖4七角成　☗4三と
☖7七歩成　☗3一飛成　☖7一歩
I☗**7七銀右**　☖2九馬　☗8六銀1
☖1九馬　☗2一竜　J☖**9四香打**
☗8五銀5　☖同　銀　☗7七桂打
☖7三桂　K☗**6一角**4　☖9六歩4
☗8五桂　☖同　桂　L☗**9六歩**
（**第3図**）　☖同　香　☗9七歩

☖同桂成　☗同　桂　☖同香成
☗同　銀　☖同香成　☗同　香
☖9八歩　M☗**8八玉**　N☖**9七飛成**2
☗同　玉　☖8五桂　☗9六玉
☖9五銀　☗同　玉　☖8三桂
☗9四玉　☖9三銀　☗同　玉
☖9一香　（**投了図**）

まで118手で佐藤の勝ち
（消費時間＝☗7時間54分、☖7時間57分）

【解説】

A☖**3二飛**＝佐藤は振り飛車をほとんど指したことがなく、羽生も意表を突かれた三間飛車。佐藤は「中田功六段の芸術的なさばきが好きで、前からやってみたいと思っていたが、勇気がな

【第1図は☖8一玉まで】

☖佐藤　なし

9	8	7	6	5	4	3	2	1	
v香	v王		v金				v桂	v香	一
		v銀		v金		v飛			二
	v歩	v桂		v銀		v角	v歩	v歩	三
		v歩		v歩	v歩	v歩			四
v歩			v歩				歩		五
		歩		歩		歩			六
歩	歩		歩	銀	歩			歩	七
香	銀		角				飛		八
玉	桂	金	金				桂	香	九

（v＝後手の駒）

☗羽生　なし

くできなかった。今回はなぜか恐れるものがなく、ためらわず採用できた」と述懐している。

B▲8八銀＝三間飛車対穴熊は重要なテーマ。

C△8一玉（第1図）＝封じ手で工夫の駒組み。佐藤は普通に△8二玉だと、▲7八金右△6三金に▲6六歩を気にした。以下△4五歩▲2四歩△同歩▲3七桂△4二飛▲6五歩△同桂▲4八銀と進むと、次に▲2四角△2二飛▲2三歩△同飛▲4六角が王手になる。このあたり、佐藤は苦しいと感じていたという。

D△7五歩＝玉頭方面で勝負するのが佐藤の構想。ただ、▲3四歩の取り込みも大きい。

E▲5七角＝銀の動きを牽制する。

F△5三金＝金銀がばらばらになり、後手のまとめ方が難しい。

G△9二飛（第2図）＝壮大な構想が姿を見せる。佐藤は「偶然の産物。初めからの狙いではなかった」という。

H△8四歩＝後手の陣形もまとまってきた。次の▲4六角に、佐藤は△6四角と決戦に出る。

I▲7七銀右＝▲7七桂では端が薄くなる。

J△9四香打＝驚異の3段ロケット。先手玉は穴熊なので直撃をかわせない。

K▲6一角＝玉飛接近形をとがめる好手。

L▲9六歩（第3図）＝逸機。▲8三銀だった。以下△同金は▲同角成△9七歩成▲9二馬△同玉に▲9一飛△8三玉▲8二金△7四玉▲8六桂△7五玉▲9四桂が攻防で先手勝ち。

また、▲8三銀に△9七歩成も▲7二角成△同飛▲同銀成△同玉▲9二飛△8二銀▲同飛成△同玉▲9一銀△8三玉▲8二金△7四玉▲8六桂△7五玉▲9四桂△9八と▲同玉△7四玉▲7六香△7五香▲7一竜△7三桂▲7五香△同銀▲9七歩（△9六飛の受け）で先手優勢。

M▲8八玉＝▲8九玉も△9七飛成▲8八銀△7七桂▲同金寄△8五桂で寄り。

N△9七飛成＝雀刺しが炸裂。**投了図**は▲8四玉に△7五銀▲8五玉△7四金▲同玉△7三馬▲8五玉△8四馬まで、1九馬も働いて詰み。佐藤は詰みが見えて勝ちになったと思ったという。展開は異なるが、振り飛車から端攻めで穴熊撃破は、第37局と同じ流れだった。

【第2図は△9二飛まで】

△佐藤　なし

9	8	7	6	5	4	3	2	1	
	v王		v金	v角			v桂	v香	一
v飛									二
v香	v歩			v金			v歩	v歩	三
		v銀		v歩	v歩	v歩			四
v歩	v桂	v銀					歩		五
		v歩	歩	歩		飛			六
歩	歩			銀	歩	角		歩	七
香	銀	金							八
玉	桂	金					桂	香	九

▲羽生　歩三

【第3図は▲9六歩まで】

△佐藤　銀桂

9	8	7	6	5	4	3	2	1	
	v王	v歩	角				竜	v香	一
v飛		v金							二
v香			v金		と		v歩	v歩	三
v香	v歩		v銀	v歩	v歩				四
	v桂						歩		五
歩			歩	歩					六
	歩		金					歩	七
香	銀	金							八
玉	桂	歩						v馬	九

▲羽生　銀桂歩四

【投了図は△9一香まで】

△佐藤　歩

9	8	7	6	5	4	3	2	1	
v香	v王	v歩	角				竜	v香	一
		v金							二
玉	v桂		v金		と		v歩	v歩	三
	v歩		v銀	v歩	v歩				四
	v桂						歩		五
			歩	歩					六
	歩		金					歩	七
v歩		金							八
		歩						v馬	九

▲羽生　飛銀三桂桂香香歩三

第41局

第27期棋王戦五番勝負第１局（共同通信）

【持ち時間】各４時間

2002年2月3日　終了18時55分　広島県広島市「広島全日空ホテル」
記録係　岡本洋介初段

九段 ▲佐藤　康光
棋王 △羽生　善治

ダブルタイトル戦で好スタート

角換わり後手右玉

佐藤は王将戦と並行して、棋王戦も羽生に挑戦。ダブルタイトル戦は「炎の十二番勝負」と呼ばれた。本局は中国新聞創刊１１０周年記念で開催。午後からは公開対局で、現地に５００人ほどのファンが詰め掛けた。

▲７六歩1　△８四歩2　▲２六歩1
△３二金1　▲７八金1　△８五歩1
▲７七角　△３四歩1　A▲**８八銀**
△４二銀1　▲２二角成4　△同　金
▲３八銀　△６二銀　▲４六歩1
△６四歩1　▲４七銀　△６三銀1
▲６八玉2　△５二金8　▲９六歩4
△９四歩1　▲１六歩　△１四歩1
▲７七銀3　△７四歩2　▲３六歩3
△３二金4　▲５八金2　△７三桂6
▲３七桂2　△３三銀2　▲５六銀3
△８一飛1　▲６六歩2　B△**６二玉**1
▲７九玉3　△５四歩4　▲８八玉1
△７二玉1　▲２五歩10　△６二金1

C▲**６七銀**37　△５二金5　▲５六歩3
△６二金9　▲４八金23　D△**５二金**4
▲２七飛　△６二金12　▲２九飛
△５二金1　E▲**５五歩**5　△同　歩1
▲３五歩1　△同　歩22　▲４五桂
△３四銀2　▲２四歩14　△４四歩22
▲２三歩成30　△同　銀2　▲３三歩13
F△**同　桂**15　**（第１図）**　▲同桂成
△同　金　▲１五歩　△同　歩1
▲４七桂　△４三桂22　▲２二角11
△３二銀2　▲４五歩4　△同　歩1
▲１五香1　G△**４六歩**20　▲３四歩1
△同　金2　▲５五桂　H△**１八角**
I▲**６三桂成**3　△同　金　▲５九飛2
△５四歩7　▲１一角成3　△５五桂2
▲５六銀　△４七歩成5　▲同　銀2
△同桂成3　▲同　金　△８六歩6
▲同　歩3　△５五桂3　▲５七金1
△４六歩1　▲４八歩3　△４五角成
▲５六歩13　△４七歩成1　▲同　歩

△４八銀　▲５八飛　△５七銀成
▲同　飛　△８七歩　▲同　玉1
△６七金　J▲**同　飛**1　△同桂成
▲同　金　△１九飛　▲７八銀
△１五飛成2　▲２二馬　△３三金2
K▲**８五桂**3　**（第２図）**　△８四歩3
▲７三桂成9　△同　金　▲５七桂3
△４四馬1　▲３四歩　△２一歩
▲３三馬　△同　銀　▲同歩成
△８三香1　L▲**６五桂打**　△８五歩1
▲７三桂成5　△同　玉　▲６五桂
△同　歩　▲６四金　△同　玉3
▲６五歩　△７三玉1　M▲**６三金**
（投了図）　まで139手で佐藤の勝ち

【A図は△２二角まで】

△佐藤　歩五

	9	8	7	6	5	4	3	2	1	
	v香						v王	v桂	角	一
		v飛					v金	v角	v香	二
			v桂	v金	v歩			v歩		三
	v歩			v歩	v銀		v歩			四
		v歩	v歩			銀	v銀		v歩	五
	歩			歩						六
		歩	銀		歩		桂			七
			金		金					八
	香	桂	玉					飛	香	九

▲羽生　歩

（消費時間＝☗3時間58分、☖3時間45分）

【解説】

A☗8八銀＝佐藤は名人失冠後から先手で角換わりを指すようになる。後手番で受けて立ち続けたころからは明らかな変化だ。タイトル戦での先手角換わりは初採用だった。棋王戦五番勝負について佐藤は「いままでと同じスタンス、スタイルで戦おうと思った」という。だが、角換わりの採用に、従来と違う面もうかがえる。

なお、第4局では角換わり定跡史で重要な佐藤新手を発表し、大きな足跡を残した（**A図**）。ただ、この年以降の佐藤は、後手番で普通の角換わりをほとんど指さなくなる。

B☖6二玉＝羽生の角換わり対策は右玉。

【第1図は☖3三同桂まで】

☗佐藤　角

☖羽生　角歩四

C☗6七銀＝銀矢倉完成。金銀の連絡がいい。

D☖5二金＝千日手を視野に入れつつ待機。羽生にとっては珍しい戦型だが、2001年9月のA級順位戦対森内俊之八段戦で、先手側を持って仕掛けず千日手にしていた。

E☗5五歩＝果敢な仕掛け。後年の実戦譜は、☗9八香から穴熊に組み替える進行も見られる。

F☖3三同桂（第1図）＝☖2二金は☗3四角☖2四歩☗5二角成☖同銀☗5三金☖4五歩☗5二金☖6三玉☗5三銀となり難しい。

G☖4六歩＝☖2八歩☗同飛☖8六歩☗同歩☖2七歩☗同飛☖2六歩☗同飛☖5九角で激戦だった。☖2八歩に☗1九飛も☖2六角で難解。

H☖1八角＝普通に☖5五同桂☗同角成は、先手から☗2二飛成が残る。

【第2図は☗8五桂まで】

☗佐藤　金銀桂香歩三

☖羽生　香歩四

I☗6三桂成＝銀桂交換で先手有利になった。

J☗6七同飛＝☗同金は☖同桂成☗同飛☖5六馬で食いつかれる。☗同飛が冷静な取り方だ。

K☗8五桂（第2図）＝☖同桂☗同歩と歩が伸びれば、☗8四桂が厳しい手になる。攻めつつ自陣の安全度も高めている。

L☗6五桂打＝☖8五歩を手抜きで寄せ切りたい。歩頭桂で攻めを加速。

M☗6三金（投了図）＝☖6三同玉は☗6四銀☖7二玉☗7三銀打以下、☖8二玉は☗7三銀☖9二玉☗9三香☖同玉☗8二銀打以下、いずれも即詰み。「炎の十二番勝負」は、佐藤が棋王戦1勝、王将戦2勝で出だし3連勝。

【投了図は☗6三金まで】

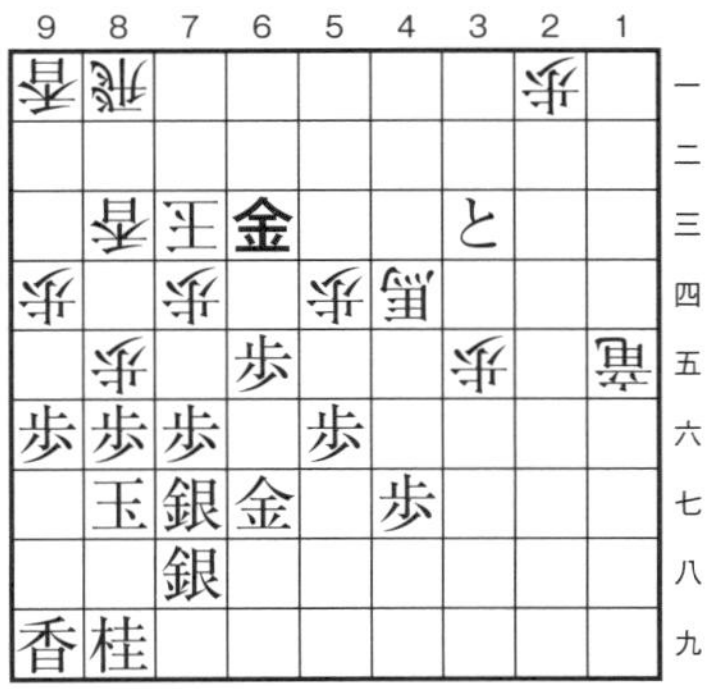

☗佐藤　金銀銀香歩三

☖羽生　角金桂三歩二

第42局

第51期王将戦七番勝負第4局（スポーツニッポン・毎日新聞）

2002年2月20、21日　終了21日19時31分　熊本県玉名市「白鷺荘別館」
記録係　安用寺孝功四段

【持ち時間】各8時間

九段 ▲佐藤　康光
王将 △羽生　善治

長手数の熱戦を制す

横歩取り3三角型

佐藤は2002年1月30日から3月1日の31日間に15局指す過密日程。オフは2月28日のみ。その中で羽生は王将戦第3局、棋王戦第2局で佐藤に勝ち巻き返してきた。「一つ目の山場が来たと思い、本局に臨んだ」と佐藤。

▲7六歩1　△3四歩2　▲2六歩2　△8四歩2　▲2五歩2　△8五歩1　▲7八金　△3二金1　▲2四歩　△同　歩1　▲同　飛　△8六歩　▲同　歩　△同　飛　▲3四飛　△3三角1　▲5八玉25　△2二銀21

▲3八金6　△4一玉9　▲3六飛7　△5一金26　A▲3三角成41　（第1図）　△同　桂3　▲8八銀　B△8四飛8　▲4八銀7　△6二銀48　C▲7七桂20　D△8七歩76　E▲同　銀24　△8六歩　F▲9六銀10　△8七角3　G▲8八金1　（第2図）　△9六角成10　▲同　歩　△8七歩成1　H▲6六角2　I△2四飛3　▲2五歩3　△同　飛3　▲2六歩　△2三飛4　▲8七金2　J△4五銀1　▲3五飛14　△2六飛3　K▲2八歩1　（第3図）　△3四歩54　▲1五飛4　△1四歩8　▲1六飛2　L△2四飛　M▲3三角成35　N△同　銀1　（第4図）

【第1図は▲3三角成まで】

△羽生　歩二

9	8	7	6	5	4	3	2	1	
香	桂	銀		金	王		桂	香	一
						金	銀		二
歩		歩	歩	歩	歩	馬		歩	三
									四
									五
	飛	歩				飛			六
歩			歩	歩	歩	歩		歩	七
		金		玉		金			八
香	桂	銀				銀	桂	香	九

▲佐藤　角歩三

【第2図は▲8八金まで】

△羽生　なし

9	8	7	6	5	4	3	2	1	
香	桂			金	王			香	一
			銀			金	銀		二
歩		歩	歩	歩	歩	桂		歩	三
	飛								四
									五
銀	歩	歩				飛			六
歩	角	桂	歩	歩	歩	歩		歩	七
	金			玉	銀	金			八
香							桂	香	九

▲佐藤　角歩四

【第3図は▲2八歩まで】

△羽生　歩二

9	8	7	6	5	4	3	2	1	
香	桂			金	王			香	一
			銀			金	銀		二
歩		歩	歩	歩	歩	桂		歩	三
									四
					銀	飛			五
歩		歩	角				飛		六
	金	桂	歩	歩	歩	歩		歩	七
				玉	銀	金	歩		八
香							桂	香	九

▲佐藤　角歩二

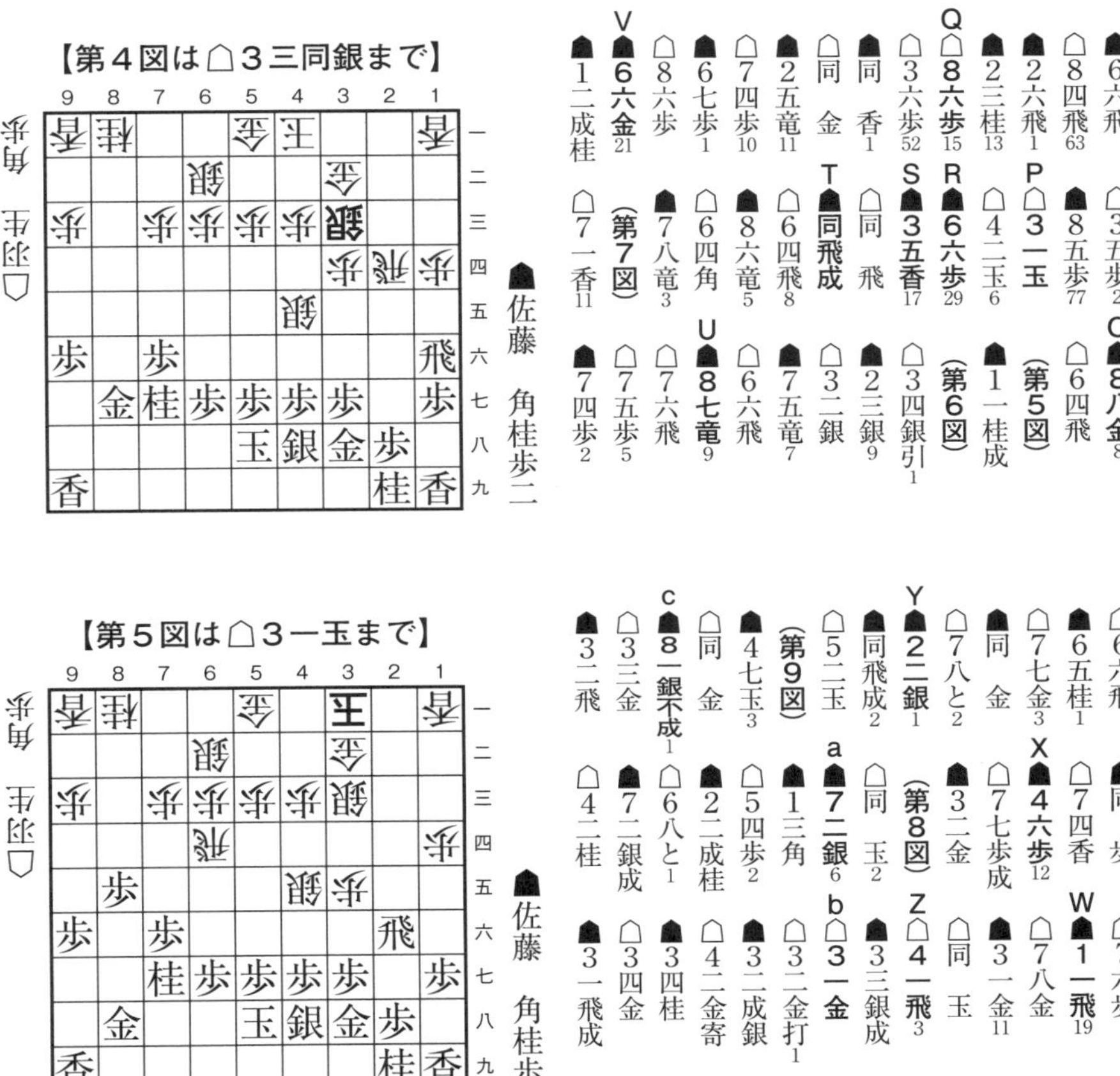

【第4図は△3三同銀まで】

▲佐藤　角桂歩二
△羽生　角歩

▲6六飛　△3五歩2　O▲8八金8　△8四飛63　▲8五歩77　△6四飛　▲2六飛1　P△3一玉　（第5図）　▲2三桂13　△4二玉6　▲1一桂成　Q△8六歩15　R▲6六歩29　（第6図）　△3六歩52　S▲3五香17　△3四銀引1　▲同　香1　△同　飛　▲2三銀9　△同　金　T▲同飛成　△3二銀　▲2五竜11　△6四飛8　▲7五竜7　△7四歩10　▲8六竜5　△6六飛　▲6七歩1　△6四角　U▲8七竜9　△8六歩　▲7八竜3　△7六飛　V▲6六金21　（第7図）　△7五歩5　▲1二成桂　△7一香11　▲7四歩2

【第5図は△3一玉まで】

▲佐藤　角桂歩
△羽生　角歩

△6六飛　▲同　歩　△7六歩　▲6五桂1　△7四香　W▲1一飛19　△7七金3　X▲4六歩12　△7八金　▲同　金　△7七歩成　▲3一金11　△7八と2　▲3二金　△同　玉　Y▲2二銀1　（第8図）　Z△4一飛3　▲同飛成2　△同　玉2　▲3三銀成　△5二玉　a▲7二銀6　b△3一金　（第9図）　▲1三角　△3二金打1　▲4七玉3　△5四歩2　▲3二成銀　△同　金　▲2二成桂　△4二金寄　c▲8一銀不成1　△6八と1　▲3四桂　△3三金　▲7二銀成　△3四金　▲3二飛　△4二桂　▲3一飛成

【第6図は▲6六歩まで】

▲佐藤　角香歩
△羽生　角

d△2五金1　（第10図）　▲3六歩　△7一歩1　▲6二成銀　△同　玉　e▲3五角成　（第11図）　△同　金　▲5三銀　△7二玉　▲3五竜　△4九銀　▲6四銀成　△5八銀打　▲3七玉　△3八銀成　f▲2六玉　（投了図）

まで151手で佐藤の勝ち
（消費時間＝▲7時間59分、△7時間59分）

【解説】

A▲3三角成（第1図）＝8筋に歩を打たずに済ませようとする。本局のころ、よく見られた中座飛車対策の一つ。当時の山崎隆之四段が好成績を挙げたため「山崎流」と呼ばれた。

B△8四飛＝▲2三歩△同銀▲7七角を受けないといけない。△8四飛は△8二飛より飛車の働きがいい。序盤早々だが妥協しない手だ。

C▲7七桂＝一連の構想。次に▲8五歩と高い位置で飛車を止められれば作戦勝ちが狙える。なお、▲2三歩△同金▲8二歩△同飛▲5六角という攻めも定跡で、以下△3四歩▲8三歩△7二飛▲3四角△同金▲同飛△7一銀と進む。

D△8七歩＝先手の言い分を通さない。金銀が並んでいるときは、銀の頭が狙いどころ。

E▲8七同銀＝▲7九銀は△8八角で強引に押し込まれてしまう。

F▲9六銀＝後手の強襲を見据えた逃げ方。数手後、9六歩の形になるので▲9八銀より得。

【第7図は▲6六金まで】

△羽生　香歩

9	8	7	6	5	4	3	2	1	
v香	v桂			v金				v成桂	一
			v銀		v王	v銀			二
v歩			v歩	v歩	v歩	v銀			三
		v歩	v角					v歩	四
	歩								五
歩	v歩	v飛	金			v歩			六
		桂	歩	歩	歩	歩		歩	七
	金	竜		玉	銀	金	歩		八
香							桂	香	九

▲佐藤　角歩

G▲8八金（第2図）＝細かい受け。▲8七同銀△同歩成と進めるほうが形はいい。だが、金を取られる変化を想定すると、7八と8八では先手玉への寄り付きが1手違う。左辺の負担を軽くした応接なのだ。

H▲6六角＝▲8五歩より敵陣に利いている分だけ反発力がある。また、△2四飛▲2五歩に、△6四飛▲8七金△7八銀に備えている。

I△2四飛＝△8六飛は▲7五角で身動きが取れず後手不利になる。

J△4五銀＝後手は駒損だが、飛車を標的にすることでバランスが取れている。

K▲2八歩（第3図）＝佐藤の研究手。2週間前の2月7日に行われたA級順位戦対谷川浩司九段戦では▲2七歩だった。以下△6六飛同歩△3四歩▲4五飛△同桂に▲7九飛が好手で、先手の佐藤が快勝していた。

▲2八歩はさらに工夫した手で、△6六飛▲同歩△3四歩に▲1五飛△1四歩▲1六飛△1五歩▲2六飛△2五歩▲2七飛と引ける意味。ただ、その局面も△4四角があり難解だった。

【第8図は▲2二銀まで】

△羽生　飛金香歩二

9	8	7	6	5	4	3	2	1	
v香	v桂			v金				飛	一
			v銀			v王	銀	v成桂	二
v歩			v歩	v歩	v歩	v銀			三
		v香	v角					v歩	四
	歩		桂						五
歩	v歩		歩		歩	v歩			六
				歩		歩		歩	七
		vと		玉	銀	金	歩		八
香							桂	香	九

▲佐藤　角

L△2四飛＝慌てずに飛車を捕まえる方針。

M▲3三角成＝次に△2六歩と打たれると、飛車が歩で取られてしまう。緊急手段で脱出。

N△3三同銀（第4図）＝佐藤は異形の△3三同金を読んでいた。以下、本譜と同様に進めば▲2六飛に△3二玉と対応できる。真部一男九段は「（△3三同金を読んだことを）シリー

【第9図は△3一金まで】

△羽生　飛金香歩二

9	8	7	6	5	4	3	2	1	
v香	v桂			v金		v金			一
		銀	v銀	v王				v成桂	二
v歩			v歩	v歩	v歩	v成銀			三
		v香	v角					v歩	四
	歩		桂						五
歩	v歩		歩		歩	v歩			六
				歩		歩		歩	七
		vと		玉	銀	金	歩		八
香							桂	香	九

▲佐藤　飛角

ズで特に感心」「彼は常識という枠組みから解放されて自在の境地に羽ばたいた」と称賛。後の奔放な序盤戦術を予見していたかのようだ。

O▲8八金＝自陣の引き締め。▲7五歩は△8四飛▲8五歩△6四飛▲2六飛に△7八角があるのでキズを消した。

P△3一玉（第5図）＝△2三歩だと歩切れになるのを嫌った。ただ、▲2三桂でとがめられた。**N△3三同銀**で△3三同金から△3二玉と対応できていれば、▲2三桂はなかった。

Q△8六歩＝あとの進行からすれば、△8七歩▲8九金△6七飛成▲同玉△4九角▲7八玉△3八角成が難解で、有力だった。

R▲6六歩（第6図）＝駒を使わず△8七歩成▲同金△7八角を軽く受けられたのは大きい。「▲6六歩と突かれてダメにした」と羽生。

S▲3五香＝駒得を拡大。

T▲2三同飛成＝竜を作り、先手が指せる。

U▲8七竜＝竜を大事にして、守備に専念。

V▲6六金（第7図）＝後手の攻めの主軸である飛車を捕獲した。先手優勢だ。

W▲1一飛＝攻め合い勝ちの手ごたえあり。

X▲4六歩＝好手。逃走路を確保した。

Y▲2二銀（第8図）＝玉の腹から銀を打て。△同銀は▲2一飛成△4二玉▲2二竜が厳しい。

Z△4一飛＝妖しい粘り。

a▲7二銀＝左右挟撃に持ち込む。▲6一角以下の詰めろ。

b△3一金（第9図）＝執念の金打ち。

c▲8一銀不成＝先手陣は当分安泰なので、着実に迫る。

d△2五金（第10図）＝不利でも逆転の種をまく。羽生に勝つのは大変といわれるゆえん。

e▲3五角成（第11図）＝先手玉に詰めろがかかったが、佐藤は決め手を用意していた。以下、▲3五竜と金を取った形が手厚い。

f▲2六玉（投了図）＝上部に逃げ出して勝ちを決める。後手玉は△6四歩と成銀を取っても、▲7三金△6一玉▲5三桂不成以下詰む。羽生の粘りを振り切り、カド番に追い込んだ。佐藤は「自分の中で対羽生戦の感覚が変わってきた」と記している。

【第10図は△2五金まで】

△羽生　飛銀歩二

	9	8	7	6	5	4	3	2	1
一	v香				v金		竜		
二			v成銀	v銀	v王	v桂		v成香	
三	v歩			v歩		v歩			角
四			v香	v角	v歩				v歩
五		歩		桂				v金	
六	歩	v歩		歩		歩	v歩		
七					歩	玉	歩		歩
八				vと		銀	金	歩	
九	香							桂	香

▲佐藤　金

【第11図は▲3五角成まで】

△羽生　飛銀銀歩

	9	8	7	6	5	4	3	2	1
一	v香		v歩		v金		竜		
二				v王		v桂		v成香	
三	v歩			v歩		v歩			
四			v香	v角	v歩				v歩
五		歩		桂			馬	v金	
六	歩	v歩		歩		歩	歩		
七					歩	玉			歩
八				vと		銀	金	歩	
九	香							桂	香

▲佐藤　金銀歩

【投了図は▲2六玉まで】

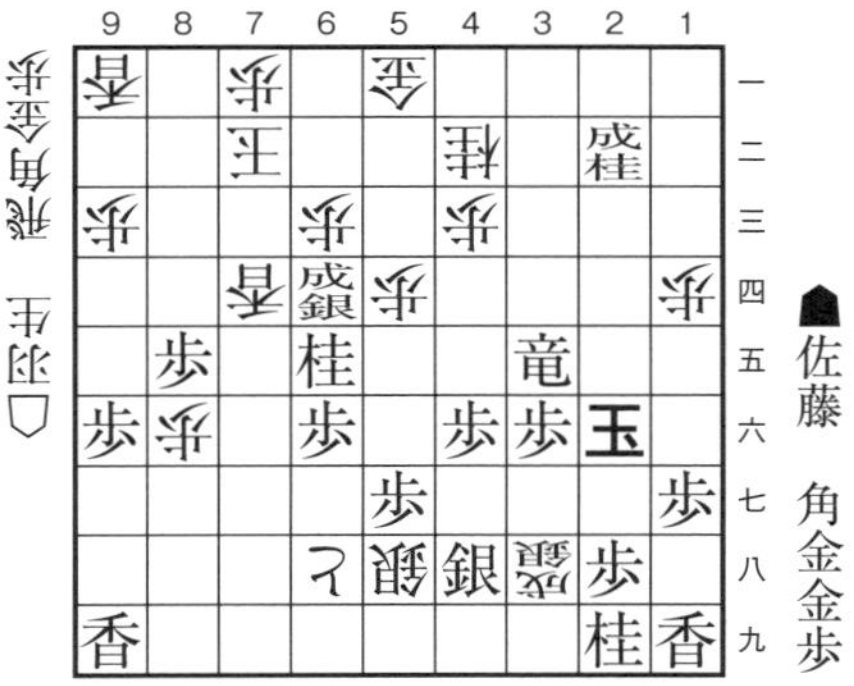

△羽生　飛角金歩

	9	8	7	6	5	4	3	2	1
一	v香		v歩		v金				
二			v王			v桂		v成香	
三	v歩			v歩		v歩			
四			v香	v成銀	v歩				v歩
五		歩		桂			竜		
六	歩	v歩		歩		歩	歩	玉	
七					歩				歩
八				vと	v銀	銀	v成銀	歩	
九	香							桂	香

▲佐藤　角金金歩

第43局

第60期順位戦A級9回戦（毎日新聞）

【持ち時間】各6時間

2002年3月1日 終了2日0時9分 東京都渋谷区「将棋会館」 記録係 長岡裕也初段

八段 ▲森下 卓
九段 △佐藤 康光

新型向かい飛車を発表

後手向かい飛車対居飛車穴熊

佐藤は対局過多で疲れも出てきたか、2月中ごろから負けが込み、本局まで3連敗中だった。A級順位戦は6勝2敗で2位。自身が勝ち、7勝1敗の森内俊之八段が敗れるとプレーオフ。第56期A級と同じような状況だった。

▲7六歩　△3四歩 5　▲2六歩 2
△5四歩　▲4八銀 16　A△3三角 17
（第1図）　▲6八玉 19　△2二飛 6
▲7八玉 14　△6二玉 4　▲5六歩 8
△4二銀 1　▲9六歩 1　△9四歩 36
▲5八金右 9　△7二玉　▲5七銀 8

△8二玉 26　▲6六歩 16　△5三銀 8
▲6七金 3　△9二香 2　▲7七角 4
△9一玉 1　▲8八玉　B△8二銀
▲7八銀　△7一金 8　▲8六歩 12
△5一金 7　▲8七銀 5　△6一金左 8
▲7八金 4　△7二金左 5　▲8五歩 43
△6四歩 50　▲3六歩 32　△7四歩 7
▲3八飛 7　C△2四歩 29　▲3五歩 35
△同 歩　D▲4六銀　（第2図）
△6二飛 21　▲3五銀 23　△6五歩 2
▲同 歩　E△3七歩 21　（第3図）
▲同 飛 5　△7七角成　▲同 桂
△2八角　F▲8六角 2　（第4図）
△6三飛 33　▲4六銀 31　△3七角成 7

【第1図は△3三角まで】

△佐藤 なし

9	8	7	6	5	4	3	2	1	
香	桂	銀	金	王	金	銀	桂	香	一
	飛								二
歩	歩	歩	歩		歩	角	歩	歩	三
				歩		歩			四
									五
		歩					歩		六
歩	歩		歩	歩	歩	歩		歩	七
	角				銀		飛		八
香	桂	銀	金	玉	金		桂	香	九

▲森下 なし

【第2図は▲4六銀まで】

△佐藤 歩

9	8	7	6	5	4	3	2	1	
王	桂	金					桂	香	一
香	銀	金					飛		二
	歩			銀	歩	角		歩	三
歩		歩	歩	歩			歩		四
	歩					歩			五
歩		歩	歩	歩	銀		歩		六
	銀	角	金		歩			歩	七
	玉	金				飛			八
香	桂						桂	香	九

▲森下 なし

【第3図は△3七歩まで】

△佐藤 なし

9	8	7	6	5	4	3	2	1	
王	桂	金					桂	香	一
香	銀	金	飛						二
	歩			銀	歩	角		歩	三
歩		歩		歩			歩		四
	歩		歩			銀			五
歩		歩		歩			歩		六
	銀	角	金		歩	歩		歩	七
	玉	金				飛			八
香	桂						桂	香	九

▲森下 歩二

▲同桂 △7五歩 ▲同角3
△4九飛 ▲3二角5 △4七飛成3
▲5七銀 △3七竜8 ▲2一角成
△3九竜2 G▲8六桂7 △6四歩7
▲6六銀7 △1九竜 ▲3一馬9
H△6一香 （第5図） ▲4一馬12
△6五歩2 ▲同銀 △同飛2
▲同桂 △6四銀 ▲6六歩5
△7五銀1 ▲同歩 △5八銀16
▲6八金引1 I△4九竜1 ▲7四桂5
△6七歩 ▲同金直 △同銀成1
▲同金 J△7九角3 ▲7七玉
△5七金 ▲7八銀打2 △5八竜1
▲──1 （投了図）

まで94手で佐藤の勝ち
（消費時間＝▲5時間55分、△5時間51分）

【解説】

A△3三角（第1図）＝ゴキゲン中飛車の出だしから早くも新手。佐藤は2月の王将戦第3局でゴキゲン中飛車を指したが、▲4八銀に△5五歩と「位を取るのは、リスクが大きい気がする」という。佐藤は後年、△3三角で△8八角成とする作戦も発表した（第52局など）。

B△8二銀＝向かい飛車から穴熊。角筋を止めずにすみ、左銀を5三に配置できて、通常の振り飛車よりも得をしている可能性がある。

C△2四歩＝強気に突っ張った。穏やかに指すなら△4四銀や△3二飛などが考えられた。

D▲4六銀（第2図）＝▲3五同飛△4四銀▲3四飛△2五歩▲8六角△4二角▲6五歩△3三歩▲4四飛△同歩▲4三銀も有力で難解。

E△3七歩（第3図）＝△7七角成▲同桂△4九角ならいい勝負だった。

F▲8六角（第4図）＝森下好みの手厚い手。

G▲8六桂＝▲1一馬△1九竜▲7九桂△4四歩▲2一馬で先手十分だった。

H△6一香（第5図）＝飛車に活を入れる好手。△6四銀まできれいな駒さばき。形勢好転。

I△4九竜＝1手緩めて、△6七歩が厳しい。

J△7九角＝決定打。**投了図**は一手一手の寄り。H△6一香から一気に加速して佐藤快勝だが、森内八段勝ちでプレーオフ進出ならず。

【第4図は▲8六角まで】

△佐藤　なし
▲森下　歩三

【第5図は△6一香まで】

△佐藤　桂
▲森下　歩四

【投了図は△5八竜まで】

△佐藤　桂
▲森下　飛銀歩五

第**44**局

3度目の正直で王将獲得

後手四間飛車対居飛車穴熊

第51期王将戦七番勝負第6局（スポーツニッポン・毎日新聞）

2002年3月11、12日　終了12日18時6分　青森県三沢市「古牧第三グランドホテル」　記録係　野島崇宏三段

【持ち時間】各8時間

九段 ▲佐藤　康光

王将 △羽生　善治

佐藤は高勝率でも棋王挑戦失敗、NHK杯準優勝、A級次点など、結果が出なかった。王将戦も2敗目を喫し、「ここで負けると厳しい、ダメだと思った」と佐藤。関係者には、佐藤の表情に悲壮感すら見えたという。

▲7六歩　△3四歩1　▲2六歩
△4四歩1　▲2五歩2　△3三角1
▲4八銀　△9四歩1　▲9六歩8
△3二銀11　▲5六歩1　△4二飛6
▲6八玉　△7二銀6　▲7八玉7
△4三銀4　▲5八金右　△6二玉12
▲7七角24　A**△7四歩**19　▲6六歩19
△4五歩18　▲5七銀26　△7三桂9
B**▲8六角**20　△5二金左19　▲6七金11
△8四歩3　▲8八玉2　△8三銀5
▲9八香11　△7二金14　▲9九玉
△7一玉1　▲8八銀　△8二玉
▲3六歩22　△5四銀45　▲1六歩39
△1四歩2　C**▲7九金**4　△4一飛2
▲3七桂15　△6二金左12　D**▲4八飛**67
△4四角26　▲2八飛　△3三角11
▲6八金引　E**△6四歩**2　（第1図）
▲同　角15　F**△8五歩**1　▲2四歩1
△同　歩9　▲4六歩1　G**△同　歩**69
▲同　角1　△8六歩　▲4五歩39
△6五歩38　▲8六歩10　△6六歩
▲7八金上　△3五歩19　▲同　角12
△6五桂1　▲4六銀7　△3四歩8
H**▲2六角**2　△1三桂　▲6四歩14
I**△8七歩**6　▲同　金　△2五歩
▲1七角11　△2四角6　▲3五歩4
△1五歩2　▲2五桂17　△1六歩41
▲1三桂成　△1七歩成　J**▲2四飛**
△4七角　▲2二飛成7　△5六角成1
▲6三歩成1　△同金直1　K**▲3七角**
（第2図）　L**△8一玉**5　▲5七歩9
M**△4七馬**　▲6四歩2　△6二金引1
▲3二竜3　△7一飛2　▲9五歩9
△同　歩7　▲9四歩1　△1三香1
N**▲8五桂**6　△9四銀　O**▲5五銀**1
（第3図）　△3七馬　▲5四銀
△同　歩　▲7三銀　△6一銀
▲6二銀成1　△同　銀　▲7三金
△6一銀3　▲6三歩成　△同　銀
▲同　金　△8五銀　▲6二歩2
△6三金3　▲6一歩成　△7二飛
▲同　竜3　△同　玉　▲7一飛
△8二玉　▲8四銀　△――1

（投了図）　まで125手で佐藤の勝ち

（消費時間＝▲7時間37分、△7時間36分）

【解説】

A**△7四歩**＝藤井システム含みで穴熊を警戒。

B**▲8六角**＝△6四歩を突かせない工夫。

【第1図は△6四歩まで】

△羽生　なし

	9	8	7	6	5	4	3	2	1	
	v香					v飛		v桂	v香	一
		v王	v金	v金						二
		v銀	v桂		v歩		v角	v歩		三
	v歩	v歩	v歩	v歩	v銀		v歩		v歩	四
						v歩		歩		五
	歩	角	歩	歩	歩		歩		歩	六
		歩			銀	歩	桂			七
	香	銀		金				飛		八
	玉	桂	金						香	九

▲佐藤　なし

C☗7九金＝B☗8六角の牽制が功を奏して、佐藤は穴熊を完成できた。

D☗4八飛＝封じ手。☖4四角とされると、☖2六角を受ける☗2八飛に☖3三角で元に戻るので「情けない手でやりたくなかった」と佐藤。ただし「何があっても勝たねばならぬ、という意識が強かった」ため、封じ手にした。これで一晩じっくり考えることができる。そして、☖3三角に☗6八金引と手を変えた。

E☖6四歩（第1図）＝☖8五歩☗7七角☖6四歩なら無難だが、形の決め過ぎを嫌ったか。序盤の勝負手だ。

F☖8五歩＝歩損の代償に角を追う狙い。

G☖4六同歩＝☖6三金直は☗4五桂☖同銀の局面で、羽生は☗5五角☖同角☗同歩☖4六銀☗5二角を気にし、佐藤は☗7三角成☖同金寄☗4五歩☖8六歩の読みだった。細部に棋風の違いが表れている。

H☗2六角＝☗2四角は☖同角☗同飛☖1三角で失敗する。

I☖8七歩＝☗同銀と取れない時期に利かす。

J☗2四飛＝大駒をさばいて先手優勢。

K☗3七角（第2図）＝遠見の角に好手あり。羽生は5六に馬を作ることに期待したが、☗3七角が王将位をグッと引き寄せる妙手だった。

L☖8一玉＝☖6七歩成は☗5七銀が王手馬取りになる。

M☖4七馬＝「10手違いになった」と羽生。☗3七角から☗5七歩で、銀取りと☖6七歩成を巧妙に受けられてしまった。☖4七馬ではつらい。先手の穴熊が果てしなく遠くなった。

N☗8五桂＝盤石の態勢。銀冠の銀を9四におびき出すことが、次の大技につながった。

O☗5五銀（第3図）＝角と銀が最後の一押しとなる。角を取らせても攻めが続けばいい。以下、投了図まで緩みなく寄せた佐藤の会心譜。第47期と第49期は羽生に敗退したが、3度目の正直で王将獲得を果たす。終局直後の佐藤の目は潤んでいたという。新境地を開拓しながら、対羽生戦でのタイトル戦の連敗を7で止めた。「この王将戦は全体的にいい内容だった」と佐藤は振り返っている。

【第2図は☗3七角まで】

☖羽生　歩三

	9	8	7	6	5	4	3	2	1
一	v香					v飛			v香
二		v王	v金					竜	
三		v銀		v金	v歩				v成桂
四	v歩		v歩		v銀		v歩		
五				v桂		歩	歩		
六	歩	歩	歩	v歩	v馬	銀			
七		金					角		vと
八	香	銀		金					
九	玉	桂							香

☗佐藤　桂歩四

【第3図は☗5五銀まで】

☖羽生　桂歩五

	9	8	7	6	5	4	3	2	1
一	v香	v王	v飛						
二			v金	v金			竜		
三					v歩				v香
四	v銀		v歩	歩	v銀		v歩		
五	v歩	桂		v桂	銀	歩	歩		
六		歩	歩	v歩					
七		金			歩	v馬	角		vと
八	香	銀		金					
九	玉	桂							香

☗佐藤　歩

【投了図は☗8四銀まで】

☖羽生　飛角金桂桂歩六

	9	8	7	6	5	4	3	2	1
一	v香		飛	と					
二		v王							
三				v金					v香
四		銀	v歩		v歩		v歩		
五	v歩	v銀		v桂		歩	歩		
六		歩	歩	v歩					
七		金			歩		v馬		vと
八	香	銀		金					
九	玉	桂							香

☗佐藤　銀

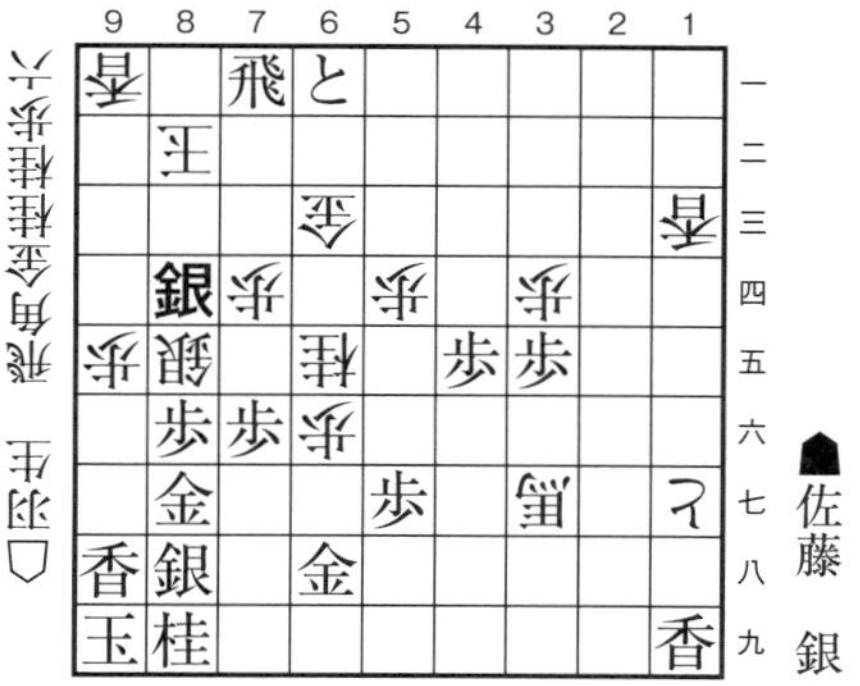

第45局

第73期棋聖戦挑戦者決定戦（産経新聞）

2002年5月13日　終了19時35分　東京都渋谷区「将棋会館」

【持ち時間】各4時間

記録係　西尾明三段

名人 ▲丸山　忠久
王将 △佐藤　康光

大胆な序盤戦術で挑戦権を得る

角換わり腰掛け銀

第58期名人戦から約2年。二つ目のタイトルを狙う佐藤と丸山が、棋聖戦挑戦者決定戦で激突した。佐藤はこれまで棋聖戦と縁が薄く、初めての挑戦者決定戦だった。本局に勝ち、郷田真隆棋聖への挑戦権をつかみ取る。

▲7六歩　△8四歩 3　▲2六歩
△3二金 1　▲7八金　△8五歩 1
▲7七角　△3四歩　▲8八銀
△7七角成 1　▲同　銀　△4二銀
▲9六歩　△7二銀 1　▲3八銀
△9四歩 2　▲4六歩　△6四歩
▲6八玉 1　△6三銀 1　▲4七銀
△4一玉 3　▲1六歩 1　△1四歩
▲7九玉　△3一玉 3　A▲**5六銀** 7
△7四歩 22　B▲**4五歩** 14　△7三桂 21
▲5八金 4　C△**5二飛** 28　（第1図）
▲6六歩 28　△5四歩　▲4八飛
△5五歩 31　▲6七銀　D△**5三銀** 26
▲8八玉 34　△8二飛 4　▲2五歩 11

【第1図は△5二飛まで】

△佐藤　持駒：角

	9	8	7	6	5	4	3	2	1	
	v香			v金			v王	v桂	v香	一
					v飛	v銀	v金			二
			v桂	v銀	v歩	v歩		v歩		三
	v歩		v歩	v歩			v歩		v歩	四
		v歩				歩				五
	歩		歩		銀			歩	歩	六
		歩	銀	歩	歩		歩			七
			金		金			飛		八
	香	桂	玉					桂	香	九

▲丸山　持駒：角

△5二金 2　▲2八飛 1　E△**3三金** 1
（第2図）　▲2六飛 7　△2二玉 22
▲5六歩 4　△同　歩 5　▲同　銀 24
△4二金 4　F▲**6七銀** 11　△6五歩 7
▲同　歩 4　G△**5四銀右**　▲4六角 21
△5五歩 3　▲5六歩 3　△6五桂 10

【第2図は△3三金まで】

△佐藤　持駒：角

	9	8	7	6	5	4	3	2	1	
	v香						v王	v桂	v香	一
		v飛			v金					二
			v桂	v銀	v銀	v歩	v金	v歩		三
	v歩		v歩	v歩			v歩		v歩	四
		v歩			v歩	歩		歩		五
	歩		歩	歩					歩	六
		歩	銀	銀	歩		歩			七
		玉	金		金			飛		八
	香	桂						桂	香	九

▲丸山　持駒：角

H▲**6六銀左** 9　△6四銀　▲2四歩 1
△同　歩　▲同　角　△2三歩 2
▲6八角　I△**4五銀** 7　（第3図）
▲1五歩　△5六歩　▲1四歩
△1二歩　▲2四歩 7　△同　歩 1
▲2三歩　△同　玉 9　▲2五歩
△5七歩成 2　▲同　金　△同桂成
▲同　角　△6五歩　▲2四歩
△3二玉　▲7七銀　△2二歩 1
▲6三歩 2　△4四歩 3　▲1七桂 2
△3五歩 3　▲同　角　△4八角 1
▲2三歩成 3　△同　歩　J▲**2二歩**
△3四金　▲6八角　△2二玉
▲6二歩成 3　△3七角成 5　▲2九飛

◇6二飛　▲3五歩　◇2四金
▲3四桂　K◇3二玉　（第4図）
▲4二桂成　◇同　玉　▲3四歩
◇5三玉　▲3五金1　◇5五桂
▲4五金2　◇同　歩　▲5六銀
L◇4六金　▲5九角12　◇3六馬
▲2六飛1　◇3五馬　▲1六飛
◇5六金1　▲同　飛　M◇4六金
（投了図）

まで122手で佐藤の勝ち
（消費時間＝▲3時間38分、◇3時間57分）

【解説】

A▲5六銀＝丸山得意の角換わり腰掛け銀。丸山は本局直前に第59期名人戦第3局で頓死。3連敗と調子を落としていた。本局は名人戦第3局から4日後の対局。

B▲4五歩＝主張のある序盤。この戦型では、4六に角を据えるのが好位置となる場合が多い。

C◇5二飛（第1図）＝こちらも主張ある手。早めに出てきた5六の銀を追い返す狙い。「▲4五歩が早かったのが◇5二飛の理由」と佐藤。

D◇5三銀＝◇3三銀が普通だが、中央の厚みを重視。将来の▲2五桂が銀に当たらないようにした意味もある。

E◇3三金（第2図）＝大胆な駒組み。先手は2五や4五に右桂を跳ねられないため、3三金型をとがめる形がないことを見越している。

F▲6七銀＝▲3六歩から▲3七桂なら「全然自信がなかった」と佐藤。

G◇5四銀右＝右桂の差で後手作戦勝ち。丸山は「急に負けになった」と振り返った。

H▲6六銀左＝▲5五歩は◇4五銀▲5四歩◇4六銀▲5三歩成◇同金▲4六飛◇7七桂成▲同桂◇5五銀で先手不利。

I◇4五銀（第3図）＝力強く盤面中央を制圧。次に◇5六歩と取り込み先手の動きを逆用。

J▲2二歩＝懸命の手作りだが、少し攻めあぐんでいる感じ。

K◇3二玉（第4図）＝中央が安全地帯。

L◇4六金＝繊細な対応で攻めを完封した。

M◇4六金（投了図）＝勝ち方のお手本。先手に適当な手段がなく投了となった。佐藤快勝。

【第3図は◇4五銀まで】

◇佐藤　角歩二

	9	8	7	6	5	4	3	2	1
一	v香							v桂	v香
二		v飛				v金		v王	
三						v歩	v金	v歩	
四	v歩		v歩	v銀			v歩		v歩
五		v歩		v桂	v歩	v銀			
六	歩		歩	銀	歩			飛	歩
七		歩		銀			歩		
八		玉	金	角	金				
九	香	桂						桂	香

▲丸山　歩二

【第4図は◇3二玉まで】

◇佐藤　金歩六

	9	8	7	6	5	4	3	2	1
一	v香							v桂	v香
二				v飛		v金	v王		v歩
三								v歩	
四	v歩		v歩	v銀		v歩	桂	v金	歩
五		v歩		v歩		v銀	歩		
六	歩		歩						
七		歩	銀	銀			v馬		桂
八		玉	金	角					
九	香	桂						v飛	香

▲丸山　なし

【投了図は◇4六金まで】

◇佐藤　銀歩六

	9	8	7	6	5	4	3	2	1
一	v香							v桂	v香
二				v飛					v歩
三					v王			v歩	
四	v歩		v歩	v銀			歩	v金	歩
五		v歩		v歩	v桂	v歩	v馬		
六	歩		歩		v飛	v金			
七		歩	銀						桂
八		玉	金						
九	香	桂			角				香

▲丸山　金銀

第46局

逆襲への1勝

矢倉

第73期棋聖戦五番勝負第3局（産経新聞）【持ち時間】各4時間

2002年7月4日　終了19時21分　神奈川県箱根町「箱根ホテル小涌園」
記録係　高野悟志三段

棋聖 ▲郷田　真隆
王将 △佐藤　康光

意気揚々と臨んだ第73期棋聖戦五番勝負だが、佐藤は開幕2連敗であとがなくなる。ただ、第2局直後の第15期竜王戦1組で、佐藤が郷田を破ったことで流れが変わった。本局も五番勝負の流れを変える上で大きな一戦だった。

▲7六歩　A△**8四歩**1　▲7八金2
△3四歩4　▲2六歩　△4四歩
▲2五歩8　△3三角　▲4八銀
△5二金右5　B▲**4六歩**　△4三金2
▲4七銀　△6二銀2　▲6九玉
△5四歩10　▲5八金7　△5三銀8
▲3六歩6　△8五歩40　▲7七角24
△4二玉　▲8八銀　△3二玉2
▲5九角　△7四歩1　▲7七銀2
△2二玉　▲7九玉1　△3一金1
▲6六歩7　△5一角9　▲2六角39
△1二香24　▲5六銀1　C△**7二飛**19
▲3七桂13　△7五歩2　▲同　歩
△同　飛　▲6七銀　△7二飛14

▲8八玉　△1一玉　▲1六歩12
△2二銀　▲4八飛　△6二角34
▲1五歩7　△5五歩　▲7六歩35
△9四歩2　D▲**4五歩**14　（第1図）
△同　歩　▲同　飛　△4四銀
▲4九飛　△4五歩2　▲5六歩9
△同　歩9　▲同　銀　△8六歩
▲同　銀2　△3五歩2　▲1四歩7
△同　歩　▲2四歩9　△同　歩
▲1三歩　△同　香3　E▲**5四歩**8
△7六飛3　▲2五歩2　△8五歩7
▲6七銀11　△7四飛4　▲5三歩成1
△同　角　F▲**8五銀**　△5四飛
▲1五歩2　△同　歩　▲2四歩
△7三桂　▲7六銀引1　G△**7五歩**
▲1四歩1　△同　香　▲1五香
△7六歩14　▲1四香1　△1三歩
▲2五香1　△1四歩1　▲4五桂3
△4二角3　▲1三歩　△同　桂2
▲2三歩成　△同　金　▲同香成

△同　銀　H▲**5三金**1　（第2図）
△同　金1　▲同桂成　△同　角
▲2四歩　△1二銀8　▲3五角1
I△**7七香**　J▲**5五歩**1　△7八香成
▲同　銀　△5五飛　K▲**5七香**
△3五飛　▲同　歩　L△**7四香**
M▲**5三香成**　△7七銀　▲同　桂
△同歩成　▲同　銀　△同香成
▲同　玉　△7六歩　▲6八玉
N△**7七歩成**　（第3図）　▲同　玉
△7六歩　▲6八玉　△7七歩成
▲同　玉　△7六歩　▲6八玉
△7七歩成　▲同　玉　△7六歩
▲6八玉　O△**7七銀**　▲6七玉

【第1図は▲4五歩まで】

佐藤△　持ち駒　歩

	9	8	7	6	5	4	3	2	1
一	v香	v桂						v桂	v王
二			v飛	v角			v金	v銀	v香
三				v歩	v銀	v金		v歩	v歩
四	v歩					v歩	v歩		
五		v歩			v歩	**歩**		歩	歩
六			歩	歩			歩	角	
七	歩	歩	銀	銀	歩		桂		
八		玉	金		金	飛			
九	香	桂							香

▲郷田　なし

△5五桂　▲5七玉　△6八角
▲同　金　△同銀不成　（投了図）
まで146手で佐藤の勝ち
（消費時間＝▲3時間59分、△3時間59分）

【解説】

A△8四歩＝対局場は箱根駅伝の中継所で知られる箱根ホテル小涌園。佐藤は棋聖戦で本局含め、4期連続勝ち星を挙げた。

B▲4六歩＝先手は▲5六歩から引き角で2四に利かして2筋歩交換を目指すか、本譜のように角の転換を図るか。二つの指し方が多い。

C△7二飛＝独特の序盤感覚。△1一玉は駒組みに偏りすぎて危険とみたか。

D▲4五歩（第1図）＝無駄手なく仕掛けを得て、ここは先手十分の進行。

【第2図は▲5三金まで】

▲郷田　歩

△佐藤　銀香香歩八

E▲5四歩＝攻めに含みを持たせたが攻めなら▲2五歩、守りなら▲6七金右で先手指せた。

F▲8五銀＝▲7七銀が有力。本譜は銀が的になり先手が忙しい。

G△7五歩＝銀を逮捕して盛り返す。

H▲5三金（第2図）＝激烈な終盤。

I△7七香＝反撃開始。攻防の切り替えは難しいものだが、適切な判断を下すのも高度な芸。

J▲5五歩＝▲2三歩成△同銀▲1三角成は△2二金で続かない。

K▲5七香＝▲4四角は△同角▲同飛に△7七歩成▲同玉△8五桂▲6七玉△6八金▲同玉△7六桂以下の詰みがある。

【第3図は△7七歩成まで】

▲郷田　飛角金銀香歩

△佐藤　角金金銀桂桂歩八

L△7四香＝駒を渡さない詰めろの好手。ただ、佐藤は時間ギリギリの着手で、勝ちを読み切ったわけではなかった。当時の記事に「すごい勢いでたたきつけられた」と記されている。

M▲5三香成＝下駄を預ける。

N△7七歩成（第3図）＝歩の成り捨てで時間を稼ぐ。局後も「相当パニックになって、詰みが全然わからなかった」と述べている。

O△7七銀＝変化多岐だが、この手で詰み筋に入っている。**投了図**は▲5六玉△5七金▲4六玉△4七桂成▲3六玉△3七金以下の詰み。

棋聖戦は2連敗後3連勝が多く、6回発生していた。佐藤も短期決戦の勢いで第4局も制し、決着は第5局（自戦記第5局）に持ち込まれた。

【投了図は△6八同銀不成まで】

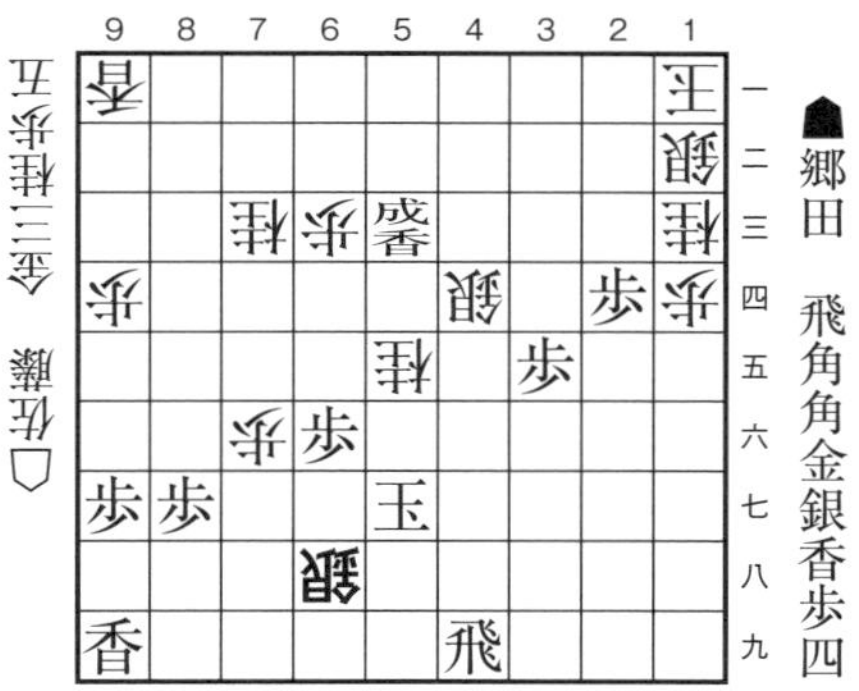

▲郷田　飛角角金銀香歩四

△佐藤　金三桂歩五

第47局

第11期銀河戦決勝
（サテライトカルチャージャパン）

【持ち時間】各15分＋考慮各10分（チェスクロック方式）

2003年9月19日　18時12分〜19時33分　東京都渋谷区「将棋会館」
記録係　島井咲緒里女流初段

▲七段　中川　大輔
△棋聖　佐藤　康光

久しぶりの早指し棋戦優勝

相掛かり

佐藤は棋聖防衛の勢いで、銀河戦で第6期（非公式戦。第8期から公式戦）以来の決勝進出。ここで勝ち、第10回早指し新鋭戦以来、12年ぶりに早指し棋戦での優勝となった。銀河戦では第16期と第18期も優勝している。

▲2六歩　△8四歩　▲2五歩
△8五歩　▲7八金　△3二金
▲1六歩　△1四歩　▲2四歩
△同　歩　▲同　飛　△2三歩
▲2五飛　△8六歩　▲同　歩
△同　飛　▲9六歩　△3四歩
A▲6九玉　△4二玉　▲5九金
△8二飛　B▲7六歩　△6二銀
C▲9五歩　（第1図）　△3三角
▲8七歩　△2二銀　▲4八銀
△6四歩　▲3六歩　△6三銀
▲5六歩　△2四歩☆　▲2六飛
D△2三銀　▲5五歩　△5二金
▲3七桂　△4四歩　▲6八銀
△3一玉　▲5七銀右　△4三金右
E▲5六銀②　F△7四銀　▲7七桂
G△6三銀　（第2図）　▲6六歩
△5四歩　▲6五歩　△5五歩①
▲同　銀　△4五歩　▲5六歩
H△5四銀　▲同　銀　△同　金

【第1図は▲9五歩まで】

△佐藤　持駒：歩

9	8	7	6	5	4	3	2	1	
△香	△桂		△金			△銀	△桂	△香	一
	△飛		△銀		△王	△金	△角		二
△歩		△歩	△歩	△歩	△歩		△歩		三
						△歩		△歩	四
歩							△飛		五
		歩						歩	六
			歩	歩	歩	歩			七
	角	金							八
香	桂	銀	玉	金		銀	桂	香	九

▲中川　持駒：歩二

【第2図は△6三銀まで】

△佐藤　持駒：歩

9	8	7	6	5	4	3	2	1	
△香	△桂					△王	△桂	△香	一
	△飛					△金			二
△歩		△歩	△銀	△歩	△金	△角	△銀		三
			△歩		△歩	△歩	△歩	△歩	四
歩				歩					五
		歩		銀		歩	飛	歩	六
	歩	桂	歩		歩	桂			七
	角	金	銀						八
香			玉	金				香	九

▲中川　持駒：歩

▲3五歩　△4四角　I▲8五桂①
（第3図）　△8八角成　▲同　金
△4四角　▲7八玉③　J△6五歩①
▲5五歩③　△同　金　K▲8九玉
△2二玉　▲6三角①　L△8六歩②
▲同　歩　△8七歩　M▲7八金
△6六歩　▲4一角成　△6七歩成
▲同　銀　△6六歩　▲5八銀
N△5七歩　（第4図）　▲2五歩①
△同　歩　▲2四歩　△同　銀
O▲2五飛　△同　銀　▲2四歩
△3三玉①　▲2五桂①　P△2四玉
▲5一馬　△4二銀　▲6一馬
△4三金　▲3二銀　△5八歩成①

▲4三銀不成△同　銀　▲同　馬
Q△8八銀①　▲同　金　△同歩成
▲同　玉　△7七銀　▲9七玉
△8七金　▲同　玉　△8九飛
▲7七玉　△6七歩成　▲同　玉
△6六金　▲5八玉　△5七金
▲4九玉　△5九飛成　▲3八玉
△4八竜　▲2七玉　△3七金
（投了図）

まで122手で佐藤の勝ち
（消費時間＝▲15分＋10分、△15分＋10分）

【解説】

A▲6九玉＝力戦の雄中川、さっそく定跡にない序盤となった。相掛かりの2五飛型は、当時井上慶太八段や塚田泰明九段が指していた。

B▲7六歩＝△8六歩の垂れ歩は▲8五歩と飛車の横利きで受けて大丈夫。

C▲9五歩（第1図）＝中川の師匠の米長邦雄永世棋聖も、相手が端を受けない場合は気合で端歩の位を取っていた。

D△2三銀＝後手はじっくり構える方針。

E▲5六銀＝中川好みの中央志向の陣立て。

F△7四銀＝銀冠が完成したので動き出す。

G△6三銀（第2図）＝先手の角桂が使いにくくなった。後手2手損でも十分と見ている。

H△5四銀＝先手の角を相手にせず、中央で戦端を開く。後手やや指せる。

I▲8五桂（第3図）＝目の覚めるような勝負手だ。

J△6五歩＝△8五飛は▲6三角がある。

K▲8九玉＝自重したが、▲7三桂成△同桂▲6四角なら大激戦が続いた。

L△8六歩＝要の8八金に働きかける好手。

M▲7八金＝▲8七同金は△8四歩の当たりが強くなる。とはいえ、大きなくさびが残った。

N△5七歩（第4図）＝巧みな歩の手筋で先手陣を崩す。▲同銀は△6七歩成や△3五角。

O▲2五飛＝もう尋常な手段では追いつかないとみた。

P△2四玉＝中段に泳ぎ出し安泰。後手勝勢。

Q△8八銀＝手順は長いが、前から詰みを読み切っている。**投了図**は▲2六玉△2八竜まで。

【第3図は▲8五桂まで】

佐藤△　銀歩二

	9	8	7	6	5	4	3	2	1
一	v香	v桂					v王	v桂	v香
二		v飛					v金		
三	v歩		v歩					v銀	
四				v歩	v金	v角	v歩	v歩	v歩
五	歩	桂		歩		v歩	歩		
六			歩		歩			飛	歩
七		歩				歩	桂		
八		角	金	銀					
九	香			玉	金				香

▲中川　銀歩

【第4図は△5七歩まで】

佐藤△　銀

	9	8	7	6	5	4	3	2	1
一	v香	v桂				馬		v桂	v香
二		v飛					v金	v王	
三	v歩		v歩					v銀	
四						v角	v歩	v歩	v歩
五	歩	桂			v金	v歩	歩		
六		歩	歩	v歩				飛	歩
七		v歩			v歩	歩	桂		
八			金		銀				
九	香	玉			金				香

▲中川　銀歩三

【投了図は△3七金まで】

佐藤△　歩三

	9	8	7	6	5	4	3	2	1
一	v香	v桂						v桂	v香
二		v飛							
三	v歩		v歩			馬			
四						v角	v歩	v王	v歩
五	歩	桂				v歩	歩	桂	
六		歩	歩						歩
七					v金	歩	v金	玉	
八						v竜			
九	香								香

▲中川　金金銀四歩四

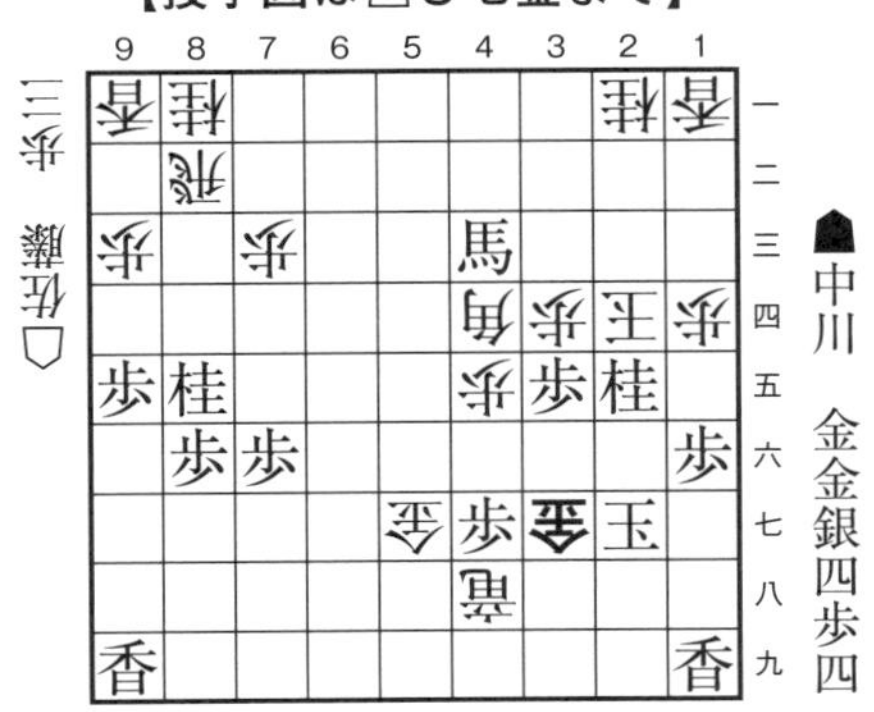

第48局

第53期王将戦挑戦者決定リーグ5回戦（スポーツニッポン・毎日新聞）

2003年11月28日　終了20時2分　東京都渋谷区「将棋会館」

【持ち時間】各4時間

記録係　村中秀史三段

永世棋聖 ▲米長　邦雄

棋聖 △佐藤　康光

あこがれの棋士と最後の対局

先手陽動振り飛車

佐藤は米長邦雄永世棋聖について「アマチュア時代に最も影響を受けた棋書が『米長の将棋』シリーズ」、「プロ棋士の棋譜で最も多く並べたのは米長先生の将棋」と記している。引退を表明していた米長と最後の対局だ。

A**▲7六歩**　B**△8四歩**1　▲6八銀
△3四歩　▲7七銀　△6二銀
▲5六歩　△5四歩　C**▲6六銀**1
△4二玉5　▲5八飛6　△3二玉
▲4八玉　△5三銀2　▲3八玉2
D**△6四銀**5　▲2八玉5　△4二銀10
▲1八香　△8五歩13　▲7七角
△7四歩　▲1九玉7　△7三桂1
▲2八銀19　△8六歩25　E**▲同　角**16
△6五銀1　▲5五歩25　△6六銀16
▲同　歩　△5五角　▲3九金25
△6六角26　▲6八飛4　F**△8六飛**1
（第1図）　▲6六飛14　△8七飛成
▲6三飛成　△6二歩26　▲7三竜7

△8九竜　▲7八銀　G**△9九竜**4
▲6六角18　△8八角3　▲同　角15
△同　竜　▲6六角　△8五竜1
▲1一角成6　△2二銀4　▲1二馬8
H**△5五角**12　▲6四歩2　△1一銀2
▲同　馬　△同　角　▲5三桂
△同　銀27　▲同　竜　I**△9九角成**
▲5四竜4　△3三馬2　▲1二銀1
J**△8一角**15　**（第2図）**　▲6三歩成1
△同　角　▲同　竜　△同　歩
▲7三角　△2四香1　▲3六歩1
△2二馬1　▲2一銀成4　△同　玉
▲1六歩　△5六歩5　▲5三桂7
K**△3二金**1　▲6一桂成13　△5七歩成
▲5八歩　△4七と13　▲4八歩
△3八銀3　▲4七歩　L**△2六桂**5
▲同　歩2　△3九銀成　▲4八銀8
△3八成銀5　▲3九金1　△4八成銀
▲同　金　△5六桂　▲3七角成
△4八桂成　▲同　馬　△4五金

M**▲2七銀打**3　**（第3図）**　△3五歩2
▲4六香　△3六金　▲5九金11
△2七金　▲同　銀　△3六銀
▲3八金　△2七銀成　▲同　金
△3六銀　▲3八銀　N**△4四歩**
▲7五歩1　△7六竜　▲4九金1
△4五歩　▲3六金　△同　歩
▲3五銀　△4六歩1　▲4四桂
△4三金1　▲4六歩1　△4四金
▲3四桂　△同　金　▲同　銀
△3五桂　▲3三金　O**△4六竜**
▲2二金　△同　玉　▲2五歩
△2八金　**（投了図）**

まで136手で佐藤の勝ち

【第1図は△8六飛まで】

△佐藤　角銀歩二

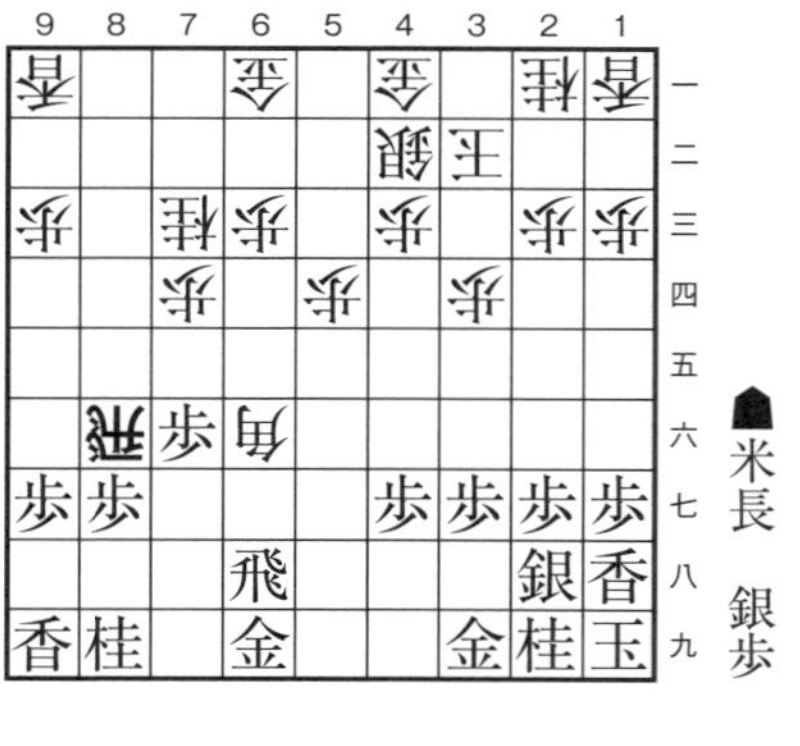

	9	8	7	6	5	4	3	2	1	
	△香			△金		△金		△桂	△香	一
						△銀	△玉			二
	△歩		△桂	△歩		△歩		△歩	△歩	三
			△歩		△歩		△歩			四
										五
		△飛	歩	△角						六
	歩	歩				歩	歩	歩	歩	七
				飛				銀	香	八
	香	桂		金			金	桂	玉	九

▲米長　銀歩

（消費時間＝☗3時間59分、☖3時間59分）

【解説】

A☗7六歩＝2003年3月末、米長は自身のホームページで引退を表明。翌月の会見で残る棋戦すべて敗退したときに引退届を提出する旨を述べた。王将戦で挑戦者決定リーグに進んだが3連敗し、リーグ終了時の引退が決まった。

本局の前日に、12月17日に米長が引退届を理事会に提出する旨が発表された。1903年の同日にライト兄弟が有人動力飛行を成功させたことにちなみ「私にとっても飛翔の日」と米長。

B☖8四歩＝本局の佐藤は和服で臨み、タイトル保持者だが下座に着いた。スーツの米長は上座に着き、玉将を持って対局。そして、和服を届けてもらい、昼食休憩に着替えた。「あこがれの先輩棋士とタイトル戦のような雰囲気を味わいながら対局できてうれしかった」と佐藤。

【第2図は☖8一角まで】

☗米長　銀香歩二

	9	8	7	6	5	4	3	2	1
一	香	角		金		金		桂	
二				歩			王		銀
三	歩					歩	馬	歩	歩
四			歩	歩	竜		歩		
五		飛							
六			歩						
七	歩					歩	歩	歩	歩
八			銀					銀	香
九				金			金	桂	玉

☖佐藤　桂桂香歩二

C☗6六銀＝相矢倉かと思いきや、変化に出た。何か思うところがあったのだろうか。

D☖6四銀＝銀を繰り出して対抗したのは思いつきだったと佐藤。

E☗8六同角＝☗同歩が普通。☗同角は☗7五歩を見せて、勢い重視の米長流だ。

F☖8六飛（第1図）＝決断の飛車切り。☗同歩なら☖5七角打で手になる。

G☖9九竜＝☗6六角があるので、米長が軽視していた香取り。

H☖5五角＝☖1一銀で馬の捕獲が狙い。

【第3図は☗2七銀打まで】

☗米長　桂桂香歩

	9	8	7	6	5	4	3	2	1
一	香			成桂				王	
二							金	馬	
三	歩			歩		歩		歩	歩
四			歩				歩	香	
五		飛				金			
六			歩				歩	歩	歩
七	歩					歩		銀	
八			銀		歩	馬		銀	香
九				金				桂	玉

☖佐藤　飛金銀歩三

I☖9九角成＝馬になれば守備力が高くなる。

J☖8一角（第2図）＝竜取りに加え、2七を狙って味良い角打ち。直前の☗1二銀で☗6三歩成☖同歩を利かせば、この手はなかった。

K☖3二金＝駒を取られても手番を得る手筋。

L☖2六桂＝強打で穴熊崩し。

M☗2七銀打（第3図）＝頑強な粘り。形勢は後手良しだが、容易に決め手を与えない。

N☖4四歩＝急がば回れの好例。先手が兵力不足なことを見越している。

O☖4六竜＝竜が好位置に躍り出て大勢決す。

投了図は☗2八同玉に☖2七香から詰み。米長は本局について「負けはしたが双方残り1分の大熱戦で、全力を出し切れた」と記している。

【投了図は☖2八金まで】

☗米長　角歩二

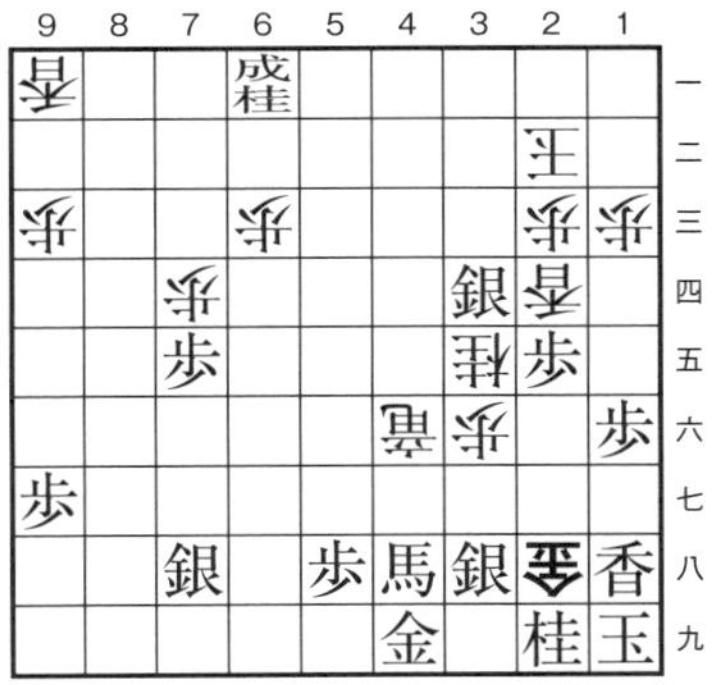

	9	8	7	6	5	4	3	2	1
一	香			成桂					
二								王	
三	歩			歩				歩	歩
四			歩				銀	香	
五			歩				桂	歩	
六						飛	歩		歩
七	歩								
八			銀		歩	馬	銀	金	香
九						金		桂	玉

☖佐藤　飛金金銀桂香歩五

第49局

第75期棋聖戦五番勝負第3局（産経新聞）

【持ち時間】各4時間

2004年7月7日 終了19時26分 新潟県西蒲原郡岩室村「高島屋」
記録係 高野悟志三段

棋聖 ▲佐藤 康光
竜王・名人 △森内 俊之

9連勝で3連覇達成

横歩取り3三角型

奨励会からのライバルとタイトル戦で初対決。当時の森内は、羽生から立て続けに竜王・名人・王将を奪取し三冠王。飛ぶ鳥を落とす勢いで勝っていた時期だ。四冠を目指し、棋聖戦に挑んできた。

A**▲7六歩** △3四歩1 ▲2六歩1
△8四歩 ▲2五歩2 △8五歩
▲7八金 △3二金 ▲2四歩
△同　歩 ▲同　飛 △8六歩
▲同　歩 △同　飛 ▲3四飛
△3三角 ▲3六飛2 △2二銀
▲5八玉3 △4一玉3 ▲8七歩1
△8五飛 ▲3三角成8 △同　桂
B**▲7七桂** △2五飛 ▲2六歩
△2四飛 ▲5六飛1 C**△6二金**8
▲3八金 △5四飛 D**▲6六飛**1
△5二玉3 ▲6八銀6 △7二金14
▲2八銀47 △6二銀7 ▲3六歩4
△4四角22 ▲5六飛28 △7四歩54

E**▲4六角**79 △6四歩13 ▲5四飛1
△同　歩 ▲3五歩1 F**△5五角**31
（第1図） ▲同　角13 △同　歩
▲2七角2 △6三角11 ▲同角成3
△同　銀 ▲2七角 △5四角9
▲同　角1 △同　銀 ▲2七角1
△6三角4 ▲3七桂2 △8六歩10
▲同　歩3 △8九飛1 ▲7九金3
△9九飛成 ▲3四歩3 △4五桂2
G**▲6五桂**3 △3七桂成14 ▲同　銀
△4五桂 ▲4六銀8 △6五銀8
▲8四桂1 △7一金4 ▲4五角1
△5四桂 ▲4八玉5 △4六桂11
▲6三角成 △同　玉 ▲4六歩
△1四角 H**▲5一飛** **（第2図）**
△6二銀1 ▲4五角2 △5四香4
I**▲4一飛成** J**△3三金** ▲4二竜
△4四金 ▲2七角 △5六歩
▲同　歩 △7三玉 ▲2二竜1
△5六銀 K**▲2五桂** △5七銀不成

▲同　銀 △7九竜2 ▲5六歩1
△3七歩 ▲同　玉 L**△1九竜**
▲3六桂 △3五香 M**▲7二銀**1
△3六香1 ▲同　角 △3五歩
N**▲7一銀不成** △3六歩 ▲2七玉
O**△7一銀**1 **（第3図）** P**▲8二銀**
△6三玉 ▲7一銀不成 Q**△3七歩成**
R**▲1六玉** △1五銀 ▲同　玉
△2三桂 ▲同　竜 △1七竜
▲1六歩 △2三角 ▲7二銀
△5二玉 ▲6二銀成 △同　玉
▲6三銀打 **（投了図）**
まで133手で佐藤の勝ち
（消費時間＝▲3時間59分、△3時間59分）

【第1図は△5五角まで】

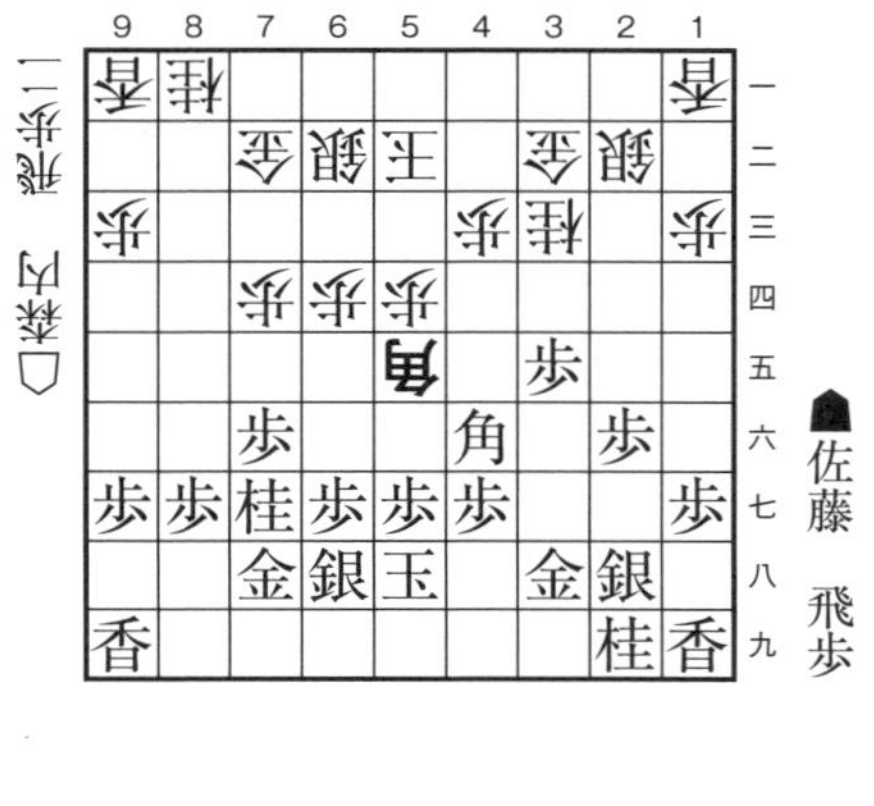

△森内　飛歩二

	9	8	7	6	5	4	3	2	1	
	v香	v桂							v香	一
			v金	v銀	v王		v金	v銀		二
		v歩				v歩	v桂		v歩	三
			v歩	v歩	v歩					四
					v角		歩			五
			歩			角		歩		六
	歩	歩	桂	歩	歩	歩			歩	七
			金	銀	玉		金	銀		八
	香							桂	香	九

▲佐藤　飛歩

【解説】

A▲7六歩＝佐藤は2004年に入ってから五番勝負までわずか8局。春の第62期名人戦の第3局や第5局の現地を訪れ、森内の将棋を観戦。実戦不足を補った。勢いに差はあったが、充実の挑戦者に連勝し本局を迎えた。

B▲7七桂＝佐藤が2003年2月の第16期竜王戦1組対高橋道雄九段戦で最初に指した形。00年代にはタイトル戦でも時折見られた戦型だ。

C△6二金＝△5二玉は▲3五角がある。

D▲6六飛＝▲5四同飛は△同歩から△5五歩の玉頭狙いが嫌み。後手陣は意外と隙がない。

E▲4六角＝大駒が中央に密集した異形。

F△5五角（第1図）＝勝負手気味。△5五歩が有力で、その方が良かったと森内。佐藤は△5五歩で苦しく、序盤に問題があったという。

G▲6五桂＝△同歩は▲4五桂から▲6四桂。

H▲5一飛（第2図）＝△1四角で金にヒモがついたが▲4一角△5二銀▲5一飛△4一銀▲7一飛成△3五香▲3七桂で先手良しだった。

I▲4一飛成＝持ち駒を使わせて、自陣の危険を遠ざけたが。

J△3三金＝強烈な勝負手。三冠王の底力だ。続く△4四金で先手の角を抑えて形勢混沌。

K▲2五桂＝佐藤も簡単には崩れない。

L△1九竜＝竜が防波堤を突破して猛追。

M▲7二銀＝受けてばかりでは勝てない。

N▲7一銀不成＝決めにいったが、負ければ敗着になる手。▲2七角ならば激戦だった。

O△7一銀（第3図）＝△3二桂なら後手勝ち。後手が銀を持てば、△1八角▲1六玉△2五角として▲同竜は△2四桂打、▲同歩は△1五銀からの詰みがある。また、△3二桂に▲1一竜は△2九竜▲2八香△3七歩成から詰む。

P▲8二銀＝強打で勝ちを手繰り寄せた。

Q△3七歩成＝ここで△3二桂は▲7二銀から後手玉が詰む。もう桂打ちは間に合わない。

R▲1六玉＝先手玉は詰まない。**投了図**はどう逃げても金打ちまで。「番勝負が始まる前は厳しいかなと感じていた」佐藤だが、第73期第3局（第46局）から9連勝で棋聖3連覇。本局の翌月に結婚式を挙げ、両手に花の活躍だった。

【第2図は▲5一飛まで】

△森内　銀香歩

9	8	7	6	5	4	3	2	1	
v香	v桂	v金		飛				v香	一
						v金	v銀		二
v歩			v王		v歩			v歩	三
	桂	v歩	v歩			歩		v角	四
			v銀	v歩					五
	歩	歩			歩		歩		六
歩			歩	歩				歩	七
			銀		玉	金			八
v竜		金						香	九

▲佐藤　角桂桂歩二

【第3図は△7一銀まで】

△森内　角金銀桂

9	8	7	6	5	4	3	2	1	
v香	v桂	v銀						v香	一
							竜		二
v歩		v王			v歩			v歩	三
	桂	v歩	v歩	v香	v金	歩		v角	四
							桂		五
	歩	歩		歩	歩	v歩	歩		六
歩			歩	銀			玉	歩	七
						金			八
								v竜	九

▲佐藤　金銀香歩三

【投了図は▲6三銀打まで】

△森内　飛角金銀歩

9	8	7	6	5	4	3	2	1	
v香	v桂							v香	一
		銀	v王						二
v歩			銀		v歩		v角	v歩	三
	桂	v歩	v歩	v香	v金	歩			四
							桂	玉	五
	歩	歩		歩	歩		歩	歩	六
歩			歩	銀		vと		v竜	七
						金			八
									九

▲佐藤　金桂香歩二

第50局

第76期棋聖戦五番勝負第2局（産経新聞）

【持ち時間】各4時間

2005年6月20日　終了18時42分　神奈川県箱根町「箱根ホテル小涌園」
記録係　遠山雄亮三段

棋聖 ▲佐藤　康光
四冠 △羽生　善治

自在な駒組みで快勝

一手損角換わり

森内に立て続けにタイトルを取られ、王座のみになった羽生。しかし、驚異的な復元力で、2005年2月に王位・王座・棋王・王将の四冠に復帰。そして、棋聖戦の挑戦者になった。佐藤は昨年に続いて難敵を迎えた。

A▲**7六歩**　△3四歩 1　▲2六歩
△3二金　▲2五歩 2　△8四歩 1
▲7八金　B△**8八角成**　▲同　銀
△2二銀　C▲**1六歩** 2　D△**3三銀** 6
▲1五歩　△7二銀　▲4八銀
△6四歩　▲4六歩　△6三銀 1
▲4七銀　△9四歩 1　▲9六歩
△4二玉 4　▲3六歩　△5二金 1
▲3七桂　△7四歩 2　▲2九飛 4
△7三桂 6　E▲**4八玉** 11　△8五歩 14
▲5八金 7　△4四歩 5　▲7七銀 20
△8一飛 12　F▲**5六銀** 5　**（第1図）**
△5四歩 3　▲6六歩 2　G△**4三金左** 2
▲4七金 9　H△**3二玉** 1　▲6八金 6
△4一飛 6　I▲**5八玉** 22　△6一飛 5
J▲**4八金** 1　△7二銀 3　K▲**4五歩** 9
（第2図）　△同　歩 7　▲同　桂 1
L△**4四銀** 15　▲4六歩 1　△5五歩 7
▲6七銀 11　M△**3五歩** 19　N▲**3七金** 30
△6五歩 9　▲同　歩 4　△同　桂 12
▲6六銀左 2　△4五銀 1　▲同　歩
△3六歩　▲同　金　△4六歩
▲同　金 35　△5四桂　▲5五金 25
△4六歩 7　O▲**3九飛**　△3八歩 1
▲同　飛　△2二玉　P▲**6五銀** 5
（第3図）　△4七角 45　▲4九玉
△3八角成 10　▲同　玉　△5九飛
▲3五桂 18　△3一飛 3　Q▲**3六銀** 4
△1九飛成 1　▲5四金　△3四飛 21
▲5五角 1　△3三香　R▲**4一角** 2
△――― 2　**（投了図）**

まで87手で佐藤の勝ち
（消費時間＝▲3時間59分、△3時間54分）

【解説】

A▲**7六歩**＝二人は2003年の第52期王将戦以来のタイトル戦。04年度の対戦は3局だったが、05年から再び対戦が多くなる。

B△**8八角成**＝一手損角換わり。2003年6月に淡路仁茂九段がC級1組順位戦で用いたのが発端。その2週間後の第62期A級▲佐藤康―△青野照市九段戦で出て注目を集めた。後手は主導権を渡す代償に駒組みの自由度が高く、工夫の余地が大きい。本局当時、横歩取りに代わり、相居飛車戦で多く指された。この五番勝負では第1局や第5局も一手損角換わりだった。

C▲**1六歩**＝後手から見ると、悩ましいタイミングの端歩。△1四歩だと先手が棒銀や早繰り銀にくる可能性がある。

【第1図は▲5六銀まで】

△羽生　角

	9	8	7	6	5	4	3	2	1
一	v香	v飛						v桂	v香
二					v金	v王	v金		
三			v桂	v銀	v歩		v銀	v歩	v歩
四	v歩		v歩	v歩		v歩	v歩		
五		v歩						歩	歩
六	歩		歩		銀	歩	歩		
七		歩	銀	歩	歩		桂		
八			金		金	玉			
九	香	桂						飛	香

▲佐藤　角

D△3三銀＝端を受けず。やや妥協した感じ。

E▲4八玉＝端の位を生かすべく右玉にする。通常の右玉と比べて陣形が広い。「精神的な優位性を求める戦法」と佐藤。

F▲5六銀（第1図）＝この手に驚く棋士は多かったが、「△8一飛と引かれると、銀を出たくなる。直観として作戦勝ちになるのではないかという感触はあった」と佐藤。

G△4三金左＝有力な右玉対策。

H△3二玉＝以下△2二銀～△3三桂～△1二香～△1一飛とする地下鉄飛車を目指す。そうなると、先手は端の位がかえって負担になる。

I▲5八玉＝1筋に近寄るのは前述の地下鉄飛車で危険とみた。堅さよりも広さやバランスを重視している。

【第2図は▲4五歩まで】

△羽生　角

9	8	7	6	5	4	3	2	1	
v香			v飛				v桂	v香	一
		v銀		v金		v玉			二
		v桂			v金	v銀	v歩	v歩	三
v歩		v歩	v歩	v歩	v歩	v歩			四
	v歩				**歩**		歩	歩	五
歩		歩	歩	銀		歩			六
	歩	銀		歩		桂			七
			金	玉	金				八
香	桂						飛	香	九

▲佐藤　角

J▲4八金＝4手前の▲6八金と合わせて、目立たないが巧みなポジショニング。

K▲4五歩（第2図）＝好タイミングの仕掛けで先手作戦勝ち。時代を先取りした序盤感覚。

L△4四銀＝△2二銀と桂の捕獲を狙うのは、▲7五歩△同歩▲7四歩△4四歩▲7三歩成△同銀▲5三桂打で先手良し。

M△3五歩＝自玉頭から動くのは諸刃の剣の勝負手。代えて、△3三桂▲同桂成△同玉と形にこだわらずに応じて、△5四桂を狙うのが有力だったという感想がある。

N▲3七金＝△3五歩を逆用する力強い金。

O▲3九飛＝△4七角を避けつつ、味のいい王手。△3四歩なら▲4四歩が厳しい。

【第3図は▲6五銀まで】

△羽生　角

9	8	7	6	5	4	3	2	1	
v香			v飛				v桂	v香	一
		v銀		v金			v玉		二
					v金		v歩	v歩	三
v歩		v歩		v桂					四
	v歩		**銀**	金	歩		歩	歩	五
歩		歩			v歩				六
	歩		銀	歩					七
			金	玉		v飛			八
香	桂							香	九

▲佐藤　角銀桂歩五

P▲6五銀（第3図）＝堂々と王手飛車取りを掛けさせる。これが最短最速の勝ち方になった。「本譜の順を発見して、ひょっとしたらやれるかなと思っていた」と佐藤。

Q▲3六銀＝攻防に利いて手厚い銀打ち。

R▲4一角（投了図）＝詰めろ金取りで勝負あり。△3一玉は▲4三金△4一玉に▲5三桂△5一玉▲7三角成以下、△3五飛▲同銀△3一玉も▲3二飛△4一玉▲5二飛成△同玉▲4三金以下の詰みがある。

秀逸な序盤構想で佐藤快勝。「この五番勝負を振り返ってみれば、この勝利が大きかった」と佐藤は述べている。

【投了図は▲4一角まで】

△羽生　なし

9	8	7	6	5	4	3	2	1	
v香					**角**		v桂	v香	一
		v銀		v金			v玉		二
					v金	v香	v歩	v歩	三
v歩		v歩		金		v飛			四
	v歩		銀	角	歩	桂	歩	歩	五
歩		歩			v歩	銀			六
	歩		銀	歩					七
			金			玉			八
香	桂							v竜	九

▲佐藤　桂歩五

第51局

第46期王位戦七番勝負第1局（新聞三社連合）

【持ち時間】各8時間

2005年7月13、14日　終了14日19時31分　北海道阿寒郡阿寒町「あかん鶴雅別荘 鄙の座」　記録係　和田真治三段

棋聖 ▲佐藤 康光
王位 △羽生 善治

長手数の熱戦を制す

ゴキゲン中飛車対丸山ワクチン

佐藤は第46期王位戦と第53期王座戦で羽生に挑戦。第76期棋聖戦と合わせて、3棋戦連続で羽生と激突した。対局場は阿寒湖のほとりにあり、本局のために、阿寒湖遊覧船の汽笛が鳴らないよう配慮されたという。

▲7六歩1　△3四歩1　▲2六歩3
A△**5四歩**7　▲2五歩8　△5二飛2
▲2二角成1　△同　銀　B▲**9六歩**1
C△**6二玉**51　▲6八玉17　△7二玉4
▲4八銀1　△5五歩76　D▲**9五歩**27
△5六歩8　▲同　歩6　△同　飛
▲8八銀1　△3三銀11　▲7七銀1
E△**5一飛**4　▲7八玉1　△8二玉1
▲6八金5　△7二銀1　▲3六歩10
△6四歩13　▲4六歩9　△3二金25
▲1六歩51　△1四歩9　F▲**4七銀**69
△5六歩36　▲5八飛7　△4四銀2
G▲**5二歩**11　H△**同　金**16　▲5六飛2
△2八角1　▲4一角48　△4二金左14

▲5二角成　△同　金1　I▲**4二金**20
（**第1図**）　△5五歩　▲5一金
△同　金　▲5九飛　△1九角成6
▲3一飛　△6一金打　▲3八金4
△3三桂2　▲1一飛成　△5二香
▲5七歩21　△2五桂2　J▲**7九飛**2
K△**1八馬**4　▲1四竜8　△1七桂成1
▲2五竜26　△3五歩6　▲同　歩9
△5六歩3　▲同　歩　△5五歩
▲3四歩8　△5六歩　▲5八歩
L△**2四歩**4　▲同　竜1　△2七歩
▲1七桂1　△同　馬　▲3三歩成
M△**6五桂**53　▲4三と32　△5七歩成1
▲同　歩4　△同香成　N▲**同　金**
△同桂成　▲5二歩　△6二金左3
▲5一歩成4　△同　金　▲4四と5
△2八歩成9　▲5八歩1　△6七成桂2
▲同　玉　△3八と　O▲**8六香**13
△7四角5　▲5六銀11　△2三歩10
▲3三竜　△3二歩3　▲4三竜

△5二金上7　▲5四竜　△5六角11
▲同　竜4　P△**4四馬**　▲7五桂
△5五金15　▲同　竜12　△同　馬
▲6六金　△4六馬10　▲5七銀
△6五歩21　▲4六銀2　△6六歩
▲同　銀3　△7四銀　▲8五香打
△6五歩6　Q▲**8三香成**　△7一玉
▲5七銀左　△6六金2　▲7八玉4
△7五銀2　▲6六銀　△同　歩
▲8二金1　△6一玉　▲7二成香
△同　金　▲同　金　△同　玉
R▲**8八玉**1　（**第2図**）　△9六香4
S▲**4五角**2　△6一玉　▲7五歩
T△**6七金**2　▲7二金　△5一玉
▲6七角　△同歩成　U▲**6二金打**
△同　金1　▲同　金　△同　玉
▲5四桂　△5二玉　▲6一角
△5三玉　▲4二銀　△5四玉
▲4五銀打　（**投了図**）

まで155手で佐藤の勝ち
（消費時間＝▲7時間59分、△7時間58分）

【解説】

A△**5四歩**＝両者の対戦で羽生後手のゴキゲン中飛車は初めて。ここで佐藤が記録係に「この手に何分使いましたか」と尋ねたという。

B▲**9六歩**＝佐藤が最初に指した手で、本局が採用2回目。▲9六歩は△9四歩▲7八銀△6二玉▲4八銀△5五歩なら、▲6五角△8八

角☗9七香を用意している。途中の☗4八銀に☖7二玉なら、☗4六歩☖5五歩☗4七銀と5筋の歩交換を受けながら美濃囲いを目指せる。

C☖6二玉＝大長考で5筋の歩交換を優先した。ただし「端は大きかったか」という羽生の感想がある。現在は端歩を受けるのが主流だ。

D☗9五歩＝位を取らないと主張がなくなる。

E☖5一飛＝中飛車は5一が定位置。

F☗4七銀＝☗5八飛と中央から逆襲する構想。☗4七銀に☖5七角は☗6六角で大丈夫。

G☗5二歩＝☗5六銀は☖2七角で困る。

H☖5二同金＝☖同飛は☗4一角☖4二飛☗8五角成がぴったりなので辛抱した。

I☗4二金（第1図）＝素朴に☗1八金も成立した。以下☖1九角成☗同金☖7四角☗5七飛☖5三香☗5六歩☖5五歩☗同歩☖同銀☗2八金で、駒得の先手に余裕がある。

J☗7九飛＝☖3七桂成☗同桂☖同馬☗同金☖4八角の強襲を消した。

K☖1八馬＝派手な応酬から一転して互いに辛抱が続く展開。

L☖2四歩＝羽生らしい柔軟な着想。☗同竜とさせて☖2七歩に期待。

M☖6五桂＝☖2八歩成とするべきだった。☗同金なら☖3三銀があるし、☗4三と☖3八と、の攻め合いは激戦だ。

N☗5七同金＝☖7七桂成☗同桂☖6八成香と金銀2枚を取られないよう被害を少なくした。

O☗8六香＝急所に手がついた。先手優勢。

P☖4四馬＝と金を抜いて勝負のあやを残す。

Q☗8三香成＝寄せに入る。☖同銀上☗同香成☖同銀☗同桂成☖同玉の清算は、☗7五桂☖7二玉☗8三角☖7一玉☗6五角成で先手勝勢。

R☗8八玉（第2図）＝☗7五歩は☖6八飛以下頓死。☗8八玉で端の位が光彩を放つ。

S☗4五角＝☗9六同香とし、☖6七歩成には、☗8三角以下手数は長いが詰みがあった。ただし、この☗4五角も攻防で先手勝ちだ。

T☖6七金＝詰めろを続けるにはこの手しかないが形作り。

U☗6二金打＝詰みに入る。**投了図**以下は☖6三玉に☗5三金から金を引いていけば詰む。

【第1図は☗4二金まで】

☖羽生　角歩

	9	8	7	6	5	4	3	2	1
一	v香	v桂			v飛			v桂	v香
二		v王	v銀		v金	金			
三	v歩	v歩	v歩			v歩		v歩	
四				v歩		v銀	v歩		v歩
五	歩							v歩	
六			歩		v飛	歩	歩		歩
七		歩	銀	歩		銀			
八			玉	金				v角	
九	香	桂				金		桂	香

☗佐藤　歩

【第2図は☗8八玉まで】

☖羽生　飛金金銀桂香歩二

	9	8	7	6	5	4	3	2	1
一	v香	v桂							
二			v王		v金		v歩		
三	v歩		v歩					v歩	
四									
五	歩		v銀						
六		香	歩	v歩		銀			歩
七		歩							
八		玉			歩		vと		
九	香	桂	v飛						

☗佐藤　角角金銀桂歩五

【投了図は☗4五銀打まで】

☖羽生　飛角金三銀桂桂歩二

	9	8	7	6	5	4	3	2	1
一	v香	v桂		角					
二						銀	v歩		
三	v歩		v歩					v歩	
四					v王				
五	歩		歩			銀			
六	v香	香				銀			歩
七		歩		vと					
八		玉			歩		vと		
九	香	桂	v飛						

☗佐藤　金歩五

第52局

第46期王位戦七番勝負第2局（新聞三社連合）

【持ち時間】各8時間

2005年7月21、22日　終了22日15時27分　兵庫県神戸市「中の坊瑞苑」　記録係　池田将之二段

王位 ▲羽生　善治
棋聖 △佐藤　康光

驚愕の端飛車

角交換振り飛車

2005年7月は棋聖戦と王位戦が並行して行われた。佐藤と羽生は7月だけで5局も対戦。本局の前後は7月18日に棋聖戦第4局、26日に第5局で日程が詰まっていた。対戦が続く中、佐藤は奔放な序盤戦術を見せる。

▲7六歩　△3四歩　▲2六歩1
A△5四歩1　▲4八銀26　B△8八角成11
▲同　銀　△2二飛　▲7七角5
C△1二飛4　（第1図）　▲2五歩3
△2二銀8　▲2四歩12　△同　歩3
▲同　飛　D△2三歩1　▲2八飛
△6二玉4　▲6八玉1　△7二玉1
▲7八玉1　△6二銀7　E▲3六歩32
△3二金15　▲3七銀1　△3三銀12
▲4六銀3　△5三銀52　F▲9六歩25
△4四歩24　▲5六歩26　△6二金9
▲9五歩8　G△2二飛27　（第2図）
▲6八金15　△2四歩7　▲3七桂
△2三飛7　H▲8六歩26　I△4二銀左7
▲5五歩75　△4三銀3　▲5四歩5
△同銀直13　▲5五銀　△同　銀9
▲同　角　△3三桂13　J▲5四歩5
（第3図）　△6五銀31　▲5三歩成13
△同　金　▲7七桂　△7六銀18
▲7四歩33　△6四歩15　▲7三歩成1
△同　桂21　K▲5八飛28　△5四歩11
▲7四歩4　L△6五桂4　（第4図）
▲同　桂　△同　銀　M▲4五桂打
△同　桂26　▲同　桂　△同　歩
▲1一角成　N△7六桂　▲7三歩成39
△同　玉　▲7七香　O△7五桂8
▲――5　（投了図）

まで74手で佐藤の勝ち
（消費時間＝▲6時間33分、△6時間12分）

【第1図は△1二飛まで】

△佐藤　持駒 角

	9	8	7	6	5	4	3	2	1	
	v香	v桂	v銀	v金	v王	v金	v銀	v桂	v香	一
									v飛	二
	v歩	v歩	v歩	v歩		v歩		v歩	v歩	三
					v歩		v歩			四
										五
			歩					歩		六
	歩	歩	角	歩	歩	歩	歩		歩	七
		銀				銀		飛		八
	香	桂		金	玉	金		桂	香	九

▲羽生　なし

【第2図は△2二飛まで】

△佐藤　持駒 角

	9	8	7	6	5	4	3	2	1	
	v香	v桂						v桂	v香	一
			v王	v金			v金	v飛		二
	v歩	v歩	v歩	v歩	v銀		v銀		v歩	三
					v歩	v歩	v歩			四
	歩									五
			歩		歩	銀	歩			六
		歩	角	歩		歩			歩	七
		銀	玉					飛		八
	香	桂		金		金		桂	香	九

▲羽生　歩

【解説】

A△5四歩＝第1局と同じ出だし。

B△8八角成＝5手目の▲4八銀に角交換から向かい飛車も佐藤発の戦法。1号局は2003年9月の第11期銀河戦対谷川浩司王位戦。△

２二飛に▲５三角は△５五角がある。

C△１二飛（第１図）＝驚愕の構想。△３三角と比べ角を持っているメリットはあるが、余人には着想までたどり着かない。この手は前述の対谷川戦のころ、すでに想定していた。「△３三角は手損のうえに▲３三角成△同桂▲５六角が残る。△１二飛はしょうがない」と佐藤。

D△２三歩＝佐藤は２００７年１月第65期Ａ級順位戦対郷田真隆九段戦で、△３二金とし▲６八玉に△２三銀▲２八飛△２四歩から△３三桂〜△２二飛とする指し方を発表している。

E▲３六歩＝先手は自然な対応。

F▲９六歩＝▲３五歩は△４四歩▲３四歩△同銀で効果が薄い。この変化で４四の歩にヒモをつけているのが直前の△５三銀の意味。

G△２二飛（第２図）＝飛車の現場復帰。優劣はともかく、自由奔放な指し回しだ。

H▲８六歩＝「▲６六角が勝ったと思う」と羽生。▲７七桂から端を狙う構想だ。

I△４二銀左＝凝った形を徐々にほぐす。時間がたてば好形になるのが後手の強み。

J▲５四歩（第３図）＝本譜の攻め方は、端の位とかみ合っていない感じ。さすがの羽生も新奇な作戦に対してとまどいが見られる。

K▲５八飛＝▲７四歩△６五桂▲４六角が有力だった。

L△６五桂（第４図）＝△５五歩は▲同飛△５四歩▲７五飛でワナにはまる。

M▲４五桂打＝▲４六角では駒に勢いがないと見て強打を放つ。

N△７六桂＝この手が厳しいので、すんなり角を成らせた。先手の攻めをはじき返した格好だ。佐藤はここで良くなったと思ったという。

O△７五桂（投了図）＝先手の玉頭を制圧。後手玉はつかみどころがない。早い投了だったため、佐藤は思わず「えっ」と声を発したという。以下続けるなら▲７六香△同銀▲６六馬だが、△７七歩▲同金△同銀成▲同銀△８七角▲６八玉△６五桂で後手勝勢。佐藤は後年、本局について「最初に珍形が出現して、佐藤さんも調子が狂ったようだ。いつもの羽生さんらしくなく、直接手が多い」とコメントしている。

【第３図は▲５四歩まで】

△佐藤　角銀歩

	9	8	7	6	5	4	3	2	1
一	v香	v桂							v香
二			v王	v金			v金		
三	v歩	v歩	v歩	v歩		v銀	v桂	v飛	v歩
四					歩	v歩	v歩	v歩	
五	歩				角				
六		歩	歩				歩		
七				歩		歩	桂		歩
八		銀	玉	金				飛	
九	香	桂				金			香

▲羽生　銀歩

【第４図は△６五桂まで】

△佐藤　角歩三

	9	8	7	6	5	4	3	2	1
一	v香								v香
二			v王				v金		
三	v歩	v歩			v金	v銀	v桂	v飛	v歩
四			歩	v歩	v歩	v歩	v歩	v歩	
五	歩			v桂	角				
六		歩	v銀				歩		
七			桂	歩		歩	桂		歩
八		銀	玉	金	飛				
九	香					金			香

▲羽生　銀

【投了図は△７五桂まで】

△佐藤　角桂歩四

	9	8	7	6	5	4	3	2	1
一	v香								馬
二							v金		
三	v歩	v歩	v王		v金	v銀		v飛	v歩
四				v歩	v歩		v歩	v歩	
五	歩		v桂	v銀		v歩			
六		歩	v桂				歩		
七			香	歩		歩			歩
八		銀	玉	金	飛				
九	香					金			香

▲羽生　銀桂

第53局

第76期棋聖戦五番勝負第5局（産経新聞）

【持ち時間】各4時間

2005年7月26日　終局時刻17時27分　愛媛県松山市「宝荘ホテル」
記録係　松井義信三段

四冠 ▲羽生　善治
棋聖 △佐藤　康光

会心の攻撃的右玉で4連覇達成

一手損角換わり

佐藤と羽生のタイトル戦で初のフルセットになった第76期棋聖戦五番勝負。最終局を制し、4連覇を果たした佐藤は涙を浮かべた。局後に「（棋聖位は）命みたいなもので離せません」。まさに死守した棋聖位だった。

▲7六歩　△3四歩　▲2六歩1
△3二金　▲7八金1　△8四歩
▲2五歩　A△**8八角成**　▲同　銀
△2二銀　▲3八銀2　△3三銀
▲6八玉1　△6二銀1　▲7七銀
△6四歩　B▲**2七銀**　△6三銀4
▲2六銀　△1四歩7　▲3六歩
△4四歩6　C▲**3五歩**1　△7四歩2
▲7九玉5　D△**4二飛**4　▲3四歩10
△同　銀　E▲**3七銀**　F△**3三金**1
▲5八金5　G△**6二玉**　H▲**6六歩**2
（第1図）　△5二金8　▲8八玉12
△7三桂7　I▲**6七金右**22　△4五歩4
▲5六歩20　△3五銀33　J▲**2六銀**16
△同　銀3　▲同　飛　K△**5八角**
▲6五歩53　△同　歩5　▲8二銀2
L△**6四銀**34　**（第2図）**　▲9一銀不成
△7五歩　▲同　歩13　△8五桂2
▲7六銀　M△**6六銀**6　▲6八香5
△7五銀上9　▲同　銀　△同　銀2
▲7六歩1　N△**7七歩**20　**（第3図）**
▲同　桂　△同桂成　▲同金上1
△8五桂4　▲7五歩1　△6九角成1
▲7九銀12　△7七桂成1　▲同　金
△7六歩　▲同　金　△7八歩2
▲6五香4　O△**5一玉**　▲7八銀1
△7九銀4　▲7七玉　P△**6八銀不成**14
Q▲**6六玉**7　△7八馬　▲7四歩
R△**8七馬**12　▲7三歩成5　△7六馬3
▲同　玉　△8五金　▲6七玉
S△**5七金**　**（投了図）**

まで88手で佐藤の勝ち
（消費時間＝▲3時間23分、△3時間19分）

【解説】

A△8八角成＝一手損角換わり。序盤早々に角を持ち合うことで局面の複雑化を図る作戦。

B▲2七銀＝棒銀を明示。一手損角換わりに対して先手側は、手得の利を強調するため、腰掛け銀より早繰り銀や棒銀を用いることが多い。

C▲3五歩＝早くも駒が接触。△3五同歩▲同銀となれば主導権を握れる。

D△4二飛＝棒銀を相手にしない指し方。

E▲3七銀＝前進できないため、引いて活用。

F△3三金＝飛車先の歩交換を防ぐ。

G△6二玉＝右玉に構え、棒銀から遠ざかる。青野照市九段が指し始めた形で本局後に局数が増えた。2010年に佐藤は△7二金から△6二玉の指し方を発表（第77局など）した。

【第1図は▲6六歩まで】

△佐藤　角歩

9	8	7	6	5	4	3	2	1	
v香	v桂		v金				v桂	v香	一
			v玉		v飛				二
v歩			v銀	v歩		v金	v歩		三
	v歩	v歩	v歩		v歩	v銀		v歩	四
							歩		五
		歩	**歩**						六
歩	歩	銀		歩	歩	銀		歩	七
		金		金			飛		八
香	桂	玉					桂	香	九

▲羽生　角歩

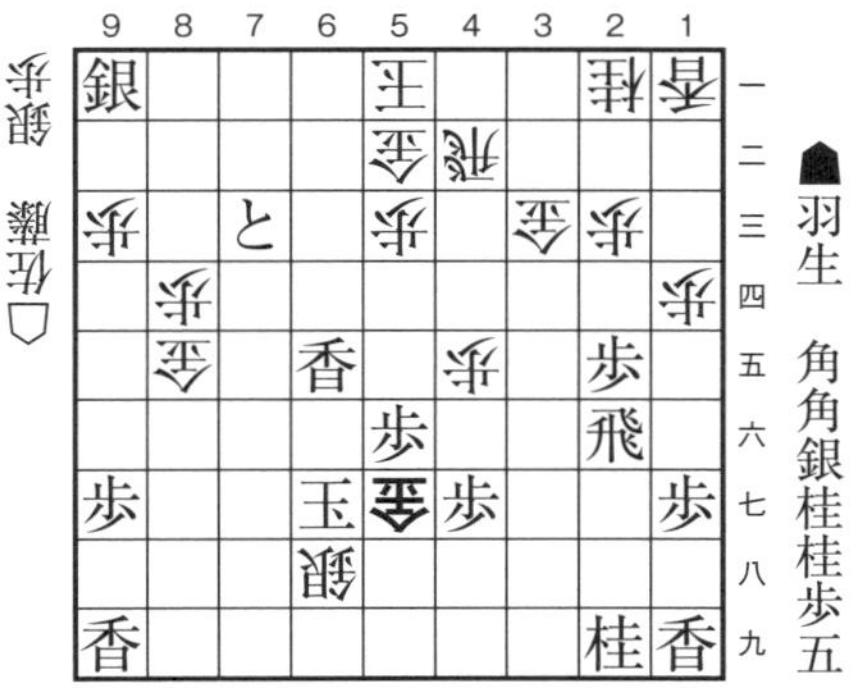

H▲6六歩（第1図）＝▲8二角△7三角▲同角成△同玉と形を乱す手も有力。「その場合は三段玉で戦うことになる」と佐藤。「なんとなく指されない確信はあった」とも述べている。

I▲6七金右＝▲2四歩△同歩▲2二歩の攻めは、△同飛▲8二角△3八歩▲9一角成（▲3八同飛は△4九角▲4八飛△5八角成▲同飛△8一金で角を取れる）△3九歩成で難解。

J▲2六銀＝▲3六歩は△4六歩▲3五歩△4七歩成で後手良し。銀をさばきにいく。

K△5八角＝「△4九角が自然だが、△5八角のほうが幅広く使えると判断した」と佐藤。

L△6四銀（第2図）＝△6四銀打なら手厚いが攻撃重視で銀を温存する。勝利を呼び込む好判断だった。右玉は受け身のイメージが強いが、第50局でもわかるように佐藤は攻撃的だ。森下卓九段は「自信に満ちている感じ」と評した。佐藤は△6四銀について「藤井システムの発想から生まれた手」「会心の一手」という。

【第2図は△6四銀まで】

▲羽生　角歩

	9	8	7	6	5	4	3	2	1
一	v香							v桂	v香
二		銀		v王	v金	v飛			
三	v歩		v桂		v歩		v金	v歩	
四		v歩	v歩	v銀					v歩
五				v歩		v歩		歩	
六			歩		歩			飛	
七	歩	歩	銀	金		歩			歩
八		玉	金		v角				
九	香	桂						桂	香

△佐藤　銀歩二

M△6六銀＝上から押しつぶす形となり後手有利。先手は飛車の働きを失っている。

N△7七歩（第3図）＝筋に入ってきた。

O△5一玉＝飛車の利きが強く耐久力がある。

P△6八銀不成＝△5九馬の王手飛車取りに目もくれず、緩みない寄せを目指す。

Q▲6六玉＝▲6七玉も△5七金▲6六玉△7八馬で寄り。以下▲7四歩は△6七馬で詰み。

R△8七馬＝7六金を狙い、着実に網を絞る。

【第3図は△7七歩まで】

▲羽生　角銀歩

	9	8	7	6	5	4	3	2	1
一	銀							v桂	v香
二				v王	v金	v飛			
三	v歩				v歩		v金	v歩	
四		v歩							v歩
五		v桂	v銀	v歩		v歩		歩	
六			歩		歩			飛	
七	歩	歩	v歩	金		歩			歩
八		玉	金	香	v角				
九	香	桂						桂	香

△佐藤　銀歩二

S△5七金（投了図）＝以下▲7八玉に△8六金で受けなし。会心の指し回しで大一番を制す。佐藤は「あそこまで気合がほとばしるのは珍しかった。自分なりに新感覚の指し方ができ、防衛できた」と述懐している。

佐藤は羽生のタイトル挑戦を初めて退けた。この時点で第46期王位戦七番勝負は2連勝。タイトル獲得の好機だったが、王位戦第3局に敗れて逆襲されてしまう。王位戦は3勝4敗、第53期王座戦は3連敗で奪取ならず。王座戦では羽生に14連覇の同一タイトル連覇新記録を許した。「十七番勝負」は、それぞれがタイトルを防衛して決着。佐藤は棋聖就位式で「いくつか取るつもりでしたが残念です」と述べた。

【投了図は△5七金まで】

▲羽生　角角銀桂桂歩五

	9	8	7	6	5	4	3	2	1
一	銀				v王			v桂	v香
二					v金	v飛			
三	v歩		と		v歩		v金	v歩	
四		v歩							v歩
五		v金		香		v歩		歩	
六					歩			飛	
七	歩			玉	v金	歩			歩
八				v銀					
九	香							桂	香

△佐藤　銀歩

第54局

相振り飛車でも目新しい駒組み

相振り飛車

第64期順位戦A級5回戦（毎日新聞）【持ち時間】各6時間

2005年11月9日　終了10日0時27分　東京都渋谷区「将棋会館」

記録係　田中誠初段

棋聖 ▲佐藤　康光
八段 △鈴木　大介

2003年ごろから、居飛車党も振り飛車対策などで相振り飛車を指すことが増えた。第64期A級で佐藤は、振り飛車党の藤井猛九段や久保利明八段、鈴木大介八段に相振り飛車を用いた。鈴木戦で斬新な仕掛けを繰り出す。

A▲7六歩1　B△3四歩　▲6六歩1
△3二飛4　▲7八銀2　△3五歩7
▲7七角3　△4二銀4　▲6七銀2
△5二金左15　C▲8八飛3　△7四歩
▲5八金左15　△7二銀1　▲4六歩17
D△6二玉　▲4八玉2　△7一玉
▲3八銀20　E△7三銀3　▲3九玉49
△7二金　F▲9六歩3　G△9四歩1
H▲4七銀56　（第1図）　I△2四歩89
▲3八金12　△2五歩21　J▲9五歩14
（第2図）　△同　歩2　▲同　香
△9三歩4　K▲同香不成1　△同　香12
▲9四歩　△同　香　▲9五歩
L△3四飛62　M▲9四歩　△9二歩
N▲8六歩49　△2四飛21　▲8五歩2
△3三銀21　▲9五角18　△3一角3
▲5六銀左4　△5四歩3　▲3六歩2
△同　歩5　▲同　銀　△5三角
O▲4五銀右20　P△4二銀31　▲4七金左3
△5一銀17　Q▲6五銀9　△6二銀上19
▲7五歩5　△同　角　▲7七香1
△6六角　▲8六飛3　R△6四歩3
▲6六飛1　△6五歩　▲6八飛
△3五歩　▲8六角7　△5三銀打
▲5六銀14　△6三香　▲9三歩成1
△同　歩　S▲9二歩　（第3図）
△8二銀　▲6五銀11　△同　香
▲同　飛　△6四歩　▲3五飛
△3四歩2　▲3七飛　△7三金4
▲7五歩3　△同　歩　▲7四歩
△6三金寄1　▲8四歩　△同　歩
▲7五香　△8三銀打1　T▲3三歩4
△4二金3　▲3二歩成　△同　金
▲9一歩成　△同　銀　U▲4一角

（投了図）　まで99手で佐藤の勝ち

（消費時間＝▲5時間58分、△5時間59分）

【解説】

A▲7六歩＝本局の3日前に瀬川晶司アマのプロ編入試験六番勝負第5局が行われ、瀬川アマは3勝2敗で試験合格。歴史的出来事だった。

B△3四歩＝鈴木は第62期順位戦からA級に在籍。藤井九段、久保八段とともに「振り飛車御三家」と呼ばれた。

C▲8八飛＝本局は佐藤が相振り飛車を指し始めた時期だった。

D△6二玉＝現在なら△3六歩から飛車先の歩交換を行い、軽く浮き飛車で構えるだろう。

E△7三銀＝矢倉に組み替え8筋を受けたが、

【第1図は▲4七銀まで】

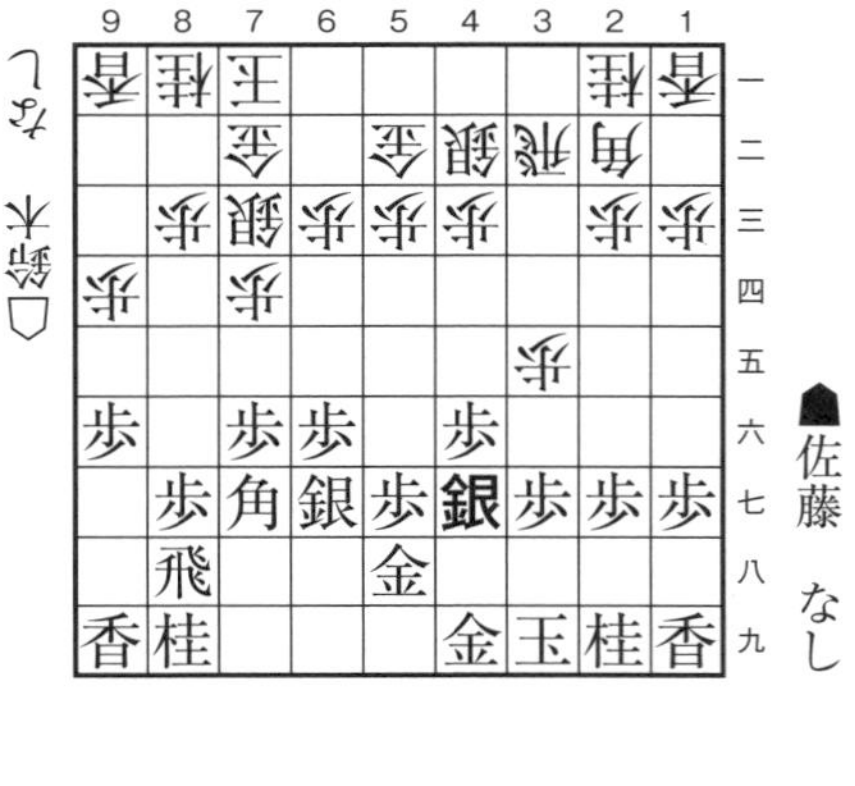

△鈴木　なし

9	8	7	6	5	4	3	2	1	
v香	v桂	v王					v桂	v香	一
		v金		v金	v銀	v飛	v角		二
	v歩	v銀	v歩	v歩	v歩		v歩	v歩	三
v歩		v歩							四
						v歩			五
歩		歩	歩		歩				六
	歩	角	銀	歩	銀	歩	歩	歩	七
	飛			金					八
香	桂				金	玉	桂	香	九

▲佐藤　なし

先手は8七歩型だ。この後、後手は立ち遅れた。
F▲9六歩＝8筋の歩を伸ばさない形での仕掛けを組み立てようとしている。
G△9四歩＝先手の攻めを誘発したので△3六歩としたい。駆け引き一つでも、当時は現代的相振り飛車の黎明期だったことが見て取れる。
H▲4七銀（第1図）＝時代を先取りした駒組み。▲4七金と高美濃にできたが、堅さよりバランスを重視。当時、相振り飛車はもとより、相居飛車でも雁木模様に構えるのは珍しかった。
I△2四歩＝「△4四歩が無難と思ったが、長考の最後に浮かんで、うまい手に見えた」と鈴木。だが、あとでこの手をとがめられた。
J▲9五歩（第2図）＝機敏な仕掛けで早くも技あり。後手の攻撃陣が立ち上がっていない。
K▲9三同香不成＝鈴木が見落とした強攻。△9三同桂は▲8六歩から▲9四歩がある。
L△3四飛＝△9五同香▲同角の進行は、▲2四香と▲7三角成△同桂▲4一銀（または▲2三銀）が厳しい。△3四飛は攻めに備えた。
M▲9四歩＝9筋を詰めたり、攻めの香と守りの香の交換となったりと先手の仕掛けが成功。
N▲8六歩＝佐藤は▲2三香△3三角▲2一香成△1二香▲2三桂と駒を取りにいく順も考えたという。しかし、△8四銀から△7五歩と反撃されて先手はつまらない。第二次駒組みへ。
O▲4五銀右＝力強い銀。△3四銀なら▲5四銀で先手好調。
P△4二銀＝攻撃形が作れないので辛抱。
Q▲6五銀＝全軍で襲い掛かる。
R△6四歩＝△2二角なら息は長いが、勝負する場所がなくなるとみた。
S▲9二歩（第3図）＝鈴木の粘りに対して、確実で厳しい攻め。△8二玉には▲9一歩成△同玉▲6一角がある。金銀5枚で固めた後手陣は、9筋がアキレス腱だった。鈴木はJ▲9五歩といい、端攻めに泣かされた。
T▲3三歩＝垂れ歩の第二弾。△同桂なら▲1五角△2三飛▲3四飛で飛車が世に出る。
U▲4一角（投了図）＝歩を使った小技で堤防を崩す。以下は△4二金▲6三角成△同銀▲7三歩成で押し切れる。佐藤の会心譜。

【第2図は▲9五歩まで】

△鈴木 なし

9	8	7	6	5	4	3	2	1	
v香	v桂	v王					v桂	v香	一
		v金		v金	v銀	v飛	v角		二
	v歩	v銀	v歩	v歩	v歩			v歩	三
v歩		v歩							四
歩						v歩	v歩		五
		歩	歩		歩				六
	歩	角	銀	歩	銀	歩	歩	歩	七
	飛			金		金			八
香	桂					玉	桂	香	九

▲佐藤 なし

【第3図は▲9二歩まで】

△鈴木 歩三

9	8	7	6	5	4	3	2	1	
	v桂	v王					v桂	v香	一
歩		v金	v銀	v金					二
v歩	v歩	v銀	v香	v銀	v歩			v歩	三
		v歩		v歩			v飛		四
	歩		v歩			v歩	v歩		五
	角			銀	歩				六
		香		歩	金		歩	歩	七
			飛			金			八
	桂					玉	桂	香	九

▲佐藤 角

【投了図は▲4一角まで】

△鈴木 歩五

9	8	7	6	5	4	3	2	1	
v銀	v桂	v王			**角**		v桂	v香	一
			v銀			v金			二
v歩	v銀		v金	v銀	v歩			v歩	三
	v歩	歩	v歩	v歩		v歩	v飛		四
		香					v歩		五
	角				歩				六
				歩	金	飛	歩	歩	七
						金			八
	桂					玉	桂	香	九

▲佐藤 香

第**55**局

意表の2手目△3二金

先手中飛車

第55期王将戦七番勝負第5局
（スポーツニッポン・毎日新聞）

【持ち時間】各8時間

2006年2月22、23日　終了23日17時53分　神奈川県箱根町「竜宮殿新館」
記録係　田嶋尉二段

王将 ▲羽生　善治
棋聖 △佐藤　康光

第53期王座戦のあと、佐藤は第55期王将戦で羽生に挑戦。第1局が両者の100局目となった。ただし、七番勝負で佐藤は3連敗を喫す。苦境の中、第4局（自戦記第10局）を制して本局につなげた。そこで意表の作戦に出る。

A **▲7六歩**　B **△3二金** 11　**（第1図）**
▲5六歩 14　△3四歩 26　▲5五歩 1
△6二銀 46　C **▲5八飛** 7　△4二銀
▲4八玉 3　D **△5四歩** 4　▲同　歩 119
△8八角成 1　▲同　銀　E **△4五角**
▲7八金　△2七角成　▲5三角
△5二金 20　▲8六角成 4　△5三歩 4
▲同歩成 1　△同銀右　▲7七銀 4
△6四歩 10　▲7五歩 23　△4一玉 48
▲6六銀 8　△3三桂 77　▲7六馬 68
△3一玉 4　▲5五銀 20　△6三金 6
F **▲2八歩** 26　△2六馬 14　▲8五馬 4
△7四歩 4　▲同　歩 1　△7二飛 17
▲5六飛 3　△3五馬　▲7六飛
△4五馬 1　▲6六銀 11　△1四歩 26
▲3八玉 5　△4四銀 20　▲2七歩 33
△5四馬 3　▲7五飛 1　G **△2二玉** 4
▲2八玉 2　△7三歩 30　▲同歩成 5
△同　桂　▲7六馬 11　△5三馬 4
▲7四歩 1　△6五桂　▲8五馬
H **△4五桂** 13　▲6八金 4　△5六歩 1
▲5八歩　I **△5七桂右成** 1　▲同　歩
△6五歩　▲同　飛 6　△6四金
▲7七桂　△6五金 21　▲同　桂
△6四馬　J **▲7三歩成** 1　△7一飛
▲5六歩 15　△8九飛　▲3八金
△9九飛成 1　K **▲7二歩**　△5一飛 3
▲6三と 4　L **△3七馬** 6　**（第2図）**
▲同　桂 2　△同桂成 1　▲同　金
M **△5六飛**　N **▲6九金打** 5　△3五香 3
▲3八歩 2　△3七香成 30　▲同　歩 2
O **△7八金**　▲8六馬 13　△6九金
P **▲5七金**　△6八金　▲5六金 23
△3六桂 1　▲同　歩 1　△3七金
▲同　玉　△3九竜　Q **▲3八香** 1
（第3図）　△4八銀 4　▲4六玉 2
△3八竜　R **▲2六角** 1　△3七銀不成
（投了図）　まで108手で佐藤の勝ち
（消費時間＝▲7時間37分、△7時間45分）

【解説】

A **▲7六歩**＝2005年度の佐藤―羽生戦は23局に及び、2000年度の羽生―谷川浩司九段戦と並ぶ歴代1位タイ記録。なお、大山康晴十五世名人と中原誠十六世名人が1971年の1年間で27局指している。

B **△3二金（第1図）**＝佐藤は2手目△3二金を初採用。むしろ、本局の時点では先手のときに最も2手目△3二金を指された棋士だった。

【第1図は△3二金まで】

△佐藤　なし

9	8	7	6	5	4	3	2	1	
香	桂	銀	金	王		銀	桂	香	一
	飛					金	角		二
歩	歩	歩	歩	歩	歩	歩	歩	歩	三
									四
									五
		歩							六
歩	歩		歩	歩	歩	歩	歩	歩	七
	角						飛		八
香	桂	銀	金	玉	金	銀	桂	香	九

▲羽生　なし

「研究してやってみたくなった」と佐藤。後年、第19期や第20期の竜王戦七番勝負でも用いた。
C▲5八飛＝△3二金をとがめる指し方として、中央志向の中飛車は有力。
D△5四歩＝玉頭から攻める意欲的な手。先手は▲3八玉もあるが▲5四同歩が勝負の気合。
E△4五角＝佐藤はこの角に懸けた。羽生も▲7八金から▲5三角で馬を作って対抗する。
F▲2八歩＝▲5四歩は△4四銀▲同銀△同歩で△6九銀が残る。
G△2二玉＝序盤の駆け引きがひと段落。飛車と馬が安定している分、後手がやや指せる。
H△4五桂＝両桂を跳ね出して後手好調。
I△5七桂右成＝勢いよくいったが、△3三銀引▲3八銀△3五馬で後手優勢だった。
J▲7三歩成＝と金を作り、盛り返す。
K▲7二歩＝▲5二馬ともたれれば難解。
L△3七馬（第2図）＝強烈な馬捨て。と金攻めを間に合わせない好判断だ。「いける確信があったが、思った以上に大変だった」と佐藤。
M△5六飛＝△3五香▲3六歩△4五桂が明快。
N▲6九金打＝羽生らしい妖しい粘り。
O△7八金＝△4九金が良かった。以下▲3八銀△4八金▲4九香△5九飛成▲同金△同竜▲4八金△同竜で寄り。そこで▲4九金は△3六桂があって受からない。△7八金は▲同金上なら△3九竜▲同玉△5九飛成だが。
P▲5七金＝後手の金に空を切らせて混戦に。
Q▲3八香（第3図）＝▲3八桂だった。以下△2八銀▲4六玉△3八竜▲5五金△3六竜▲同玉△5五銀で先手は受けなしだが、後手玉は▲3一角△同金▲3三金△同銀▲3一馬△同玉▲5一飛△4一桂▲3二歩から詰む。
R▲2六角＝▲5五金は△4五香から詰む。
投了図も▲3七同角△4五香▲同金△同銀▲同玉△4七竜から詰み。佐藤は第6局も制し、3連敗後3連勝。だが、第7局で敗れて大逆転奪取はならず。年度間にタイトル戦を4回対戦したのは、1979年・1980年の中原誠十六世名人―米長邦雄永世棋聖戦以来。「4度のタイトル戦で1勝3敗は納得していない」と佐藤。

【第2図は△3七馬まで】

▲羽生　金桂歩二

9	8	7	6	5	4	3	2	1	
v香				v飛				v香	一
		歩			v銀	v金	v王		二
v歩	v歩		と		v歩		v歩		三
					v銀	v歩		v歩	四
	馬		桂		v桂				五
			銀	歩					六
歩	歩		歩		歩	v馬	歩	歩	七
			金			金	玉		八
v竜						銀	桂	香	九

△佐藤　香歩

【第3図は▲3八香まで】

▲羽生　飛角金桂三歩

9	8	7	6	5	4	3	2	1	
v香								v香	一
		歩			v銀	v金	v王		二
v歩	v歩		と		v歩		v歩		三
					v銀	v歩		v歩	四
			桂						五
	馬		銀	金		歩			六
歩	歩		歩		歩	玉	歩	歩	七
			v金			香			八
						v竜		香	九

△佐藤　銀歩二

【投了図は△3七銀不成まで】

▲羽生　飛金桂三歩

9	8	7	6	5	4	3	2	1	
v香								v香	一
		歩			v銀	v金	v王		二
v歩	v歩		と		v歩		v歩		三
					v銀	v歩		v歩	四
			桂						五
	馬		銀	金	玉	歩	角		六
歩	歩		歩		歩	v銀	歩	歩	七
			v金			v竜			八
								香	九

△佐藤　香歩二

第56局

第77期棋聖戦五番勝負第3局（産経新聞）

【持ち時間】各4時間

2006年7月5日 終了18時39分 兵庫県洲本市「ホテルニューアワジ」
記録係 西川和宏二段

棋聖5連覇、永世棋聖の資格を得る

石田流

▲八段 鈴木大介
△棋聖 佐藤康光

第77期棋聖戦で挑戦者の鈴木大介八段は、先手で石田流、後手でゴキゲン中飛車を駆使。「新石田流」という手法を創案し、升田幸三賞を受賞。石田流の流行に影響を与えた。永世棋聖の資格を目指す佐藤は難敵を迎えた。

▲7六歩 △3四歩 A▲7五歩 B△8四歩 1 C▲7八飛 D△8五歩 E▲7四歩 2 （第1図） △同歩 F▲同飛 △8八角成 ▲同銀 G△6五角 H▲5六角 （第2図） △7四角 9 ▲同角 I△7二金 5

▲5五角 1 △7三歩 2 ▲5六角 19 J△1二飛 1 （第3図） △6二銀 5 △3二金 ▲7七角 2 ▲3四角 ▲4八銀 3 △4二銀 6 ▲5六角 10 △5四歩 13 ▲3六歩 K△5三銀右 9 ▲3七銀 1 △6四銀 4 L▲6六歩 5 △5三銀上 7 ▲4八玉 1 △5五歩 13 ▲6七角 △5四銀 1 ▲3八金 3 M△6二金 5 （第4図） ▲6八角 4 △7四歩 7 ▲7七銀 3 △4四歩 2 N▲4六歩 △7五銀 12 ▲5八金 26 △5三金 1 ▲2六銀 △6四歩 6 O▲7六歩 △8四銀 ▲3五銀 △7三銀 12 ▲3九玉 1 △6五歩 6

【第１図は▲７四歩まで】

△佐藤 なし

	9	8	7	6	5	4	3	2	1
一	香	桂	銀	金	王	金	銀	桂	香
二		飛						角	
三	歩		歩	歩	歩	歩		歩	歩
四			歩				歩		
五		歩							
六									
七	歩	歩		歩	歩	歩	歩	歩	歩
八		角	飛						
九	香	桂	銀	金	玉	金	銀	桂	香

▲鈴木 なし

【第２図は▲５六角まで】

△佐藤 歩

	9	8	7	6	5	4	3	2	1
一	香	桂	銀	金	王	金	銀	桂	香
二		飛							
三	歩			歩	歩	歩		歩	歩
四			飛				歩		
五		歩		角					
六					角				
七	歩	歩		歩	歩	歩	歩	歩	歩
八		銀							
九	香	桂		金	玉	金	銀	桂	香

▲鈴木 歩

【第３図は△１二飛まで】

△佐藤 なし

	9	8	7	6	5	4	3	2	1
一	香	桂	銀		王	金	銀	桂	香
二		飛	金						飛
三	歩		歩	歩	歩	歩		歩	歩
四							歩		
五		歩			角				
六					角				
七	歩	歩		歩	歩	歩	歩	歩	歩
八		銀							
九	香	桂		金	玉	金	銀	桂	香

▲鈴木 歩

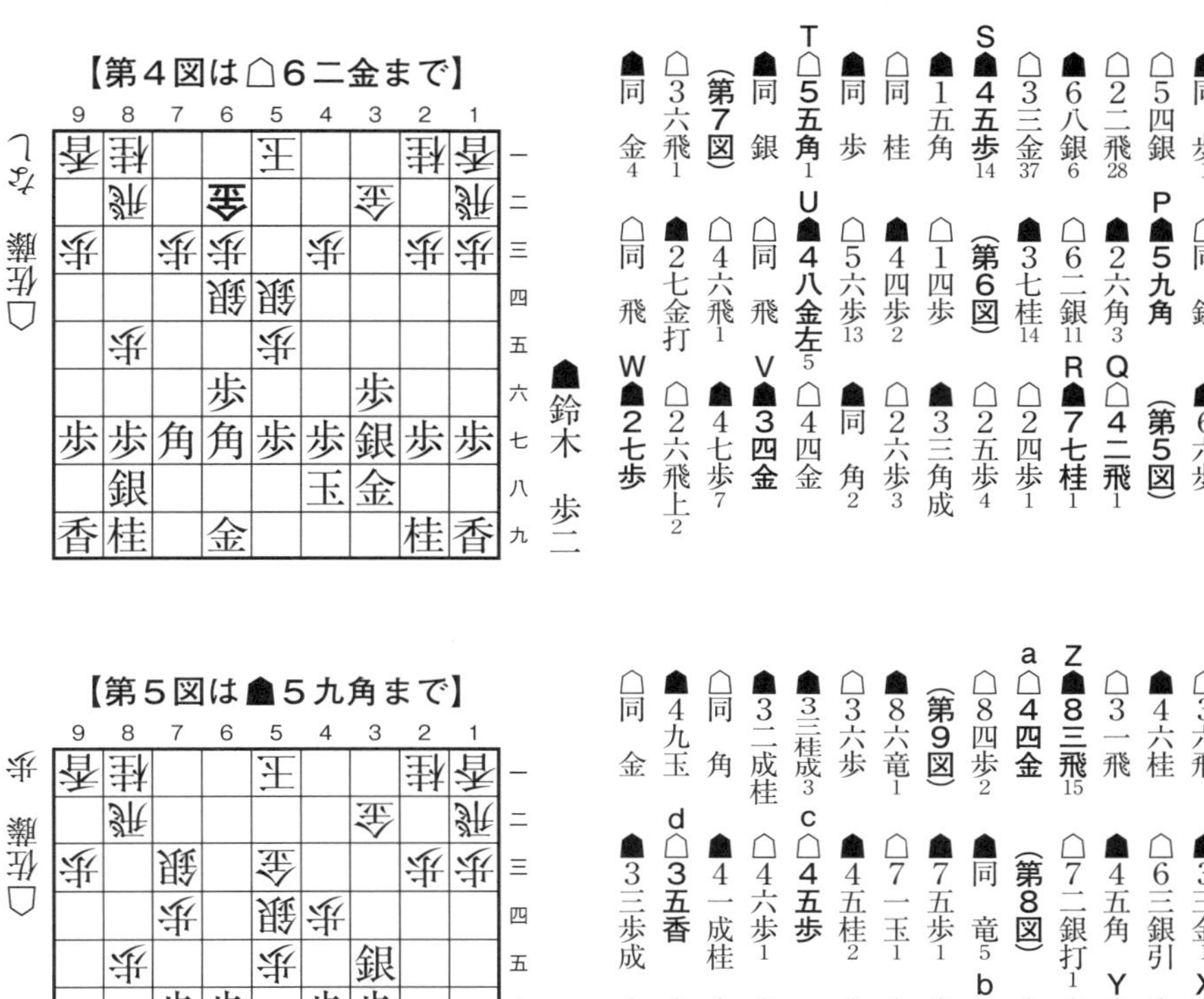

【第4図は△6二金まで】

△佐藤 なし

▲鈴木 歩二

▲同　歩1　△同　銀　▲6六歩
△5四銀　P▲5九角　(第5図)
△2二飛28　▲2六角3　Q△4二飛1
▲6八銀6　△6二銀11　R▲7七桂1
△3三金37　▲3七桂14　△2四歩1
S▲4五歩14　(第6図)　△2五歩4
▲1五角　△1四歩　▲3三角成
△同　桂　▲4四歩2　△2六歩3
▲同　歩　△5六歩13　▲同　角2
T△5五角1　U▲4八金左5　△4四金
▲同　銀　△同　飛　V▲3四金
(第7図)　△4六飛1　▲4七歩7
△3六飛1　▲2七金打　△2六飛上2
▲同　金4　△同　飛　W▲2七歩

【第5図は▲5九角まで】

△佐藤 歩

▲鈴木 歩

△3六飛　▲3三金1　X△同　飛
▲4六桂　△6三銀引　▲3四歩11
△3一飛　▲4五角　Y△5二金3
Z▲8三飛15　△7二銀打1　▲8五飛成
a△4四金　(第8図)　▲6七角4
△8四歩2　▲同　竜5　b△6一玉
(第9図)　▲7五歩1　△8三歩
▲8六竜1　△7一玉1　▲7四歩
△3六歩　▲4五桂2　△4一飛
▲3三桂成3　c△4五歩　▲同　歩
▲3二成桂　△4六歩1　(第10図)
△同　角　▲4一成桂　△1九角成
▲4九玉　d△3五香　▲4二成桂4
△同　金　▲3三歩成　△3七歩成

【第6図は▲4五歩まで】

△佐藤 歩

▲鈴木 歩

▲4二と　△3八と　▲同　金
△同香成　▲5八玉　e△6四馬1
(第11図)　▲4一飛　△8二玉
f▲6五桂1　△5五桂　▲5六角
△8六馬　▲同　歩　g△6七金
▲同　角　△同桂成　▲同　玉
△7五桂　▲7七玉　△7八飛
▲同　玉　△8七角　(投了図)

まで156手で佐藤の勝ち

(消費時間＝▲3時間8分、△3時間59分)

【解説】

A▲7五歩＝石田流を明示。振り飛車でも特に先手の利を主張しやすい。鈴木は五番勝負で石田流とゴキゲン中飛車を指すと宣言した。佐藤は強く迎え撃ち、2連勝で本局を迎えた。

B☖8四歩＝後手の対策は多数あるが、最も強気な指し方。☖4二玉なら☗6六歩で穏やか。

C☗7八飛＝石田流では、升田幸三実力制第四代名人の升田式石田流が有名。鈴木は升田の「新手一生」の扇子で本局に臨んだ。

D☖8五歩＝☗6六歩に☖8六歩を見せて7六飛型を阻止。ただし、急戦になった場合、8筋の2手が働かない可能性もあり怖い面もある。

E☗7四歩（第1図）＝石田流の新機軸となる最短最速の仕掛け。2004年5月の第12期銀河戦☗鈴木―☖桐山清澄九段戦が初出。同年度の升田幸三賞を受賞した。

F☗7四同飛＝後年、☗5八玉や☗4八玉も現れた。☗4八玉の進行例は、☖7二飛☗7六飛☖8二銀☗8六歩☖同歩☗同飛☖8三歩。

G☖6五角＝実戦例はないが、☖7三歩☗7六飛☖4五角の変化も難しい。☖7三歩に☗7五飛☖4二玉の進行も考えられる。

H☗5六角（第2図）＝「新石田流」の骨子の角打ち。この手の発見で無理とされたE☗7四歩が見直された。第1局で佐藤は☖5四角とし、以下☗3八銀☖3二金☗4八玉☖6二銀と進んだが「研究とだいぶ違う感じになった」。

I☖7二金＝のちに、☖6二金が主流となる。以下☗5五角に☖4四歩☗5六角（☗4四同角は☖8四飛☗7五歩☖7三歩で不利）で互角。2010年7月の鈴木との順位戦では☖6二金☗7七角☖4四歩☗4六歩☖3三桂と進行した。

J☖1二飛（第3図）＝香取りを受けるにはこの一手。大駒の働きに勝る先手がやや指せるが、飛車の強さに期待した実戦的な指し回し。

K☖5三銀右＝力強い金銀の盛り上がり。

L☗6六歩＝「居飛車が何をしてきても☗6六歩が急所。これが秘密兵器だった」と鈴木。戸辺誠三段（現七段）と研究し優秀性に気づいたという。戸辺三段はこの年の10月四段昇段。デビュー時から振り飛車の先端の戦術を率いた。

M☖6二金（第4図）＝居玉で戦う構想。どちらに玉を寄せても、玉飛接近形になるためだ。

N☗4六歩＝角筋を保つ大事な一手。佐藤は作戦負けを感じていたという。

【第7図は☗3四金まで】

☖佐藤　銀歩二

9	8	7	6	5	4	3	2	1	
香	桂			王				香	一
			銀				飛		二
歩						桂			三
		歩		銀	飛	金		歩	四
	歩			角					五
		歩	歩	角		歩	歩		六
歩	歩	桂		歩		桂		歩	七
			銀		金	金			八
香						玉		香	九

☗鈴木　金歩四

【第8図は☖4四金まで】

☖佐藤　歩四

9	8	7	6	5	4	3	2	1	
香	桂			王		飛		香	一
		銀	銀	金					二
歩			銀						三
		歩			金	歩		歩	四
	竜			角	角				五
		歩	歩		桂				六
歩	歩	桂		歩	歩	桂	歩	歩	七
			銀		金	金			八
香						玉		香	九

☗鈴木　歩二

【第9図は☖6一玉まで】

☖佐藤　歩三

9	8	7	6	5	4	3	2	1	
香	桂		王			飛		香	一
		銀	銀	金					二
歩			銀						三
	竜	歩			金	歩		歩	四
				角					五
		歩	歩		桂				六
歩	歩	桂	角	歩	歩	桂	歩	歩	七
			銀		金	金			八
香						玉		香	九

☗鈴木　歩三

O▲7六歩＝銀を追い返して安全を確保。

P▲5九角（第5図）＝2枚目の角を世に出す算段がついた。

Q△4二飛＝△4三金上は▲3七桂△2四歩▲4五歩△2五歩▲1五角で先手良し。

R▲7七桂＝「左桂は振り飛車の命」。

S▲4五歩（第6図）＝いよいよ開戦。△同歩なら先手が駒の効率に勝り、十分の態勢だ。△同飛なら▲6五桂△6三金▲4五桂として、△同銀は▲4三歩△同飛▲4四歩、△同飛は▲同角△同銀▲4四銀でいずれも先手優勢。

T△5五角＝プレッシャーをかける。

U▲4八金左＝優勢と見て手堅く指す。

V▲3四金（第7図）＝▲2三金で押し切れた。以下△2一飛▲3三金△2六飛▲7四角△6三銀打▲8三角成△7二歩▲4五歩△2四飛寄▲2五歩△2一飛▲4四歩で先手勝勢。

W▲2七歩＝単に▲3三金なら△同角に▲3一飛と打てた。鈴木は△2九金を気にしていたが「これを恐れる人はいない」と振り返った。

X△3三同飛＝決定打は避けられた。とはいえ、依然として後手が苦しい。

Y△5二金＝勝利への執念を形にした金打ち。

Z▲8三飛＝▲6三角成で決まっていた。△同金は▲7二銀△5二銀▲4五桂、△同銀は▲7一飛△6一歩▲8一飛成でいずれも先手勝勢。

a△4四金（第8図）＝金銀の連打で一気に差が縮まった。次の▲6七角で▲6三角成△同銀直▲5六歩△6四角▲6五歩△7三角▲6四歩△同角▲3三銀なら、優劣不明の激戦だった。

b△6一玉（第9図）＝最終盤にきて、本局初の後手玉の移動。数手後に△7一玉と一夜城へ逃げ出し危地を脱した。逆転して後手優勢。

c△4五歩（第10図）＝切れない攻め。

d△3五香＝基本通りに上から押しつぶす。

e△6四馬（第11図）＝手厚い手で勝負あり。

f▲6五桂＝▲7五金も△3七馬▲6九玉△8八金でつかまっている。

g△6七金＝以下は詰み。投了図はどう応じても△7八金まで。佐藤はインタビューで「永世棋聖は非常に光栄なこと。実績を残せたのはうれしい」と述べた。

【第10図は△4五歩まで】

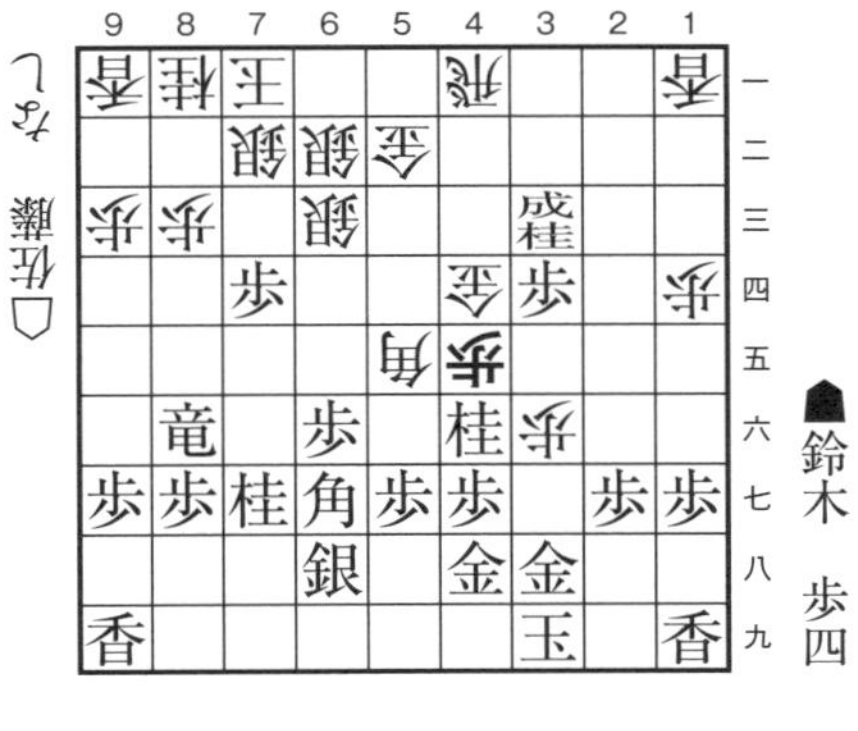

△佐藤　なし

	9	8	7	6	5	4	3	2	1
一	v香	v桂	v王			v飛			v香
二			v銀	v銀	v金				
三	v歩	v歩		v銀			v成香		
四			歩			v金	v歩		v歩
五					v角	v歩			
六		竜		歩		桂	v歩		
七	歩	歩	桂	角	歩	歩		歩	歩
八				銀		金	金		
九	香						玉		香

▲鈴木　歩四

【第11図は△6四馬まで】

△佐藤　金金桂桂歩

	9	8	7	6	5	4	3	2	1
一	v香	v桂	v王						v香
二			v銀	v銀		と			
三	v歩	v歩		v銀					
四			歩	v馬		v金			v歩
五									
六		竜		歩					
七	歩	歩	桂	角	歩			歩	歩
八				銀	玉		v成香		
九	香								

▲鈴木　飛金歩六

【投了図は△8七角まで】

△佐藤　金歩

	9	8	7	6	5	4	3	2	1
一	v香	v桂				飛			v香
二		v王	v銀	v銀		と			
三	v歩	v歩		v銀					
四			歩			v金			v歩
五			v桂	桂					
六		歩		歩					
七	歩	v角			歩			歩	歩
八			玉	銀			v成香		
九	香								

▲鈴木　飛角金金桂歩六

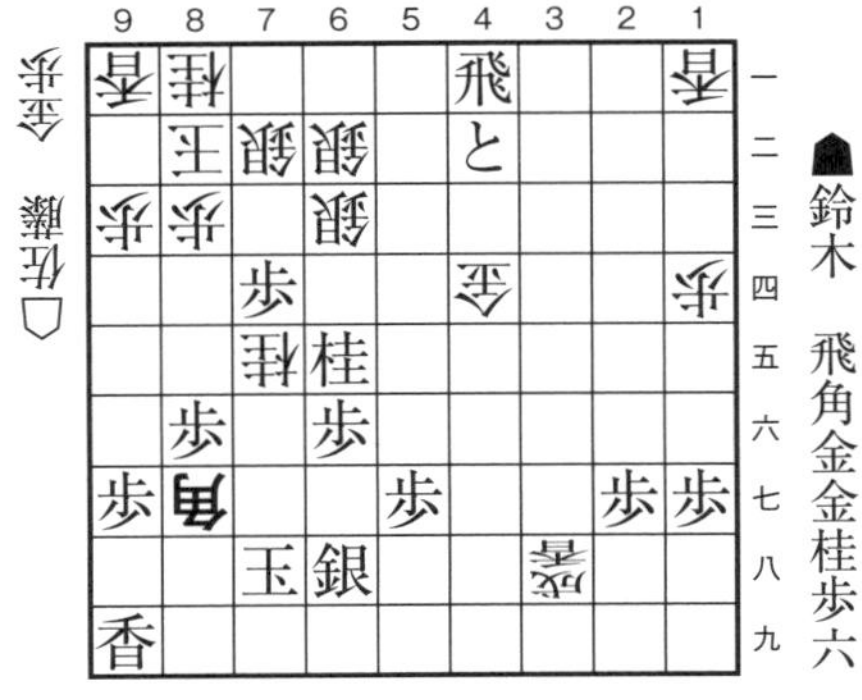

第**57**局

第47期王位戦七番勝負第4局（新聞三社連合）

【持ち時間】各8時間

2006年8月22、23日　終了23日19時8分　佐賀県唐津市「唐津ロイヤルホテル」　記録係　渡辺愛生三段

王位 ▲羽生　善治
棋聖 △佐藤　康光

鋭手で一気に寄せる

ゴキゲン中飛車対7八金型

永世棋聖の資格を得た佐藤は、並行して第47期王位戦と第54期王座戦で羽生に2年連続挑戦を果たす。王位戦は本局に勝ち2勝2敗としたが、その後連敗してタイトル奪取ならず。残念ながら王座戦も敗退。羽生城が堅かった。

▲7六歩　△3四歩2　▲2六歩1
△5四歩1　▲2五歩11　△5二飛
A▲**7八金**2　△5五歩38　▲2四歩18
△同　歩　B▲**同　飛**　△5六歩6
▲同　歩1　△同　飛　▲6九玉1
△3二金　▲4八銀10　△6二玉4
▲6六歩9　C△**4二銀**10　（**第1図**）
D▲**6八銀**89　E△**5一飛**6　▲4六歩
△7二玉10　▲4七銀1　△8二玉59
▲7九玉4　△7二銀　▲7七角1
△3三角7　▲2八飛11　△4四角1
▲2四歩56　△2六歩43　▲6五歩3
△7七角成4　▲同　桂　△2七角1
▲4八金2　△5四角成3　F▲**2六飛**3

△4四馬3　▲2八飛35　△2六歩2
▲3六銀17　G△**3三銀**95　▲4五歩27
△6二馬5　▲5七角58　△2二銀30
▲8八玉2　△3三桂　▲9六歩2
△9四歩4　▲6七銀7　△4四歩25
▲2六飛1　△4五歩　▲2八飛
△4六歩6　▲5六歩7　△4一飛6
▲4四歩7　△同　馬6　▲4五歩1
△5三馬5　H▲**4六角**　△3五歩
▲同　角7　△同　馬34　▲同　銀
△4五飛2　▲3四銀28　I△**3九角**5
（**第2図**）　▲4五銀2　△2八角成
▲6四歩2　△4五桂2　▲5四角2
△5二銀2　▲4五角7　△4二飛26
▲6三歩成14　△同銀右6　▲同角成9
△同　銀　J▲**4三歩**　△同　飛8
▲4九歩1　△7二銀4　▲6四桂4
K△**6六歩**8　▲7二桂成3　△同　金
▲6六銀　△2九馬　L▲**5四銀**
△4二飛　▲6三銀打5　△7一金

▲5一飛1　△5六馬　M▲**6二歩**1
（**第3図**）　N△**6一歩**　O▲**同歩成**
P△**8六桂**　▲7九金4　△6六馬
▲7一と　△4八飛成　▲同　歩
Q△**7八金**　▲――1　（**投了図**）

まで112手で佐藤の勝ち

（消費時間＝▲7時間58分、△7時間59分）

【解説】

A▲**7八金**＝有力なゴキゲン中飛車対策。2002年や2008年ごろによく見られた。本局当時は丸山ワクチン（第51局）や5手目▲2五歩で▲4八銀（第52局）が多かった。

B▲**2四同飛**＝飛車先の歩交換ができるのがA▲**7八金**のメリット。ただし、△5六同飛ま

【第1図は△4二銀まで】

△佐藤　歩一

9	8	7	6	5	4	3	2	1	
v香	v桂	v銀	v金				v桂	v香	一
			v玉		v銀	v金	v角		二
v歩	v歩	v歩	v歩		v歩			v歩	三
						v歩	飛		四
									五
		歩	歩	v飛					六
歩	歩				歩	歩		歩	七
	角	金			銀				八
香	桂	銀	玉		金		桂	香	九

▲羽生　歩二

で、後手も同様に歩交換をしやすい。
C△4二銀（第1図）＝細かいところだが、佐藤の序盤センスのよさがあらわれている。先に△5一飛だと▲2八飛と引きやすい。
D▲6八銀＝▲2八飛だと、△2七歩▲同飛△2六歩▲2八飛△6六飛が気になる。本局の立会人だった塚田泰明九段は、2週間後の第65期C級1組順位戦対岡崎洋六段戦で△4二銀を拝借。△6六飛まで進み、54手で快勝した。
E△5一飛＝▲2八飛なら△4四角で逆襲をもくろむ。△2三歩を打たないで済むように、佐藤は△4二銀から△5一飛の形を急いだ。
F▲2六飛＝歩得対馬でいい勝負。
G△3三銀＝△3三桂とし、▲8八玉△2一飛▲4五歩△6二馬▲5七角△5三銀▲2六飛△6四歩の進行も有力。本譜との比較は難しい。
H▲4六角＝力戦調でも均衡を保っている。
I△3九角（第2図）＝△4四飛とし▲2三歩成△3九角▲6六角△3四飛▲3八飛△4八角成▲同飛△2三銀▲4一飛成の変化も難解。
J▲4三歩＝そつのない利かし。
K△6六歩＝△2九馬から△5六馬を効果的にする手筋。代えて、△6三銀も有力。▲6二歩△同金▲5一飛△6一歩▲5二銀△6四銀▲4三銀成△同金は後手が指せる。
L▲5四銀＝▲6一銀△6二金▲7二銀打で先手優勢だった。△同金からの清算は▲5二飛が痛打、△5六馬は▲3六飛の切り返しがある。▲6一銀があるなら、K△6六歩では△6三銀が正しかった可能性がある。▲5四銀は△4二飛と後手の飛車を働かせるのがマイナス。
M▲6二歩（第3図）＝敗着。ここでは▲5三銀成とし、以下△7八馬▲同玉△4五角▲6七歩△6一金打▲4二成銀△6三角▲5三飛成の進行なら、激闘は続いていた。
N△6一歩＝好手。▲7一飛成を防ぐ。
O▲6一同歩成＝この瞬間に、後手玉が絶対に詰まない形になるのが△6一歩の効果。
P△8六桂＝切れ味の鋭い寄せ。▲同歩ならば△6九角で受けがない。
Q△7八金（投了図）＝以下▲9七玉△8五桂▲同桂△8八銀で詰み。

【第2図は△3九角まで】

△佐藤　歩三

	9	8	7	6	5	4	3	2	1
一	v香	v桂		v金					v香
二		v王	v銀				v金	v銀	
三		v歩	v歩	v歩			v桂		v歩
四	v歩						銀	歩	
五				歩		v飛			
六	歩		歩		歩				
七		歩	桂	銀			歩		歩
八		玉	金			金		飛	
九	香						v角	桂	香

▲羽生　角歩二

【第3図は▲6二歩まで】

△佐藤　角桂歩五

	9	8	7	6	5	4	3	2	1
一	v香	v桂	v金		飛				v香
二		v王		歩		v飛	v金	v銀	
三		v歩	v歩	銀					v歩
四	v歩				銀			歩	
五									
六	歩		歩	銀	v馬				
七		歩	桂				歩		歩
八		玉	金			金			
九	香					歩			香

▲羽生　歩

【投了図は△7八金まで】

△佐藤　角銀桂歩四

	9	8	7	6	5	4	3	2	1
一	v香	v桂	と		飛				v香
二		v王					v金	v銀	
三		v歩	v歩	銀					v歩
四	v歩				銀			歩	
五									
六	歩	v桂	歩	v馬					
七		歩	桂				歩		歩
八		玉	v金			歩			
九	香		金						香

▲羽生　飛金歩二

第58局

長手数の詰みに打ち取る

角交換振り飛車

第25回朝日オープン将棋選手権本戦（朝日新聞）
【持ち時間】各3時間

2006年10月19日　終了17時34分　東京都渋谷区「将棋会館」
記録係　阿部健治郎三段

六段 ▲田村　康介
棋聖 △佐藤　康光

角交換を辞さない石田流やゴキゲン中飛車が増えて受容される中、2004年ごろから角交換四間飛車も見られるようになってきた。ゴキゲン中飛車や一手損角換わりを指してきた佐藤が、角交換四間飛車にも参入した。

▲7六歩　△3四歩　▲2六歩
△1四歩1　▲2五歩3　△8八角成
▲同　銀　△2二銀　▲7七銀1
△3三銀　▲4八銀　A△**4二飛**7
（**第1図**）　▲3六歩1　△6二玉1
▲3七桂4　△7二玉3　▲4六歩7
△2二飛3　▲6八玉　△5二金左1
▲7八玉5　△8二玉　▲9六歩1
B△**9二香**　▲5八金右4　△9一玉
▲4七銀　△8二銀　▲2九飛5
△7一金1　C▲**9五歩**4　△6二金寄
▲6八金上2　△1五歩4　▲8六銀2
△1三香20　D▲**1一角**3　△5二飛14
▲3三角成2　△同　桂　▲2四歩
△同　歩　▲同　飛　E△**2六歩**3
▲2一飛成26　△2八角20　▲9四歩2
△同　歩　▲3五歩　△2七歩成10
▲9三歩9　△同　香　▲3四歩1
△3七と1　▲3三歩成　F△**5五角**8
▲7七桂4　G△**3三角**1　▲9二歩
△同　玉　▲8五桂打　△2二飛7
▲3一竜　△4七と5　▲同　金
△4二銀37　▲4一竜1　△6一金引
▲9三桂成7　△同　桂2　H▲**7二香**12
（**第2図**）　I△**6二金右**6　▲7一銀14
△5一金7　▲6二銀成2　△4一金
▲7一香成　J△**5一銀**　▲7二成銀
K△**6四桂**12　▲9四香20　△9八飛
▲8九玉　△9四飛成　▲9五歩
△8四竜　L▲**8二成銀**19　△同　玉1
▲7二銀2　△9二銀　▲8一金2
△同　銀　▲同銀成　△9二玉
▲8二銀　△同　飛　▲同成銀
△同　玉　M▲**8一飛**　△9二玉
▲7二成香　N△**8八金**2　（**第3図**）
▲同　玉　△7六桂　▲9八玉
△9六香1　▲8九玉　△8八銀1
▲7八玉　△6八桂成　▲同　玉
△7七角成　▲同　銀　△同銀成
▲同　玉　△8五桂　▲6八玉
△7六桂　▲5九玉1　△6八金
▲4八玉　O△**3七銀**　（**投了図**）

まで122手で佐藤の勝ち
（消費時間＝▲2時間46分、△2時間59分）

【解説】

A△**4二飛**（**第1図**）＝芸域を広げる意欲的な角交換四間飛車。ゴキゲン中飛車やその派生で指した角交換振り飛車から、流行を取り入れ

【第1図は△4二飛まで】

佐藤△　角

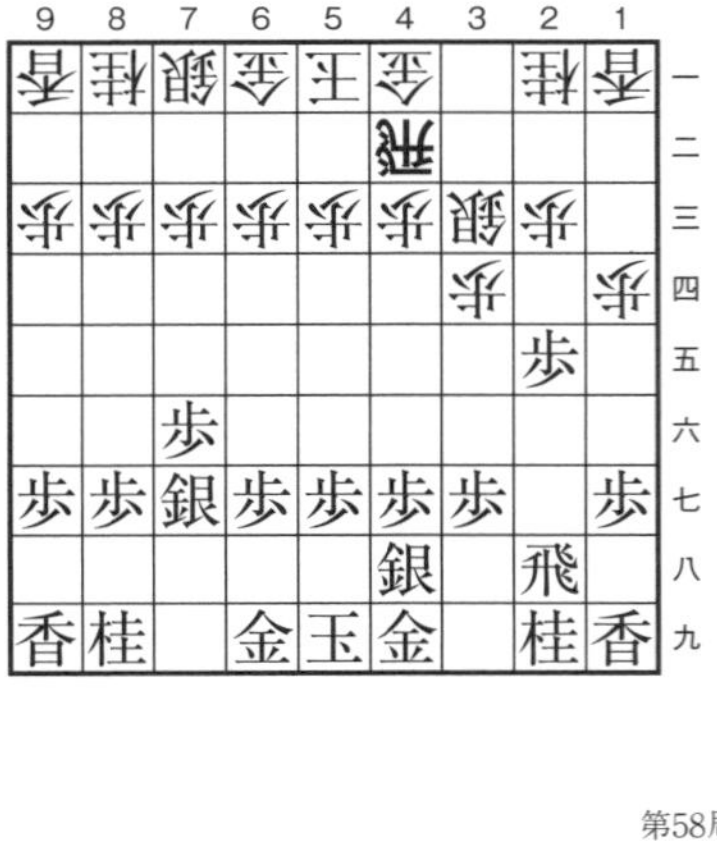

9	8	7	6	5	4	3	2	1	
香	桂	銀	金	王	金		桂	香	一
					飛				二
歩	歩	歩	歩	歩	歩	銀	歩		三
						歩		歩	四
							歩		五
		歩							六
歩	歩	銀	歩	歩	歩	歩		歩	七
					銀		飛		八
香	桂		金	玉	金		桂	香	九

▲田村　角

て、少しずつ指す戦型が変遷している。また、佐藤は一手損角換わりから四間飛車にしたが、普通は飛車を振ってから角交換するところ。△4二飛でいきなり△2二飛と転じるダイレクト向かい飛車は後日の話。試行錯誤がうかがえる。

B△9二香＝もちろん美濃囲いも一局だが、穴熊は短時間の棋戦であることを考慮したか。

C▲9五歩＝終盤で威力を発揮する位取り。

D▲1一角＝▲7七桂でも先手十分の立ち上がり。乱戦を好む田村の棋風が現れた。

E△2六歩＝攻めの足掛かりを作る手筋。▲2六同飛は△4四角がある。

F△5五角＝▲4三とに△2二飛を用意したが、△4七と▲同金△1九角成も有力だった。以下、▲4三となら△2二飛▲同竜△5五角で後手有利。▲9二歩△同玉▲8五桂は難解。

G△3三角＝と金を消して脅威が減じたが、角を手放したので五分の取引。

H▲7二香（第2図）＝強烈な勝負手。佐藤が席を外すと田村は「あそこに香を打ち込みたい」とつぶやいたという。△7二同金左は▲9四香△8一桂▲9三香成△同銀▲8五桂が厄介。

I△6二金右＝△5一金を残す。綱渡りだがこちらも勝負手。

J△5一銀＝受けの妙技。飛車銀が働きだして後手有利になった。

K△6四桂＝反撃の、のろしを上げる。次の△7六桂が厳しい。

L▲8二成銀＝対局中に「いやあ、どうして寄らないの」と田村がぼやいた局面。▲3四歩△4四角▲4五歩も△7二飛▲同成香△7一香▲8二成香△同玉▲4四歩△7六桂で後手優勢。なお、控室で▲8一金は△7一銀▲同金△7六桂で、△7二飛▲同金△8八銀から詰み筋があって後手勝ちと検討されていた。

M▲8一飛＝▲7二飛は△9一玉で、打ち歩詰めの形で逃れている。

N△8八金（第3図）＝狙いすました一着。後手の駒が2八角を含めて最大限に働いている。

O△3七銀（投了図）＝以下は▲同金△同角成▲同玉△3四竜▲3六桂△2五桂から詰み。佐藤が長手数の詰みに打ち取って制勝。

【第2図は▲7二香まで】

△佐藤 桂桂歩四

9	8	7	6	5	4	3	2	1	
		v金	v金		竜				一
v王	v銀	香			v銀		v飛		二
v桂	v歩	v歩	v歩	v歩	v歩	v角		v香	三
v歩									四
								v歩	五
	銀	歩			歩				六
	歩	桂	歩	歩	金			歩	七
		玉	金				v角		八
香								香	九

▲田村 銀歩

【第3図は△8八金まで】

△佐藤 銀銀桂香歩四

9	8	7	6	5	4	3	2	1	
	v飛			v銀	v金				一
v王		v成香							二
v桂	v歩	v歩	v歩	v歩	v歩	v角		v香	三
	v竜		v桂						四
歩								v歩	五
	銀	歩			歩				六
	歩	桂	歩	歩	金			歩	七
	v金		金				v角		八
	玉							香	九

▲田村 歩

【投了図は△3七銀まで】

△佐藤 銀桂歩五

9	8	7	6	5	4	3	2	1	
	v飛			v銀	v金				一
v王		v成香							二
	v歩	v歩	v歩	v歩	v歩			v香	三
	v竜								四
歩	v桂							v歩	五
v香		v桂			歩				六
	歩		歩	歩	金	v銀		歩	七
			v金		玉		v角		八
								香	九

▲田村 角金銀桂歩

第59局

第65期順位戦A級4回戦（毎日新聞）

【持ち時間】各6時間

2006年10月24日　終了25日1時9分　東京都渋谷区「将棋会館」

記録係　荒木宣貴三段

棋聖 ▲佐藤　康光
三冠 △羽生　善治

激闘を制す

後手三間飛車対居飛車穴熊

2006年6月、第64期名人戦で森内俊之名人が挑戦者の谷川浩司九段を4勝2敗で破り、通算4期目の名人獲得を果たす。獲得数で羽生と並び、十八世名人の資格にあと1期とした。第65期A級は本局の時点で羽生は2勝1敗、佐藤1勝2敗。先に郷田真隆九段が4連勝しており、二人とも本局を落とすと名人挑戦が厳しくなる状況だった。本局は間接的に十八世名人の争いに影響を与えた激闘である。

話は前後するが、2006年3月に日本将棋連盟は、名人戦の主催を第66期以降朝日新聞社に移管する方針を立て、毎日新聞社に契約更新しない旨の通知書を送付した。この後、交渉の中で毎日が単独主催の契約案を提示したが、8月の臨時棋士総会で反対多数により否決された。しかし、賛成と小差だったこともあり、名人戦を毎日と朝日が共催する方向で話が進められた。本局の翌月、2社共催で名人戦を行うことで合意された。2018年現在も共催による名人戦が続けられている。

A▲**7六歩**1　△3四歩　▲2六歩1
△4四歩2　▲2五歩2　△3三角
▲4八銀　B△**3二飛**11　▲6八玉8
△6二玉1　▲7八玉　△7二玉1
▲7七角9　△8二玉7　▲8八玉
△7二銀2　▲5八金右44　△4二銀32
▲9八香3　△4三銀19　▲9九玉
C△**2二飛**17　▲8八銀5　△3二金4
D▲**8六角**40　△5二銀44　▲3六歩27
△2四歩12　▲同　歩　△同　角
▲2五歩1　△3三角　▲5六歩11
△4五歩4　▲7九金36　△1四歩27
▲6八角27　△4四角24　▲3七銀10
E△**4三銀**　▲2四歩9　△3三桂
▲5七角18　△9四歩9　▲6六歩6
△5四銀4　▲6七金1　△6四歩
▲4八銀6　△2一飛7　▲5九銀2
△6三銀引　F▲**6八銀**　△5四歩
▲3七桂　△2六歩5　▲2九飛38
G△**5五歩**34　▲同　歩5　△同　角2

▲4八角2　△2四飛8　▲2五歩
△2一飛1　H▲**3五歩**3　△4六歩14
▲同　歩1　△同　角　▲3四歩1
△4七歩1　▲5九角19　△5八歩1
▲3三歩成　△同　金3　▲4五桂
△5九歩成　I▲**同　飛**　**（第1図）**
△4四金7　▲5三桂成　△4八歩成10
▲5六飛　△3七角成　▲6三成桂
△5五歩　▲7二成桂1　△同　金
J▲**3八歩**1　△4七馬4　▲5七飛1
△2五馬　K▲**5三歩**　L△**1三角**17
▲2四歩2　△同　角11　▲5二歩成2
△同　馬　M▲**3六桂**　△5七角成
▲4四桂　△3四馬　▲5七金
N△**4四馬**　O▲**5二銀**6　△7一桂
▲3二角3　△3一飛1　▲4三角成
△同　馬　▲同銀成　△5六歩
▲6七金　△5八と　P▲**5三角**
△6八と　▲同金引　△5七歩成
▲同　金1　△3八飛成2　▲6一銀
△2七角　▲2六角成3　△4五角成
Q▲**4六歩**　△3四馬2　▲6二金
△2九飛1　▲7二金　△9二玉
R▲**3九歩**1　**（第2図）**　△同飛成1
S▲**5九歩**　△2八竜引1　▲4八金1
△同　竜4　▲同　馬　△同　竜
▲8二飛　△9三玉　▲8一飛成
△8四玉　T▲**5八金**1　△──1

（投了図）　まで141手で佐藤の勝ち
（消費時間＝☗5時間59分、☖5時間59分）

【解説】

A☗7六歩＝第54期王座戦五番勝負は3連敗で敗退した佐藤だったが、その後、公式戦7連勝で本局を迎えた。羽生は8連勝中だった。

B☖3二飛＝羽生の三間飛車は非常に珍しい。

C☖2二飛＝居飛車穴熊に対し、向かい飛車に転身。続く☖3二金で2筋の逆襲を企図する。穴熊は完成までに手数がかかるのが弱点。

D☗8六角＝軽い牽制球。

E☖4三銀＝一気の穴熊攻略は難しかった。息の長い将棋に切り替える。

F☗6八銀＝ここまで組めれば一安心。

【第1図は☗5九同飛まで】

☖羽生　角歩二

9	8	7	6	5	4	3	2	1	
v香	v桂		v金				v飛	v香	一
	v王	v銀							二
	v歩	v歩	v銀			v金			三
v歩			v歩					v歩	四
					桂		歩		五
		歩	歩		v角		v歩		六
歩	歩		金		v歩			歩	七
香	銀		銀						八
玉	桂	金		飛				香	九

☗佐藤　桂歩三

G☖5五歩＝角が動きにくい瞬間を捉えた。

H☗3五歩＝☗2六飛は☖4六歩☗同歩☖4一飛☗3五歩☖4六角で後手ペース。

I☗5九同飛（第1図）＝穴熊を生かし、駒損だが大駒をさばく。羽生は押さえ込みを狙う。

J☗3八歩＝小技で飛車を延命。☗5七飛は☖4七と☗5九飛☖5六桂で飛車が目標になる。

K☗5三歩＝と金の種をまく。

L☖1三角＝☖3一飛は☗4五歩☖5四金☗4六桂☖4五金☗3四銀がうるさい。

M☗3六桂＝☗2四歩から一連の狙い。

N☖4四馬＝敵影を消して仕切り直し。先手は飛車桂と金銀銀の交換で駒得だが歩切れ。

O☗5二銀＝まず足掛かりを作る。佐藤はこうした攻めの組み立てが本当にうまい。

【第2図は☗3九歩まで】

☖羽生　銀桂歩五

9	8	7	6	5	4	3	2	1	
v香	v桂	v桂	銀					v香	一
v王		金							二
	v歩	v歩			v成銀				三
v歩			v歩			v馬		v歩	四
									五
		歩	歩		歩		馬		六
歩	歩			金				歩	七
香	銀					v竜			八
玉	桂	金				歩	v飛	香	九

☗佐藤　金歩

P☗5三角＝徐々に攻めが厚くなってきた。

Q☗4六歩＝攻防に働いている馬を追い払う。

R☗3九歩（第2図）＝☖同竜は☗7一馬だと☖8九馬から頓死だが、☗8二金☖9三玉☗7一馬なら、上部が開けて先手玉は詰まない。

S☗5九歩＝一歩千金。☖2八竜引の詰めろに、☗4八金と二枚竜を体当たりで止める。

T☗5八金（投了図）＝竜を遮断して決着。先手は着実に攻めればいい。激闘の感想戦は2時間半に及んだ。この期、佐藤は振るわず4勝5敗で初の負け越し。羽生は6勝3敗で3位。第65期名人戦は森内名人が4勝3敗で挑戦者の郷田九段を破り十八世名人の資格を得た。

【投了図は☗5八金まで】

☖羽生　角金銀桂歩六

9	8	7	6	5	4	3	2	1	
v香	竜	v桂	銀					v香	一
		金							二
	v歩	v歩			v成銀				三
v歩	v王		v歩			v馬		v歩	四
									五
		歩	歩		歩				六
歩	歩							歩	七
香	銀			金	v竜				八
玉	桂	金		歩				香	九

☗佐藤　桂

第60局

第19期竜王戦七番勝負第2局（読売新聞）

【持ち時間】各8時間

2006年10月31日、11月1日　終了1日19時51分　富山県黒部市「延対寺荘」　記録係　村田顕弘三段

竜王 ▲渡辺　明
棋聖 △佐藤　康光

迫力の終盤戦

ゴキゲン中飛車対丸山ワクチン

渡辺明竜王と初のタイトル戦となった第19期竜王戦。佐藤が3棋戦連続挑戦しており、戦前は勢いの差で佐藤有利と見る向きがあった。だが、戦前に渡辺は「そう（世論の通り）はならないと思う」と自信を見せていた。

▲7六歩1　△3四歩1　▲2六歩
△5四歩1　▲2五歩3　△5二飛
▲2二角成2　△同　銀　A▲**9六歩**
△9四歩6　▲7八銀2　B△**7二金**34
▲6六歩8　△6二銀7　▲6八玉
△3三銀1　▲4八銀3　△6一玉22
▲3六歩11　C△**8八角**8　▲7七角2
△同角成　D▲**同　銀**　△2二飛4
▲4六歩15　△7一玉15　▲4七銀
△4四銀15　▲7八金4　△3五歩10
▲7九玉19　△8二玉7　▲8八玉4
△3六歩12　▲同　銀　△3二飛
▲3七歩1　△2二飛2　▲5八金1
△3三桂31　▲7五歩23　△4二金18
▲4七銀14　△2一飛3　▲3六歩1
△6四歩55　▲6七金右12　△6三銀
▲7六銀　E△**5九角**6　▲6五歩68
△同　歩6　▲同　銀1　△6四歩6
▲7六銀1　△1五角成　▲7七角2
△2四歩25　▲1六歩53　△2五馬1
▲4五歩　△5三銀3　▲5六銀16
F△**5五歩**50　▲同　角56　△5四銀直8
▲7七角　△5一飛13　▲6五歩2
△同　銀6　▲同銀右　△同　歩
▲8六角4　△5二金19　▲7七桂6
G△**3四馬**22　▲5五銀25　△6六銀10
▲同　金17　△同　歩　▲6四歩
H△**4五桂**　**（第1図）**　▲6六銀
△6四銀2　▲7四歩　△6三金左2
▲7三歩成21　△同　銀3　▲4二角成1
I△**5四飛**8　▲6一銀8　△6二金打23
▲6五銀左26　△5七飛成13　▲同　銀3
△同桂成　▲6四歩1　△6一金
▲6三歩成　△同　金　▲7九歩6
△7二銀　▲3一飛2　△4四馬
▲2四飛1　△6六歩　▲6八歩5
△6七歩成　▲同　歩　△6六歩
▲同　歩　△6七歩　▲5二金1
△6八歩成　▲6一金2　△7八と
▲同　歩　△6七成桂1　▲4四飛2
△同　歩　J▲**7一角**1　△9二玉
K▲**7五馬**　△8四銀打　L▲**同　馬**21
△同　歩　▲9五歩1　M△**8三玉**
N▲**6二金**　**（第2図）**　O△**9五歩**
P▲**8二金**　△9四玉　▲7二金右
△7九角　▲同　玉　△6九飛
▲8八玉　Q△**8九金**　▲9七玉
△8二銀　▲7六角　△8五歩
▲同　角　△8四玉　▲7五銀
△同　玉　▲7六銀打　△6六玉
▲4四角成　△5五歩　▲8六玉
R△**8四金**　▲5五馬　△同　玉
▲3五飛成　△4五歩　▲6三角成
△7五銀　▲同　銀　△同　金
▲同　玉　△5七角　**（投了図）**

まで162手で佐藤の勝ち

（消費時間＝▲7時間59分、△7時間59分）

【解説】

A▲**9六歩**＝佐藤新手を拝借。

B△**7二金**＝当時の流行形。8三を守っており、▲4八銀なら△5五歩が利く。

C△**8八角**＝銀冠阻止だが、手損で損得微妙。

D▲7七同銀＝▲同玉は△6四歩とされ、▲8八玉には△6五歩があるので駒組みしにくい。

E△5九角＝▲1六歩は△2五桂▲同飛△4八角成▲2七飛△2四歩で後手良し。

F△5五歩＝佐藤の第一感は△3二歩で、以下▲3八飛△2六馬▲3五歩△2七馬▲3九飛△2八馬▲3六飛△2七馬で千日手模様というもの。▲3六飛には△2九馬▲3四歩△4五桂▲同銀△1九馬もあり、有力な変化だった。

G△3四馬＝質駒を避け、中央に集結させる。

H△4五桂（第1図）＝鮮やかな跳躍。▲6三歩成は△同金左▲6六銀△5七桂成で指せる。

I△5四飛＝△5七飛成で後手優勢だった。「△5四飛からは自信がない」と佐藤。

【第1図は△4五桂まで】

▲渡辺　銀

△佐藤　金歩四

J▲7一角＝▲7一金△6一歩▲7二金△同玉▲3四角で先手優勢だった。

K▲7五馬＝▲8五桂は△8二銀打▲7五馬△8四金と頑強に指されて寄らない。

L▲8四同馬＝▲3二飛成で勝ちの読みが、△6二歩▲同金△同金▲同竜に△8二金で寄らないのが渡辺の誤算。馬を切り、端の攻防に懸けた。次の▲9五歩は▲9三銀以下の詰めろになっている。

M△8三玉＝△6一銀が明快。▲同飛成には△7九角▲同玉△6九飛から詰みがある。

N▲6二金（第2図）＝▲8二金以下の詰めろ。△同金も▲8二金△同銀▲7四銀打で詰む。

O△9五歩＝△4六角が詰めろ逃れの詰めろ。

【第2図は▲6二金まで】

▲渡辺　金銀歩三

△佐藤　飛角金歩五

▲6三金は△7八成桂▲9七玉△7九角成以下詰み。△9五歩も詰めろ逃れの詰めろだが。

P▲8二金＝▲6三金がさらに詰めろ逃れの詰めろだった。△同銀は▲8二金以下詰み。△7九角▲同玉△6八金▲8八玉△7八金▲9八玉△8八飛▲9七玉は▲6三金の効果で不詰み。

Q△8九金＝佐藤の予定の△7七成桂は、▲同玉△8五桂▲7六玉△7五歩▲8六玉△6六飛成▲7六銀打で逆転。瞬時の判断で軌道修正。

R△8四金＝冷静な決め手。**投了図**は▲6六歩△同角成▲8六玉△7五銀以下詰み。形勢が揺れた熱戦を制し、佐藤が第1局から2連勝。だが、優勢だった第3局を落としたのが響き、3勝4敗でタイトル獲得はならなかった。

【投了図は△5七角まで】

▲渡辺　金金銀歩六

△佐藤　銀歩五

第61局

まれにみる泥仕合

角交換振り飛車

第27回JT将棋日本シリーズ決勝（主催：地方新聞11社、協賛：JT）

【持ち時間】各10分＋考慮各5分（チェスクロック方式）

2006年11月26日　14時57分〜16時55分　東京都千代田区「よみうりホール」

記録係　安食総子女流初段

棋聖 ▲佐藤　康光

九段 △郷田　真隆

4棋戦タイトル戦登場で対局が続く中、佐藤は早指し棋戦のJT日本シリーズで決勝進出。大盤解説の先崎学八段が「まれにみる泥仕合」「これほどまでに盤に並べていただきたい将棋もまたとない」と記す熱戦となった。

A▲7六歩　B△8四歩　▲1六歩
△3四歩　C▲1五歩　（第1図）
△8五歩　D▲6八飛　△4二玉
▲2二角成　△同　銀　▲8八銀
△6二銀　▲4八玉　△6四歩
▲3八玉　△6三銀　▲7七銀

△3二玉　▲2八玉　△3三銀
▲3八銀　△5四銀　▲8八飛
E△3五歩　F▲8六歩　（第2図）
△同　歩　▲同　飛　G△同　飛
▲同　銀　H△8二飛　▲8七歩
I△3六歩　（第3図）　▲7七桂
△3七歩成　▲同　銀　△3六歩☆
J▲4六銀　△4四歩　K▲5六歩
△4二金②　▲3八金☆　△4五歩①
▲3五銀　△5七角　L▲6八角①
M△8四角成　N▲1四歩②　（第4図）
△同　歩　O▲1三歩　△同　香
▲1四香　△同　香　▲1二飛
△2二銀　P▲1四飛成　△1三歩

【第1図は▲1五歩まで】

△郷田　なし

	9	8	7	6	5	4	3	2	1
一	香	桂	銀	金	王	金	銀	桂	香
二		飛						角	
三	歩		歩	歩	歩	歩		歩	歩
四		歩					歩		
五									歩
六			歩						
七	歩	歩		歩	歩	歩	歩	歩	
八		角						飛	
九	香	桂	銀	金	玉	金	銀	桂	香

▲佐藤　なし

【第2図は▲8六歩まで】

△郷田　角

	9	8	7	6	5	4	3	2	1
一	香	桂		金		金		桂	香
二		飛					王		
三	歩		歩		歩	歩	銀	歩	歩
四				歩	銀				
五		歩					歩		歩
六		歩	歩						
七	歩		銀	歩	歩	歩	歩	歩	
八		飛					銀	玉	
九	香	桂		金		金		桂	香

▲佐藤　角

【第3図は△3六歩まで】

△郷田　角歩

	9	8	7	6	5	4	3	2	1
一	香	桂		金		金		桂	香
二		飛					王		
三	歩		歩		歩	歩	銀	歩	歩
四				歩	銀				
五									歩
六		銀	歩				歩		
七	歩	歩		歩	歩	歩	歩	歩	
八							銀	玉	
九	香	桂		金		金		桂	香

▲佐藤　飛角

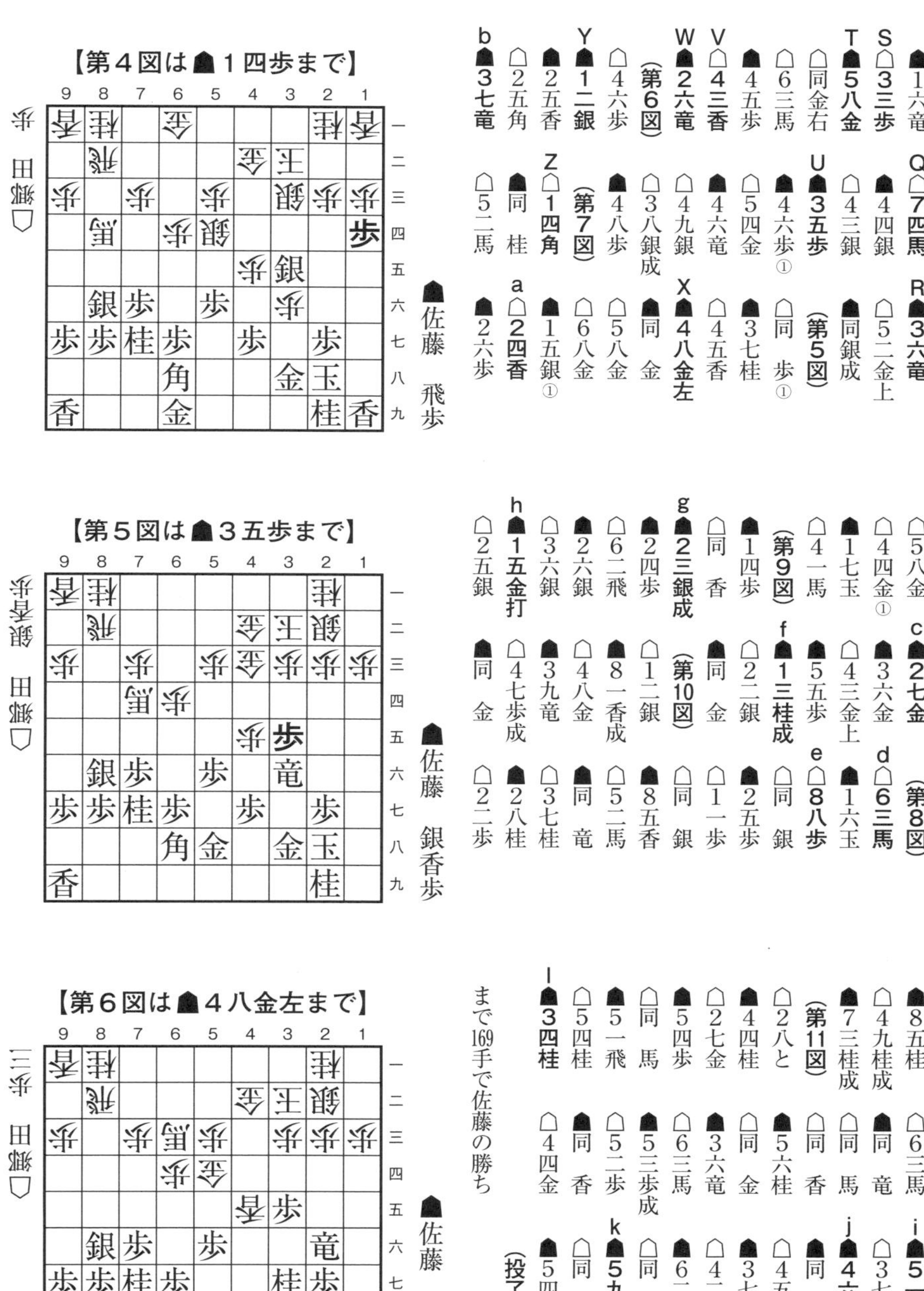

【第4図は▲1四歩まで】

【第5図は▲3五歩まで】

【第6図は▲4八金左まで】

▲1六竜 S△3三歩 T▲5八金 △同金右 △6三馬 ▲4五歩 V△4三香 W▲2六竜 (第6図) △4六歩 Y▲1二銀 ▲2五香 △2五角 b▲3七竜
Q△7四馬 ▲4四銀 △4三銀 U▲3五歩 ▲4六歩① △5四金 ▲4六竜 △4九銀 △3八銀成 ▲4八歩 (第7図) Z△1四角 ▲同 桂 △5二馬
R▲3六竜 △5二金上 ▲同銀成 (第5図) △同 歩① ▲3七桂 △4五香 X▲4八金左 ▲同 金 △5八金 △6八金 ▲1五銀① a△2四香 ▲2六歩

△5八金 △4四金① ▲1七玉 △4一馬 (第9図) ▲1四歩 △同 香 g▲2三銀成 ▲2四歩 △6二飛 ▲2六銀 △3六銀 h▲1五金打 △2五銀
c▲2七金 ▲3六金 △4三金上 ▲5五歩 f▲1三桂成 △2二銀 ▲同 金 (第10図) △1二銀 ▲8一香成 △4八金 ▲3九竜 △4七歩成 ▲同 金
(第8図) d△6三馬 ▲1六玉 e△8八歩 △同 銀 ▲2五歩 △1一歩 △同 銀 ▲8五香 △5二馬 ▲同 竜 △3七桂 ▲2八桂 △2二歩

▲8五桂 △4九桂成 ▲7三桂成 (第11図) △2八と ▲4四桂 △2七金 ▲5四歩 △同 馬 ▲5一飛 △5四桂 l▲3四桂
△6三馬 ▲同 竜 △同 馬 △同 香 ▲5六桂 △同 金 ▲3六竜 △6三馬 ▲5三歩成 △5二歩 ▲同 香 △4四金
i▲5一角 △3七と j▲4六歩 ▲同 竜 △4五歩 ▲3七竜 △4二桂 ▲6二角成 △同 馬 k▲5九香 △同 金 ▲5四歩 (投了図)

まで169手で佐藤の勝ち

（消費時間＝▲10分＋5分、△10分＋5分）

【解説】

A▲7六歩＝本棋戦はプロ公式戦に先立ちこども大会が行われる。この日は当時小学生の増田康宏六段（低学年）、近藤誠也五段、長谷部浩平四段（高学年）が舞台上で決勝を対局。高水準の内容に「プレッシャーを感じた」と佐藤。

B△8四歩＝本棋戦は和服で対局するが、郷田は忘れて対局場にきてしまった。都内の対局だったので、すぐ取りに戻って大過なく済んだ。

C▲1五歩（第1図）＝大胆な位取り。「公開対局なので力戦で楽しんでいただきたい気持ちもあった」と佐藤。9月の第54期王座戦五番勝負第3局▲佐藤―△羽生善治王座戦で、羽生に端歩位取りから四間飛車を指されていた。

D▲6八飛＝△4五角の筋に備えて手堅い。このころの佐藤は、まだダイレクト向かい飛車の着想を得ていなかった。

E△3五歩＝△5二金右なら無難。△3五歩は▲8六歩△同歩▲同銀に△3六歩の用意。

F▲8六歩（第2図）＝それでも仕掛ける。

G△8六同飛＝△8五歩なら▲8八飛△5二金右▲9六角が佐藤の構想。以下△6三角▲6六銀△9四歩▲7七桂△9五歩▲7八角として、▲7五銀を楽しみにする。

H△8二飛＝△8七飛は▲8二飛△7二角▲7九金△8三歩▲7七角△7一金▲7二飛成△同金▲9六角△7七飛成▲同銀で先手が指せる。

I△3六歩（第3図）＝△8八歩も有力。▲7七桂△8九歩成▲8五飛△同飛▲同桂△8二飛▲7五歩△9九と▲5八金左でいい勝負。

J▲4六銀＝▲3六同銀は△8五歩▲同桂△5五角がある。

K▲5六歩＝△5五角の筋を消す。飛車を持っているので、ここをしのげば楽しみがある。

L▲6八角＝▲2六銀も考えられるが、勢いのある手を選ぶのが佐藤流。

M△8四角成＝△6八同角成▲同金△7九角は▲7八飛で角が取られてしまう。

N▲1四歩（第4図）＝飛車を生かす攻め。

O▲1三歩＝▲1四同香は△1二歩で手にならないので、必ず香交換になるよう一工夫。

【第7図は▲1二銀まで】

△郷田　歩二

	9	8	7	6	5	4	3	2	1
一	△香	△桂						△桂	
二		△飛				△金	△王	△銀	銀
三	△歩		△歩	△馬	△歩		△歩	△歩	△歩
四				△歩	△金				
五						△香	歩		
六		銀	歩		歩	△歩		竜	
七	歩	歩	桂	歩			桂	歩	
八				角	△金	歩	金	玉	
九	香								

▲佐藤　銀香

【第8図は▲2七金まで】

△郷田　歩二

	9	8	7	6	5	4	3	2	1
一	△香	△桂						△桂	
二		△飛			△馬	△金	△王	△銀	銀
三	△歩		△歩		△歩		△歩	△歩	△歩
四				△歩	△金			△香	
五						△香	歩	桂	銀
六		銀	歩		歩	△歩		歩	
七	歩	歩	桂	歩			竜	金	
八					△金	歩		玉	
九	香								

▲佐藤　角

【第9図は△8八歩まで】

△郷田　歩

	9	8	7	6	5	4	3	2	1
一	△香	△桂				△馬		△桂	
二		△飛					△王	△銀	銀
三	△歩		△歩		△歩	△金	△歩	△歩	△歩
四				△歩		△金		△香	
五					歩	△香	歩	桂	銀
六		銀	歩			△歩	金	歩	玉
七	歩	歩	桂	歩			竜		
八		△歩			△金	歩			
九	香								

▲佐藤　角

P☗**1四飛成**＝竜対馬は先手が指せる。

Q☖**7四馬**＝☗8五香の田楽刺しを避けた。

R☗**3六竜**＝「☗3四歩が勝った」と佐藤。以下、☖5六馬☗3六竜で3筋の拠点が大きい。

S☖**3三歩**＝すかさずキズを消す。「リードするチャンスを逃してしまった」と佐藤。

T☗**5八金**＝仕切り直し。再度陣形整備。

U☗**3五歩（第5図）**＝☖3四歩を許すと勝てない。地味だが好判断。細部に実力が現れる。

V☖**4三香**＝4筋をめぐる攻防。

W☗**2六竜**＝☗4五同桂☖同金は後手の駒に勢いがつく。

X☗**4八金左（第6図）**＝☖同香成なら☗同金☖5八金☗4九金☖同金で後手の攻めが重い。

Y☗**1二銀（第7図）**＝☗7九角は☖4八金☗同金☖4七歩成で、と金が大きく先手不利。

Z☖**1四角**＝頑強な受けで崩れない。

a☖**2四香**＝駒得が残り、後手有利。

b☗**3七竜**＝☗2六歩を用意して粘る。

c☗**2七金（第8図）**＝☖2五香☗同歩☖4八金☗同金☖2五馬の強襲を警戒した。

d☖**6三馬**＝後手の馬の動きに逡巡が見える。☖4八金☗同竜☖4七歩成☗3九竜☖4六と、と郷田の持ち味通りに踏み込めば後手優勢。

e☖**8八歩（第9図）**＝「最悪のタイミング」と郷田。あとで☗8五香の攻めが生じた。

f☗**1三桂成**＝制空権の奪回に動く。

g☗**2三銀成（第10図）**＝玉頭戦なので2一桂よりも2三歩のほうが価値は高い。

h☗**1五金打**＝強靭な生命力を持つ先手玉。

i☗**5一角**＝攻めが筋に入って、先手有利に。

j☗**4六歩（第11図）**＝☗7三桂成から☗4六歩がぴったり間に合っている。

k☗**5九香**＝歩を打てない形の下段香は厳しい。1、2筋の壁に触らないように攻めている。

l☗**3四桂**＝☗2二桂成☖同玉☗2三銀以下の詰めろ。**投了図**で後手は馬が動くと詰むので、処置なし。佐藤はねじり合いを制し、本棋戦2回目の優勝を果たした。佐藤は将棋世界の企画「プレイバック2006」で、本局を2006年3位に挙げた。「大一番でいまの自分らしく指せた一局。充実感があった」とコメントした。

【第10図は☗2三銀成まで】

☖郷田　桂歩

9	8	7	6	5	4	3	2	1	
v香	v桂				v馬		v桂	v歩	一
	v飛					v王	v銀		二
v歩		v歩		v歩	v金	v歩	成銀		三
			v歩		v金			歩	四
				歩	v香	歩	金	銀	五
	銀	歩			v歩			玉	六
歩	歩	桂	歩			竜			七
	v歩			v金	歩				八
香									九

☗佐藤　角香歩

【第11図は☗4六歩まで】

☖郷田　金桂歩

9	8	7	6	5	4	3	2	1	
v香	成香			角			v桂	v歩	一
			v飛			v王	v歩	v銀	二
v歩		v馬		v歩	v金	v歩			三
			v歩		v金		歩	歩	四
				歩	v香	歩	金		五
	銀	歩			歩		銀	玉	六
歩	歩		歩			vと			七
	v歩						桂		八
香					竜				九

☗佐藤　銀桂

【投了図は☗5四歩まで】

☖郷田　角桂桂香歩

9	8	7	6	5	4	3	2	1	
v香	成香			v飛			v桂	v歩	一
				v歩		v王	v歩	v銀	二
v歩				v馬		v歩			三
			v歩	歩	v金	桂	歩	歩	四
					v歩	歩	金		五
	銀	歩				竜	銀	玉	六
歩	歩		歩				v金		七
	v歩						vと		八
香									九

☗佐藤　金銀

第62局

第32期棋王戦五番勝負第1局（共同通信）

【持ち時間】各4時間

2007年2月11日　終了19時30分　山口県岩国市「岩国国際観光ホテル」
記録係　吉田正和二段

棋聖 ▲佐藤　康光
棋王 △森内　俊之

予言通りの決着

一手損角換わり

第19期竜王戦七番勝負を3勝4敗で敗れた佐藤だが、第56期王将戦と第32期棋王戦で挑戦者になり、5棋戦連続挑戦の新記録を打ち立てた。棋王戦は森内俊之棋王に挑戦。2004年の第75期棋聖戦と立場を代えて戦った。

▲2六歩　△3四歩5　▲7六歩
△9四歩1　▲2五歩2　△8八角成
▲同　銀　△2二銀　▲9六歩9
△3三銀5　▲4八銀2　△6二銀5
▲1六歩6　△1四歩5　▲3六歩3
△6四歩6　▲7七銀5　△3二金5
▲3七銀3　△6三銀24　▲4六銀
A△5四銀12　▲3五歩1　△同　歩
B▲同　銀　△6五歩　C▲5六歩39
△4五銀　▲6三角15　△6四角15
D▲5五歩4　（第1図）　E△5四銀11
▲8五角成3　△8四歩2　▲7五馬5
△同　角8　▲同　歩　△6三銀4
▲6八金31　△8五歩18　F▲2四歩5
△同　銀20　▲同　銀　△同　歩
▲同　飛　△2三歩7　▲2八飛11
G△4四角35　▲4五角64　△6二玉22
H▲5八飛2　（第2図）　△8六歩8
▲同　歩　△8八歩2　▲同　銀12
△8六飛　▲8七歩　△2六飛1
▲2八歩　△3六銀9　▲同　角2
△同　飛　▲4五銀　△2六角1
▲6九玉　△7六飛　I▲7七銀3
△7五飛　▲5四歩7　△同　歩
▲同　銀　△同　銀4　▲同　飛
△8五飛　▲2七歩2　△3五角1
▲3四飛　△6八角成　▲同　銀1
△3三金　J▲7六銀2　△8二飛1
K▲3六飛　△4五角1　▲2六飛
△3六歩1　L▲2五飛　△5六角
▲5八金　△4四金　▲2二角
△8六歩　M▲同　歩　△1三桂
▲4四角成　△同　歩　▲3五飛
△8八歩　▲7七桂　△4九銀
N▲5三銀　（第3図）　O△7一玉
▲3一飛成　△3八角　▲5七金
△8九歩成　P▲5八歩　△4七角上成
▲同　金　△同角成　Q▲6二金
△同　飛　▲同銀成　△8二玉
▲7一角　（投了図）
まで115手で佐藤の勝ち
（消費時間＝▲3時間59分、△3時間59分）

【解説】

A△5四銀＝一手損角換わり。先手の早繰り銀に対し、相性が良いとされる腰掛け銀で対抗。

B▲3五同銀＝早めに1筋を突き合った効果で、△3四歩なら▲2四歩△同歩▲同銀△同銀▲同飛のときに△1五角の王手飛車取りがない。

【第1図は▲5五歩まで】

△森内　持駒：歩

9	8	7	6	5	4	3	2	1	
v香	v桂		v金	v王			v桂	v香	一
	v飛					v金			二
	v歩	v歩	角	v歩	v歩	v銀	v歩		三
v歩			v角					v歩	四
			v歩	歩	v銀	銀	歩		五
歩		歩						歩	六
	歩	銀	歩		歩				七
							飛		八
香	桂		金	玉	金		桂	香	九

▲佐藤　持駒：歩

C▲5六歩＝△5七角には▲4六銀△8四角成▲7五角で大丈夫。

D▲5五歩（第1図）＝▲1八飛は△5四銀▲8五角成△8四歩▲7五馬△同角▲同歩△5七角で後手十分。9筋の突き合いがなければ、▲8五角成で▲9六角成とできた。そのため、佐藤は「うまくやられたかなと思った」という。

E△5四銀＝△5五同角は▲5八飛△5四銀▲5五飛△同銀▲1八角打で先手ペース。

F▲2四歩＝▲6九玉と囲いたいが、△9五歩▲同歩△8六歩▲同歩△9八歩▲同香△8七角の攻めがある。

G△4四角＝後手も玉を囲いにくい。居玉のまま乱打戦になった。

【第2図は▲5八飛まで】

△森内　銀歩

	9	8	7	6	5	4	3	2	1
一	v香	v桂		v金				v桂	v香
二		v飛		v玉			v金		
三			v歩	v銀	v歩	v歩		v歩	
四	v歩					v角			v歩
五		v歩	歩	v歩	歩	角			
六	歩								歩
七		歩	銀	歩		歩			
八				金	飛				
九	香	桂			玉	金		桂	香

▲佐藤　銀歩二

H▲5八飛（第2図）＝▲2三角成△2七歩▲3八飛△2三金▲3二飛成△7一玉▲2三竜もいい勝負だが自重した。

I▲7七銀＝大駒を目標にしながら、手順に壁銀を立て直せたのは大きい。

J▲7六銀＝飛車に当てながら8七を受ける。飛車の取り合いは先手に分がある。

K▲3六飛＝▲6四飛は△6三銀▲6五飛△3六角で、後手陣の補強のお手伝いになる。

L▲2五飛＝飛車を遊ばせないようにする。

M▲8六同歩＝▲1一角成とし、△8七歩成に▲6四香△7二玉▲6一香成で優勢だった。意外にも後手には、△8七歩成としたあとの先手玉への良い迫り方がない。

【第3図は▲5三銀まで】

△森内　角金

	9	8	7	6	5	4	3	2	1
一	v香	v桂		v金					v香
二		v飛		v玉					
三			v歩		銀			v歩	v桂
四	v歩					v歩			v歩
五				v歩			v飛		
六	歩	歩	銀		v角		v歩		歩
七			桂	歩		歩		歩	
八		v歩		銀	金				
九	香			玉		v銀		桂	香

▲佐藤　金歩四

N▲5三銀（第3図）＝▲3一飛成△8九歩成▲5七金打で勝ち筋だった。以下△4五角には▲1一竜として▲6四香が残る。

O△7一玉＝△5三同玉▲5五飛△6二玉▲5六飛△4五角なら、まだ難しい勝負だった。

P▲5八歩＝巧みなしのぎで先手勝勢。

Q▲6二金＝以下は詰み。投了図からは△8三玉に▲8二飛△7四玉▲6五銀△同馬▲8五飛成△6四玉▲6五竜△5三玉▲6三竜まで。

本局は中国新聞創刊115周年記念として公開で行われた。前夜祭で佐藤は、リップサービスで「115手で勝ちます」と宣言していた。115手で終局し、まさかの予言的中に「かなわないですね」と森内は苦笑したという。

【投了図は▲7一角まで】

△森内　金二歩

	9	8	7	6	5	4	3	2	1
一	v香	v桂	角	v金			竜		v香
二		v玉		v成銀					
三			v歩					v歩	v桂
四	v歩					v歩			v歩
五				v歩					
六	歩	歩	銀				v歩		歩
七			桂	歩		v馬		歩	
八				銀	歩				
九	香	vと		玉		v銀		桂	香

▲佐藤　飛歩三

第**63**局

第56回ＮＨＫ杯決勝（ＮＨＫ）

【持ち時間】各15分＋考慮各10分（チェスクロック方式）

2007年2月19日　14時19分～15時53分　東京都渋谷区「ＮＨＫ放送センター」　記録係　荒木宣貴三段

棋聖 ▲佐藤　康光
名人 △森内　俊之

ダイレクト向かい飛車1号局

ダイレクト向かい飛車

第32期棋王戦五番勝負を戦う二人は、第56回ＮＨＫ杯の決勝でも対戦。佐藤は一手損角換わりの右玉やゴキゲン中飛車、角交換四間飛車と少しずつ変容して本局につなげた。角交換振り飛車の歴史にとって大きな一局だ。

A▲7六歩　△8四歩　▲1六歩
△3四歩　▲1五歩　B△4二玉
▲2二角成　△同　銀　▲8八銀
△6二銀　▲7七銀　△3三銀
C▲8八飛　（第1図）　D△4五角
E▲3六角　F△同　角　（第2図）

▲同　歩　G△6四歩　▲3八金
△6三銀　▲2八銀　△3一玉
▲4八玉　△3二金　▲2六歩
△4四歩　H▲3七桂　△5四銀
▲2七銀　△4五歩　▲3九玉
I△5二金　（第3図）　▲2八玉
△7四歩　▲5六歩　J△6五歩
K▲6八銀　△2二玉☆②　▲5七銀
△8五歩　▲7七桂　L△7二飛③
（第4図）　▲6八金　△7五歩②
▲同　歩　M△6四角　N▲6六歩☆④
O△3七角成①　P▲同　玉①　（第5図）
△7六桂　▲8九飛　△6八桂成
▲同　銀　Q△7五飛　R▲2九飛①

【第１図は▲８八飛まで】

△森内　持駒：角

	9	8	7	6	5	4	3	2	1
一	v香	v桂		v金		v金		v桂	v香
二		v飛		v銀		v玉			
三	v歩		v歩	v歩	v歩	v歩	v銀	v歩	v歩
四		v歩					v歩		
五									歩
六			歩						
七	歩	歩	銀	歩	歩	歩	歩	歩	
八		飛							
九	香	桂		金	玉	金	銀	桂	香

▲佐藤　持駒：角

【第２図は△３六同角まで】

△森内　持駒：角

	9	8	7	6	5	4	3	2	1
一	v香	v桂		v金		v金		v桂	v香
二		v飛		v銀		v玉			
三	v歩		v歩	v歩	v歩	v歩	v銀	v歩	v歩
四		v歩					v歩		
五									歩
六			歩				v角		
七	歩	歩	銀	歩	歩	歩	歩	歩	
八		飛							
九	香	桂		金	玉	金	銀	桂	香

▲佐藤　持駒：なし

【第３図は△５二金まで】

△森内　持駒：角

	9	8	7	6	5	4	3	2	1
一	v香	v桂					v玉	v桂	v香
二		v飛			v金		v金		
三	v歩		v歩		v歩		v銀	v歩	v歩
四		v歩		v歩	v銀		v歩		
五						v歩			歩
六			歩				歩	歩	
七	歩	歩	銀	歩	歩	歩	桂	銀	
八		飛					金		
九	香	桂		金			玉		香

▲佐藤　持駒：角

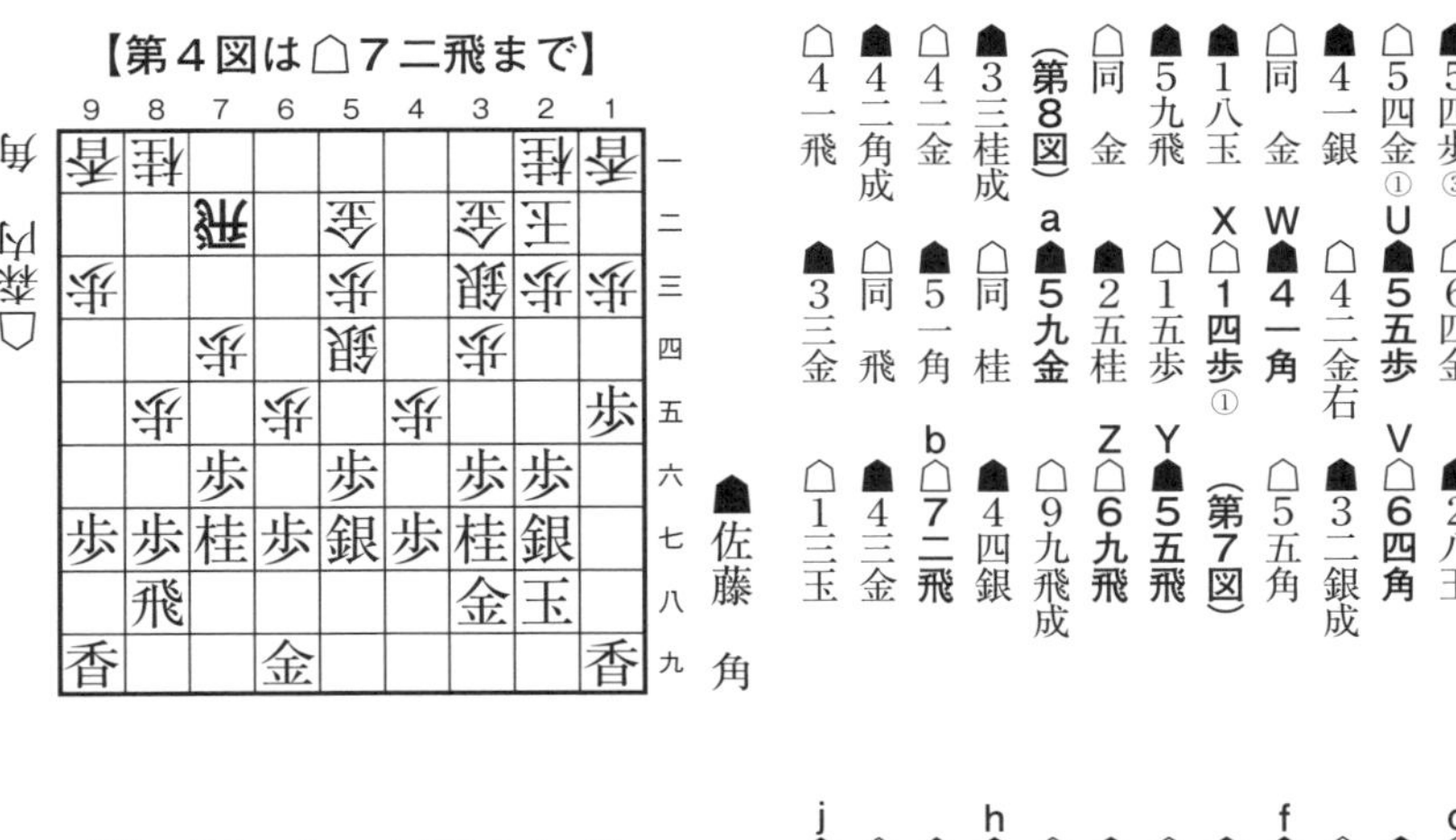

【第4図は△7二飛まで】

△6六歩　▲6四角①　△7六飛
S▲5五歩　(第6図)　T△7三金
▲5四歩③　△6四金　▲2八玉
△5四金①　U▲5五歩　V△6四角
▲4一銀　△4二金右　▲3二銀成
△同　金　W▲4一角　△5五角
▲1八玉　X△1四歩①　(第7図)
▲5九飛　△1五歩　Y▲5五飛
△同　金　▲2五桂　Z△6九飛
(第8図)　a▲5九金　△9九飛成
▲3三桂成　△同　桂　▲4四銀
△4二金　▲5一角　b△7二飛
▲4二角成　△同　飛　▲4三金
△4一飛　▲3三金　△1三玉

【第5図は▲3七同玉まで】

△森内　持駒：桂

9	8	7	6	5	4	3	2	1	
v香	v桂						v桂	v香	一
		v飛		v金		v金	v王		二
v歩				v歩		v銀	v歩	v歩	三
				v銀		v歩			四
	v歩	歩	v歩		v歩			歩	五
			歩	歩		歩	歩		六
歩	歩	桂		銀	歩	玉	銀		七
	飛		金			金			八
香								香	九

▲佐藤　持駒：角角歩

▲5五銀　c△3一香　(第9図)
▲2五桂　△2四玉　▲4四金
d△6一角　▲3四金寄　△同　角
▲同　金　△同　玉　e▲5二角
△2四玉　▲4一角成　△1六歩
f▲2八玉　g△1七銀　(第10図)
▲3七玉　△3六香　▲同　玉
△3五金　▲3七玉　△2六銀成
▲同　銀　△同　金　▲4八玉
△3七銀　▲同　金　△同　金
h▲5七玉　(第11図)　△3八角
▲2三馬　△同　玉　▲3三飛
△1四玉　i▲1三桂成　△同　香
j▲1五銀　(投了図)

【第6図は▲5五歩まで】

△森内　持駒：金歩二

9	8	7	6	5	4	3	2	1	
v香	v桂						v桂	v香	一
				v金		v金	v王		二
v歩				v歩		v銀	v歩	v歩	三
			角	v銀		v歩			四
	v歩			歩	v歩			歩	五
		v飛	v歩			歩	歩		六
歩	歩	桂			歩	玉	銀		七
			銀			金			八
香							飛	香	九

▲佐藤　持駒：角桂歩

まで131手で佐藤の勝ち
(消費時間=▲15分+10分、△15分+10分)

【解説】

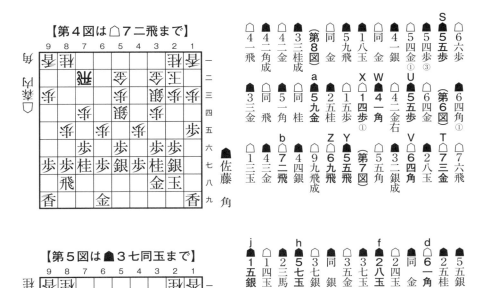

A▲7六歩=「作戦を胸に秘めて盤の前に座った」と佐藤。森内は「同世代の中でもいちばん負けたくない相手かもしれない」という。2002年の第51回NHK杯決勝も二人の対戦となり、そのときは森内が勝った。

B△4二玉=△8五歩もあるが慎重な出だし。

C▲8八飛（第1図）=本局は佐藤の代名詞ともなる、ダイレクト向かい飛車の1号局。持久戦になれば、▲6八飛の途中下車をしない分、1手得になる。佐藤はダイレクト向かい飛車をはじめとする、さまざまな工夫が評価されて、

第34回将棋大賞の升田幸三賞を受賞した。

D△4五角＝当然の反発。この手があるので、従来は▲8八飛と回ることはなかった。

E▲3六角＝これが用意の切り返し。

F△3六同角（第2図）＝△6七角成は▲5八金左△同馬▲同金△3五金と進むが、この局面の場合は1筋の歩が伸びて、3三銀型なので▲1四歩△同歩▲同角の奇襲が成立する。以下△同香▲同香成△同桂▲1四歩△2五桂▲1三歩成と進んで金損でも先手優勢。▲1三歩成に△1八角は▲3八銀で受かる。

G△6四歩＝持久戦を目指した。△3五歩▲同歩△4五角は▲5六角△2七角成▲2三角成で先手良し。ここでも3三銀型をとがめている。

【第7図は△1四歩まで】

▲佐藤　金桂

△森内　銀歩四

H▲3七桂＝「ここでは▲3七桂と跳ばずに指すべきだった」と佐藤。

I△5二金（第3図）＝佐藤が気にしていたのは△4四銀。以下▲2八玉に△4三金▲5八金△3二飛の桂頭攻めが有力だった。

J△6五歩＝▲6六銀から▲7七桂を阻止。

K▲6八銀＝▲6六銀を阻まれたが、柔らかく銀を繰り替える。銀を6六に使おうとして▲6六歩は、△6二飛で逆用される。

L△7二飛（第4図）＝▲6八金から▲8九飛となれば先手が作戦勝ちになるので先に動く。

M△6四角＝工夫した仕掛け。△7五同飛は▲6四角△7四飛▲9一角成△7六歩▲7八歩△7七歩成▲同歩で先手優勢。

【第8図は△6九飛まで】

▲佐藤　角金

△森内　銀歩五

N▲6六歩＝▲7八飛は△7五飛で駒が窮屈。

O△3七角成＝堅さを生かす強襲。△6六同歩は▲同銀△7六歩▲8五桂で先手がさばける。

P▲3七同玉（第5図）＝「△3七角成に意表を突かれた。▲3七同金だった」と佐藤。

Q△7五飛＝△7八金は▲2九飛△6八金に▲6四桂の反撃がある。

R▲2九飛＝▲7八歩も有力。

S▲5五歩（第6図）＝▲9一角成は△6七歩成で自信がない。ただし、▲4九角と打ち、△6七歩成▲同角△6六飛▲9一角成はあった。以下、△7六歩▲6九香は先手もまずまず。

T△7三金＝好手。▲同角成△同桂▲5四歩で後手は一瞬銀損になるが、そこで△6四角が

【第9図は△3一香まで】

▲佐藤　金桂

△森内　角角銀桂歩五

厳しい。P▲3七同玉をとがめている。

U▲5五歩＝△同金なら△5五角が消える。

V△6四角＝好手。この筋の角が急所。

W▲4一角＝「敵玉にプレッシャーをかけておくのは実戦での心得」と佐藤。

X△1四歩（第7図）＝端玉には端歩の格言通りだが、△6七歩成なら完封だった。

Y▲5五飛＝攻防に働いている角を消し、ガッツで迫る。

Z△6九飛（第8図）＝△1六歩▲2八玉△1七銀▲3九玉△8九飛▲7九金△同飛成▲同銀△7七飛成で後手優勢だった。

a▲5九金＝▲3三桂成△同桂▲2八玉（駒を使わず△1七銀からの詰みを受ける）で難解

【第10図は△1七銀まで】

▽森内　角金金桂歩五

	9	8	7	6	5	4	3	2	1
一	香	桂				馬	香		香
二									
三	歩				歩			歩	
四								王	
五		歩			銀	歩		桂	
六				歩			歩	歩	歩
七	歩	歩	桂			歩		銀	銀
八				銀			金	玉	
九	竜				金				香

▲佐藤　飛歩

だった。以下△6八飛成は▲4三銀で先手優勢。

b△7二飛＝きわどいしのぎ。

c△3一香（第9図）＝好手。先手の攻めが細くなってきた。

d△6一角＝巧みな受けを見せていた森内だが失着。△4二桂なら受け切り態勢だった。

e▲5二角＝角を渡したので、この痛打があった。形勢逆転。

f▲2八玉＝▲2八玉は形だが、ここは▲2九玉が良かった。△1七歩成なら▲4二馬△3三桂（ほかの合駒は詰むが、桂を使って先手玉への詰めろが消えた）▲4四飛△3四歩▲3三桂成△同香▲2五歩と攻めて先手勝ち。

g△1七銀（第10図）＝なんと△4八銀！の

【第11図は▲5七玉まで】

▽森内　角金金桂歩七

	9	8	7	6	5	4	3	2	1
一	香	桂				馬			香
二									
三	歩				歩			歩	
四								王	
五		歩			銀	歩		桂	
六				歩					歩
七	歩	歩	桂		玉	歩	金		
八				銀					
九	竜				金				香

▲佐藤　飛銀銀香歩

鬼手があった。▲同金上は△1七金以下詰み。▲同金寄も△1七金▲3九玉（▲3八玉は△2七金から詰み）△2七金となり逆転模様だった。

h▲5七玉（第11図）＝▲3七同玉は△3六歩▲4八玉に△3九角▲同玉△5九竜▲同銀△3八金▲同玉△3七金から頓死する。

i▲1三桂成＝▲2三馬から鮮やかな詰み。△2五玉は▲1四銀△2六玉▲2三飛成として中空でつかまる。

j▲1五銀（投了図）＝うっかり▲3四飛成は、△2四角が逆王手で大事件だ。▲1五銀がとどめの一着で、以下は△同玉▲3五飛成△2五歩▲2六銀として詰む。佐藤は3回目の決勝戦でついにNHK杯優勝を果たした。

【投了図は▲1五銀まで】

▽森内　角金金桂桂歩七

	9	8	7	6	5	4	3	2	1
一	香	桂							
二									
三	歩				歩		飛		香
四									王
五		歩			銀	歩			銀
六				歩					歩
七	歩	歩	桂		玉	歩	金		
八				銀			角		
九	竜				金				香

▲佐藤　銀香歩二

第**64**局

第56期王将戦七番勝負第6局千日手指し直し局（スポーツニッポン・毎日新聞）

【持ち時間】各8時間

2007年3月7日　14時45分～20時50分　静岡県河津町「今井荘」　記録係　鵜木学三段

棋聖 ▲佐藤　康光
王将 △羽生　善治

正確な寄せ

後手向かい飛車対居飛車穴熊

2006年度の佐藤は第56期王将戦でも2年連続羽生に挑戦。千日手が2回生じ、「九番勝負」となった。第6局は3月6日に行われ、7日13時45分に千日手成立。佐藤は指し直し局を制す。第7局で敗れ、羽生に永世王将を許した。

▲7六歩331　△3四歩328　▲2六歩
△4四歩1　▲2五歩　△3三角
▲4八銀　△9四歩　▲5八金右1
△3二銀4　▲5六歩5　△4三銀2
▲6八玉　△2二飛　▲7八玉
△7二銀1　▲7七角1　△7四歩7
▲5七銀6　△7三桂14　▲5九角9
△6二玉4　▲6六歩7　△5二金左1
▲8八玉4　△6四歩1　▲9八香3
A △**4五歩**18　（**第1図**）　▲6七金1
B △**2四歩**22　▲同　歩　△同　飛
▲2五歩19　△2二飛　▲9九玉
△4四角1　▲3六歩1　△3三桂3
▲3七桂7　C △**5四銀**4　▲8八銀1
△2六歩2　D ▲**7五歩**19　△同　歩7
▲4六歩　△同　歩1　▲同　銀
△4五歩　▲5五銀　△同　銀1
▲同　歩　E △**6三銀**　▲4八飛18
F △**4六銀**19　▲4五桂　△4七歩
▲7八飛　△4五桂　▲7五飛

【第1図は△4五歩まで】

△羽生　なし

	9	8	7	6	5	4	3	2	1	
	v香			v金				v桂	v香	一
			v銀	v王	v金			v飛		二
		v歩	v桂		v歩	v銀	v角	v歩	v歩	三
	v歩		v歩	v歩			v歩			四
						v歩		歩		五
			歩	歩	歩					六
	歩	歩			銀	歩	歩		歩	七
	香	玉			金			飛		八
		桂	銀	金	角			桂	香	九

▲佐藤　なし

G △**5七銀成**2　（**第2図**）　▲同　金15
△同桂不成　▲7八金　H △**7四金**8
▲7七飛　△6九桂成　▲7五歩1
△8四金4　▲4七飛2　△5五角1
▲8六角3　I △**7六桂**6　▲7七銀7
△8五金3　▲7六銀13　△同　金2
J ▲**7四桂**　（**第3図**）　△5一玉7
▲3一銀　△3二飛1　K ▲**4二銀打**
△同　飛2　▲同銀成　△同　金
▲4三歩　△5二金寄1　L ▲**4五飛打**
（**第4図**）　△4六歩1　▲5五飛1
△4七歩成　▲5三飛成　△4一玉
▲2三角2　△3二銀　M ▲**6三竜**2
△同　金　▲3三銀　△9二飛

【第2図は△5七銀成まで】

△羽生　桂

	9	8	7	6	5	4	3	2	1	
	v香			v金					v香	一
				v王	v金			v飛		二
		v歩	v桂	v銀	v歩				v歩	三
	v歩			v歩		v角	v歩			四
			飛		歩	v桂		歩		五
				歩			歩	v歩		六
	歩	歩		金	v全	v歩			歩	七
	香	銀								八
	玉	桂		金	角				香	九

▲佐藤　銀歩三

▲3二銀成　△5二玉　▲4二歩成
△5三玉　▲3四角成　△5四玉
▲5六歩　（投了図）

まで105手で佐藤の勝ち

（消費時間＝▲7時間59分、△7時間59分）

【解説】

A△4五歩（第1図）＝本局は千日手指し直し局。千日手局を引き継ぎ、残り時間は▲佐藤2時間29分。△羽生2時間33分。藤井システムの陣形と向かい飛車の組み合わせは珍しい。羽生は千日手局で藤井システムを用いていた。

B△2四歩＝△6五歩も一局で、▲9九玉△6六歩▲同銀△6五歩▲7七銀△8五桂▲8八銀引△9五歩▲8六角でこれからの勝負。

C△5四銀＝△3五歩には強く▲同歩が成立する。△3六歩▲2四歩△3七歩成▲同角△2五桂打▲5五角△2四飛▲7五歩で先手良し。

D▲7五歩＝桂頭に攻め味をつけるのが筋。

E△6三銀＝▲7四歩を防ぐ。

F△4六銀＝△2七歩成は▲4五桂で調子が良い。羽生らしい曲線的な受け方だ。

G△5七銀成（第2図）＝△5七桂成は▲7四歩△同銀▲同飛△6三金（▲6四飛の受け）に▲5七金△同銀成▲7八飛で先手有利。

H△7四金＝△5七同桂不成で先手を取り、手厚い金打ち。後手の受けが奏功した。

I△7六桂＝疑問手。△1九角成▲4一飛成△4二飛で後手が良かった。

J▲7四桂（第3図）＝**I△7六桂**をとがめた。△7二玉は▲8二銀が受けにくい。以下△7四銀▲7三銀成△同玉▲7四歩△6三玉▲7五桂△7四玉▲7七銀で寄せの態勢に入る。

K▲4二銀打＝銀の連打で寄せの網を絞る。

L▲4五飛打（第4図）＝決め手。△6六角は▲7七角△4四歩▲6六角△4五歩▲3三角成で勝ち。以下▲2三角まで一気に寄せる。

M▲6三竜＝▲3二同角成△同玉▲4二歩成△同金▲2三銀△4一玉▲6三竜は△7二銀が二人の読み筋。本譜が明快で**投了図**は一手一手。

勝った佐藤は、翌朝にスポーツニッポンの取材で対局場前の海岸で対局を振り返る様子を記念撮影。シュールな写真に大きな反響があった。

【第3図は▲7四桂まで】

△羽生　銀歩

9	8	7	6	5	4	3	2	1	
v香			v金					v香	一
			v王	v金			v飛		二
	v歩	v桂	v銀	v歩				v歩	三
v歩		桂	v歩			v歩			四
		歩		v角			歩		五
	角	v金	歩			歩	v歩		六
歩	歩				v飛			歩	七
香		金							八
玉	桂		v成桂					香	九

▲佐藤　銀銀歩三

【第4図は▲4五飛打まで】

△羽生　銀二歩

9	8	7	6	5	4	3	2	1	
v香			v金	v王				v香	一
				v金					二
	v歩	v桂	v銀	v歩	歩			v歩	三
v歩		桂	v歩			v歩			四
		歩		v角	飛		歩		五
	角	v金	歩			歩	v歩		六
歩	歩				v飛			歩	七
香		金							八
玉	桂		v成桂					香	九

▲佐藤　歩二

【投了図は▲5六歩まで】

△羽生　飛銀銀

9	8	7	6	5	4	3	2	1	
v香			v金					v香	一
v飛					と	成銀			二
	v歩	v桂	v金					v歩	三
v歩		桂	v歩	v王		馬			四
		歩					歩		五
	角	v金	歩	歩		歩	v歩		六
歩	歩				vと			歩	七
香		金							八
玉	桂		v成桂					香	九

▲佐藤　銀歩三

第**65**局

第32期棋王戦五番勝負第5局（共同通信）

【持ち時間】各4時間

2007年3月28日　終了18時51分　東京都渋谷区「将棋会館」

記録係　門倉啓太三段

棋聖 ▲**佐藤　康光**
棋王 △**森内　俊之**

4年ぶりの二冠王

角交換振り飛車

5棋戦連続挑戦も4棋戦で敗退。最後の棋戦が棋王戦で、フルセットとなった。2006年度の佐藤は歴代3位となる86局を指し、本局が最後の対局。本局を制した佐藤は、第34回将棋大賞で初の最優秀棋士賞を受賞した。

▲7六歩　△3四歩　▲2六歩
△9四歩　▲2五歩1　A△**9五歩**1
（**第1図**）　B▲**7八金**18　C△**4二飛**1
▲2四歩1　△同　歩　▲同　飛
△8八角成1　▲同　銀1　D△**2二飛**
E▲**2三歩**1　△4二飛18　▲4八銀2
△3二金18　▲2八飛2　△6二玉1
▲7七銀28　△7二玉2　▲6八玉1
F△**3五歩**24　▲7九玉4　△3三桂44
▲1六歩6　△2五歩5　▲1七桂5
△3四角　▲8八玉40　△2三金9
▲4六歩　△4四歩27　G▲**4七銀**1
△4五歩3　▲同　歩　△同　角
▲5八金11　△3四角5　▲4六歩10
△5二角4　▲3六歩41　△同　歩
▲同　銀1　△4六飛4　H▲**4七角**
（**第2図**）　△3四金13　▲4八飛1
△3五歩13　I▲**8三角成**1　△同　玉1
▲4六飛　△3六歩　▲2一飛
△4五金5　▲4九飛3　△4八歩7

【第1図は△9五歩まで】

△森内　なし

	9	8	7	6	5	4	3	2	1	
	v香	v桂	v銀	v金	v王	v金	v銀	v桂	v香	一
		v飛						v角		二
		v歩	v歩	v歩	v歩	v歩		v歩	v歩	三
							v歩			四
	v歩							歩		五
			歩							六
	歩	歩		歩	歩	歩	歩		歩	七
		角						飛		八
	香	桂	銀	金	玉	金	銀	桂	香	九

▲佐藤　なし

【第2図は▲4七角まで】

△森内　歩四

	9	8	7	6	5	4	3	2	1	
	v香	v桂	v銀	v金			v銀		v香	一
			v王		v角					二
		v歩	v歩	v歩	v歩		v桂	v金	v歩	三
										四
	v歩							v歩		五
			歩			v飛	銀		歩	六
	歩	歩	銀	歩	歩	**角**			桂	七
		玉	金		金			飛		八
	香	桂							香	九

▲佐藤　歩

▲3九飛　△4二銀　▲1一飛成
△2八角　▲2九飛1　△5五角成
J▲**2四歩**8　△4六金16　▲1二竜3
△5一銀1　▲4七歩　△3七金9
▲2三歩成　△3八金　K▲**7九飛**10
（**第3図**）　△4九歩成3　▲5六香1
△4四馬　▲3三と　L△**4一歩**
▲1三竜5　△3七歩成　▲2四竜3
△3四歩　▲6八金右3　△4八金1
M▲**3五歩**1　△4七と2　▲3四と
△1一馬1　▲1三竜3　△2一馬
▲4四と1　△6四歩　▲5三と
△7四角　N▲**6三と**　（**第4図**）
△5八と　▲5一香成　△6八と

O▲6一成香3 △7八と ▲同 飛
P△6九銀 ▲7一成香3 △7八銀成
▲同 玉 （投了図）
まで105手で佐藤の勝ち
（消費時間＝▲3時間44分、△3時間59分）

【解説】

A△9五歩（第1図）＝第2局や第4局で後手の佐藤が指していた端歩位取り。それを森内が拝借。五番勝負で大きなテーマとなった。

B▲7八金＝2筋歩交換の準備。

C△4二飛＝佐藤のお株を奪う力戦振り飛車。

D△2二飛＝△3三角は**B▲7八金**の効果で銀取りではない。堂々と▲2一飛成で困る。

E▲2三歩＝第2局は▲2二同飛成△同銀▲2八飛△3二金▲6五角△8二飛▲5六角と進んだが「△8二飛では△2三歩▲8三角成△7四角だった」と佐藤。飛車交換は後手に分あり。

F△3五歩＝2三歩の回収を目指す。代えて、△8二玉も一局の将棋。

G▲4七銀＝歩損の代償に、角を目標に動く。

H▲4七角（第2図）＝意表の角。▲4七銀や▲4七金はあとで金銀が使いにくい。佐藤は「ゆっくりしては歩損が響く」、森内は「いい手でしたね」と述べている。

I▲8三角成＝▲3六歩から**H▲4七角**を経た一連の構想が実現。銀損ながら先手有利。

J▲2四歩＝と金作りで攻めが厚くなった。

K▲7九飛（第3図）＝攻めが切れない形になったので、飛車は守備に使う。

L△4一歩＝△3三同馬は▲5三香成が生じるとはいえ、佐藤も驚いた粘り。

M▲3五歩＝確実に迫る。△同馬は▲同竜△同歩▲5三香成がある。

N▲6三と（第4図）＝**J▲2四歩**が大出世した。と金の遅早だ。

O▲6一成香＝一直線の攻め合いで勝ち。

P△6九銀＝形作り。**投了図**は先手玉に詰みはなく、後手玉は適当な受けがない。**H▲4七角**を軸とした構想が決まって佐藤快勝。

5棋戦連続挑戦の末のタイトル獲得したタイトルに、佐藤は局後「長かったですね」「二冠は目標でうれしい」と話した。

【第3図は▲7九飛まで】

△森内 銀歩二

	9	8	7	6	5	4	3	2	1
一	v香	v桂	v銀	v金	v銀				
二					v角				竜
三		v王	v歩	v歩	v歩		v桂	と	v歩
四									
五	v歩				v馬			v歩	
六			歩				v歩		歩
七	歩	歩	銀	歩	歩	歩			桂
八		玉	金		金	v歩	v金		
九	香	桂	飛						香

▲佐藤 香

【第4図は▲6三とまで】

△森内 銀歩

	9	8	7	6	5	4	3	2	1
一	v香	v桂	v銀	v金	v銀	v歩		v馬	
二									
三		v王	v歩	と					竜
四			v角	v歩					
五	v歩						歩	v歩	
六			歩		香				歩
七	歩	歩	銀	歩	歩	vと			桂
八		玉	金	金		v金			
九	香	桂	飛			vと			香

▲佐藤 桂歩二

【投了図は▲7八同玉まで】

△森内 飛金金歩

	9	8	7	6	5	4	3	2	1
一	v香	v桂	v成香			v歩		v馬	
二									
三		v王	v歩	と					竜
四			v角	v歩					
五	v歩						歩	v歩	
六			歩						歩
七	歩	歩	銀	歩	歩				桂
八			玉			v金			
九	香	桂				vと			香

▲佐藤 金銀三桂歩三

第66局

第78期棋聖戦五番勝負第1局（産経新聞）

【持ち時間】各4時間

2007年6月9日　終了18時58分　大阪府枚方市「ひらかた仙亭」

記録係　村田顕弘三段

棋聖 ☗佐藤　康光

竜王 ☖渡辺　明

竜王を迎え撃つ

角換わり腰掛け銀

本局は枚方市の市制60周年記念で開催。枚方市に隣接する京都府八幡市の出身の佐藤は、少年時代に田中魁秀九段が枚方市内に開いた道場で腕を磨き、弟子入り。こうした縁で佐藤は2017年に「枚方市PR大使」に就任した。

☗7六歩　☖8四歩2　☗2六歩1
☖3二金1　☗7八金　☖8五歩1
☗7七角　☖3四歩　☗8八銀
☖7七角成　☗同　銀　☖4二銀
☗3八銀　☖7二銀1　☗9六歩
☖9四歩　☗1六歩　☖1四歩
☗4六歩　☖6四歩1　☗4七銀
☖6三銀1　☗6八玉　A☖5四銀1
☗7九玉1　☖5二金1　☗3六歩1
☖4一玉　☗5八金1　☖3一玉1
☗5六銀　☖4四歩　☗6六歩2
☖7四歩2　☗3七桂　☖7三桂1
☗2五歩10　B☖3三銀　C☗4五歩1
☖同　歩　☗2四歩1　☖同　歩2
☗1五歩　☖同　歩1　☗7五歩
☖同　歩　☗3五歩　D☖4四銀11
☗2四飛3　☖2三歩　E☗2六飛
（第1図）　F☖6三金　G☗7四歩2
☖同　金　☗3四歩　H☖8六歩4
I☗同　銀1　☖3六歩　☗1二歩24
☖同　香2　☗1三歩　J☖同　香35
K☗2五桂3　☖3七歩成36　☗1三桂不成40
☖同　桂　L☗3三香　☖3五角9
M☗2三飛成80　（第2図）　☖3三銀
☗同　竜　☖同　金　☗同歩成
☖2九飛4　☗8八玉　☖7六桂34
☗9八玉　N☖8八歩2　☗7九歩5
☖3二歩10　O☗8三銀15　☖3三歩3
☗8二銀不成　☖8九歩成　☗同　玉3
☖3二玉5　P☗1五香29　（第3図）
☖9五歩35　☗6二飛3　☖4二桂3
Q☗5二飛成5　☖8八歩7　☗同　金1
☖8五桂4　☗4一角1　☖2一玉
R☗9一銀不成1　☖8八桂成11　☗同　玉
☖7六歩　☗8九桂4　☖7七金8
☗9八玉　☖9六歩　S☗2四香
☖同飛成　☗7七桂　☖9七香
☗8九玉　T☖7七歩成　☗3二金

（投了図）まで111手で佐藤の勝ち

（消費時間＝☗3時間58分、☖3時間59分）

【解説】

A☖5四銀＝開幕局は角換わり腰掛け銀。前年の第19期竜王戦七番勝負第1局も同じ戦型。

B☖3三銀＝「先後同型」と呼ばれる駒組み。

C☗4五歩＝4、2、1、7、3筋の順番で歩をぶつけていくのが当時の定跡。語呂合わせで「世に伊奈さんあり」という言葉も。

D☖4四銀＝☗4五桂を先受けする手筋。

【第1図は☗2六飛まで】

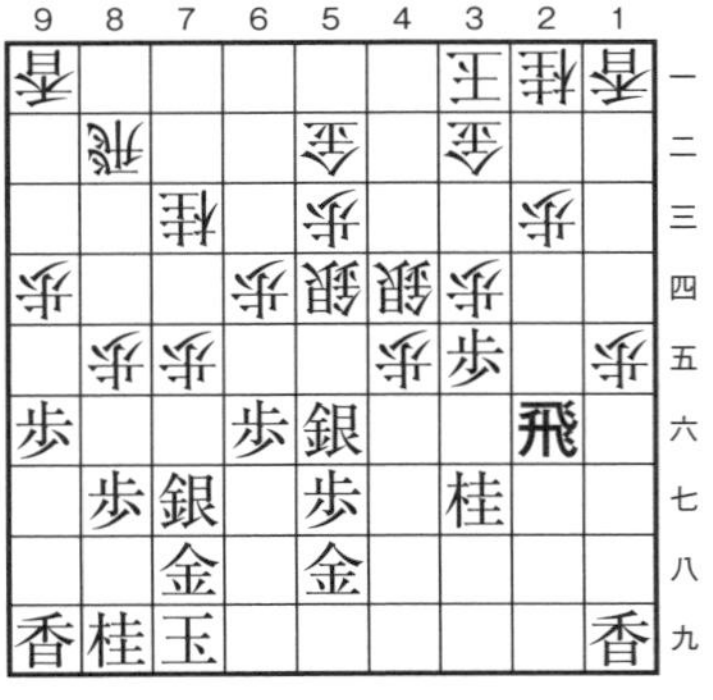

☖渡辺　角歩

	9	8	7	6	5	4	3	2	1
一	v香						v王	v桂	v香
二		v飛			v金		v金		
三			v桂		v歩			v歩	
四	v歩			v歩	v銀	v銀	v歩		
五		v歩	v歩			v歩	歩		v歩
六	歩			歩	銀			飛	
七		歩	銀		歩		桂		
八			金		金				
九	香	桂	玉						香

☗佐藤　角歩

E▲2六飛（第1図）＝2003年に堀口弘治七段が編み出した新手。通常の2九飛型よりも攻め味が強い。2006年ごろから実戦数が増え、本局当時よく指されていた。

F△6三金＝渡辺は2009年12月の第68期B級1組順位戦対松尾歩七段戦で、△3五銀▲2八飛△3六銀▲2五桂△6三銀という改良案を示している。

G▲7四歩＝金を斜めに誘い攻めやすくする。

H△8六歩＝△7六歩▲同銀△4九角もある。

I▲8六同銀＝▲8六同歩の実戦例もある。以下、△7六歩▲同銀△8八歩で後手の攻めをしばらく受ける展開になる。▲8六同銀は主導権を重視した取り方。

【第2図は▲2三飛成まで】

▲佐藤　角歩

9	8	7	6	5	4	3	2	1	
香						王			一
	飛					金			二
		桂		歩		香	竜	桂	三
歩		金	歩	銀	銀	歩			四
		歩			歩	角		歩	五
歩	銀		歩	銀					六
	歩			歩		と			七
		金		金					八
香	桂	玉						香	九

△渡辺　桂歩五

J△1三同香＝前例は△3七歩成だが、渡辺は変化した。研究の順だが、穴があった。

K▲2五桂＝1筋の的を作ってから桂を逃げだす。このころ、対局場付近は雷雨だったが、佐藤は雷に気づかなかったという。

L▲3三香＝勢いがついてきた。

M▲2三飛成（第2図）＝▲2九飛も有力だが、激しい順に踏み込む佐藤流。「いけそうな感触があった」。渡辺は数手後の攻防の△2九飛を過大評価し、▲2三飛成を軽視したという。

N△8八歩＝飛車の力に活路を見出すが、▲7九歩が冷静で詰めろが続かない。△8九歩成なら▲5一角が▲3二銀以下の詰めろで厳しい。

O▲8三銀＝豪打炸裂。△同飛は▲4二金以下先手勝ち。

【第3図は▲1五香まで】

▲佐藤　飛角金歩二

9	8	7	6	5	4	3	2	1	
香									一
	銀					王			二
		桂		歩		歩		桂	三
歩		金	歩	銀					四
		歩			歩	角		香	五
歩	銀	桂	歩	銀					六
	歩			歩		と			七
		金		金					八
香	玉	歩					飛		九

△渡辺　桂香歩四

P▲1五香（第3図）＝ゆっくりしているようだが、実は最速の寄せ。「▲1五香が勝因のような気がする」と佐藤は振り返っている。

Q▲5二飛成＝包囲網が完成。

R▲9一銀不成＝盤面を広く見ている好手。

S▲2四香＝▲7七桂は△9七香▲8九玉△8八歩▲同玉△7七歩成以下詰み。▲2四香は△同飛成と取らせることで、先手玉への詰みを消している。佐藤はここで勝ちを確信。

T△7七歩成＝形作り。△8八歩としても、▲同玉△7七歩成▲同銀で詰まない。**投了図**は△1二玉に▲2二金打から詰み。佐藤は棋聖6連覇に幸先いいスタートを切った。

【投了図は▲3二金まで】

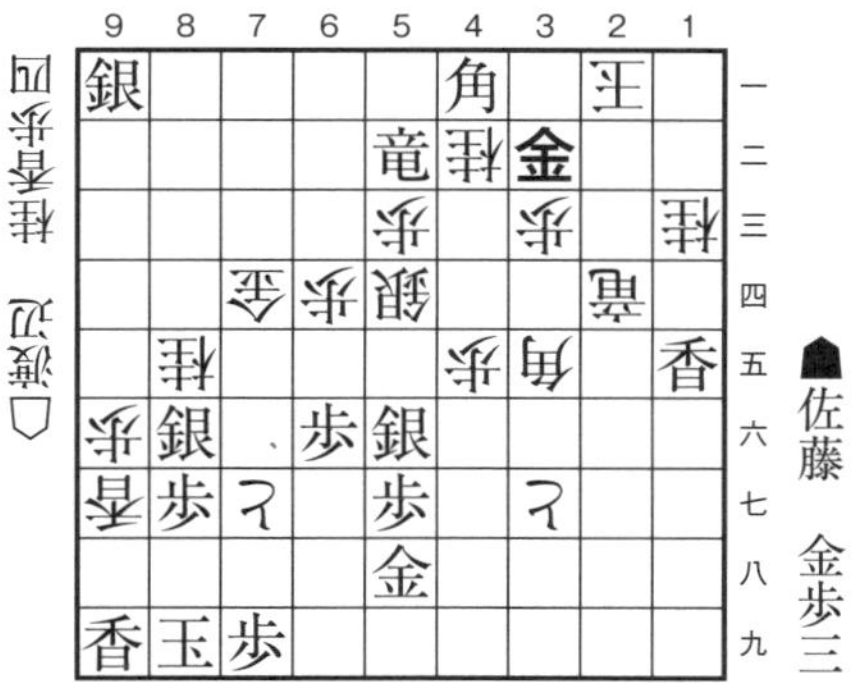

▲佐藤　金歩三

9	8	7	6	5	4	3	2	1	
銀					角		王		一
				竜	桂	金			二
				歩		歩		桂	三
		金	歩	銀			竜		四
	桂				歩	角		香	五
歩	銀		歩	銀					六
香	歩	と		歩		と			七
				金					八
香	玉	歩							九

△渡辺　桂香歩四

第**67**局

銀捨てが3回出現

相振り飛車

第55期王座戦本戦（日本経済新聞）【持ち時間】各5時間

2007年6月14日　終了22時18分　東京都渋谷区「将棋会館」　記録係　阿部健治郎三段

九段 ▲谷川　浩司
二冠 △佐藤　康光

佐藤にとって谷川は、2018年10月までで73局と、公式戦を羽生に次いで多く指している。ともに攻め将棋とあって、激しい攻防を繰り広げることがほとんど。その中でも、本局は派手な手がよく出た一戦となった。

▲7六歩　△3四歩1　A**▲6六歩**3
△3二飛13　▲7八銀3　△4二銀1
▲6七銀1　△6二玉2　▲7七角1
△7二玉4　B**▲8八飛**3　△8二玉
▲8六歩4　△9二香　▲8五歩2
△7二金1　▲5八金左25　C**△9一玉**
▲3八銀1　△5一金3　▲4八玉4
△8二銀1　▲3九玉9　△6二金上11
▲5六銀14　△2四歩58　▲9六歩19
△3三銀27　D**▲6五歩**12　E**△4四銀**68
▲8四歩24　△同　歩　F**▲同　飛**
△8三歩　▲8六飛　△2五歩4
▲7五歩8　△1四歩21　▲4六歩6
G**△2六歩**9　▲同　歩2　△3五銀
▲5五銀25　△3三角11　▲4五歩6
△2二飛1　▲2七銀2　H**△2六銀**28
（第1図）　▲同　銀8　△2五歩
I**▲3五銀**　△同　歩　▲3四銀
△2六歩1　▲2三歩19　△5五角3
▲同　角　△3二飛　J**▲4三銀成**6
△3四飛　K**▲5三成銀**1　**（第2図）**
△同　金5　▲6一角　△3二飛
▲1一角成16　△2七歩成3　▲4八玉1
△3六歩6　▲同　歩　L**△1三桂**
▲2一馬5　M**△5二飛**3　▲5五香22
△7一金2　N**▲5三香成**　△同　飛
▲3四角成　O**△5五銀**　**（第3図）**
▲4七金打1　P**△8四香**1　▲7六飛13
△8九香成　▲8四歩　△同　歩6
▲8三歩1　△同　銀　▲3一馬1
△5四飛1　▲3五馬1　△7二金
▲5六歩　△4六歩　▲5五歩
△4七歩成　▲同　玉　△5五飛
▲5六歩1　△6五飛2　▲6六歩
△3四歩　▲4六馬6　△5四桂
▲6五歩2　△4六桂　▲同　玉
△2八角　▲5七玉　Q**△8七銀**
▲8六飛2　△7六金　▲8二歩5
△同　玉1　▲8七飛3　△6六銀
▲4八玉　△8七金　▲3二飛
△4七歩　**（投了図）**

まで118手で佐藤の勝ち
（消費時間＝▲4時間48分、△4時間58分）

【解説】
A**▲6六歩**＝当時の谷川がよく指していた出だし。△8四歩なら矢倉、△6二銀なら▲7八飛から石田流に構える。振り飛車や相振り飛車を取り入れたことで作戦の幅が広がった。

【第1図は△2六銀まで】

△佐藤　歩

9	8	7	6	5	4	3	2	1	
△王	△桂						△桂	△香	一
△香	△銀	△金	△金				△飛		二
△歩	△歩	△歩	△歩	△歩	△歩	△角			三
						△歩		△歩	四
		歩	歩	銀	歩				五
歩	飛						△銀		六
		角		歩		歩	銀	歩	七
				金					八
香	桂				金	玉	桂	香	九

▲谷川　歩二

B▲8八飛＝三間飛車対向かい飛車は、相振り飛車で多く見られる対抗形。居飛車党の二人だが、この時期は3局続けて相振り飛車だった。

C△9一玉＝穴熊に組む。佐藤の対局は序盤に必ず工夫がある。

D▲6五歩＝バランスの良い組み上がり。

E△4四銀＝囲いに手数をかけた分、攻撃陣のすばやい立ち上がりを目指す。

F▲8四同飛＝▲6四歩△同歩▲8四飛△8三歩▲6四飛と欲張る指し方が有力だった。▲6四歩に△8三銀は▲6三歩成△同金直▲6八飛△6二飛▲4六歩で先手のペース。

G△2六歩＝機敏。穴熊の堅さを生かす方針。

H△2六銀（**第1図**）＝攻めをつなぐ強手。

【第2図は▲5三成銀まで】

△佐藤 持駒 銀銀　▲谷川 持駒 角歩三

	9	8	7	6	5	4	3	2	1
一	△王	△桂						△桂	△香
二	△香	△銀	△金	△金					
三	△歩	△歩	△歩	△歩	成銀			歩	
四							△飛		△歩
五			歩	歩	角	歩	△歩		
六	歩	飛						△歩	
七					歩		歩		歩
八					金				
九	香	桂				金	玉	桂	香

▲同飛は△同飛▲同銀△7九飛で後手が指せる。

I▲3五銀＝派手な切り返し。▲2三歩△同飛▲3五銀△同歩▲3四銀は△5五角▲同角△2四飛▲4三銀成△2六歩の展開を嫌ったか。

J▲4三銀成＝▲4三銀不成は△3三飛で後手良し。

K▲5三成銀（**第2図**）＝強烈な勝負手。▲2六飛は△3六歩▲同歩△1五銀▲2八飛△3六飛▲3七歩△2六飛で飛車交換して後手良し。相振り飛車でも両者の棋風が出ている。

L△1三桂＝取られそうな桂を逃がして芸が細かい。

M△5二飛＝読みの入った好手。△6二飛と当てるのは▲1六角成で後手の攻めが細い。△5二飛があったため、谷川は直前の▲2一馬を「手拍子だった」と述懐している。

【第3図は△5五銀まで】

△佐藤 持駒 銀銀香　▲谷川 持駒 金歩四

	9	8	7	6	5	4	3	2	1
一	△王	△桂	△金					馬	
二	△香	△銀							
三	△歩	△歩	△歩	△歩	△飛			歩	△桂
四							馬		△歩
五			歩	歩	△銀	歩			
六	歩	飛					歩		
七					歩			△と	歩
八					金	玉			
九	香	桂				金		桂	香

N▲5三香成＝▲5二角成は△同金▲同香成△5五角▲2二馬△1九角成で、次の△4六香が厳しい。

O△5五銀（**第3図**）＝切れないように着実に迫る。本筋の攻めで後手優勢。

P△8四香＝手作りの妙技。▲8五歩は△同香▲同飛△4六歩で加速する。

Q△8七銀＝「堅い、攻めてる、切れない」が穴熊の必勝3条件。自陣が安全なので攻めに専念できる。**投了図**まで緩みなく寄せた。▲4七同金は△4六歩、▲5九玉も△7九飛で寄り。銀を捨てる手が3回も出た一戦を佐藤が制した。

【投了図は△4七歩まで】

△佐藤 持駒 飛歩二　▲谷川 持駒 銀銀桂

	9	8	7	6	5	4	3	2	1
一		△桂					馬		
二	△香	△王	△金				飛		
三	△歩	△銀	△歩	△歩				歩	△桂
四		△歩					△歩		△歩
五			歩	歩		歩			
六	歩			△銀	歩		歩		
七		△金				△歩		△と	歩
八					金	玉		△角	
九	香	△成香				金		桂	香

第68局

第78期棋聖戦五番勝負第2局（産経新聞）

【持ち時間】各4時間

2007年6月23日　終了19時1分　愛知県豊田市「ホテルフォレスタ」
記録係　都成竜馬二段

竜王 ▲渡辺　明
棋聖 △佐藤　康光

会心の構想で圧倒

一手損角換わり

渡辺明竜王は佐藤にとって14歳年下の相手。第19期竜王戦七番勝負で敗れた借りを返すため、佐藤は「世代間の戦い。今回は負けられない」という気持ちで五番勝負に臨む。本局で流れをつかみ、3勝1敗で防衛を果たした。

▲7六歩　△3四歩1　▲2六歩
△3二金　▲7八金1　△8四歩
▲2五歩　△8八角成　▲同　銀
△2二銀　▲6八玉20　△3三銀
▲3八銀　△7二銀　▲3六歩
△6四歩　▲3七銀　△8五歩2
▲7七銀3　△6三銀　A▲4六銀1
△5四銀　▲7九玉　△4四歩2
▲3五歩　B△4三銀4　▲3四歩2
△同銀右　C▲3五歩　△4三銀
▲3七銀1　D△5二金9　▲3六銀
△7四歩10　▲5八金3　△7三桂11
▲4六歩21　E△6二玉11　（第1図）
▲4五歩21　△6三金19　▲4八飛7
△8一飛2　▲6六歩2　F△5四銀6
（第2図）　▲4四歩17　△4六歩
▲2八飛10　△4四銀5　▲3七桂16
G△6五歩26　▲5六歩24　△8六歩20
▲同　歩13　△6六歩28　▲5七角2
△6七歩成9　H▲同金左5　△6四角9
▲2四歩9　△6五桂27　▲6六角1
△4三金　I▲2三歩成3　△2七歩2
▲同　飛13　△4七歩成　▲同　銀
J△2六歩　▲同　飛　△3七角成
▲2九飛　△7七桂成7　▲同　金3
△6五銀5　▲4八角9　△同　馬6
▲同　金　K△6四桂5　▲3三と30
△同　銀1　▲5五桂　L△5四金左
（第3図）　▲6三桂成2　△同　玉
▲5八金　M△8八歩2　▲6九玉
△8九歩成　▲9五角　N△7九と7
▲5九玉　△5六桂　▲6七金寄
△3七角2　▲4八歩　O△5七桂
▲同金寄　△6八銀　▲4九玉
△4八桂成　▲同　金　△5七銀成
▲3八金打　△4八角成　▲同　金
△3七桂　▲3八玉　△2九桂成
▲5七金　P△2八飛　（投了図）

まで110手で佐藤の勝ち
（消費時間＝▲3時間59分、△3時間58分）

【解説】

A▲4六銀＝相腰掛け銀になると、先手の得が消える傾向がある。なので、一手損対策として早繰り銀や棒銀が指されることが多い。

B△4三銀＝△3五同歩▲同銀に△8六歩▲同歩△8五歩▲同歩△同飛の反撃は、銀桂両取りになっていない。少し前の▲7九玉はこの変化に備えた意味がある。

【第1図は△6二玉まで】

△佐藤　角歩

9	8	7	6	5	4	3	2	1	
v香							v桂	v香	一
	v飛		v玉	v金		v金			二
v歩		v桂		v歩	v銀	v銀	v歩	v歩	三
		v歩	v歩		v歩				四
	v歩					歩	歩		五
		歩			歩	銀			六
歩	歩	銀	歩	歩				歩	七
		金		金			飛		八
香	桂	玉					桂	香	九

▲渡辺　角

C▲3五歩＝他にも▲1六歩、▲9六歩、▲5八金、▲5五銀などがあり手が広い局面。

D△5二金＝渡辺は本局の2日前に第66期順位戦B級1組対井上慶太八段戦で、直前の▲3七銀まで同じ将棋を指していた。井上八段は△4二玉から左に玉を囲ったが、佐藤はまったく異なる構想を描いていた。

E△6二玉（第1図）＝鋭敏な序盤感覚。左に囲うのが相場だが、3六銀に空を切らせた。「右玉はやってみたかった手」と佐藤。

F△5四銀（第2図）＝▲4四歩と取り込ませて△4六歩が「会心の構想」と佐藤。▲同飛は△5五角があり「相手の手を逆用できた」。

G△6五歩＝積極的に攻める右玉。佐藤は第41局のような、千日手含みに手待ちを繰り返す右玉は好まない。自著で「後手番でも打開できるならする。それが私は好き。ひたすら待って、相手がきたところをたたく、という将棋は好きになれない」と述べている。

H▲6七同金左＝▲同金右としたいが△4七角▲同銀△同歩成は後手優勢。

I▲2三歩成＝▲6八銀△3五銀▲同銀△3六歩▲3八飛と辛抱すれば、まだ大変だった。

J△2六歩＝2筋の歩が切れたことを逆用した。技ありで後手有利。

K△6四桂＝▲6四歩のたたきを消しつつ、寄せをにらんでいる。

L△5四金左（第3図）＝堅さよりも広さで勝負するのが右玉のコツ。

M△8八歩＝手筋。▲同玉なら△7六桂の威力が増す。

N△7九と＝▲同玉なら△7六桂、▲5九玉なら△5六桂と使い分ける。

O△5七桂＝参考になる迫り方。上から玉を押さえるのは寄せの基本だ。▲5七同金寄に△6八銀が厳しい。

P△2八飛（投了図）＝以下は▲3七玉△2六金▲4六玉△4五金打の詰み。右玉でペースをつかみ渡辺を圧倒。佐藤は本局について「序盤から終盤まで思い通りに指せた会心の将棋」と述懐している。「右玉に意表を突かれ、うまく対応なかった。作戦負けから完敗」と渡辺。

【第2図は△5四銀まで】

△佐藤　角歩

	9	8	7	6	5	4	3	2	1
一	▽香	▽飛						▽桂	▽香
二				▽王			▽金		
三	▽歩		▽桂	▽金	▽歩		▽銀	▽歩	▽歩
四			▽歩	▽歩	▽銀	▽歩			
五		▽歩				歩	歩	歩	
六			歩	歩			銀		
七	歩	歩	銀		歩				歩
八			金		金	飛			
九	香	桂	玉					桂	香

▲渡辺　角

【第3図は△5四金左まで】

△佐藤　角銀歩

	9	8	7	6	5	4	3	2	1
一	▽香	▽飛						▽桂	▽香
二				▽王					
三	▽歩			▽金	▽歩		▽銀		▽歩
四			▽歩	▽桂	▽金				
五				▽銀	桂		歩		
六		歩	歩		歩				
七	歩		金			銀			歩
八						金			
九	香	桂	玉					飛	香

▲渡辺　角歩七

【投了図は△2八飛まで】

△佐藤　金金歩二

	9	8	7	6	5	4	3	2	1
一	▽香	▽飛						▽桂	▽香
二									
三	▽歩			▽王	▽歩		▽銀		▽歩
四			▽歩		▽金				
五	角			▽銀			歩		
六		歩	歩						
七	歩				金	銀			歩
八							玉	▽飛	
九	香		▽と					▽成桂	香

▲渡辺　角銀桂桂歩六

第69局

第20期竜王戦挑戦者決定三番勝負第1局（読売新聞）

【持ち時間】各5時間

2007年9月4日　終了22時49分　東京都渋谷区「将棋会館」
記録係　門倉啓太三段

▲八段　木村　一基
△二冠　佐藤　康光

強気の受けが奏功

一手損角換わり

佐藤は棋聖防衛後、竜王戦で挑戦者決定三番勝負に進出した。対戦相手の木村は、この年度で7割以上の勝率を挙げていた。二人はランキング戦1組決勝でも対戦し、木村が勝っていた。ランキング戦1組決勝進出者による三番勝負は初。

▲7六歩　△3四歩2　▲2六歩
△3二金1　▲2五歩2　△8八角成2
▲同　銀　△2二銀　▲4八銀5
△3三銀1　▲1六歩1　△6二銀9
▲1五歩3　△6四歩4　▲4六歩
△6三銀　▲4七銀　△9四歩1
▲9六歩2　△7四歩1　▲3六歩
△5二金6　▲7八金9　△8四歩6
▲7七銀2　△4二玉2　▲3七桂1
△7三桂5　▲5八金4　△4四歩5
▲2九飛11　△8五歩14　A▲4八玉1
B△4三金左3　（第1図）　C▲6六銀15
D△8六歩41　▲同　歩　△同　飛1
E▲4五歩42　△同　歩31　▲同　桂6
F△2二銀3　G▲7七角8　△8一飛8
▲5五銀2　H△3三桂18　▲4四歩90
△5四金　I▲同　銀8　△同　銀
▲4三金4　△同　銀16　▲同歩成
△同　金　▲4四歩　J△同　金3
（第2図）　▲同　角1　△4五桂
K▲4六銀打　△3三桂6　▲5六銀37
L△4三歩12　▲8八角2　M△8七銀22
▲3三角成6　△同　銀　▲6八金左
△4四歩2　▲5五桂2　△5四角3
N▲6三金8　△8八銀不成39　▲6四金1
△7六角　▲4三歩1　△3二玉5
▲5三金　△9九銀成　▲7七桂7
△8八飛成12　▲2四歩2　△同　歩
▲4二歩成　△同　銀　▲同　金7
△同　玉　▲6五桂1　O△同　角7
（第3図）　▲4三銀5　△3三玉4
▲4五銀直2　△同　歩　▲6五銀
△4六香　▲4七歩1　△同香成
P▲同　金　△6八竜　▲5八桂
△3八金1　▲同　玉　△5八竜
▲4八金打　△2六桂3　▲3七玉
△3八金　▲2六玉　△2五銀
▲2七玉　Q△2九金　▲4二角
△2二玉　▲5八金　△2八飛

（投了図）　まで114手で佐藤の勝ち

（消費時間＝▲4時間59分、△4時間59分）

【解説】

A▲4八玉＝1筋の位に合わせて右玉を選ぶ。

B△4三金左（第1図）＝右玉対策の地下鉄飛車の構想。穴熊との選択は棋風が分かれる。なお、第50局の第76期棋聖戦五番勝負第2局は、△8一飛だったため佐藤は▲5六銀と出た。△4三金左に▲5六銀は△5四銀と対抗できる。

【第1図は△4三金左まで】

△佐藤　角

9	8	7	6	5	4	3	2	1	
v香							v桂	v香	一
	v飛			v金	v王				二
		v桂	v銀	v歩	v金	v銀	v歩	v歩	三
v歩		v歩	v歩		v歩	v歩			四
	v歩						歩	歩	五
歩		歩			歩	歩			六
	歩	銀	歩	歩	銀	桂			七
		金		金	玉				八
香	桂						飛	香	九

▲木村　角

C☗6六銀＝☖3二玉なら☗7五歩☖同歩☗同銀☖7四歩☗6六銀で歩を手持ちにしてまずまず。また、☖6五歩なら☗5五銀が成立する。以下☖5四歩☗6四角☖同銀☗同銀となればうるさい攻めになっている。

D☖8六歩＝☗6六銀に呼応した動き。

E☗4五歩＝☗2四歩☖同歩☗1四歩☖同歩☗1二歩☖同歩☗2三角は☖1三香☗1二角成☖8一飛と受けられて手にならない。

F☖2二銀＝☖4四銀は☗4六歩で次に2筋を狙われる。玉頭は怖いが☖2二銀はこの一手。

G☗7七角＝☗5五銀は強く☖4四歩☗7七角☖7六飛☗4四銀☖同銀☗同角☖4六歩と応じられ、先手が指しきれない。この☗7七角に☖7六飛は☗8七金がある。

H☖3三桂＝強気の受け。「ぎりぎりしのいでいるとみた」と佐藤。

I☗5四同銀＝☗4三歩成☖同金☗4四歩は☖4五金☗4三歩成☖同玉☗4四金☖5二玉☗4五金☖同桂☗4六銀引☖3三桂で後手良し。以下☗3二金なら☖2八角☗同飛☖8九飛成の強襲が決まる。

J☖4四同金（第2図）＝本局の白眉となる好手。この手があるので一連の受けが成立した。

K☗4六銀打＝☗2二角成は☖3七角☗3八玉☖1九角成で後手勝ち。☗同飛には☖3七銀以下詰み。☗4六銀打はやむを得ないが、続く☖3三桂で佐藤が先手の攻めを受け止めた。

L☖4三歩＝自陣のキズを消す。

M☖8七銀＝素朴な好手。後手有利がはっきりしてきた。

N☗6三金＝この迫り方ではつらいが、代わる手も難しい。

O☖6五同角（第3図）＝緩みがない。☗同銀なら☖3七金から詰み。

P☗4七同金＝☗同玉は☖4六金以下詰み。

Q☖2九金＝☖2八金打から先手玉が詰んでいたが、本譜でも後手勝ち。**投了図**はどこに逃げても☖2七金まで。

玉が薄くても強く反発して優位に立つ。佐藤の強靭さが出た一局。挑戦者決定三番勝負は佐藤が2勝1敗で制し、2年連続挑戦を果たした。

【第2図は☖4四同金まで】

☖佐藤　持駒：角金銀歩四

	9	8	7	6	5	4	3	2	1
一	v香	v飛							v香
二						v王		v銀	
三			v桂		v歩		v桂	v歩	v歩
四	v歩		v歩	v歩		v金	v歩		
五						桂		歩	歩
六	歩		歩				歩		
七			角	歩	歩	銀			
八			金		金	玉			
九	香	桂						飛	香

☗木村　持駒：銀

【第3図は☖6五同角まで】

☖佐藤　持駒：角金桂香歩六

	9	8	7	6	5	4	3	2	1
一	v香								v香
二						v王			
三			v桂						v歩
四	v歩		v歩			v歩	v歩	v歩	
五				v角	桂	v桂			歩
六	歩				銀	銀	歩		
七				歩	歩				
八		v竜		金	金	玉			
九	v成銀							飛	香

☗木村　持駒：銀歩

【投了図は☖2八飛まで】

☖佐藤　持駒：角金桂歩七

	9	8	7	6	5	4	3	2	1
一	v香								v香
二						角		v王	
三			v桂			銀			v歩
四	v歩		v歩				v歩	v歩	
五				銀	桂	v歩		v銀	歩
六	歩						歩		
七				歩	歩	金		玉	
八					金			v飛	
九	v成銀							v金	香

☗木村　持駒：飛桂香

第70局

第20期竜王戦七番勝負第2局（読売新聞）

【持ち時間】各8時間

2007年10月31日、11月1日　終了1日19時18分　三重県伊勢市「神宮会館」

記録係　竹内貴浩三段

竜王 ▲渡辺　明

二冠 △佐藤　康光

奉納対局を制す

角交換振り飛車

伊勢神宮の内宮からほど近い「神宮会館」で対局。本局は「奉納対局」で、対局翌日に和装の冊子に棋譜を綴じて、神宮に持参。神前に供えられ、永久保存された。対局は長手数で、不動駒はわずか3枚の総力戦となった。

▲7六歩 1　△3四歩 1　▲2六歩 3
△5四歩　A ▲4八銀 28　△8八角成 7
▲同　銀　△2二飛　▲6八玉 17
△4二銀 1　▲7八金 15　△2四歩 15
▲7九玉 7　△6二玉 2　▲8六歩
△7二玉 19　▲8七銀 2　△8二玉 18
▲7七桂 15　△9二香 28　▲9六歩 3
△9一玉　▲8八玉 2　△8二銀 1
▲5六歩 21　△3三桂 5　▲3六歩 2
△5一金左 8　▲3七桂　△6二金左 9
▲5七銀 18　△7一金 12　▲6六歩 13
△5三銀 19　▲4六銀 58　△7四歩 23
▲8五歩 10　△9四歩 8　▲6五歩 21
△1四歩 16　B ▲5八金 31　△3九角 21

▲2九飛 47　△6六角成 13　▲5七銀
△4四馬　▲6七金右　△7二金寄 52
▲4六歩 5　△6二銀 2　▲4五桂 14
△同　桂 11　▲同　歩　C △5三馬
D ▲8六桂 25　△7三銀左 23　▲6六銀 1
△6四歩 21　▲同　歩 3　△同　馬
▲6五歩　E △6三馬 9　▲3三角 11
△1二飛 8　▲5一角成 18　△3五歩 35
▲同　歩 13　△3二飛 2　▲3九飛
△5三馬 2　▲3四歩 2　△3一飛
▲3三馬 2　△8四歩　▲9四桂 22
F △同　香 5　（第1図）　▲2二馬
G △6一飛 6　▲3三歩成 1　△8六桂 7
H ▲4三と 4　△7八桂成　▲同　玉
△4三馬　▲9五歩　△同　香 2
▲同　香　△9四歩　▲8四歩
△8三歩 16　I ▲9三歩 3　（第2図）
△同　銀　▲8五桂打　△8四銀左 21
▲9三桂成　△同　銀 4　▲9二歩 4
△同　玉 2　▲8五桂 1　△8二金上

▲9三桂成　△同　金　▲8五銀
J △8四金打　▲同　銀　△同　歩 2
▲9四香 2　△同　金　▲9五歩
△同　金　K ▲9九香　△8三桂
L ▲3二馬 1　△5三馬 1　▲3三飛成 2
△6三飛 3　▲4一馬 12　△5二銀 5
▲2二竜　△8五香 7　▲8六歩
△同　香　▲同　銀　△同　馬
▲5二馬 1　M △5九馬　（第3図）
▲8七歩 6　△7三飛 6　N ▲6九金 7
△8六桂　▲同　歩　O △8九銀
▲7九玉 4　△8七桂　▲8九玉
△6九馬　▲9五香　△同　桂 1
▲7四馬 1　△同　飛　P ▲7二竜

【第1図は△9四同香まで】

△佐藤　持駒 桂桂歩

9	8	7	6	5	4	3	2	1	
v王	v桂	v金				v飛		v香	一
	v銀	v金							二
		v銀		v馬	v歩	馬			三
v香	v歩	v歩		v歩		歩	v歩	v歩	四
	歩		歩		歩				五
歩		歩	銀	歩			歩		六
	銀	桂	金					歩	七
	玉	金							八
香						飛		香	九

▲渡辺　持駒 歩二

△同　飛　▲9三歩　△同　桂

（投了図）　まで144手で佐藤の勝ち

（消費時間＝▲7時間59分、△7時間59分）

【解説】

A▲4八銀＝渡辺にしては珍しい手。本局当時は▲2五歩△5二飛に▲5八金右からの超急戦を得意にしていたが、未解決の変化があってやめたという。なお、第78期棋聖戦五番勝負第4局で超急戦を佐藤が制し棋聖を防衛していた。

B▲5八金＝馬を作らせる代わりに、金銀を動きやすくした実戦的な判断。

C△5三馬＝△4五同馬は▲4九飛△4四馬▲6六角で先手指せる。

D▲8六桂＝厚みで勝負。

E△6三馬＝歩を持って、△8四歩を狙う。

F△9四同香（第1図）＝「9二香は動かさないほうが良かった」と佐藤。△8三銀や△8五歩▲8二桂成△同金上で後手がやや指せた。

G△6一飛＝端に備えて△8三桂が勝った。

H▲4三と＝好手。金を取らせても、後手の馬を急所から外したのが大きい。

I▲9三歩（第2図）＝端攻め厳しく有利に。

J△8四金打＝必死の防戦。

K▲9九香＝着実に穴熊を削って優位を拡大。

L▲3二馬＝▲9五香△同桂▲9六銀△9四歩▲8五歩も先手十分。渡辺は飛車の活用を図り、より厳しく決めにいった。

M△5九馬（第3図）＝苦戦だが諦めていない。渡辺は△8六桂以下の詰めろなのを見落とした。直前の▲5二馬で▲7七銀打が明快。

N▲6九金＝動揺から痛恨の落手。▲7九金なら先手勝勢だった。

O△8九銀＝渡辺は△8七銀を読んでいた。以下▲7九玉△8八銀成▲同玉△6九馬▲7八銀となれば受け切り。だが、△8九銀の好手を見落とした。▲7九玉に△8七桂が生じ、急転直下で後手勝ちとなった。

P▲7二竜＝大熱戦の余韻が伝わる王手。**投了図**は後手玉に詰みはなく、先手玉は受けなし。七番勝負は1勝1敗。テレビ番組「情熱大陸」で佐藤の活躍を取り上げたが、調子を上げられず七番勝負は2勝4敗で敗れた。

【第2図は▲9三歩まで】

▲渡辺　桂香歩三

△佐藤　金桂歩

【第3図は△5九馬まで】

▲渡辺　金銀銀香歩

△佐藤　銀桂桂歩六

【投了図は△9三同桂まで】

▲渡辺　金金銀三桂香

△佐藤　飛角金香歩七

第71局

第66期順位戦A級9回戦（朝日新聞・毎日新聞）

【持ち時間】各6時間

2008年3月3日　終了4日1時29分　東京都渋谷区「将棋会館」　記録係　石田直裕二段

二冠 ▲佐藤　康光
八段 △木村　一基

詰みを免れて残留を決める

一手損角換わり

棋聖防衛、竜王挑戦。だが、第66期A級順位戦はまったく調子が上がらないどころか出だしから6連敗。A級陥落の危機だったが、そこから2連勝と踏ん張り、本局に勝てば自力残留という状況にこぎ着けた。

A▲7六歩1　B△3四歩3　▲2六歩
△3二金1　▲7八金1　△8四歩2
▲2五歩1　C△8八角成1　（第1図）
▲同　銀　△2二銀　▲4八銀3
△3三銀1　▲3六歩3　△7二銀6
▲6八玉16　△6四歩4　▲3七銀

△8五歩4　▲4六銀1　D△8六歩12
▲同　歩17　△同　飛1　E▲7七桂
（第2図）　F△8二飛10　▲3五歩3
△同　歩6　▲同　銀　△3四歩23
G▲4六銀1　（第3図）　H△9四歩7
I▲9六歩106　△8六歩70　▲5五銀14
△6三銀32　J▲1八角20　（第4図）
K△7二角18　▲3七桂27　△4二玉10
L▲5八金12　△5二金9　▲8五歩17
△9三桂11　M▲9七銀1　△5四歩8
▲6六銀3　△8五桂1　▲8六銀
△7七桂成1　▲同　金　△4四歩5
▲8五歩5　△3五歩17　N▲7五銀右19
（第5図）　△8一飛4　O▲9五歩3

【第1図は△8八角成まで】

△木村　角

9	8	7	6	5	4	3	2	1	
香	桂	銀	金	王		銀	桂	香	一
	飛					金			二
歩		歩	歩	歩	歩		歩	歩	三
	歩					歩			四
							歩		五
		歩							六
歩	歩		歩	歩	歩	歩		歩	七
	馬	金					飛		八
香	桂	銀		玉	金	銀	桂	香	九

▲佐藤　なし

【第2図は▲7七桂まで】

△木村　角歩

9	8	7	6	5	4	3	2	1	
香	桂		金	王			桂	香	一
		銀				金			二
歩		歩		歩	歩	銀	歩	歩	三
			歩			歩			四
							歩		五
	飛	歩			銀	歩			六
歩		桂	歩	歩	歩			歩	七
	銀	金	玉				飛		八
香					金		桂	香	九

▲佐藤　角歩

【第3図は▲4六銀まで】

△木村　角歩

9	8	7	6	5	4	3	2	1	
香	桂		金	王			桂	香	一
	飛	銀				金			二
歩		歩		歩	歩	銀	歩	歩	三
			歩			歩			四
							歩		五
		歩			銀				六
歩		桂	歩	歩	歩			歩	七
	銀	金	玉				飛		八
香					金		桂	香	九

▲佐藤　角歩二

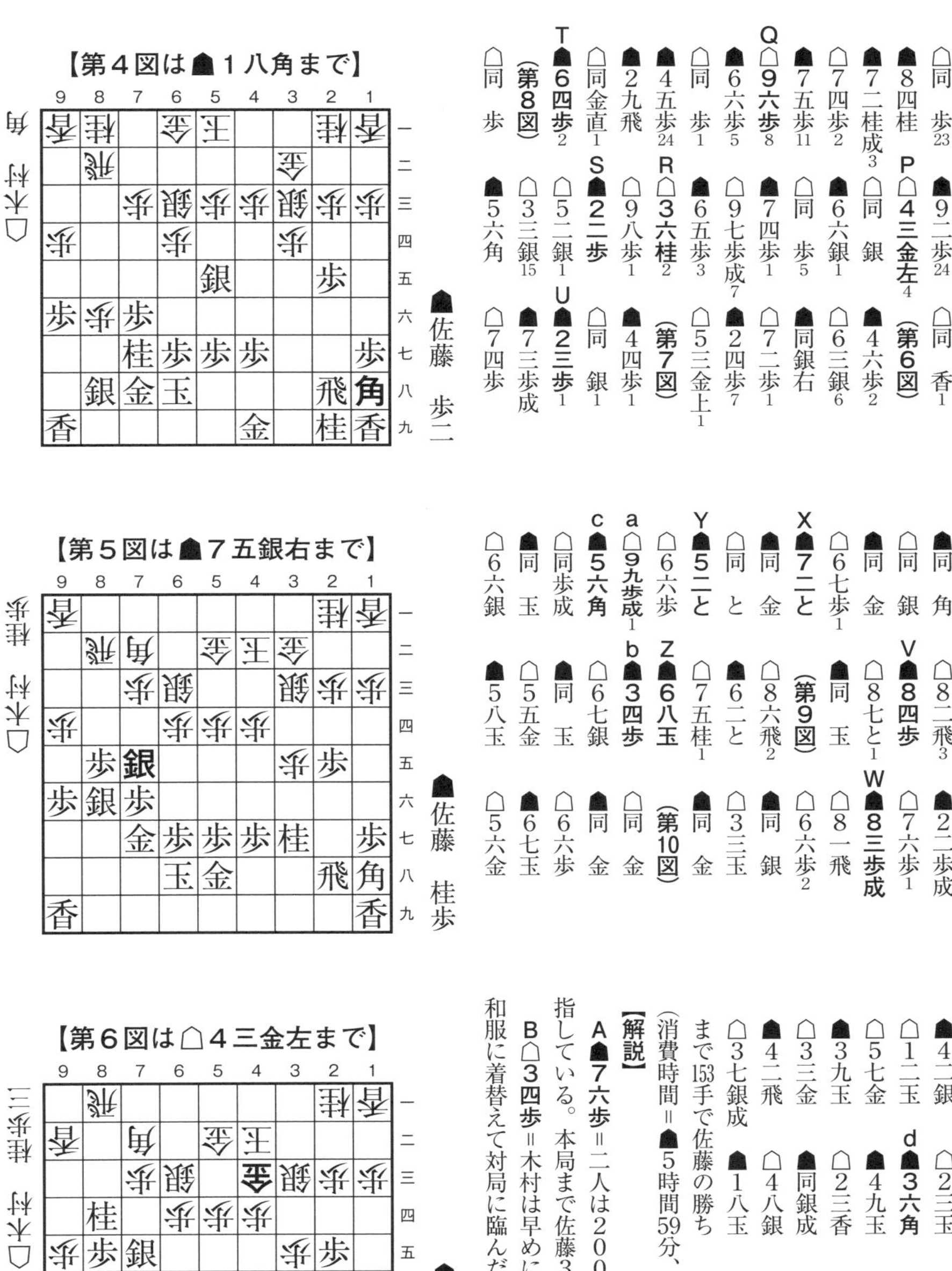

【第4図は▲1八角まで】

【第5図は▲7五銀右まで】

【第6図は△4三金左まで】

△同歩23　▲9二歩24　△同香1
▲8四桂　P△4三金左4（第6図）
▲7二桂成3　△同銀　▲4六歩2
△7四歩2　▲6六銀1　△6三銀6
▲7五歩11　△同歩5　▲同銀右
Q△9六歩8　▲7四歩1　△7二歩1
▲6六歩5　△9七歩成7　▲2四歩7
△同歩1　▲6五歩3　△5三金上1
▲4五歩24　R△3六桂2（第7図）
▲2九飛　△9八歩1　▲4四歩1
△同金直1　S▲2二歩　△同銀1
T▲6四歩2（第8図）　△5二銀1　U▲2三歩1
△3三銀15　▲7三歩成
△同歩　▲5六角　△7四歩

▲同角　△8二飛3　▲2二歩成
△同銀　V▲8四歩　△7六歩1
▲同金　△8七と1　W▲8三歩成
△6七歩1　▲同玉　△8一飛
X▲7二と（第9図）　△6六歩2
▲同金　△8六飛2　▲同銀
△同と　▲6二と　△3三玉
Y▲5二と　△7五桂1　▲同金
△6六歩　Z▲6八玉（第10図）
a△9九歩成1　b▲3四歩　△同金
c▲5六角　△6七銀　▲同金
△同歩成　▲同玉　△6六歩
▲同玉　△5五金　▲6七玉
△6六銀　▲5八玉　△5六金

▲4二銀　△2三玉　▲1五桂
△1二玉　d▲3六角（第11図）
△5七金　▲4九玉　△6七角
▲3九玉　△2三香　▲3二銀
△3三金　▲同銀成　△同桂
▲4二飛　△4八銀　▲2八玉
△3七銀成　▲1八玉（投了図）

まで153手で佐藤の勝ち

（消費時間＝▲5時間59分、△5時間59分）

【解説】

A▲7六歩＝二人は2007年度だけで6局指している。本局まで佐藤3勝、木村2勝。

B△3四歩＝木村は早めに将棋会館入りし、和服に着替えて対局に臨んだ。第20期竜王戦挑戦者決定三番勝負では、3局とも佐藤が和服だったので逆の構図となった。「木村八段の和服は予想していなかった。自分が和服を着るなら、（0勝6敗だった）1月から着ていた」と佐藤。

C△8八角成（第1図）＝木村は一手損角換わりを採用。第69局とは先後逆を持つ。

D△8六歩＝△6三銀▲3五歩△同歩▲同銀△5四銀の腰掛け銀も有力だった。△8六歩は本局当時に指されていた手法。

E▲7七桂（第2図）＝▲3五歩△同歩▲同銀は△5五角で困る。前例は▲7七角と▲3五歩の組み合わせで攻める将棋が多かった。▲7七桂は佐藤の工夫。「一度指してみたかった」と佐藤は述べている。この手は本局の翌月に行われた、第66期名人戦七番勝負第2局▲羽生善治二冠―△森内俊之名人戦でも指された。

F△8二飛＝△6三銀は▲8五歩△7六飛▲8二角で後手不利。

G▲4六銀（第3図）＝▲2四歩は△3五歩▲2三歩成に、△2七歩▲同飛△4五角で銀損になる。早繰り銀での基本手筋だ。

H△9四歩＝「ここで端歩を突けば迷うと思った」と木村のコメントがある。

I▲9六歩＝１０６分の大長考。模様の取り方が難しい。

J▲1八角（第4図）＝苦心の攻め。△7二金なら▲8三歩△同飛▲6三角成△同金▲7二銀の飛車金両取りで技あり。

K△7二角＝△5二玉として、角を温存するほうが自然。

L▲5八金＝佐藤は▲4五桂と攻める予定だったが自重。以下、じっくりした進行になったが、これなら直前の▲3七桂を指す必要はなかった。佐藤は「変調だった」と述べている。

M▲9七銀＝盤面全体を使ってねじり合う難解な中盤。

N▲7五銀右（第5図）＝玉頭方面から飛車角を圧迫するすさまじい構想。

O▲9五歩＝異様な迫力の攻め。

P△4三金左（第6図）＝角桂交換の駒損になるが、木村らしい辛抱。△8三角と逃げて、▲9二桂成△同角▲9五香△7四角の順も有力。

【第7図は△3六桂まで】

△木村　桂歩四

9	8	7	6	5	4	3	2	1	
	v飛						v桂	v香	一
v香		v歩			v玉				二
			v銀	v金	v金	v銀		v歩	三
		歩	v歩	v歩	v歩		v歩		四
	歩	銀	歩		歩	v歩			五
	銀					v桂			六
vと		金		歩		桂		歩	七
			玉	金			v飛	角	八
香								香	九

▲佐藤　角

【第8図は▲2三歩まで】

△木村　桂歩五

9	8	7	6	5	4	3	2	1	
	v飛						v桂	v香	一
v香		v歩		v銀	v玉		v銀		二
				v金			歩	v歩	三
		歩	歩	v歩	v金		v歩		四
	歩	銀				v歩			五
	銀					v桂			六
vと		金		歩		桂		歩	七
v歩			玉	金				角	八
香							v飛	香	九

▲佐藤　角

【第9図は▲7二とまで】

△木村　桂歩五

9	8	7	6	5	4	3	2	1	
	v飛						v桂	v香	一
v香		と		v銀	v玉		v銀		二
				v金				v歩	三
		角	歩	v歩	v金		v歩		四
		銀				v歩			五
	銀	金				v桂			六
	vと		玉	歩		桂		歩	七
v歩				金				角	八
香							v飛	香	九

▲佐藤　歩三

Q△9六歩＝一手一手に苦心が見える。△7四桂も有力。

R△3六桂（第7図）＝角を封じて、押さえ込みを図る。

S▲2二歩＝軽妙な手筋。

T▲6四歩＝攻めに調子がついてきた。△同銀なら▲同銀△同金▲6二角△5三銀▲2四飛で一気に先手勝勢になる。

U▲2三歩（第8図）＝単に▲5六角が勝った。▲2四飛の含みがある。▲5六角に△5五歩なら、▲6五角△5四金寄▲同角△同金▲2四飛で十字飛車が決まる。

V▲8四歩＝部分的に受けにくい突き出し。

W▲8三歩成＝待望のと金を作り、防御網を突破する。先手有利になった。

X▲7二と（第9図）＝怖いところだが、一分将棋の中で勇気を奮って決めにいった。

Y▲5二と＝混戦を抜け出し、先手優勢がはっきりしてきた。

Z▲6八玉（第10図）＝負ければ敗着になっていた危険な手。▲5六玉△5五金▲4七玉で先手勝勢だった。もともとは、佐藤も▲5六玉のつもりでいた。△3八銀の詰めろ飛車取りには、▲3四歩△同金を利かせば先手玉の詰めろが消えるとみていたという。そして、「▲6八玉でも詰まない」と考えていたのだが…。

a△9九歩成＝大きなチャンスを逃した。代えて、△6七銀▲同金△同歩成▲同玉△6六歩▲5八玉△4八金▲6九玉△5八銀▲7九玉△7八歩▲8八玉△8七歩と、持ち駒をすべて使いきる手順で詰みだった。両対局者は気付かなかったが、控室では検討陣が先手玉の詰みを発見しており、一時騒然となった。

b▲3四歩＝九死に一生を得る。△同金と取らせることで、先手玉の詰みを消している。

c▲5六角＝▲5三とで明快に勝ち。

d▲3六角（第11図）＝先手玉の詰み筋を消しながら、▲2三銀からの詰みを狙う詰めろ逃れの詰めろ。投了図は先手玉が詰まず、後手玉は受けなし。不動駒は1筋の香と歩の4枚だけという総力戦の死闘だった。佐藤が際どく振り切り、自力でA級残留を決めた。

【第10図は▲6八玉まで】

△木村 銀銀歩三

	9	8	7	6	5	4	3	2	1
一								v桂	v香
二	v香				と			v銀	
三					v金		v王		v歩
四			角	歩	v歩	v金		v歩	
五			金				v歩		
六		vと		v歩			v桂		
七					歩		桂		歩
八	v歩			玉	金				角
九	香							v飛	香

▲佐藤 飛銀桂歩四

【第11図は▲3六角まで】

△木村 角香歩三

	9	8	7	6	5	4	3	2	1
一								v桂	v香
二	v香				と	銀		v銀	v王
三					v金				v歩
四				歩	v歩		v金	v歩	
五			金				v歩		桂
六		vと		v銀	v金		角		
七					歩		桂		歩
八					玉				
九	vと							v飛	香

▲佐藤 飛銀桂歩五

【投了図は▲1八玉まで】

△木村 桂歩四

	9	8	7	6	5	4	3	2	1
一									v香
二	v香				と	v飛	銀	v銀	v王
三					v金		v桂	v香	v歩
四				歩	v歩			v歩	
五			金				v歩		桂
六		vと		v銀			角		
七				v角	v金		v成銀		歩
八									玉
九	vと							v飛	香

▲佐藤 金桂歩五

第72局

第57回ＮＨＫ杯決勝（ＮＨＫ）

【持ち時間】各15分＋考慮各10分（チェスクロック方式）

2008年3月16日　10時51分〜12時20分　東京都渋谷区「ＮＨＫ放送センター」　記録係　門倉啓太三段

史上3人目のＮＨＫ杯連覇

角交換振り飛車

▲二冠　佐藤　康光
△八段　鈴木　大介

順位戦は苦しんだが、ＮＨＫ杯は2年連続で決勝進出。本局はＮＨＫ杯史上初の生放送による対局で、応援ファックスが多数寄せられた。2回目の生放送は2017年9月の森内俊之九段―藤井聡太四段戦。佐藤は解説で出演した。

A▲7六歩　△3四歩　▲2六歩
△5四歩　▲4八銀　△8八角成
▲同　銀　B△2二飛　▲6八玉
△4二銀　▲7八玉　△6二玉
▲9六歩　△9四歩　▲7七桂
△7二玉　▲8六歩　△8二玉
C▲8七銀　△7二銀　▲8八玉
△2四歩　▲7八金　△3三桂
D▲3六歩　△5三銀　▲3七桂
△5二金左　▲5八金　△6四歩
▲5六歩　△6三金　E▲1六角
（第1図）　△5二金☆　▲3四角☆
F△5五歩　▲同　歩　△4四銀
▲6八金右①　△5五銀　▲2九飛
△6五歩①　G▲5九飛②　△5四歩①
▲1六角①　△6六歩①　▲2九飛③
△1四歩②　H▲3五歩①　△6七歩成
▲同金直　△3六歩　▲3四歩
△3七歩成　▲3三歩成　I△4八と
▲2二と　△6六桂　▲7九金
△5八桂成①　J▲3二飛　△6二金引①
▲5六歩　△4七と①　▲5五歩
△5七と　▲同　金　△同成桂
▲6四桂　△4一金　▲5二桂成
△同金寄　K▲4三角成①　（第2図）
△3二金①　▲5二馬　△4八飛
L▲9七玉　△7一銀　▲3二と①
△6七成桂　▲8八金打　△3五角①
▲8九金寄　△6二歩　▲3九飛
△6八角成　M▲7八金打　（第3図）
△同成桂　▲同金上　△同　馬
▲同　金　△6六桂　▲8九銀
△7八桂成　▲同銀引　△6八金
▲6四桂　N△6一金　O▲3四馬
△7八金　▲同　銀　△4五銀
▲6一馬　△同　銀　P▲8八金
△6八飛成　▲4三角　△9五歩
▲同　歩　△同　香　▲9六歩
△同　香　▲同　玉　△6七角
Q▲9四桂　△9一玉　▲8二金
△同　銀　▲同桂成　△同　玉
▲7一銀　△同　玉　▲6一角成
△同　玉　▲7二銀　（投了図）

まで125手で佐藤の勝ち

（消費時間＝▲15分＋10分、△15分＋10分）

【解説】

A▲7六歩＝佐藤は準決勝まで後手番が続いたが、本局は先手になった。両者和服で対局。

【第1図は▲1六角まで】

△鈴木　持駒：角

	9	8	7	6	5	4	3	2	1
一	△香	△桂		△金					△香
二		△玉	△銀					△飛	
三		△歩	△歩	△金	△銀	△歩	△桂		△歩
四	△歩			△歩	△歩		△歩	△歩	
五									
六	歩	歩	歩		歩		歩	歩	角
七		銀	桂	歩		歩	桂		歩
八		玉	金		金	銀		飛	
九	香								香

▲佐藤　なし

B△2二飛＝ゴキゲン中飛車の出だしから、佐藤のお株を奪う（第52局や第70局）角交換向かい飛車。鈴木も力戦振り飛車の名手だ。

C▲8七銀＝8八銀型を生かして銀冠に組む。

D▲3六歩＝▲3七桂と跳ねられるようにして、後手からの△2五歩▲同歩△同飛の仕掛けを警戒している。

E▲1六角（第1図）＝直前の△6三金が少し早めなので反応した。後手は4三が薄い。

F△5五歩＝▲1六角～▲3五歩～▲3四歩と攻められる前に中央で動く。

G▲5九飛＝銀の進撃を食い止めた。

H▲3五歩＝△3六歩が見えているが、強気に前進する。

I△4八と＝△2一飛は▲3七銀で、先手のと金だけが残る。そこで△4八とだが、事前の▲2九飛によって飛車取りになっていない。

J▲3二飛＝浮き駒に当てて好調。先手有利。

K▲4三角成（第2図）＝角を働かせる好手。△同金は▲7一銀△同玉▲6二金で寄り。

L▲9七玉＝「銀冠の小部屋」と呼ばれるスペースに逃げ込む。振り飛車側の銀冠で指されることの多い手。今度は佐藤が鈴木のお株を奪った格好だ。

M▲7八金打（第3図）＝駒得を頼りに持ち駒の金を惜しみなく投資する。しっかり受けて優位を拡大させた。

N△6一金＝△7八金は▲同銀△同飛成のときに後手玉は詰まないものの、▲8八金と受けられて後手勝てない。根性で粘る。

O▲3四馬＝7八に利かせて冷静な逃げ場所。

P▲8八金＝盤石の態勢を築く。後手の攻めは切れている。

Q▲9四桂＝以下は詰み。投了図は△5一玉▲5二金まで。佐藤は大山康晴十五世名人、羽生善治竜王に続いて、3人目となるNHK杯連覇を成し遂げた。「（このNHK杯は）ギリギリの将棋ばかりだった。自分らしく、いい決断ができた将棋が多かった」と振り返っている。

また、後年、早指し戦について「直感勝負といわれるが、実際は事前の準備が大切。それが成功して勝てるようになった」と述べている。

【第2図は▲4三角成まで】

△鈴木　角銀桂歩

	9	8	7	6	5	4	3	2	1
一	v香	v桂				v金			v香
二		v王	v銀		v金		飛	と	
三		v歩	v歩			馬			
四	v歩				v歩			v歩	v歩
五					歩				
六	歩	歩	歩					歩	
七		銀	桂		v成桂				歩
八		玉							
九	香		金					飛	香

▲佐藤　金銀歩四

【第3図は▲7八金打まで】

△鈴木　桂

	9	8	7	6	5	4	3	2	1
一	v香	v桂	v銀						v香
二		v王	v銀	v歩	馬		と		
三		v歩	v歩						
四	v歩				v歩			v歩	v歩
五					歩				
六	歩	歩	歩					歩	
七	玉	銀	桂	v成桂					歩
八		金	金	v馬		v飛			
九	香	金					飛		香

▲佐藤　金銀歩四

【投了図は▲7二銀まで】

△鈴木　角金金銀桂歩二

	9	8	7	6	5	4	3	2	1
一		v桂		v王					v香
二			銀	v歩			と		
三		v歩	v歩						
四				桂	v歩			v歩	v歩
五					歩	v銀			
六	玉	歩	歩					歩	
七			桂	v角					歩
八		金	銀	v竜					
九	香						飛		香

▲佐藤　金香歩四

第73局

第33期棋王戦五番勝負第5局（共同通信）

【持ち時間】各4時間

2008年3月28日　終了18時59分　東京都渋谷区「将棋会館」

記録係　田嶋尉三段

棋王 ▲佐藤　康光

二冠 △羽生　善治

二冠死守

相矢倉

佐藤は3月だけで棋王防衛、NHK杯優勝、A級順位戦残留、竜王戦1組残留を果たした。2008年度について佐藤は「勝ち星が集まったのは（棋聖戦と棋王戦の防衛戦があった）6月と3月だけだった」と述懐している。

A▲7六歩　△8四歩　▲6八銀2
△3四歩　▲6六歩　△6二銀
▲5六歩　△5四歩3　▲4八銀
△4二銀1　▲7八金　△3二金
▲6九玉　△4一玉2　▲5八金
△5二金　▲7七銀1　△3三銀1
▲7九角3　△3一角1　▲3六歩
△4四歩　▲3七銀2　△6四角5
▲6七金右2　△7四歩　▲6八角5
△4三金右2　▲7九玉　△3一玉
▲8八玉1　△2二玉　B**▲4六銀**1
△5三銀1　▲3七桂　△9四歩
▲2六歩　△2四銀　▲1六歩2
△1四歩1　▲1八香8　△7三角3

▲3八飛　△8五歩6　C**▲9八香**12
（第1図）　△4二銀30　▲9九玉3
D**△3三桂**3　▲8八銀7　△6四角2
▲7七金寄18　△7三桂　E**▲1七香**25
△9五歩10　▲1八飛　△4五歩38
▲同　桂　△同　桂　▲同　銀
F**△3三桂**1　▲1五歩29　△同　歩6
▲1二歩34　△同　香5　G**▲3四銀**12
（第2図）　△同　金4　H**▲3五歩**
△同　銀24　▲1五香　△同　香
▲同　飛　△2四銀打　I**▲3六歩**15
△2六銀9　▲1六飛2　△1五銀引34
▲同　飛19　△同　銀　▲1四桂
△3一玉　J**▲1三角成**6　△4一玉
▲6五香8　△同　桂26　▲同　歩
K**△9七角成**　（第3図）　▲同　香4
△9三香打　L**▲7三角**4　△9六歩1
▲8二角成　△9七歩成1　▲同　桂
△同香不成　▲同　銀　△同香成2
M**▲9一飛**2　△5一香1　▲9七飛成
△2四銀5　▲1二馬3　△6九飛3
▲7九香　△6八銀5　N**▲4六馬**1
△7七銀不成　▲同　金　△4四香1
O**▲2一銀**1　△3一歩2　▲9二竜
△6二桂　▲同　竜1　△5二金
▲5三桂　△同　銀　▲3二銀成
△同　歩　P**▲4三銀**　（投了図）

まで119手で佐藤の勝ち

（消費時間＝▲3時間53分、△3時間59分）

【解説】

A▲7六歩＝棋王戦五番勝負は第31期第2局から先手側が12連勝していた。前期最終局と同じく、佐藤は先手番を得た。

B▲4六銀＝2018年現在ではまったく見

【第1図は▲9八香まで】

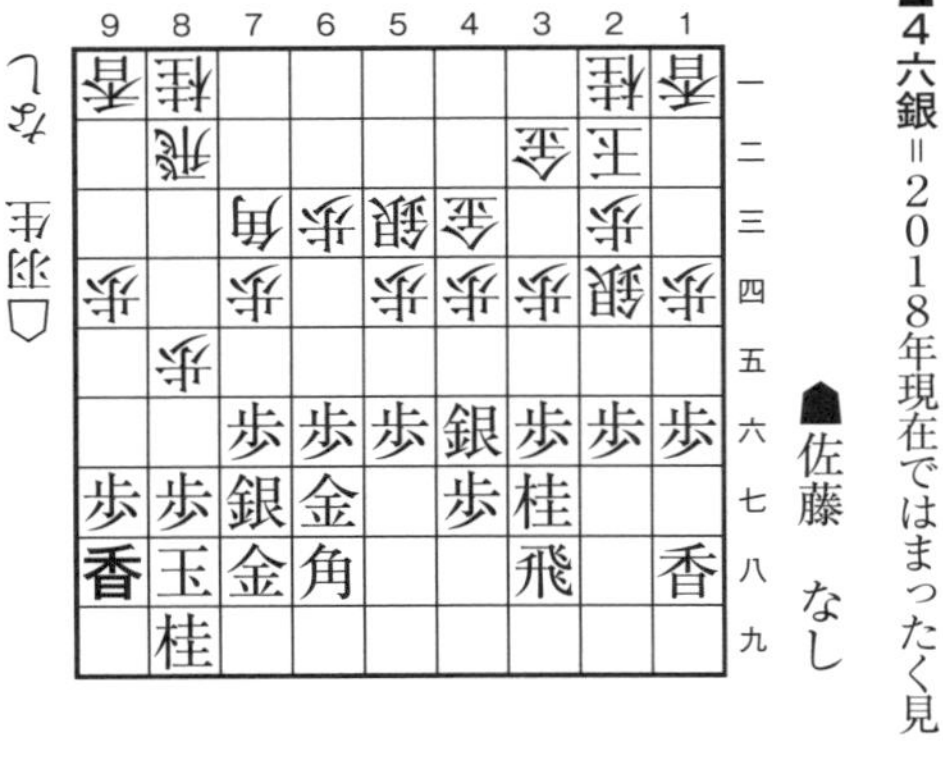

△羽生　なし

9	8	7	6	5	4	3	2	1	
△香	△桂						△桂	△香	一
	△飛					△金	△王		二
		△角	△歩	△銀	△金		△歩		三
△歩		△歩		△歩	△歩	△歩	△銀	△歩	四
	△歩								五
		歩	歩	歩	銀	歩	歩	歩	六
歩	歩	銀	金		歩	桂			七
香	玉	金	角			飛		香	八
	桂								九

▲佐藤　なし

られなくなった、相矢倉4六銀戦法。互いの陣形が美しい。現時点では、二人の対戦でこの戦型になったのは本局が最後である。

C▲9八香（第1図）＝穴熊に組み替える。1号局は1989年の第30期王位戦挑戦者決定リーグ▲佐藤康光五段―△森下卓五段戦。本局の立会人は森下卓九段だった。

D△3三桂＝△6四角▲6五歩△7三角と手損し、▲8八銀に△9五角▲7七金寄△7三桂を狙い、穴熊完成を牽制する指し方もある。

E▲1七香＝羽生は▲1七香で▲9六歩なら△2二玉とし、以下△3一銀から△2二銀の組み替えを狙っていた。▲1七香から▲1八飛で組み替えを牽制されただけでなく、間合いを詰められて、後手は駒組みの飽和点に達した。

F△3三桂＝呼び込んで怖いが受けの勝負手。

G▲3四銀（第2図）＝この形の手筋。銀は助からないので、歩を手にしつつ陣形を乱す。

H▲3五歩＝△4四金なら▲3四桂△2一玉▲4六角で好調。

I▲3六歩＝好手。△同銀なら▲2四角△同歩▲1八香で技が決まる。

J▲1三角成＝敵陣突破に成功した。飛車損ながら先手有利。

K△9七角成（第3図）＝驚異の勝負手。控室で悲鳴が上がったという。△3七角成では▲2二桂成から着実に攻められて勝機なしとみた。

L▲7三角＝端攻めの緩和が急務。

M▲9一飛＝成香を取って安全になった。

N▲4六馬＝遊び駒の活用でぴったり。

O▲2一銀＝「▲2一銀で勝ちを意識した」と佐藤。△4六香は▲3二銀成から詰む。次の▲9二竜も▲5三桂からの詰めろだ。

P▲4三銀（投了図）＝鮮やかな決め手。△6二銀も△4三同金も▲3一金から詰み。会心譜で大一番を制す。2005年の第76期棋聖戦以来となる対羽生戦のタイトル戦勝利となった。終局後「タイトル戦で羽生さんに勝ったのは久しぶりなのでうれしい」と述べた。

　2003年の第52期王将戦から、二人のタイトル戦は8回連続でタイトル保持者が防衛した。タイトル奪取の難しさを示している。

【第2図は▲3四銀まで】

△羽生　歩二

	9	8	7	6	5	4	3	2	1
一	v香								
二		v飛				v銀	v金	v王	v香
三			v桂	v歩		v金	v桂	v歩	
四			v歩	v角	v歩		銀	v銀	
五	v歩	v歩							v歩
六			歩	歩	歩		歩	歩	
七	歩	歩	金			歩			香
八	香	銀	金	角					飛
九	玉	桂							

▲佐藤　桂歩

【第3図は△9七角成まで】

△羽生　飛香歩五

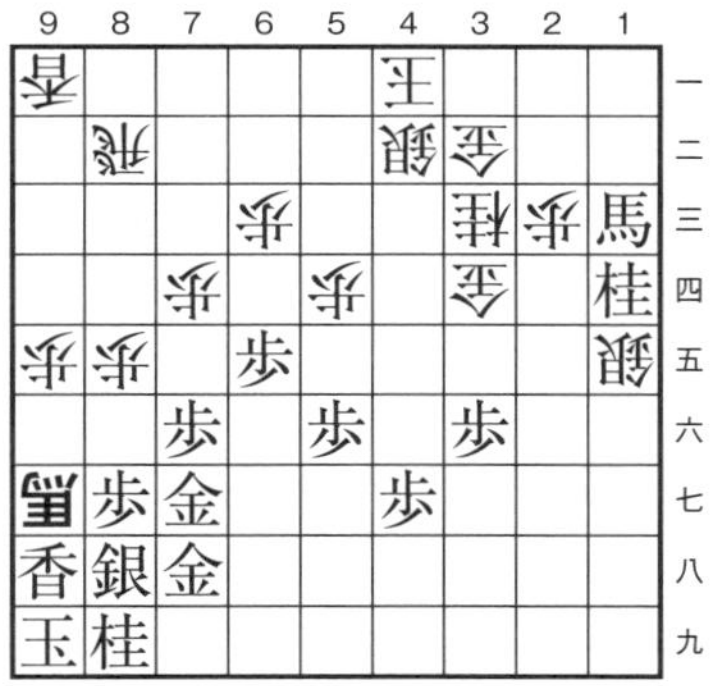

	9	8	7	6	5	4	3	2	1
一	v香					v王			
二		v飛				v銀	v金		
三				v歩			v桂	v歩	馬
四			v歩		v歩		v金		桂
五	v歩	v歩		歩					v銀
六			歩		歩		歩		
七	v馬	歩	金			歩			
八	香	銀	金						
九	玉	桂							

▲佐藤　銀桂歩

【投了図は▲4三銀まで】

△羽生　銀桂歩四

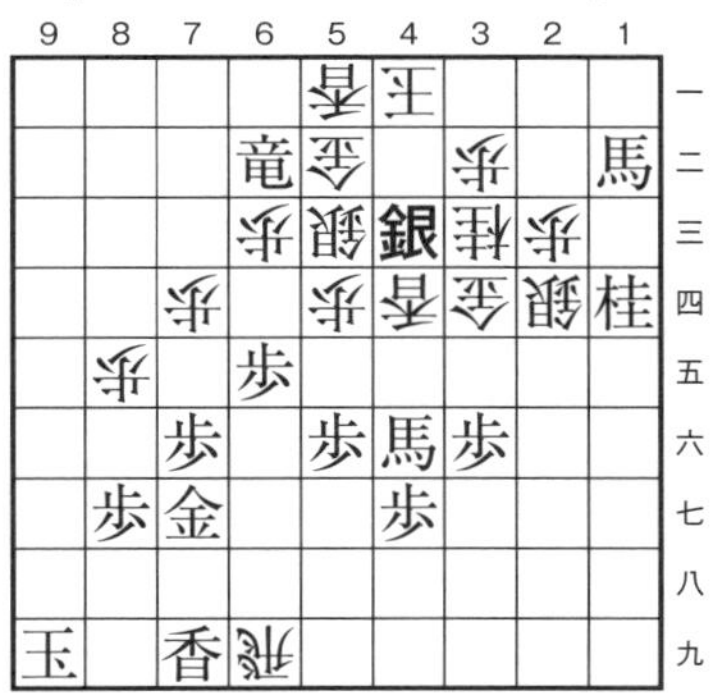

	9	8	7	6	5	4	3	2	1
一					v香	v王			
二				竜	v金		v歩		馬
三				v歩	v銀	銀	v桂	v歩	
四			v歩		v歩	v香	v金	v銀	桂
五		v歩		歩					
六			歩		歩	馬	歩		
七		歩	金			歩			
八									
九	玉		香	v飛					

▲佐藤　金桂香歩二

第74局

第79期棋聖戦五番勝負第1局（産経新聞）

【持ち時間】各4時間

2008年6月11日　終了19時16分　新潟県新潟市「高島屋」

記録係　田嶋尉三段

二冠 ▲羽生　善治
棋聖 △佐藤　康光

攻めを封じる

一手損角換わり

佐藤は産経新聞の2008年新春企画でコンサルタントの梅田望夫氏と対談。対談後に佐藤が対局観戦を誘い、梅田氏は本局のネット観戦記を執筆。梅田氏は指さない将棋ファンを提唱し、観戦中心のファンの掘り起こしに寄与した。

A▲7六歩　△8四歩　▲2六歩1
△3二金2　▲7八金　△3四歩
▲2五歩1　△8八角成　▲同　銀
△2二銀　▲3八銀1　△3三銀
▲6八玉　△7二銀2　▲3六歩1
△6四歩　▲3七銀2　△6三銀4
▲4六銀3　△5四銀　▲3五歩1
△同　歩4　▲同　銀　△8五歩1
▲2四歩10　△同　歩1　▲3四歩13
B△2二銀9　C▲2四飛17　D△2五歩21
（第1図）　E▲同　飛8　△3六角
▲2六飛　△4七角成　F▲3八角
△1四馬3　▲1六歩1　G△4五銀35
▲2七角15　△3六歩16　▲1五歩2

△2五歩9　▲1六飛1　△2三馬
▲2四歩4　△1二馬　H▲7七銀1
I△4二玉42　（第2図）　▲7九玉7
△5二金4　▲3八角50　△3四銀28
▲3六飛　△4五銀　▲6六飛21
△5四銀8　J▲3七桂2　△3四歩1
▲4六銀3　K△3三銀7　▲6四飛6
△6三銀6　▲6五飛4　△2四銀
▲5五銀　L△8四飛10　▲6六銀引28
△7四歩3　▲7五歩1　△6四歩2
▲4五飛　△3三桂6　▲4八飛8
△3五銀1　▲4五桂1　△同　桂9
▲同　飛　△3六銀　▲5五飛2
△5四歩2　▲5六飛2　△3七銀成
▲2四桂1　△2三馬1　▲3二桂成
△同　玉　▲2九角3　M△2七桂1
（第3図）　N▲1六香11　△1九桂成
▲3八角　O△1八成桂　▲7四歩
△同　飛　▲4六飛1　△3八成銀
▲同　金　△2四馬　▲4五飛

P△6五歩　▲3三歩2　△同　馬
▲6五飛1　△7三桂　▲2五飛
△2四歩　▲2七飛1　△6五歩
▲8三銀　△6六歩　▲7四銀不成
△6七歩成　▲同　金　Q△7四銀1
▲――2　（投了図）

まで114手で佐藤の勝ち
（消費時間＝▲3時間59分、△3時間59分）

【解説】

A▲7六歩＝第33期棋王戦で佐藤に敗れた羽生だが、すぐ第79期棋聖戦で挑戦してきた。本局の直後に第66期名人戦で名人復位、十八世名人の資格を獲得。六つ目の永世称号を得た。

B△2二銀＝△4四銀は▲同銀△同歩▲3五

【第1図は△2五歩まで】

△佐藤　角歩

	9	8	7	6	5	4	3	2	1	
	v香	v桂		v金	v王			v桂	v香	一
		v飛					v金	v銀		二
	v歩		v歩		v歩	v歩			v歩	三
				v歩	v銀		歩	飛		四
		v歩					銀	v歩		五
			歩							六
	歩	歩		歩	歩	歩			歩	七
		銀	金	玉						八
	香	桂				金		桂	香	九

▲羽生　角歩

角△3三歩▲4四角△4三金▲7七角で悪い。

C▲2四飛＝▲2四銀は△5五角▲4六角△同角▲同歩△2三歩▲3五銀△4七角で先手が面白くない。

D△2五歩（第1図）＝△2三歩▲2六飛も一局だが突っ張った。実戦で希少な「蓋歩」の手筋。なお、△3六角も有力。▲5八金（▲3八金の実戦例あり）△2五歩▲6六角△2三銀▲1一角成△2四銀▲同銀△4二金でいい勝負。

E▲2五同飛＝▲7七角は△2七角でまずい。

F▲3八角＝馬を作られたが狭所に押し込む。

G△4五銀＝佐藤は第46期王位戦挑戦者決定リーグ対山崎隆之六段戦で経験済み。山崎六段は△4五銀に▲1五歩としたが、△3六馬から

【第2図は△4二玉まで】

△佐藤　なし

	9	8	7	6	5	4	3	2	1
一	v香	v桂		v金				v桂	v香
二		v飛				v玉	v金	v銀	v馬
三	v歩		v歩		v歩	v歩			v歩
四				v歩			歩	歩	
五		v歩				v銀	銀	v歩	歩
六			歩				v歩		飛
七	歩	歩	銀	歩	歩			角	
八			金	玉					
九	香	桂				金		桂	香

▲羽生　歩

敗れた。羽生は▲2七角と手を変える。

H▲7七銀＝▲3七桂は△3四銀▲3六飛△3三銀で攻めあぐむ。

I△4二玉（第2図）＝「本局で最も苦心した。自分から動かず待つ姿勢が肝心と考えた」と佐藤。現地観戦した渡辺明竜王は玉が垂れ歩に近づくので「1秒も考えなかった」と言う。

J▲3七桂＝△4五馬を防ぐ。▲3四歩△3三歩▲5六角の進行も有力。

K△3三銀＝△6五銀は▲同角△同歩▲同飛で、歩切れのため▲6一飛成が受けにくい。

L△8四飛＝▲6六銀を防いで争点を作らせない。次の▲6六銀引は、駒をぶつける場所に苦労している印象を受ける。


【第3図は△2七桂まで】

△佐藤　桂

	9	8	7	6	5	4	3	2	1
一	v香	v桂							v香
二					v金		v王		
三	v歩			v銀		v歩		v馬	v歩
四		v飛	v歩	v歩	v歩		v歩		
五		v歩	歩					v歩	歩
六				銀	飛				
七	歩	歩	銀	歩	歩		v成銀	v桂	
八			金						
九	香	桂	玉			金		角	香

▲羽生　金歩三

M△2七桂（第3図）＝俗手の好手。

N▲1六香＝▲1六飛のほうが難しいが、△1九桂成▲5六角に△5五香▲同銀△同歩▲4五角△5四銀打▲同角△同銀▲1九飛△5六歩で後手が良い。

O△1八成桂＝先手の動きを催促。

P△6五歩＝自然に対応して優位を拡大。▲同銀は△7一飛で△5三桂を狙う。

Q△7四銀（投了図）＝駒得で後手勝勢。以下▲8二飛は△6二銀で何ごともない。投了もやむなし。佐藤は防衛すれば、棋聖連覇歴代一位の大山康晴十五世名人の7連覇に並ぶ状況。第2局も制したが、第3局から3連敗。「命のようなもの」と述べた棋聖位を失ってしまった。


【投了図は△7四銀まで】

△佐藤　角銀銀桂歩

	9	8	7	6	5	4	3	2	1
一	v香								v香
二					v金		v王		
三	v歩		v桂			v歩	v馬		v歩
四			v銀		v歩		v歩	v歩	
五		v歩							歩
六									香
七	歩	歩	銀	金	歩			v飛	
八							金		v成桂
九	香	桂	玉						

▲羽生　飛金歩六

第75局

第34期棋王戦五番勝負第4局（共同通信）

【持ち時間】各4時間

2009年3月18日　終了18時54分　大阪市福島区「関西将棋会館」
記録係　竹内貴浩三段

八段 ▲久保　利明
棋王 △佐藤　康光

佐藤の棒銀

先手四間飛車対棒銀

第34期棋王戦五番勝負は、久保利明八段の挑戦を受けた。連敗スタートでカド番の佐藤は、第3局に勝ち本局を迎えた。本局直前に佐藤は通算800勝を達成している。なお、久保の関東在籍時代、二人は研究会仲間だった。

A**▲7六歩**　B**△3四歩**　▲6六歩1
△8四歩　▲6八飛　△6二銀
▲1六歩　△4二玉1　▲7八銀1
△3二玉　▲6七銀　△1四歩2
▲3八銀3　△5二金右　▲4六歩1
△5四歩5　▲5八金左3　△8五歩12
▲7七角　△7四歩　▲4八玉5
△4二銀2　▲3九玉5　C**△7三銀**11
▲2八玉12　△8四銀　▲9六歩10
△7五歩19　D**▲7八飛**　**（第1図）**
△7二飛2　▲7五歩12　△同　銀
E**▲9五角**3　△7四飛10　▲7六歩4
△6六銀2　▲同　銀9　△同　角
▲7五銀　F**△9四歩**9　▲7七角53
△同角成　▲同　桂　△7二飛4
G**▲6八飛**2　H**△3三角**10　**（第2図）**
▲6七金　△8二飛4　▲7一角
△7二飛3　▲2六角成　△7四歩
▲6六銀　△8二飛　▲8八飛6
△8六歩　▲同　歩　△8七歩
▲5八飛12　I**△8六飛**1　▲8九歩3
△8八歩成2　▲同　歩2　△8七歩
▲5六歩6　△8八歩成　▲5五歩
△7八と25　▲同　飛7　△8九飛成
▲5八飛　△9九竜　J**▲3六馬**8
△5五歩4　▲4七馬11　△8六歩5
▲8八歩1　K**△7五歩**6　▲5三歩11
△5一金引23　▲7五歩1　△7六歩17
▲8五桂6　L**△9六竜**5　△9二歩5
△8七歩成1　▲同　歩　△8五竜
▲9一歩成1　△8七竜　▲6八歩
△5六銀11　▲同　金4　M**△4七竜**
（第3図）　▲同　銀　△5六歩
▲5五香4　△2四香　▲3八銀1
△5七歩成8　▲同　飛1　△5四歩
▲8一と10　△5五歩　▲4五桂
△5六歩2　▲3三桂成2　△同　桂
▲5六飛　N**△2五香打**2　▲3六銀4
△4四桂1　▲5七飛　△5六歩1
▲6七飛1　△7七歩成5　▲同　飛
△3六桂1　▲同　歩　△9九角
▲7六飛2　O**△4七銀**4　▲3九桂
△6六角成3　▲同　飛　△5七歩成
▲9二角　△4八銀打2　▲同　金
△同銀不成1　▲1八銀2　△4七桂2
▲同　桂1　△3九銀不成　▲1七玉
△2七香成1　▲同銀左　△同香成
▲同　玉　△2六銀　▲同　玉

【第1図は▲7八飛まで】

△佐藤　なし

9	8	7	6	5	4	3	2	1	
v香	v桂				v金		v桂	v香	一
	v飛			v金	v銀	v王	v角		二
	v歩		v歩		v歩		v歩		三
	v銀			v歩		v歩		v歩	四
	v歩	v歩							五
歩		歩	歩		歩			歩	六
	歩	角	銀	歩		歩	歩		七
		飛		金		銀	玉		八
香	桂				金		桂	香	九

▲久保　なし

△2五金

まで142手で佐藤の勝ち　（投了図）

（消費時間＝▲3時間56分、△3時間49分）

【解説】

A▲7六歩＝二人は昨年度にA級残留を争い、久保が陥落。だが、久保は石田流とゴキゲン中飛車を駆使して立ち直り、この年度の最多対局数、最多勝を記録した。五番勝負の第2局では石田流から新手を出し、後日升田幸三賞を受賞する。本局では四間飛車を用いた。

B△3四歩＝関西将棋会館では1993年の第18期棋王戦第4局▲羽生善治棋王―△谷川浩司棋聖戦以来、16年ぶりのタイトル戦だった。

C△7三銀＝珍しい佐藤の棒銀。「急戦をやるつもりで、穴熊のつもりはなかった」と佐藤。

D▲7八飛（第1図）＝「戦いの起こった筋に飛車を動かす」のが振り飛車の心得だ。

E▲9五角＝▲7三歩を見せて反発。

F△9四歩＝△7五同飛▲同歩△9九角成▲7七角の進行も考えられる。難解な形勢。

G▲6八飛＝▲8三角が勝った。

H△3三角（第2図）＝好手。▲6七飛は△7八銀で困る。しかし、先手は▲6七金とさせられて、さばきにくい形となった。

I△8六飛＝8筋を突破して後手有利に。

J▲3六馬＝▲5四歩としたいが、△4七香が厳しいので辛抱した。

K△7五歩＝着実に迫る。

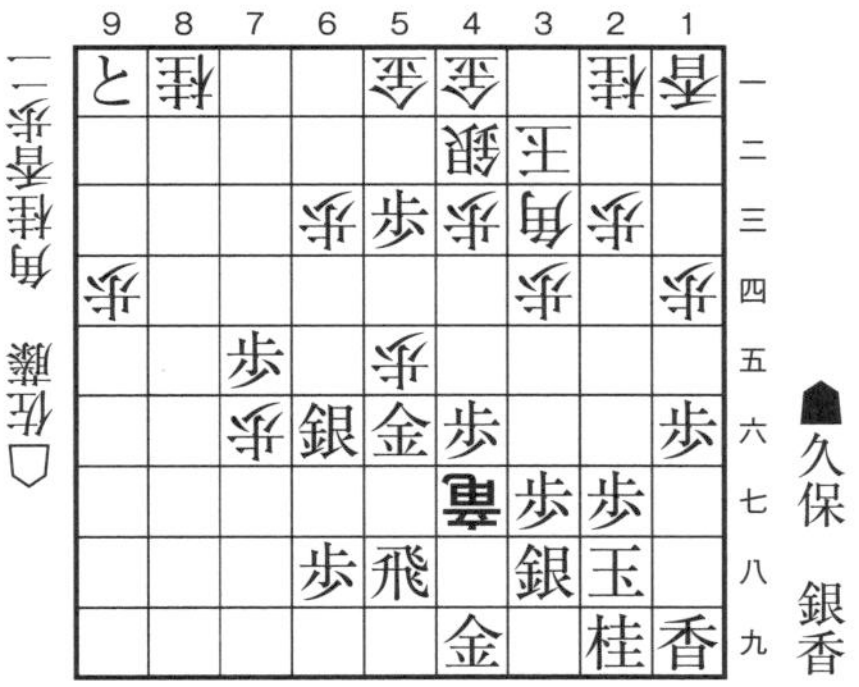

L△9六竜＝先手に有効手がないことを見越して持ち駒を増やす。

M△4七竜（第3図）＝馬が守りの要なので竜との交換でもおつりがくる。鋭い寄せ。久保は直前の△5六銀がきつかったと述べている。

N△2五香打＝急所に手がついた。後手勝勢。

O△4七銀＝▲同銀は△2七香成▲3九玉△6六角成▲同飛△5七歩成で寄り筋。本譜も△6六角成から寄せた。**投了図**以下は▲3七玉△2六金打▲3八玉△4八とまで。

佐藤はカド番をしのいだが第5局で敗戦。2002年3月の王将獲得以来7年ぶりの無冠となった。2008年度は銀河戦で優勝したものの、フルセットで二冠失冠は痛恨事だった。

【第2図は△3三角まで】

▲久保　角

	9	8	7	6	5	4	3	2	1
一	v香	v桂				v金		v桂	v香
二			v飛		v金	v銀	v王		
三				v歩		v歩	v角	v歩	
四	v歩				v歩		v歩		v歩
五		v歩	銀						
六	歩		歩			歩			歩
七		歩	桂		歩		歩	歩	
八				飛	金		銀	玉	
九	香					金		桂	香

△佐藤　銀歩二

【第3図は△4七竜まで】

▲久保　銀香

	9	8	7	6	5	4	3	2	1
一	と	v桂			v金	v金		v桂	v香
二						v銀	v王		
三				v歩	歩	v歩	v角	v歩	
四	v歩						v歩		v歩
五			歩		v歩				
六			v歩	銀	金	歩			歩
七						v竜	歩	歩	
八				歩	飛		銀	玉	
九						金		桂	香

△佐藤　角桂香歩二

【投了図は△2五金まで】

▲久保　飛角銀桂香香歩三

	9	8	7	6	5	4	3	2	1
一		と			v金	v金			v香
二	角					v銀	v王		
三				v歩	歩	v歩	v桂	v歩	
四	v歩						v歩		v歩
五			歩					v金	
六				飛		歩	歩	玉	歩
七					vと	桂			
八				歩					銀
九							v銀	桂	香

△佐藤　金歩

第76局

第35期棋王戦五番勝負第1局（共同通信）

【持ち時間】各4時間

2010年2月5日　終了19時18分　中国・上海市「レキシントンプラザホテル」　記録係　中村太地四段

▲棋王 久保　利明
☖九段 佐藤　康光

A級陥落直後も快勝

石田流

2009年度は佐藤試練の1年だった。A級順位戦は8回戦を敗れて1勝7敗で陥落決定。8回戦翌日が本局の移動日。慌ただしい日程だったが、飛行機での仮眠に加え、ホテルで9時間ほど睡眠を取り、本局に臨んだ。

A▲**7六歩**1　☖3四歩　▲7五歩
☖8八角成　B▲**同　飛**7　☖4五角2
C▲**7六角**　☖4二玉2　D▲**3八銀**
☖5四角2　▲7八飛4　☖7六角5
▲同　飛　E☖**2八角**　▲5五角15
☖3三桂6　▲7四歩3　☖同　歩
▲8二角成4　☖同　銀　▲1八飛
F☖**3九角打**1　▲6八銀57　G☖**7三桂**39
▲3九金26　☖同角成　▲4八角
☖同　馬5　▲同　玉　☖6五角7
H▲**3六飛**22　☖8七角成1　▲7九金
I☖**9四歩**33　（**第1図**）　▲7六角5
☖同　馬4　▲同　飛　☖9五歩2
▲7四飛7　J☖**9六歩**1　▲3四飛2

☖9七歩成10　▲同　香14　☖同香成2
▲同　桂　K☖**7六歩**4　▲4六香18
☖5二金左17　▲9三歩8　☖6五桂36
L▲**5五角**2　☖3二銀2　▲8二角成1
☖7七歩成　▲8三馬5　M☖**7八歩**9
N▲**6九金**8　（**第2図**）　☖6八と
▲同　金　☖7九角　▲5九銀
☖5四香2　▲6五馬1　O☖**2五銀**4
P▲**2六桂**　Q☖**3四銀**8　▲同　桂
☖4一玉　▲6六馬3　R☖**9七角成**2
▲2二桂成1　☖8九飛13　▲3四銀4
☖5五金2　▲7六馬3　☖6四馬8
▲6六歩6　S☖**4四歩**1　▲同　香3
☖4三歩　▲6七馬　☖4四歩
▲7八馬　☖9九飛成　▲3二成桂
☖同　玉　▲2三銀成1　☖4二玉
▲3四馬　☖3一香　▲2二銀
☖5一玉　▲3一銀不成　☖4五桂
▲5八香5　T☖**6二玉**3　（**第3図**）
▲4四馬　☖8六馬　▲7七歩

☖8五馬　▲1六歩2　☖6七桂1
▲3九玉　☖5九桂成　▲2八玉
☖5八成桂　▲1七玉　☖6八成桂
▲1一馬1　☖5八馬2　▲2六香
☖5七馬　▲1五歩　☖3五馬1
▲1六玉　☖3四馬　▲2五香
☖3五金　▲1七桂　☖2八銀1
▲2四成銀　☖同　馬　▲同　香
☖1七銀成　▲同　玉　☖2五銀
▲4四馬　☖1六香　▲2八玉
☖1八香成　▲同　香　☖2九飛
▲同　銀　☖3七桂成　（**投了図**）
まで134手で佐藤の勝ち
（消費時間＝▲3時間59分、☖3時間58分）

【第1図は☖9四歩まで】

☖佐藤　金歩二

	9	8	7	6	5	4	3	2	1	
	☖香			☖金		☖金	☖銀		☖香	一
		☖銀				☖王				二
		☖歩	☖桂	☖歩	☖歩	☖歩	☖桂	☖歩	☖歩	三
	☖歩		☖歩				☖歩			四
										五
							飛			六
	歩	☖馬		歩	歩	歩	歩	歩	歩	七
				銀		玉	銀		飛	八
	香	桂	金					桂	香	九

▲久保　角

【解説】

A▲7六歩＝本局は棋王戦では第1期棋王決定リーグのハワイ以来となる海外対局だった。
B▲8八同飛＝▲8八同銀も有力だが、▲8八同飛は踏み込んだ手。次に▲6八銀とされると後手は主張がない。△4五角はこの一手。
C▲7六角＝この手でバランスは取れている。△2七角成は▲4三角成が厳しく先手良し。
D▲3八銀＝2八に隙を作らない▲3八金もある。美濃を視野に入れて妥協しない。
E△2八角＝読みと意地のぶつかり合い。
F△3九角打＝敵陣に二枚角が出現。
G△7三桂＝△1九角成▲同飛△2八角成は▲4六角△7三桂▲3六歩でしのいでいる。

【第2図は▲6九金まで】

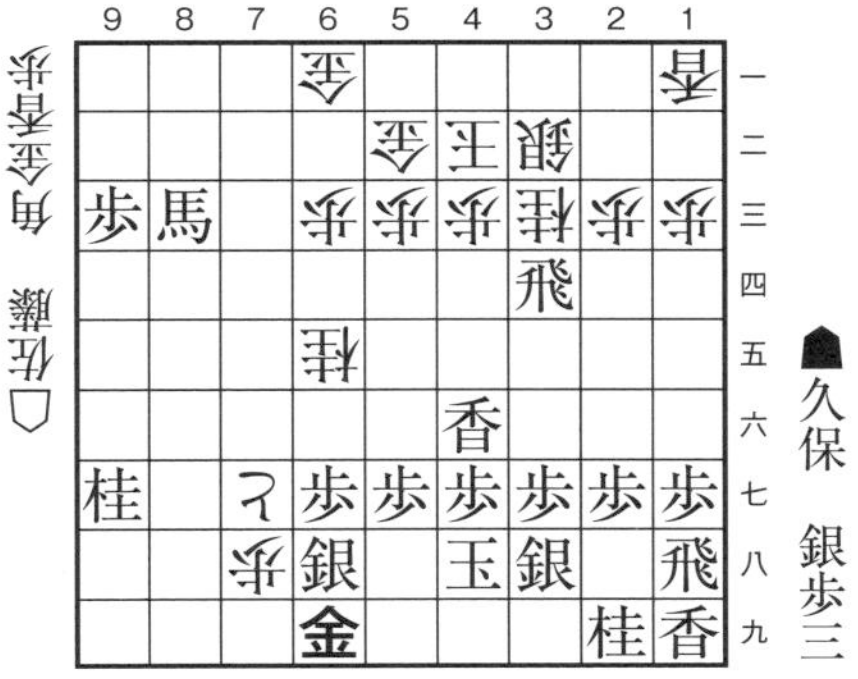

▲久保　銀歩三

△佐藤　角金香歩

H▲3六飛＝佐藤は後日▲2六飛を示した。以下△8七角成▲7九金に△2二銀が必要だ。
I△9四歩（第1図）＝飛車金交換だが1八飛の働きがなく後手指せる。久保は自著で「△9四歩と突かれて自信がなくなった」と記した。
J△9六歩＝飛車が動きだす余裕を与えない。
K△7六歩＝△6五桂と跳ねる準備。
L▲5五角＝▲7八歩には△5四香が厳しい。
M△7八歩＝危険。すぐ△6八と▲同金△7九角と、本譜同様に進めれば優位を保てた。
N▲6九金（第2図）＝▲6一馬と踏み込むチャンスだった。△7九歩成には▲2二金が▲5一銀△4一玉▲3二金以下の詰めろ。そこで△4一金と受けても、▲7四飛が▲5二馬△同玉▲7二飛成以下の詰めろで激戦が予想された。

【第3図は△6二玉まで】

▲久保　歩七

△佐藤　桂桂

O△2五銀＝△9七角成が勝る。
P▲2六桂＝▲5四飛△同歩▲8五桂なら、まだ難解な終盤が続いた。
Q△3四銀＝ここも△9七角成を指したい。
R△9七角成＝価値の高い一手。
S△4四歩＝駒得で後手優勢がはっきりした。
T△6二玉（第3図）＝早逃げで不敗の態勢。以下は久保が粘ったが、佐藤が寄せ切った。**投了図**は▲3七同玉に△3九竜から△3六銀まで。

第1局は佐藤快勝も、久保のゴキゲン中飛車を破れず前期に続いて2勝3敗で五番勝負敗退。後手側5連勝の珍しい番勝負だった。また、佐藤は第5局に敗れ、初の年度負け越しを喫した。

【投了図は△3七桂成まで】

▲久保　飛角銀香歩七

△佐藤　桂桂歩二

第**77**局

第69期順位戦B級1組5回戦（毎日新聞・朝日新聞）

【持ち時間】各6時間

2010年8月27日 終了28日0時35分 東京都渋谷区「将棋会館」 記録係 上村亘三段

定跡を進歩させた一局

一手損角換わり

▲七段 **松尾 歩**
△九段 **佐藤 康光**

2010年度に入ると、前年度の不調から脱して勝ち星を重ねた。B級1組順位戦では5回戦で、松尾歩八段と3勝1敗同士の直接対決。A級復帰のために落とせない佐藤は、本局で従来の定跡を進歩させる駒組みを見せた。

▲2六歩 △3四歩3 ▲7六歩
△3二金1 ▲7八金 △8四歩4
▲2五歩 △8八角成 ▲同 銀
△2二銀 ▲3八銀 △3三銀
▲2七銀4 △1四歩6 ▲7七銀1
△7二銀2 A**▲2六銀** △6四歩2
▲6八玉 △6三銀 ▲3六歩
△4四歩13 ▲3五歩 △7四歩31
▲7九玉17 B**△4二飛**8 ▲3四歩1
△同 銀1 C**▲3七銀** △3三金
▲8八玉 D**△7二金**21 **（第1図）**
▲6六歩13 △6二玉4 ▲5八金
△7三桂9 ▲6七金右 △4五歩43
▲5六歩12 △9四歩16 ▲9六歩13

△3五銀2 E**▲5五歩**50 △4六歩28
▲2四歩55 △同 歩 F**▲4六歩**
△同 銀32 ▲4五歩48 G**△3七銀成**22
▲同 桂 △3六歩 ▲5四歩14
△同 銀1 ▲4四銀4 △3七歩成11
▲3三銀成 △同 桂 ▲2四飛
H**△6九銀**8 **（第2図）** ▲6八金寄21
△5八銀打53 ▲3一角27 I**△1二飛**
▲5八金30 △同銀不成 J**▲2一飛成**
K**△8五桂**2 ▲6八金3 L**△5九銀不成**24
M**▲6九金**18 N**△5六角**2 ▲8六銀12
△9五歩9 ▲8五銀11 △同 歩
O**▲8四桂**4 △6三玉 ▲7二桂成
△同 飛 ▲8三金 △4三銀1
P**▲5五銀**1 Q**△4一桂** R**▲5四歩**
（第3図） △同 銀 S**▲同 銀**
△同 玉 ▲5七銀 △6七角成
▲2四竜 △6三玉 ▲6八金打
T**△7七銀** **（投了図）**
まで94手で佐藤の勝ち

（消費時間＝▲5時間59分、△5時間59分）

【解説】

A**▲2六銀**＝一手損角換わりに棒銀で対抗。

B**△4二飛**＝棒銀を相手にしない方針。「△5二金のほうが手として自然だが、一手損角換わりでは△4二飛が自然と感じている」と佐藤。

C**▲3七銀**＝進出が見込めない銀を立て直す。

D**△7二金（第1図）**＝序盤で独創的な工夫を見せるのが佐藤の将棋。通常の5二金型より7三が厚いので桂を使いやすい。第53局からさらに戦術が進歩した。「▲9八香なら△7三桂▲9九玉△6五桂を見せ、穴熊を警戒」と佐藤。本局後、7二金型右玉が増えた。

E**▲5五歩**＝手薄な中央を狙う。

【第1図は△7二金まで】

△佐藤 角歩

9	8	7	6	5	4	3	2	1	
△香	△桂			△王			△桂	△香	一
		△金			△飛				二
△歩			△銀	△歩		△金	△歩		三
	△歩	△歩	△歩		△歩	△銀		△歩	四
							歩		五
		歩							六
歩	歩	銀	歩	歩	歩	銀		歩	七
	玉	金					飛		八
香	桂				金		桂	香	九

▲松尾 角歩

F▲4五歩＝▲4六同銀△同飛と4筋を突破されてはいけないので小技を使う。△4五同飛は、▲5六金△3七銀成▲4五金△2八成銀▲5四歩△同銀▲同金△同歩▲2二飛がうるさい。

G△3七銀成＝本局後に△4七銀不成と変化した対局も現れた。

H△6九銀（第2図）＝矢倉崩しの銀が良いタイミングで入った。新工夫が実り後手リード。

I△1二飛＝飛車は受けに使う算段。

J▲2一飛成＝▲5三角成△同玉▲4四銀△6二玉▲5三金の詰めろで油断ならない。

K△8五桂＝詰めろ逃れでぴったりした攻防手。この桂を跳ねるためにD△7二金とした。

L△5九銀不成＝△7七桂成として▲同金は△6八銀、▲同桂は△6七桂▲7八金打△7九銀で寄っていた。

M▲6九金＝▲8一銀△7一金打▲7二銀成△同金▲7八金打なら大混戦だった。

N△5六角＝ここも△7七桂成が勝る。▲同桂△6八銀打▲7八金△6九銀不成で寄り筋。

O▲8四桂＝7二金が急所の駒。体が入れ替わり先手優勢になった。▲8四桂は▲1二竜からの詰めろだ。

P▲5五銀＝▲5三角成△同玉▲5四歩以下の詰めろ。

Q△4一桂＝際どい受け。土俵際につま先立ちで踏みとどまる。

R▲5四歩（第3図）＝▲6五歩なら先手勝勢だった。△同角は先手玉への脅威がなくなるので、▲7二金が間に合う。以下△同玉▲5三角成△同桂▲7一飛で詰み。また、▲6五歩に△5四金は▲6四歩△同金▲6六金で上から押さえて寄せ形。

S▲5四同銀＝▲5七歩△6七角成▲7八金打なら難解な終盤。本譜は後手玉が捕まらない。

T△7七銀（投了図）＝再逆転で後手勝ちになった。以下は▲7七同金△5七馬▲5三角成（▲4四竜は△7九銀から詰み）△同桂▲5四銀△5二玉▲5三銀成△4一玉で後手勝勢。

佐藤は9勝3敗でA級復帰。自戦記編第11局にもあるように、本局と4回戦の深浦康市王位戦に勝って勢いに乗れたと振り返っている。

【第2図は△6九銀まで】

△佐藤　角銀桂歩三

	9	8	7	6	5	4	3	2	1
一	香								香
二			金	王		飛			
三			桂		歩		桂		
四	歩	歩	歩	歩	銀			飛	歩
五						歩			
六	歩		歩	歩					
七		歩	銀	金			と		歩
八		玉	金						
九	香	桂		銀					香

▲松尾　角金歩二

【第3図は▲5四歩まで】

△佐藤　金銀桂歩三

	9	8	7	6	5	4	3	2	1
一	香					桂	角	竜	香
二			飛						
三		金		王	歩	銀	桂		
四			歩	歩	歩				歩
五	歩	歩			銀	歩			
六	歩		歩	歩	角				
七		歩					と		歩
八		玉							
九	香	桂		金	銀				香

▲松尾　金歩

【投了図は△7七銀まで】

△佐藤　金銀桂歩四

	9	8	7	6	5	4	3	2	1
一	香					桂	角		香
二			飛						
三		金		王	歩		桂		
四			歩	歩				竜	歩
五	歩	歩				歩			
六	歩		歩	歩					
七		歩	銀	馬	銀		と		歩
八		玉		金					
九	香	桂		金	銀				香

▲松尾　歩

第78局

第82期棋聖戦決勝トーナメント（産経新聞）

【持ち時間】各4時間

2011年2月25日　終了20時4分　大阪市福島区「関西将棋会館」　記録係　福間貴斗二段

八段 ▲井上　慶太

九段 △佐藤　康光

迫力ある終盤戦

ゴキゲン中飛車対居飛車穴熊

2010年度は銀河戦と非公式戦の達人戦で優勝。A級復帰も果たして、2001年度以来、9年ぶりに年度勝率が7割を超えた。そうした充実を表している一つが本局。ゴキゲン中飛車から迫力ある終盤戦を展開した。

▲7六歩　△3四歩　▲2六歩
△5四歩　▲2五歩　△5二飛
▲4八銀　△5五歩　▲6八玉
△3三角　▲7八玉　△6二玉
▲5八金右　△4二銀　▲7七角
△7二玉2　▲8八玉　△8二玉
▲7八金4　△9二香3　▲6六歩
△9一玉　▲6七金右　△8二銀2
▲9八香4　△5三銀1　▲9九玉1
△7四歩4　▲5九銀1　△6四銀
A**▲6八銀右**1　△7一金7　▲2六飛10
△4四角1　▲4六飛34　△3三桂8
B**▲6五歩**5　△7三銀引3　▲3六飛19
△2五桂10　▲3四飛13　△3二飛5

▲同飛成16　△同　金　▲5二飛
△3一歩4　▲5五飛成2　△同　角18
▲同　角　△2八飛1　C**▲1八角**4
（第1図）　△4二金53　▲6三角成15
△2九飛成　▲6四歩1　D**△6一飛**14
▲7五歩11　△6二銀6　▲3六馬7
△4四桂37　▲1八馬22　△同　竜9
▲同　香　E**△2九角**1　▲2六歩15
△5一飛3　▲4四角4　△同　歩
▲6三桂　F**△5二金**3　**（第2図）**
▲5一桂成2　△同　金　▲2五歩
△1八角成　▲3三飛7　△5四馬17
G**▲6三桂**　H**△8四香**　▲7一桂成5
△同銀左　I**▲5三飛打**　△8七馬8
▲同　金6　△同香成　▲5四角1
△9八成香4　▲同　角　△8六桂
▲8八香　△9八桂成　▲同　玉
J**△2一角**2　▲7六桂9　△6九角5
▲8三飛成5　△同　銀1　▲同飛成
△8二歩　K**▲9二竜**　△同　玉

▲8七香打　△8五香5　L**▲8六金**12
△同　香　▲同　香　M**△8五金**2
（第3図）　▲8七香打　△8六金
▲同　香　△8五香　▲8七金
△8六香　▲同　金　N**△7八香**
▲8七香打2　△7九香成　▲同　銀
O**△7八銀**　▲6三歩成1　P**△7六角**
▲7八銀　△同角成　▲7六金寄
△8四桂　▲7七金引　Q**△8六桂**
▲同　香　△8七銀　▲同　金
△7九飛　**（投了図）**

まで130手で佐藤の勝ち

（消費時間＝▲3時間59分、△3時間59分）

【解説】

【第1図は▲1八角まで】

△佐藤　持駒　飛

	9	8	7	6	5	4	3	2	1	
	v王	v桂	v金				v歩		v香	一
	v香	v銀					v金			二
	v歩	v歩	v銀	v歩		v歩		v歩	v歩	三
			v歩							四
				歩	角			v桂		五
			歩							六
	歩	歩		金	歩	歩	歩		歩	七
	香		金	銀				v飛	**角**	八
	玉	桂	銀					桂	香	九

▲井上　持駒　歩二

A▲6八銀右＝▲8八銀を保留することで角を8八に引けるようにし、後手の7筋攻めに備えている。２００９年5月第22期竜王戦5組▲豊島将之四段―△戸辺誠五段戦から広まった。

B▲6五歩＝▲8八銀としたのが、1月の第60回NHK杯▲羽生善治名人―△佐藤康戦。井上は▲6五歩から▲3六飛と軽快なフットワーク。△3五歩は▲2六飛で後手忙しい。

C▲1八角（第1図）＝遠見の角の好手。二枚角の働きが良い。「いい手で困った」と佐藤。

D△6一飛＝次は▲7三馬△同銀▲6三歩成がある。自陣飛車を投入して食い止める。

E△2九角＝馬を自陣に引き付け頑張る。△2七角なら▲2八飛が井上の読みだった。

【第2図は△5二金まで】

▲井上　飛歩二

	9	8	7	6	5	4	3	2	1
一	王	桂	金		飛		歩		香
二	香	銀		銀	**金**				
三	歩	歩		桂				歩	歩
四			歩	歩		歩			
五			歩					桂	
六								歩	
七	歩	歩		金	歩	歩	歩		歩
八	香		金	銀					香
九	玉	桂	銀					角	

△佐藤　角

F△5二金（第2図）＝本筋の駒使い。

G▲6三桂＝▲6六桂とし、△6四馬▲6三歩△同銀▲6五歩△7三馬▲3一飛成で先手有利だった。これなら飛車の力を出しやすかった。

H△8四香＝手筋だが△5五角だった。▲8八銀、または▲7七銀に△6五香でいい勝負。

I▲5三飛打＝好手。馬を消すのが急所。佐藤は△同馬では勝てないとみて△8七馬と勝負。

J△2一角＝意表の遠見の角で妖しく迫る。

K▲9二竜＝騎虎の勢いだが、▲8五竜と逃げ、△6二金なら▲7七金打で先手が指せた。

L▲8六金＝結果的に▲8六歩△7五歩▲7八銀打ならほぼ互角だった。▲8六金は佐藤も読んでいなかったが、直後に好手があった。

【第3図は△8五金まで】

▲井上　銀香歩三

	9	8	7	6	5	4	3	2	1
一		桂	銀		金		歩	角	香
二	王	歩							
三	歩							歩	歩
四			歩	歩		歩			
五		**金**	歩					歩	
六		香	桂						
七	歩			金	歩	歩	歩		歩
八	玉	香		銀					
九		桂	銀	角					

△佐藤　飛飛金桂

M△8五金（第3図）＝時間のない終盤戦で剛腕がうなる。▲同香は△8六桂から詰み。強打で8筋の勢力を押し返す。

N△7八香＝千日手模様の中で8筋の脅威が減ったので、側面から崩していく。

O△7八銀＝秒読みでこの銀はすさまじい。▲同銀△同角成▲8四桂△8三玉▲6三歩成と必至をかけるのは、△8八馬▲同玉△7八金▲同玉△6六桂▲同金△4八飛以下先手玉が詰む。また、△7八銀に▲8四桂△8三玉▲6三歩成は、△8七銀成▲同香△同角引成からの詰み。

P△7六角＝好手。▲8四桂の詰み筋を消す。

Q△8六桂＝直前の△8四桂で後手玉が詰まない形を作り、**投了図**まで一気に必至をかけた。

【投了図は△7九飛まで】

▲井上　角銀三桂香歩三

	9	8	7	6	5	4	3	2	1
一		桂	銀		金		歩		香
二	王	歩							
三	歩			と				歩	歩
四		桂	歩			歩			
五			歩					歩	
六		香							
七	歩	金		金	歩	歩	歩		歩
八	玉	香	馬						
九		桂	**飛**						

△佐藤　飛金

第79局

第24期竜王戦1組出場者決定戦（読売新聞）

【持ち時間】各5時間

2011年5月20日　終了20時37分　東京都渋谷区「将棋会館」

記録係　天野貴元三段

八段 ▲木村　一基

九段 △佐藤　康光

2手目△3二飛の新手法

2手目△3二飛戦法

佐藤は2011年4月から棋士会会長に就いた。その前月に東日本大震災が起き、千駄ヶ谷駅や渋谷駅の募金活動やチャリティーイベントを精力的に行う。のちに、被災地の東北で復興支援イベントも開催。運営面でも活躍する。

▲7六歩　A△3二飛1　▲2六歩3
B△4二銀5　（第1図）　C▲6八玉3
△3四歩　D△3三角5　△6二玉23
▲2五歩2　▲7八玉2　▲4八銀26
△7二玉1　▲5八金右5　△8二玉1
▲3六歩10　△7二銀21　▲4六歩18
△9四歩1　▲9六歩1　△5二金左3
▲4七銀4　E△6四歩7　▲3三角成3
△同　銀　▲8八玉2　F△2二銀24
（第2図）　▲6六歩7　G△6五歩4
▲同　歩21　△3五歩　▲同　歩
△同　飛　▲3六歩　△6五飛
▲7八銀　△3三桂23　▲3七桂7
△6四飛7　H▲7七桂5　I△9五歩20
（第3図）　▲同　歩2　△9七歩
▲6五歩24　△3四飛31　J▲9七香61
K△6三角1　▲9六角　△同　角13
▲同　香　△6三角1　▲9七玉
L△9四歩　▲同　歩2　△9六角1
▲同　玉　△9四飛　▲8六玉
M△6六香10　（第4図）　▲5九金寄
△9八飛成　▲7五玉2　△7八竜
▲6六玉　△8八銀1　▲5六玉7
△7七竜5　▲3八銀2　△7六竜1
▲4七玉　N△6六歩　▲2四歩5
△6七歩成　▲同　金4　△5五桂4
▲4八玉1　△6七桂成　▲2三歩成1
△3五歩23　▲3三と1　△3六歩
▲4七玉4　△3五金3　▲5六香
△3七歩成4　▲同　銀　O△5五桂9
▲3八玉2　△5七成桂　▲――4

（投了図）　まで88手で佐藤の勝ち

（消費時間＝▲4時間1分、△4時間13分）

【解説】

【第1図は△4二銀まで】

△佐藤　なし

	9	8	7	6	5	4	3	2	1	
	v香	v桂	v銀	v金	v玉	v金		v桂	v香	一
						v銀	v飛	v角		二
	v歩	v歩	v歩	v歩	v歩	v歩	v歩	v歩	v歩	三
										四
										五
			歩					歩		六
	歩	歩		歩	歩	歩	歩		歩	七
		角						飛		八
	香	桂	銀	金	玉	金	銀	桂	香	九

▲木村　なし

【第2図は△2二銀まで】

△佐藤　角

	9	8	7	6	5	4	3	2	1	
	v香	v桂		v金				v桂	v香	一
		v玉	v銀		v金		v飛	v銀		二
		v歩	v歩		v歩	v歩		v歩	v歩	三
	v歩			v歩			v歩			四
								歩		五
	歩		歩			歩	歩			六
		歩		歩	歩	銀			歩	七
		玉				金		飛		八
	香	桂	銀	金				桂	香	九

▲木村　角

A☖3二飛＝今泉健司四段が創案した作戦。佐藤は本局までに2手目☖3二飛の経験あり。

B☖4二銀（第1図）＝4手目で新手法。従来は石田流含みで☖6二玉とし、☗2五歩には☖3四歩☗2二角成☖同銀☗6五角☖7四角と乱戦になった。本局は角交換振り飛車の含みだ。

C☗6八玉＝☗2五歩なら、後手は☖3四歩☗2四歩☖同歩☗同飛☖8八角成☗同銀☖3三角☗2八飛☖2七歩☗7八飛☖2二飛と戦う。途中、☗2四歩で☗6八玉は☖8八角成☗同銀☖2二飛と構える。左銀の位置を3三に決めず、5三や4三に動かす含みがある。柔軟性が長所。

D☖3三角＝☗同角成には☖同銀☗6五角☖7四角☗同角☖同歩☗7五歩☖7三玉！☗7四歩☖同玉が当時佐藤が考えていた変化。

【第3図は☖9五歩まで】

☖佐藤 角歩二

9	8	7	6	5	4	3	2	1	
香	桂		金					香	一
	王	銀		金			銀		二
	歩	歩		歩	歩	桂	歩	歩	三
			飛						四
歩							歩		五
歩		歩			歩	歩			六
	歩	桂		歩	銀	桂		歩	七
	玉	銀		金			飛		八
香			金					香	九

☗木村 角歩

E☖6四歩＝あくまで角筋を止めない。角がにらみ合っていて居飛車側も囲いを進めにくい。

F☖2二銀（第2図）＝まさに天衣無縫。佐藤でなければ指せない一手。☗2四歩☖同歩☗同飛は☖3三角の王手飛車取りがある。

G☖6五歩＝機敏な動き。以下☖6五飛まで後手の主張が通っている。

H☗7七桂＝☗2九飛なら一局だった。☗7七桂はコビンをふさいでいるが。

I☖9五歩（第3図）＝何気ない☗7七桂に佐藤の目が光る。端の薄みを機敏に突いた。

J☗9七香＝☗9七玉は☖9五香☗9六歩☖同香☗同玉☖8八角でうるさい。

【第4図は☖6六香まで】

☖佐藤 歩

9	8	7	6	5	4	3	2	1	
香	桂		金					香	一
	王	銀		金			銀		二
	歩	歩		歩	歩	桂	歩	歩	三
飛									四
			歩				歩		五
	玉	歩	香		歩	歩			六
	歩	桂		歩	銀	桂		歩	七
		銀		金			飛		八
			金					香	九

☗木村 角角歩三

K☖6三角＝☖9六歩☗同香☖6三角は歩が足りなくなる。単に☖6三角で☗9六角と打たせるのが巧妙。これで佐藤は1歩節約できた。

L☖9四歩＝この歩がぴったり。K☖6三角の効果だ。一連の手順で攻めがつながった。

M☖6六香（第4図）＝☗7九金なら☖9九飛成。☗5九金寄は☖9八飛成が詰めろ銀取り。一方的に攻められては「千駄ヶ谷の受け師」の木村も技の出しようがない。

N☖6六歩＝木村が懸命に粘っているが、佐藤は慌てずに垂れ歩で切れない攻めを心掛ける。

O☖5五桂＝☗同香は☖3六歩☗同銀☖4六竜で一手一手。**投了図**も☗5五香に☖3六歩が痛打で寄り。佐藤、会心譜で新手法を実らせた。

【投了図は☖5七成桂まで】

☖佐藤 歩二

9	8	7	6	5	4	3	2	1	
香	桂		金					香	一
	王	銀		金			銀		二
	歩	歩		歩	歩	と		歩	三
									四
			歩	桂		金			五
		竜		香	歩				六
	歩			成桂		銀		歩	七
	銀					玉	飛		八
				金				香	九

☗木村 角角桂歩六

第80局

仁王立ちの玉で勝つ

ゴキゲン中飛車対超速

第61期王将戦七番勝負第1局（スポーツニッポン・毎日新聞）　【持ち時間】各8時間

2012年1月8、9日　終了9日18時37分　静岡県掛川市「二の丸茶室」　記録係　坂井信哉三段

九段 ▲佐藤　康光
王将 △久保　利明

2010年の第35期棋王戦五番勝負から約2年。久しぶりにタイトル挑戦を果たした佐藤は「久保さんとのタイトル戦では、過去2回棋王戦で痛い目にあっていますので、今回はお返しができれば」と七番勝負に意欲を見せた。

▲7六歩　△3四歩1　▲2六歩2
△5四歩2　▲2五歩1　△5二飛1
▲4八銀2　△5五歩5　▲6八玉
△3三角1　A▲3六歩　（第1図）
△6二玉10　▲3七銀1　B△4四歩
C▲4六銀68　△4五歩6　▲同　銀
△3二金　▲3四銀75　△5六歩22
▲同　歩1　△8八角成2　▲同　銀
D△7二玉1　E▲5七玉3　（第2図）
△6五角52　▲4五角11　F△7六角50
▲3五歩24　△6二金30　▲7八金63
G△4四歩32　▲1八角2　△6五角1
▲7七銀10　H△5六飛20　▲6八玉
△3三歩2　I▲2三銀成18　△同　金
▲2四歩　△1四金2　▲5七歩44
△5二飛54　J▲3八金2　（第3図）
△5四角45　▲同　角1　△同　飛
▲2三歩成5　△6四角16　▲3七角7
△同角成4　▲同　桂　K△3六銀7
▲6六銀4　△6四角13　▲4六角14
△5三角23　▲6五銀27　△9四飛
▲2六飛16　L△4五銀10　▲同　桂7
△同　歩　▲3七角1　△3五角12
▲5六飛　△4二銀　▲3六歩7
△4四角1　M▲5五銀　△4六歩2
▲同　角10　△5五角6　▲同　角
△5三桂2　▲7六銀4　△4五銀1
▲6六飛　△4三銀2　▲2二歩5
△5四飛1　▲2八角5　△4四銀
▲2一歩成　△5六歩3　▲同　歩
△同　銀　N▲4八金2　△4五桂5
▲5八歩7　△5七歩2　▲3二角2
△5八歩成2　▲7七玉　△5五飛7
▲4三角成1　△5七銀不成7　▲同　金7
△同飛成　▲4四馬　△5四金
▲3五馬2　△4八竜3　O▲7四桂4
△2八竜5　▲6二馬3　△同　銀
▲8二金　△6一玉　P▲4三銀
△――2　（投了図）

まで111手で佐藤の勝ち

（消費時間＝▲7時間48分、△7時間55分）

【解説】

A▲3六歩（第1図）＝6八玉型で右銀を繰り出す「超速」と呼ばれる指し方。星野良生四段が三段時代に創案し、2011年に升田幸三賞を受賞した。佐藤は黎明期の2010年3月に第35期棋王戦第5局で超速を指したが久保に敗れた。本局時は、棋王戦のころより超速が洗

【第1図は▲3六歩まで】

△久保　なし

9	8	7	6	5	4	3	2	1	
v香	v桂	v銀	v金	v王	v金	v銀	v桂	v香	一
				v飛					二
v歩	v歩	v歩	v歩		v歩	v角	v歩	v歩	三
						v歩			四
				v歩			歩		五
		歩				歩			六
歩	歩		歩	歩	歩			歩	七
	角		玉		銀		飛		八
香	桂	銀	金		金		桂	香	九

▲佐藤　なし

練されて、居飛車側が高い勝率を挙げていた。「人真似は好きではないが、自分なりに研究を深めているつもり」と佐藤は述べている。

B△4四歩＝菅井流と呼ばれる指し方。菅井竜也五段（当時）が発案した。

C▲4六銀＝のちに▲7八銀と左銀の進出を急ぐ指し方が主流となった。

D△7二玉＝▲4四角を避けた。後手は歩損でも、先手玉が不安定なのが主張。

E▲5七玉（第2図）＝歩を死守する頑固な一手が評判になった。中飛車相手に仁王立ちするような棋史に残る玉上がり。25手目で玉が5七にくることも珍しい。「このような手は20代のころには指せなかった」と佐藤は述べている。

【第2図は▲5七玉まで】

△久保　角

	9	8	7	6	5	4	3	2	1
一	v香	v桂	v銀	v金			v銀	v桂	v香
二			v王		v飛		v金		
三	v歩	v歩	v歩	v歩				v歩	v歩
四							銀		
五								歩	
六			歩		歩		歩		
七	歩	歩		歩	玉	歩			歩
八		銀						飛	
九	香	桂		金		金		桂	香

▲佐藤　角歩三

F△7六角＝△3三桂は▲同銀成△同金▲6四桂の王手飛車取りがある。

G△4四歩＝封じ手。ここでは△5四角▲同角△同飛と、角を交換するほうがさばきのアーティストらしかった。佐藤も△5四角を警戒。△5四同飛に▲4五銀△5一飛▲4六歩なら△5五歩▲同歩△同飛▲5六歩△4五飛▲同歩△3三桂の大さばきを読んでいた。

H△5六飛＝△5六角は▲5三歩△同飛▲5四歩で飛車先が止まる。

I▲2三銀成＝駒損だがあとで取り返す方針。

J▲3八金（第3図）＝バランス重視の金上がり。数手後の△6四角に備えてもいる。佐藤はこのあたりで優勢を意識したという。

【第3図は▲3八金まで】

△久保　銀

	9	8	7	6	5	4	3	2	1
一	v香	v桂	v銀				v銀	v桂	v香
二			v王	v金	v飛				
三	v歩	v歩	v歩	v歩			v歩		v歩
四						v歩		歩	v金
五				v角			歩		
六									
七	歩	歩	銀	歩	歩	歩			歩
八			金	玉			金	飛	角
九	香	桂						桂	香

▲佐藤　歩三

K△3六銀＝先手陣に隙がなく、攻略の糸口が見えない。

L△4五銀＝つらい撤退。先手優勢。

M▲5五銀＝飛車角を押さえて、と金の活用を間に合わせる方針。

N▲4八金＝落ち着いた好手。

O▲7四桂＝決め手。△同歩は▲9一角成で手順に逃げることができる。

P▲4三銀（投了図）＝左右挟み撃ちの必至。「まとめるのが大変だった」と佐藤自身も述べており、**第2図のE▲5七玉**は本局以降指されていない。だが、大一番で指したインパクトが、2回目の升田幸三賞を受賞につながった。「自分らしく指せたので内容には満足」と佐藤。

【投了図は▲4三銀まで】

△久保　角角歩

	9	8	7	6	5	4	3	2	1
一	v香	v桂		v王				と	v香
二		金		v銀					
三	v歩	v歩	v歩	v歩		銀	v歩	と	v歩
四			桂		v金				v金
五						v桂			
六			銀	飛			歩		
七	歩	歩	玉	歩		歩			歩
八			金		vと			v竜	
九	香	桂							香

▲佐藤　銀歩二

第81局

第61期王将戦七番勝負第2局（スポーツニッポン・毎日新聞）

2012年1月26、27日　終了27日19時16分　栃木県大田原市「ホテル花月」　記録係　伊藤和夫三段

【持ち時間】各8時間

王将 ☗久保　利明
九段 ☖佐藤　康光

流れを引き寄せた勝利

相振り飛車

佐藤は3手目☗7五歩に☖8四歩を多用したが、「リスクが高いとわかってきた。先手の作戦にすべて対応する自信はない」。次第に別の作戦を使うようになる。超速に絞ったゴキゲン中飛車対策と対照的な動きといえよう。

☗7六歩　☖3四歩　☗7五歩3
A☖**3五歩**1　☗7八飛6　☖3二飛
☗4八玉4　☖6二玉5　☗5八金左11
☖5二金左14　☗9六歩18　☖7二銀65
☗9五歩28　☖4四歩17　☗7四歩40
☖6四歩4　☗7三歩成16　☖同　銀
B☗**7六飛**　C☖**4五歩**28　☗7七桂8
☖3四飛69　☗3八銀20　☖3三角11
D☗**8六歩**14　**（第1図）**　E☖**8二銀**31
☗7四歩20　☖2四歩4　☗7五飛6
F☖**3二銀**28　☗8五桂4　☖7二歩5
☗3三角成20　☖同　桂　G☗**2二角**1
☖2八角1　☗1八香1　☖1九角成2
☗1一角成　☖1八馬　☗7六飛9
☖8四歩38　H☗**3九金**54　I☖**1九馬**8
☗1六飛12　☖8五歩16　☗1二馬6
☖4四飛21　☗2二馬7　☖4二金2
☗1三飛成　J☖**5一金**5　☗1五竜15
☖2五歩40　☗1一竜11　☖4一金寄
K☗**2四香**35　☖同　飛48　☗3二馬5
☖同金上　L☗**8一竜**　☖5四香1
☗8二竜34　☖5二玉　☗9一竜3
M☖**4三玉**　**（第2図）**　☗5六香16
☖7五香2　☗5四香3　☖同　歩
N☗**1五銀**9　☖4四飛3　☗5六桂4
☖7九香成　☗9三竜9　☖5三香3
☗4四桂　☖同　玉　☗1四飛5
☖3四桂3　☗6三竜11　☖2三銀1
☗1一飛成1　O☖**4六桂打**　☗同　歩
☖同　桂　☗4七銀　☖5八桂成1
☗同　銀　☖4六歩1　P☗**4七歩**3
☖6九成香1　☗4六歩2　☖6八成香
☗4七銀1　☖3四玉　☗2六桂1
☖同　歩　☗同　銀　☖1二歩
Q☗**3六香**3　R☖**4三桂**　**（第3図）**
S☗**3五香**　☖同　桂　☗同　銀
☖同　玉　☗3八玉　☖6九角
☗3六銀打　☖2四玉　☗3五桂
T☖**3四香**　☗2三桂成　☖同　金
☗1二竜　U☖**4七角成**　☗同　銀
☖3七香成　☗同　桂　☖同　馬
☗同　玉　☖2五桂　☗2六玉
☖3七銀　**（投了図）**

まで124手で佐藤の勝ち
（消費時間＝☗7時間59分、☖7時間59分）

【解説】

A☖**3五歩**＝佐藤は相三間飛車を初採用。

B☗**7六飛**＝久保好みの軽い飛車浮き。

【第1図は☗8六歩まで】

☖佐藤　持駒：歩

	9	8	7	6	5	4	3	2	1
一	v香	v桂		v金			v銀	v桂	v香
二				v王	v金				
三	v歩	v歩	v銀		v歩		v角	v歩	v歩
四				v歩			v飛		
五	歩					v歩	v歩		
六		歩	飛						
七			桂	歩	歩	歩	歩	歩	歩
八		角			金	玉	銀		
九	香		銀		金			桂	香

☗久保　持駒：歩

C☖4五歩＝早くも勝負手。☖3四飛では☗7四歩☖8二銀に☗6六歩☖6三金☗6五歩☖同歩☗5五角☖7二金☗7七桂☖5四歩☗8二角成☖同金☗6五桂で速攻を浴びる。

D☗8六歩（第1図）＝模様の良さがあるので力をためたが、☗8五桂の強襲が成立した。一例は☖8二銀☗9四歩☖同歩☗9三歩☖同香☗3三角成☖同桂☗9二角☖7一金☗8一角成☖同金☗7四桂。後手は危ない瞬間だった。

E☖8二銀＝当たりを避け、ひと息ついた。

F☖3二銀＝封じ手。佐藤は読みに没頭しつつ封じ手を記し、のり付けしたため、片方の封筒に用紙を2通入れてしまったか不安になり、よく眠れなかったという。

【第2図は☖4三玉まで】

佐藤☖　角桂香

9	8	7	6	5	4	3	2	1	
竜									一
		歩			金	金			二
歩				歩	玉	桂			三
		歩	歩	香			飛		四
歩	歩				歩	歩	歩		五
	歩								六
			歩	歩	歩	歩	歩	歩	七
				金	玉	銀			八
香		銀				金	桂	馬	九

☗久保　銀銀桂香歩

G☗2二角＝香の取り合いは左辺を押し込んでいるのが大きく、先手に分がある。

H☗3九金＝すぐに☗1六飛で先手指せた。

I☖1九馬＝☖8五歩☗8四香☖8三桂とすれば、ほぼ互角の形勢だった。

J☖5一金＝4四飛を軸に防波堤を作る。

K☗2四香＝数手前の☗1五竜☖2五歩の交換により☗2四香が生じた。芸が細かい。

L☗8一竜＝防壁突破。攻めがつながった。

M☖4三玉（第2図）＝要塞に逃げて粘る。

N☗1五銀＝先手は後手の飛車を攻めることが寄せにつながる。☖3四飛なら☗2四桂☖2二金☗3一竜が好調だ。

O☖4六桂打＝反撃ののろしを上げる。

【第3図は☖4三桂まで】

佐藤☖　角金

9	8	7	6	5	4	3	2	1	
								竜	一
		歩			金	金		歩	二
			竜	香	桂	桂	銀		三
		歩	歩	歩		玉			四
歩	歩					歩			五
	歩				歩	香	銀		六
			歩	歩	銀	歩	歩	歩	七
			成香		玉				八
香						金	桂	馬	九

☗久保　銀桂歩三

P☗4七歩＝自陣のキズを消して手堅い。

Q☗3六香＝☗3六歩とし、☖5九角に☗3八玉で明快な勝ちだった。

R☖4三桂（第3図）＝生命力の強い玉。

S☗3五香＝さすがの久保も頑強な抵抗に冷静さを欠いたか。☗6四竜と活用して、☖6九角☗3八玉（☖5八金☗3八玉☖5七金の筋を消す）で先手有利だった。

T☖3四香＝最後の詰み筋を見通した受け。

U☖4七角成＝詰み筋に入った。投了図は☗1六玉に☖1七桂成☗同玉☖2五桂以下詰み。佐藤自身がのちに「第2局を勝てたのが大きかった」と語った、七番勝負の流れを引き寄せる大きな逆転勝ちだった。

【投了図は☖3七銀まで】

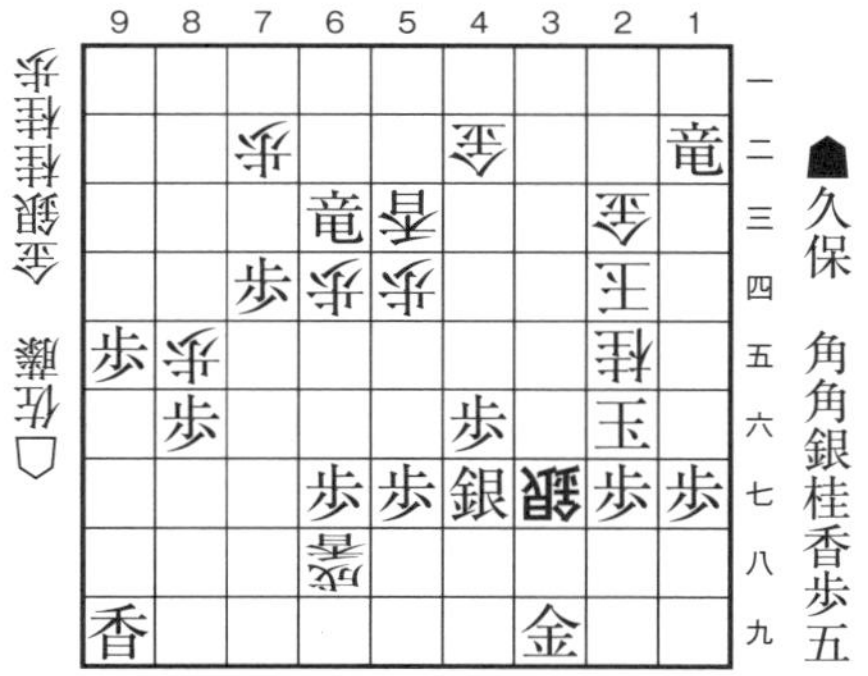

佐藤☖　金銀桂桂歩

9	8	7	6	5	4	3	2	1	
									一
		歩			金			竜	二
			竜	香			金		三
		歩	歩	歩			王		四
歩	歩						桂		五
	歩				歩		玉		六
			歩	歩	銀	銀	歩	歩	七
			成香						八
香						金			九

☗久保　角角銀桂香歩五

第82局

第61期王将戦七番勝負第5局（スポーツニッポン・毎日新聞）

【持ち時間】各8時間

2012年3月8、9日 終了9日16時8分 静岡県河津町「今井荘」 記録係 川崎直人二段

九段 ☗佐藤 康光
王将 ☖久保 利明

無冠返上、王将復位成る

ゴキゲン中飛車超速

佐藤は「娘（長女）にタイトルホルダーとしての姿を見せたかった」と、強い思いを持って臨んだ王将戦七番勝負だった。3勝1敗で迎えた本局に勝ち、2日制では2002年の第51期王将戦以来のタイトル獲得となった。

☗7六歩 ☖3四歩 ☗2六歩1
☖5四歩1 ☗2五歩1 ☖5二飛1
☗4八銀 ☖5五歩2 ☗6八玉
☖3三角 ☗3六歩1 ☖6二玉
A☗**3七銀** ☖7二玉 ☗4六銀2
☖8二玉1 ☗7八玉4 ☖7二銀2
☗6八銀3 ☖4二銀16 ☗4五銀43
B☖**5一飛**4 C☗**6六歩**58 ☖3二金17
☗3四銀6 ☖4四角11 D☗**5八金右**6
（第1図） ☖5六歩20 ☗6七金57
☖5五角18 E☗**1八飛** ☖5七歩成9
☗同 銀 ☖4四歩14 ☗5六歩21
☖6四角4 ☗6五歩 ☖5三角
☗2八飛 F☖**6四歩**3 ☗2四歩12
☖同 歩 ☗同 飛 G☖**6五歩**12
（第2図） ☗2三銀成40 ☖3三銀71
☗2八飛 ☖2七歩2 ☗同 飛
☖2六歩 ☗同 飛 ☖2五歩
☗3三成銀 H☖**2六歩** ☗3二成銀1
☖2八飛 ☗6八金上36 ☖2九飛成3
I☗**4二銀**3 ☖同 角22 ☗同成銀
☖5四飛 ☗6九歩28 ☖6六桂24
☗同 銀6 ☖同 歩 ☗同 角
☖5九銀5 ☗6五角15 J☖**5三飛**3
☗6四桂53 ☖6三飛9 K☗**5四金**3
（第3図） ☖6二飛3 ☗4三成銀
☖6八銀成19 ☗同 金 ☖5九銀
L☗**5三成銀**4 ☖6八銀成8 ☗同 歩3
☖6四飛14 ☗同 金 M☖**5八金**
N☗**6二銀**38 ☖6九竜2 ☗7七玉
O☖**7一桂**11 ☗6一銀不成3 ☖同 銀1
☗2二飛1 ☖7二銀打1 ☗6二銀6
☖6八竜3 ☗8六玉 ☖5二歩1
☗6一銀不成3 ☖同 銀 P☗**5二成銀**
☖3一銀 ☗6一成銀2 ☖2二銀
Q☗**8三角成** ☖同 玉 ☗8四銀
☖7二玉 ☗7一成銀 ☖同 玉
☗4四角 **（投了図）**

まで109手で佐藤の勝ち
（消費時間＝☗7時間40分、☖5時間37分）

【解説】

A☗**3七銀**＝佐藤は王将戦七番勝負の先手番で3局とも超速を用いた。第70期A級順位戦や王将戦と同時期に行われていた第37期棋王戦でも、久保の後手番は全局ゴキゲン中飛車対超速。まるでアキレス腱みたいに、一流棋士が久保に超速で一斉に攻めかかった時期だった。

B☖**5一飛**＝歩を取らせて軽くさばく方針。

【第1図は☗5八金右まで】

☖久保 なし

9	8	7	6	5	4	3	2	1	
v香	v桂		v金	v飛			v桂	v香	一
	v玉	v銀			v銀	v金			二
v歩	v歩	v歩	v歩		v歩		v歩	v歩	三
					v角	銀			四
				v歩			歩		五
		歩	歩			歩			六
歩	歩			歩	歩			歩	七
	角	玉	銀	**金**			飛		八
香	桂		金				桂	香	九

☗佐藤 歩

後年、△3二金とし▲3四銀に△4四角▲2四歩△同歩▲同飛△2二歩という指し方が出た。

C▲6六歩＝▲3四銀△4四角▲2四歩は、△5六歩▲4四角△同歩▲5六歩△同飛で3四銀が空を切る。

D▲5八金右（第1図）＝佐藤は▲6七銀で△5六歩を防ぐのだったと振り返っている。

E▲1八飛＝ここはいったん辛抱。あとから押し返す楽しみがある。

F△6四歩＝手に乗りながら、自然に動く。

G△6五歩（第2図）＝△3三銀▲同銀成△同桂も有力。以下▲2三銀に△1五銀▲2八飛△2七歩の返し技がある。本譜は△3三銀に▲2八飛とかわされた。

【第2図は△6五歩まで】

△久保　歩三

	9	8	7	6	5	4	3	2	1
一	v香	v桂		v金	v飛			v桂	v香
二		v王	v銀			v銀	v金		
三	v歩	v歩	v歩		v角				v歩
四						v歩	銀	飛	
五				v歩					
六			歩		歩		歩		
七	歩	歩		金	銀	歩			歩
八		角	玉						
九	香	桂		金				桂	香

▲佐藤　歩二

H△2六歩＝△3三同桂▲2八飛△9四歩と息長く指すのはさばけないと見たか。久保は△2八飛と飛車の打ち込みに勝負を懸けた。

I▲4二銀＝駒得を主張する素朴な好手。

J△5三飛＝△6四飛には▲5五角がある。以下△6五飛は▲7四桂で詰み。

K▲5四金（第3図）＝持ち駒3連打ですさまじい厚みができた。

L▲5三成銀＝切り合いでの勝ちを目指す。

M△5八金＝この手が詰めろにならない。

N▲6二銀＝手勝ちを読み切る。

O△7一桂＝△6二金は▲7一銀△同玉▲6二成銀△同玉▲4四角で詰み。ただ、この△7一桂も▲8三角成△同玉▲7三金以下、長手数

【第3図は▲5四金まで】

△久保　銀

	9	8	7	6	5	4	3	2	1
一	v香	v桂		v金				v桂	v香
二		v王	v銀			成銀			
三	v歩	v歩	v歩	v飛					v歩
四				桂	金	v歩			
五				角					
六			歩	角	歩		歩	v歩	
七	歩	歩		金		歩			歩
八			玉	金					
九	香	桂		歩	v銀			v竜	香

▲佐藤　歩四

だが詰んでいた。佐藤は着実に迫る順を考えて、詰みに気づかなかったという。本譜の▲6一銀不成でも先手勝ち筋で問題はない。

P▲5二成銀＝後手の持ち駒に銀が増えたが、依然として先手玉は詰まない。

Q▲8三角成＝王将位への掉尾を飾る鮮やかな詰み。**投了図**以下は△6二銀▲同角成△同玉▲6三銀△5一玉▲5二金まで。攻守ともに厚みを生かした指し回しで制勝。

佐藤は1998年に今井荘で名人獲得（第26局）。それから14年、42歳となった佐藤は同じ対局場で王将復位を果たした。敗れた久保は「エース（ゴキゲン中飛車）で勝てなかったので仕方ない」と局後に話した。

【投了図は▲4四角まで】

△久保　飛角金銀

	9	8	7	6	5	4	3	2	1
一	v香	v桂	v王					v桂	v香
二								v銀	
三	v歩		v歩						v歩
四		銀		金		角			
五									
六		玉	歩		歩		歩	v歩	
七	歩	歩				歩			歩
八				v竜	v金				
九	香	桂							香

▲佐藤　金銀桂歩七

第83局

第6回大和証券杯ネット将棋・最強戦決勝（特別協賛・大和証券グループ）

【持ち時間】各30分（チェスクロック方式）

2012年8月26日　14時15分～15時48分　東京都千代田区「大和証券本店」　記録係　なし

王将 ▲佐藤　康光
棋王 △郷田　真隆

一瞬のチャンスをとらえる

角交換振り飛車

ネット対局の早指し戦が特色の大和証券杯ネット将棋・最強戦。最後となった第6回は、2011年度の対局数、勝数、勝率の3部門から上位者を段位で3枠に分けて、計16人選抜。佐藤は初めての決勝戦に和服で臨んだ。

▲7六歩　△8四歩　▲5六歩
△8五歩　▲7七角　△5四歩
▲8八飛　△3四歩　▲6八銀
△4二玉　▲4八玉　△3二玉
▲2二角成　△同　銀　▲3八玉
△6二銀　A▲4八銀　△7四歩
▲2八玉　△1四歩　▲1六歩
△2四歩　▲3八金　△2三銀
▲7七桂　B△7三桂　▲8九飛
△2二玉　▲5七銀左　△5三銀
▲6八金　△3二金　▲4六歩
△3三桂　▲4七銀　△4四歩
▲3六歩　△6二金　▲2六歩
△6四銀　▲6六歩　△8一飛
▲4八銀　C△5三銀　▲6五桂
△同　桂　▲同　歩　△4二銀
D▲6六桂　△5三銀　▲7四桂
E△7二金　▲9六歩　△4三桂
▲3七銀　△1二香　▲7五歩
△5五歩　▲同　歩　△同　桂
▲5六銀　△5四歩　F▲8六歩
△1一飛☆　▲8五歩　△1五歩
▲同　歩　△4五歩　▲同　歩
△1五香　▲1六歩☆　△同　香
▲同　香　△1五歩　▲同　香
△同　飛　▲1九香　△1六歩
▲6一角　G△4五桂　（第1図）
▲7二角成　△3七桂成　▲同　金
△4八銀　▲3八金打　△3七銀成
▲同　金　H△1七歩成　▲同　香
△1六歩　▲同　香　△同　飛
▲1七歩　△1一飛　I▲6三馬
J△4三金打　▲5二銀　K△4四銀
▲4三銀成　△同　金　▲5二馬

【第1図は△4五桂まで】

△郷田　持駒　角　香　歩

	9	8	7	6	5	4	3	2	1	
	v香			角						一
			v金				v金	v王		二
	v歩			v歩	v銀			v銀		三
			桂		v歩		v歩	v歩		四
		歩	歩	歩	v桂	v桂			v飛	五
	歩				銀		歩	歩	v歩	六
							銀			七
				金			金	玉		八
	香	飛						桂	香	九

▲佐藤　歩五

△4二香　L▲4九飛　△1四香
▲1六桂　△8六角　▲5八金
△7五角　▲7六歩　△6六角
M▲2五歩　△1六香　▲同　歩
△2五歩　N▲5五銀　（第2図）
△同　歩　▲1五桂　O△同　飛
P▲同　歩　△1六桂　▲3八玉
△4五桂　▲5七歩　Q△3七桂成
▲同　桂　R△2六歩　S▲4四飛
（第3図）　△2八桂成　▲4八玉
△3八金　T▲5九玉　△3七金
▲4二馬　△7七角成　▲6八金打
△4八銀　▲6九玉　△8七馬
▲7八金　△6八歩　▲同　玉

（投了図）　まで141手で佐藤の勝ち
（消費時間＝▲30分、△30分）

【解説】

A▲4八銀＝美濃に比べて中央が厚い。

B△7三桂＝後手番でもあり、慎重な駒組み。

C△5三銀＝出たばかりの銀を引くので変調だが、形勢に影響はない。

D▲6六桂＝多少強引でも打開を目指す。

E△7二金＝△5二金との比較は難しい。

F▲8六歩＝△同歩は▲8三歩△同飛▲6一角で有利。郷田は△1一飛と戦場を1筋に移す。

G△4五桂（第1図）＝金取りに構わず踏み込む好手。△7一金は▲5二角成△4二金▲5三馬△同金▲2七銀で、実戦的に後手嫌な展開。

【第2図は▲5五銀まで】

▲佐藤　金桂香歩六

9	8	7	6	5	4	3	2	1	
香								飛	一
				馬	香		王		二
歩					金		銀		三
		桂		歩	銀	歩			四
	歩		歩	**銀**			歩		五
歩		歩	角			歩		歩	六
						金			七
				金			玉		八
香					飛		桂		九

△郷田　銀桂歩二

H△1七歩成＝攻めが軽かった。△1一香▲1八歩に△6六金▲5七歩△5六金▲同歩△4八銀▲3八金打△3七銀成▲同金△4七歩▲4九歩△6七桂成▲同金△7八角で優勢だった。

I▲6三馬＝馬がいい位置にきて混戦。

J△4三金打＝銀冠を修復して崩れない。

K△4四銀＝△1四香▲1六桂△4二金引で後手有利だった。▲4三歩なら△同金直と取り、次に△4七歩がある。歩切れ解消が大きい。

L▲4九飛＝飛車が戦線復帰したのは好材料。

M▲2五歩＝気迫の好手。互いに怖い形。

N▲5五銀（第2図）＝▲1五香△1四歩として玉を安全にしてから、▲2四歩△同銀▲4四飛△同金▲4二馬の強襲で先手勝勢だった。

【第3図は▲4四飛まで】

▲佐藤　飛金銀桂香歩五

9	8	7	6	5	4	3	2	1	
香									一
				馬	香		王		二
歩					金		銀		三
		桂			**飛**	歩			四
	歩		歩	歩				歩	五
歩		歩	角			歩	歩	桂	六
				歩		桂			七
				金		玉			八
香									九

△郷田　金銀銀歩二

O△1五同飛＝勝負手だが、「敵の打ちたいところに打て」で、△2四桂が勝った。

P▲1五同歩＝当然の一手に思えるが▲2四歩があった。△同銀とさせれば、後手陣が弱体化する。本譜は△1五同飛の勝負手が通った。

Q△3七桂成＝猛攻が決まり後手優勢。

R△2六歩＝逸機。△2八金▲4八玉△4七歩▲5九玉△3八銀▲2四歩△7七角成▲6八金打△4九銀成▲6九玉△8七馬▲7八桂△8九飛▲7九香△3二銀で後手勝ちだった。

S▲4四飛（第3図）＝一瞬のチャンスをとらえる。△同金は▲1三銀以下詰み。逆転。

T▲5九玉＝飛車がさばけて玉が逃げやすい。**投了図**は先手玉が詰まず、後手玉は必至。

【投了図は▲6八同玉まで】

▲佐藤　飛銀桂香香歩六

9	8	7	6	5	4	3	2	1	
香									一
					馬		王		二
歩					金		銀		三
		桂			飛	歩			四
	歩		歩	歩				歩	五
歩		歩				歩	歩		六
	馬			歩		金			七
		金	**玉**	金	銀		成桂		八
香									九

△郷田　銀桂歩

第84局

第26期竜王戦ランキング戦1組（読売新聞）

【持ち時間】各5時間

2013年4月18日　終了22時52分　東京都渋谷区「将棋会館」

記録係　渡辺和史三段

▲九段　佐藤　康光
△三冠　羽生　善治

矢倉戦のたたき合い

相矢倉

長年戦い続けた佐藤と羽生の対局は、本局が150局目となる。矢倉戦らしい、激しいたたき合いで密度の濃い一戦となった。本局はランキング戦1組の準決勝で、勝者は決勝トーナメント進出が決まる一戦だった。

▲7六歩　△8四歩　▲6八銀4
△3四歩1　▲6六歩2　△6二銀1
▲5六歩　△5四歩3　▲4八銀
△4二銀1　▲7八金　△3二金1
▲6九玉　△4一玉1　▲5八金
△5二金1　▲7七銀　△3三銀
▲7九角　△3一角　▲3六歩
△4四歩　▲6七金右　△4三金右
▲6八角3　△7四歩2　▲7九玉
△9四歩1　A▲**8八玉**2　△9五歩
▲2六歩　△7三銀24　▲2五歩1
B△**7五歩**　▲4六角2　△7六歩2
▲同　銀　△7四歩　▲5七銀4
△4二角4　▲6五歩10　△3一玉5
▲6六銀　C△**9二飛**　D▲**9八香**87
△2二玉20　▲9九玉　△7二飛
▲3七桂39　△9二香18　▲8八金14
△1四歩5　▲1六歩　△9三桂22
▲7七金寄　△6四歩13　E▲**1五歩**22
（第1図）
△同　歩3　▲6四歩
△同　銀　F▲**7八金引**　△9六歩61
▲同　歩10　△9七歩18　▲同　香5
△7五歩　G▲**6五歩**36　△7六歩8
▲6四歩　H△**7七銀**　▲1二歩13
△同　香　▲6三歩成2　△9八歩8
▲同　金　△7一飛12　▲6二と25
I△**8五桂**9　▲7一と　△9六香
▲1三歩4　△同　香　J▲**4一銀**3
（第2図）
△9七香成5　▲同　桂
△同桂成　▲同　金1　△同角成
▲3二銀成　△同　玉　▲9二飛
K△**4二金打**　▲9七飛成　△7八銀成1
▲同　飛　△8五桂　L▲**2四桂**3
△同　歩2　▲2三銀1　△同　玉13
▲2四歩　△同　銀　▲2五香
△同　銀3　M▲**同　桂**2　△3五銀18
▲1三桂成　△同　桂　N▲**1四歩**
（第3図）
△9七桂成13　▲1三歩成
△同　玉　▲1五香3　△1四歩
▲3五角　△同　歩　▲2五桂
△2二玉　▲1三角　△3二玉
▲3一金　△2三玉　▲2四銀
△3四玉　▲3五銀　△2五玉
▲2六銀　△3四玉　O▲**2五銀**
（投了図）　まで129手で佐藤の勝ち
（消費時間＝▲4時間58分、△4時間59分）

【解説】

A▲**8八玉**＝森下システムを採用。

【第1図は▲1五歩まで】

△羽生　持駒　なし

	9	8	7	6	5	4	3	2	1	
								v桂	v香	一
	v香		v飛			v角	v金	v王		二
	v桂		v銀			v金	v銀	v歩		三
		v歩	v歩	v歩	v歩	v歩	v歩		v歩	四
	v歩			歩				歩	**歩**	五
			銀	銀	歩	角	歩			六
	歩	歩	金			歩	桂			七
	香	金						飛		八
	玉	桂							香	九

▲佐藤　持駒　歩

B☖7五歩＝歩交換と同時に角の移動を図る。普通は☗7五同歩☖同角☗6五歩で盛り上がる。☗4六角が佐藤の工夫。後手は☖4二角と上がる手が必要で、先手は従来よりも1手得した。

C☖9二飛＝☖2二玉は☗7五歩の逆襲が成立する。また、☖7二飛も☗7五歩☖同歩☗同銀直☖7四歩☗同銀☖同銀☗9一角成☖6四歩☗7七香と強く戦って先手が指せる。

D☗9八香＝互いに手出しが難しい。穴熊に組み替える。堅さより遠さを主張。「研究していたわけではないがアイデアはあった」と佐藤。

E☗1五歩（第1図）＝終盤を見据えた手。

F☗7八金引＝一気に引き締まった。

G☗6五歩＝穴熊の強みを生かす切り合い。

【第2図は☗4一銀まで】

☖羽生　歩三

	9	8	7	6	5	4	3	2	1	
			と			銀		v桂		一
						v角	v金	v王		二
						v金	v銀	v歩	v香	三
		v歩			v歩	v歩	v歩			四
		v桂						歩	v歩	五
	v香		v歩	銀	歩	角	歩			六
	香	歩	v銀			歩	桂			七
	金		金					飛		八
	玉	桂							香	九

☗佐藤　飛歩二

☗6七銀は☖6五歩☗7七銀☖8五桂となり、後手に勢いがつく。

H☖7七銀＝とにかく玉が見える形にする。☗同桂なら☖同歩成☗同銀☖8五桂☗6三歩成☖7七飛成で後手良し。

I☖8五桂＝飛車を見捨てて玉頭に。☖8一飛は☗7七銀☖同歩成☗同金☖8五桂☗5二と☖7七桂成☗同桂☖7六歩☗1五香☖同香☗1四桂で先手の攻め合い勝ち。

J☗4一銀（第2図）＝矢倉崩しの手筋。☖3一金は☗1三角成☖同桂☗1四歩で先手有利。

K☖4二金打＝☖4二馬は☗2四桂☖同歩☗同歩で先手優勢。また☖4二香は☗9七飛成☖8五桂☗9一竜☖9七歩☗8九玉で寄らない。

【第3図は☗1四歩まで】

☖羽生　金銀桂桂香歩四

	9	8	7	6	5	4	3	2	1	
			と							一
						v金				二
						v金		v王	v桂	三
		v歩			v歩	v歩	v歩		歩	四
		v桂					v銀		v歩	五
			v歩	銀	歩	角	歩			六
	竜	歩				歩				七
			v飛							八
	玉								香	九

☗佐藤　角金銀香歩二

以下☖6八歩には☗7七金☖同歩成☗4一銀☖同玉☗7二と☖5一銀☗同竜から詰む。

L☗2四桂＝竜を逃がしても、後手玉に詰み筋がない。先手玉が詰まない瞬間に猛スパート。

M☗2五同桂＝☗1三桂成☖同桂☗2四香以下の詰めろ。☖3五銀は羽生流の強烈な勝負手。

N☗1四歩（第3図）＝複雑な局面だが、この手が好手。☖同玉は☗1五香☖同玉☗3五歩が☗2六銀☖2四玉☗3四歩以下の詰めろだ。

O☗2五銀（投了図）＝以下は☖同玉☗3五角成☖1六玉☗1七銀☖2七玉☗2六馬まで。7八飛が利いている。前年、佐藤は羽生戦で詰みを2局逃して敗れた。「少し焦っていた」佐藤だが、長手順かつ鮮やかな詰みに打ち取った。

【投了図は☗2五銀まで】

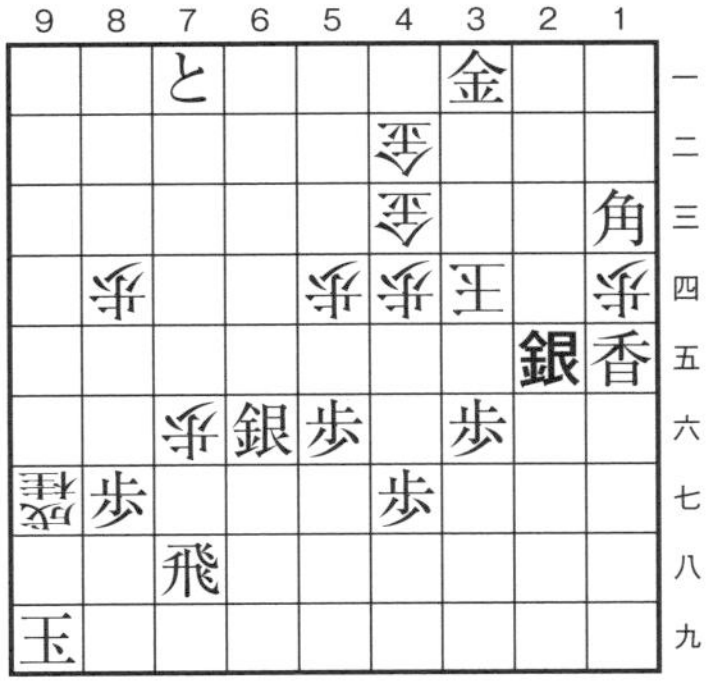

☖羽生　飛角金銀桂三香歩四

	9	8	7	6	5	4	3	2	1	
			と				金			一
						v金				二
						v金			角	三
		v歩			v歩	v歩	v王		v歩	四
								銀	香	五
			v歩	銀	歩		歩			六
	v成桂	歩				歩				七
			v飛							八
	玉									九

☗佐藤　銀香歩四

第85局

第72期順位戦Ａ級１回戦
（朝日新聞・毎日新聞）

【持ち時間】各６時間

２０１３年６月20日　終了21日０時39分　大阪市福島区「関西将棋会館」
記録係　池永天志三段

▲九段 久保　利明
△九段 佐藤　康光

驚きの仕掛けから快勝

先手中飛車

タイトル戦で３回対戦したこともあり、２００９年の第34期棋王戦から数年は、久保との対戦が多い。その中でも佐藤が斬新な仕掛けを見せたのが本局。**第１図**を見て、控室で「見たことがない」などと声が上がったという。

▲７六歩　△３四歩　▲１六歩2
△１四歩15　▲９六歩　△８四歩9
▲５六歩1　△８五歩　▲５五歩
△６二銀1　▲５八飛　△４二玉
▲４八玉　△３二玉　▲７七角
△４二銀30　▲６八銀　△７四歩4
▲５七銀18　△７三銀41　A**▲５六銀**
△６四銀　B**▲４五銀**　△８六歩5
▲同　歩1　C**△５四歩**　**（第１図）**
D**▲同　銀**155　△７五歩11　▲５六飛7
△５二金右20　▲７五歩4　E**△３三銀**100
F**▲７六飛**7　△３一角　▲６六角
G**△５三金**1　▲７七桂23　△５四金14
▲同　歩　△８七銀3　▲３三角成2
△同　桂9　▲３六飛9　H**△７六銀不成**11
（第２図）　▲７八金14　△７七銀成23
▲同　金　△８八角　▲６六銀44
△９九角成6　▲３四飛1　△４二金4
I**▲３八玉**4　△９八馬15　▲２八玉7
△２二桂12　▲３六飛4　△５四馬
▲５六飛3　△５五歩　▲５八飛1
△７三桂5　J**▲７八飛**24　△６五桂2
▲７六金1　△５六歩2　▲７四歩4
K**△５七桂成**7　▲７三歩成2　△８一飛3
L**▲７二と**7　**（第３図）**　△８三飛3
▲５五歩6　△４五馬　▲３八銀1
△６七成桂　▲７四金3　△７八成桂
▲８三金　△５七歩成　▲同　銀3
M**△６七馬**　▲４八銀　N**△５七歩**
（第４図）　▲６二と　△５八歩成
▲５一飛　△４九と　▲５二と
△同　金1　▲同飛成　△４二金
▲４一銀1　△２一玉　▲３二金
O**△１二玉**　▲５九銀　△４一金1

【第１図は△５四歩まで】

△佐藤　なし

9	8	7	6	5	4	3	2	1	
v香	v桂		v金		v金		v桂	v香	一
	v飛				v銀	v王	v角		二
v歩			v歩		v歩		v歩		三
		v歩	v銀	v歩		v歩		v歩	四
				歩	銀				五
歩	歩	歩						歩	六
		角	歩		歩	歩	歩		七
				飛	玉				八
香	桂		金		金	銀	桂	香	九

▲久保　歩

【第２図は△７六銀不成まで】

△佐藤　角

9	8	7	6	5	4	3	2	1	
v香	v桂				v金	v角		v香	一
	v飛					v王			二
v歩			v歩		v歩	v桂	v歩		三
			v銀	歩		v歩		v歩	四
		歩							五
歩	歩	v銀				飛		歩	六
		桂	歩		歩	歩	歩		七
					玉				八
香			金		金	銀	桂	香	九

▲久保　金銀歩三

▲同　金　P△5三角　（投了図）
まで100手で佐藤の勝ち
（消費時間＝▲5時間59分、△5時間58分）

【解説】

A▲5六銀＝▲3八玉△6四銀▲6六銀なら先後逆でよくある形だが、ここは突っ張った。

B▲4五銀＝▲5四歩からのさばきを見せて、後手の仕掛けを牽制している。

C△5四歩（第1図）＝**B▲4五銀**でも触れたが、先手から▲5四歩と突く筋があるだけに意表の一手。佐藤は▲5七銀のあたりで△5四歩を読んでいたという。

D▲5四同銀＝155分の大長考。こうして先手の駒を重くさせたのが佐藤の狙い。▲5四同歩は△7七角成▲同桂△8六飛▲8八歩△5七歩▲同玉△7六飛が一例で後手ペース。久保は▲1五歩△同歩▲1三歩と端を絡める攻めを読んでいたが、黙って△5五歩と取られる手があり断念したという。

E△3三銀＝100分の長考でお返し。

F▲7六飛＝▲7四歩や▲3八玉も有力。

G△5三金＝力強いぶつけ。「まずまずと思った」と佐藤。

H△7六銀不成（第2図）＝銀の再活用。この手を見越して△8七銀と重く打った。▲同飛は△8七角の飛車金両取りがある。

I▲3八玉＝金銀と角桂香の交換で後手駒得だが、先手は遊び駒がなく、駒の働きは良いのでいい勝負。

J▲7八飛＝△6五桂に備えた。

K△5七桂成＝じりじりと押していく。

L▲7二と（第3図）＝以下▲7四金まで飛車を目標に指したが、単に▲5五歩と打ち、△4五馬▲3六銀△3四馬▲3五金△6七成桂▲6三と、と馬に働きかけるほうが良かった。

M△6七馬＝馬が躍動。後手優勢。

N△5七歩（第4図）＝7六金より4九金の価値が高い。厳しい垂れ歩。

O△1二玉＝これで攻めが届かない。後手の勝ちがはっきりした。

P△5三角（投了図）＝冷静な勝ち方。角取りをかわしながら先手玉に詰めろをかけた。

【第3図は▲7二とまで】

△佐藤　香

9	8	7	6	5	4	3	2	1	
香	飛					角		香	一
		と			金	王	桂		二
歩			歩		歩	桂	歩		三
			銀	馬				歩	四
									五
歩	歩	金	銀	歩				歩	六
			歩	成桂	歩	歩	歩		七
		飛					玉		八
					金	銀	桂	香	九

▲久保　金銀歩四

【第4図は△5七歩まで】

△佐藤　飛香

9	8	7	6	5	4	3	2	1	
香						角		香	一
		と			金	王	桂		二
歩	金		歩		歩	桂	歩		三
			銀					歩	四
				歩					五
歩	歩	金						歩	六
			馬	歩	歩	歩	歩		七
		成桂			銀	銀	玉		八
					金		桂	香	九

▲久保　飛銀歩四

【投了図は△5三角まで】

△佐藤　飛銀香歩

9	8	7	6	5	4	3	2	1	
香					金			香	一
				竜			桂	王	二
歩	金		歩	角	歩	桂	歩		三
			銀					歩	四
				歩					五
歩	歩	金						歩	六
			馬		歩	歩	歩		七
		成桂				銀	玉		八
				銀	と		桂	香	九

▲久保　金歩四

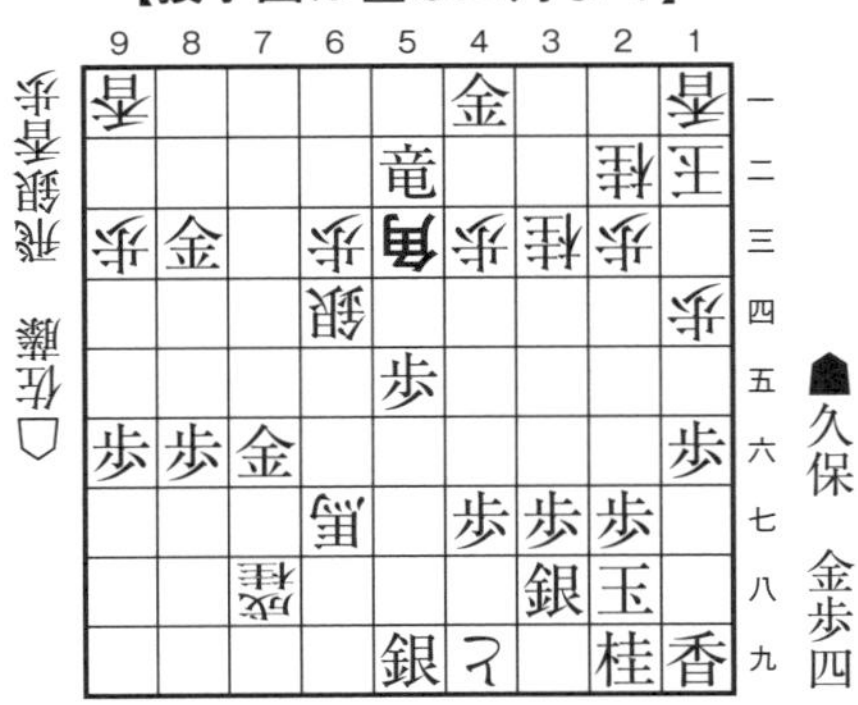

第86局

第74期順位戦A級4回戦（朝日新聞・毎日新聞）

2015年10月21日　終了22日1時1分　東京都渋谷区「将棋会館」　記録係　ツアン・シン5級

【持ち時間】各6時間

九段 ☗佐藤康光

九段 ☖深浦康市

驚愕の逆襲

ダイレクト向かい飛車

佐藤と深浦康市九段の対局は、第87局など中終盤のねじり合いから熱戦になりやすい。2018年11月現在、50局中11局が150手を超える。本局はそこまでの長手数ではなかったが、佐藤がすさまじい指し回しを見せた。

☗7六歩　☖8四歩　☗6八銀(3)
☖3四歩　☗2二角成　☖同　銀
☗7七銀　☖6二銀(13)　A **☗8八飛**(1)
（第1図）　B **☖4二玉**　☗4八玉(1)
☖3二玉　☗8六歩(5)　☖1四歩(3)
C **☗5八金左**(21)　☖1五歩(16)　☗3六歩(17)
☖6四歩(4)　☗3八銀(1)　☖5二金右(2)
☗3九玉(1)　☖7四歩(8)　☗6六銀(5)
☖6三銀　☗7七桂(1)　☖7三桂(2)
☗3七桂(56)　☖8一飛(42)　☗4六歩(7)
☖4二金上(5)　☗2八玉(18)　☖2四歩(13)
☗4七金(44)　☖3三桂(3)　☗2六歩(13)
D **☖2三銀**　☗5六歩(2)　☖1四銀(38)
☗2七銀(8)　☖2一飛(27)　☗3八金

【第1図は☗8八飛まで】

9	8	7	6	5	4	3	2	1	
v香	v桂		v金	v王	v金		v桂	v香	一
	v飛		v銀				v銀		二
v歩		v歩	v歩	v歩	v歩		v歩	v歩	三
	v歩					v歩			四
									五
		歩							六
歩	歩	銀	歩	歩	歩	歩	歩	歩	七
	飛								八
香	桂		金	玉	金	銀	桂	香	九

☖深浦　持駒：角

☗佐藤　持駒：角

☖2五歩(3)　☗同　歩　☖同　桂
☗2六歩　☖3七桂成(1)　☗同金寄(1)
☖2五歩(4)　☗同　歩(2)　☖3三桂(2)
E **☗1六歩**(137)　**（第2図）**　☖2五銀(88)
☗2六歩　☖1六歩　F **☗3九玉**(5)
☖1四銀(2)　☗3五歩(1)　☖同　歩(3)

【第2図は☗1六歩まで】

9	8	7	6	5	4	3	2	1	
v香							v飛	v香	一
				v金	v金	v王			二
v歩		v桂	v銀	v歩	v歩	v桂			三
	v歩	v歩	v歩			v歩		v銀	四
							歩	v歩	五
	歩	歩	銀	歩	歩	歩		**歩**	六
歩		桂	歩			金	銀		七
	飛					金	玉		八
香								香	九

☖深浦　持駒：角

☗佐藤　持駒：角桂歩

☗1六香　G **☖2四飛**(2)　☗1四香
☖同　飛　☗1六歩　☖3四飛(4)
H **☗2五桂**(2)　☖2一香(24)　☗3三桂成
☖同　飛　☗2五桂(1)　☖3四飛(1)
I **☗8二角**　☖6五桂(2)　☗同　桂
☖同　歩　☗同　銀　☖5七角(1)
☗2九玉(1)　☖2八歩(2)　☗同　玉(1)
☖3六桂　☗1八玉　☖2五香(2)
☗同　歩(2)　☖1七歩(2)　☗同　玉
☖3三桂　☗2六金　☖1三桂(1)
J **☗3七桂**　**（第3図）**　☖6四歩
☗2四香(1)　☖4一玉(3)　☗2三香成
☖4八桂成(17)　☗同　金　☖4六角成
☗3三成香(1)　☖同　金(2)　☗5七銀

△3七馬4　▲同　金　△4五桂
▲3八金　△5七桂成K▲4六桂
△4四飛　▲3四歩　L△2四金2
(第4図)　▲3三角　△2五桂4
▲同　金　△1六香　▲同　銀
△2五金　▲4四角成　△2六銀4
▲2八玉　△1六金1　M▲2一飛
△3一香　▲3三香　△2七金2
▲同　金　△同銀成　▲同飛成
△3六銀　▲3一香成　△5一玉
▲4一成香　　　**(投了図)**
まで129手で佐藤の勝ち
(消費時間＝▲5時間59分、△5時間59分)

【第3図は▲3七桂まで】

▲佐藤　銀香歩三

9	8	7	6	5	4	3	2	1	
香								香	一
	角			金	金	王			二
歩			銀	歩	歩	桂		桂	三
	歩	歩				飛			四
			銀			歩	歩		五
	歩	歩		歩	歩	桂	金	歩	六
歩			歩	角		桂	銀	玉	七
	飛					金			八
香									九

△深浦　歩

【解説】

A▲8八飛(第1図)＝十八番のダイレクト向かい飛車。佐藤は端歩位取りの流れでダイレクト向かい飛車(第63局)を創案したが、端を突かずに振る将棋が増えていた。「端を突かないダイレクト向かい飛車では後発組」と佐藤。

B△4二玉＝△4五角とせず、じっくり組む。

C▲5八金左＝▲1六歩も一局だが自陣の整備を急いだ。

D△2三銀＝玉頭に勢力を張り、端の位を生かす方針。以下、△2一飛で地下鉄飛車開通。

E▲1六歩(第2図)＝驚愕の1筋逆襲。137分の大長考で、残り時間は早くも16分。

F▲3九玉＝1筋に火の手を上げる準備。

G△2四飛＝▲3四歩を警戒した。しかし、強く△1五歩▲3四歩△1六歩▲同銀△3六香の切り合いなら後手が指せていた。

H▲2五桂＝力強く玉頭の制空権を争う。

I▲8二角＝からめ手からの攻撃。

J▲3七桂(第3図)＝受け一方ではなく、後手玉への無言の重圧になっている。次の▲2四香で2筋を先手が制圧して優勢。

K▲4六桂＝飛車を取るのがすばやい寄せ。

L△2四金(第4図)＝尋常な手段では勝機なしとみて勝負手を放つ。「▲3四歩としてすぐに△2四金に気づいて青ざめた」と佐藤。

M▲2一飛＝△2七金の頓死筋を消す攻防の王手で勝負あり。「残っていたのは幸運」と佐藤。**投了図**は△4一同玉に▲2一竜以下詰み。

【第4図は△2四金まで】

▲佐藤　角桂歩二

9	8	7	6	5	4	3	2	1	
香					王			香	一
	角			金					二
歩			銀	歩	歩			桂	三
	歩	歩	歩		飛	歩	金		四
			銀			歩	歩		五
	歩	歩		歩	桂		金	歩	六
歩			歩	成桂			銀	玉	七
	飛					金			八
香									九

△深浦　銀香歩

【投了図は▲4一成香まで】

▲佐藤　金銀桂桂香歩二

9	8	7	6	5	4	3	2	1	
香				王	成香				一
	角			金					二
歩			銀	歩	歩				三
	歩	歩	歩		馬	歩			四
			銀			歩			五
	歩	歩		歩	桂	銀			六
歩			歩	成桂			竜		七
	飛						玉		八
香									九

△深浦　金金歩三

第87局

第75期順位戦A級8回戦（毎日新聞・朝日新聞）

【持ち時間】各6時間

2017年2月1日　終了2日1時17分　東京都渋谷区「将棋会館」
記録係　三浦孝介三段

▲九段 佐藤 康光
△九段 深浦 康市

A級残留に大きな1勝

相矢倉

第75期A級順位戦は、8回戦時点で佐藤は1勝6敗。本局と9回戦を制して、際どく残留を果たした。残留のきっかけとなった本局は名局賞となった。A級順位戦は森内俊之九段が降級となり、その後にフリークラス転出を宣言した。

▲7六歩 △8四歩 ▲6八銀1
△3四歩 ▲6六歩 △6二銀
▲5六歩 △5四歩 ▲4八銀
△4二銀 ▲5八金右 △3二金
▲7八金2 △4一玉 ▲6九玉
△5二金 ▲7七銀2 △3三銀
▲7九角 △3一角 ▲3六歩
△4四歩 ▲3七銀21 △6四角
▲1六歩13 △4三金右5 ▲1五歩
△3一玉2 ▲4六銀9 △4五歩34
▲6五歩51 △5三角22 ▲4五銀1
A **△6四歩** ▲4六角12 △6五歩6
▲5五歩 △同 歩1 ▲同 角
△6三銀 ▲3七角20 △6四角31
▲5五歩11 △5二飛21 ▲5六銀7
△7四歩 B **▲6六歩**17 △7三角25
▲6五歩3 △5四歩8 ▲同 歩7
△4四銀29 ▲7九玉41 △7五歩4
▲同 歩8 △3七角成18 ▲同 桂
△7六歩 C **▲同 銀** △3九角
▲1八飛 △6六角成 ▲6七金右
△9九馬 ▲8八角 △9八馬2
D **▲4五銀** △同 銀27 ▲同 桂
△5四金4 ▲5三歩2 △4二飛2
▲4六歩37 △4五金5 E **▲6四歩**15
△同 銀18 ▲4五歩 F **△6六歩**3
▲同 角 △5五銀打 ▲7七角
△6六歩24 ▲同 金 △8五桂
▲同 銀53 △6六銀 ▲同 角
△6五香 G **▲2二銀**7 △同 金
▲5四桂 △6六香11 ▲4二桂成
△同 玉 H **▲6二飛**12 △5三玉2
▲5八飛 I **△5六歩**5 ▲6三金1
△4三玉1 ▲4四銀1 △5四玉
▲5二飛成 △4五玉10 ▲5六竜
J **△4四玉** ▲6六竜 △5五銀打1
▲4六香1 △3三玉2 ▲5五飛
△同 銀4 ▲同 竜 K **△3二金**15
L **▲4三銀** （第1図） M **△4九飛**2
▲5九歩 △4三金1 ▲5三金
△4二歩11 ▲4三金 △同 歩
▲4四歩 △8八銀1 ▲6八玉1
△4八飛成 ▲5八金 N **△5七銀**2
▲同 竜 △同 竜 ▲同 金
△4四歩 ▲6三飛 △4三桂
▲5四銀1 △5二金 ▲4三銀成
△同 金 ▲5五桂 △5三金打
▲4三桂成 O **△同 玉** P **▲3二銀**
△5二玉 ▲6二金 △4二玉
▲4三歩 △3二玉 ▲5三飛成
Q **△3三玉** ▲4四竜2 △2二玉
▲4二歩成 R **△4一歩** ▲3二と
△同 玉 ▲4一竜 △3三玉
S **▲8八金** T **△6五飛** ▲6六歩
△8八馬 ▲6五歩 △7九角
▲5八玉 △5七角成 ▲同 玉
△5六歩 ▲4七玉 △4八金
▲3七玉 △2五桂 ▲2六玉
△3七銀 ▲1六玉 △2四玉
▲3五銀 △同 歩 ▲3四金

（投了図）

まで179手で佐藤の勝ち

（消費時間＝▲5時間59分、△5時間59分）

【解説】

A△6四歩＝▲同歩なら△同角▲4六歩△4四歩の銀ばさみ。端の位を無にすべく、中央に活路を求める。

B▲6六歩＝▲7九玉は△7三桂で角が安定して後手指せる。

C▲7六同銀＝相手の手に乗り、△3九角を打たせても指せるとみた大局観が秀逸。

D▲4五銀＝香損だが駒に勢いがある。「このあたりは自信がなかった」と深浦。

E▲6四歩＝将来の▲6九歩の用意だが、後手の銀をさばかせて一長一短。

F△6六歩＝手番を渡さず反撃。△4五同飛は▲1一角成△4九飛成に▲6九歩がぴったり。

G▲2二銀＝華々しい終盤戦の幕開け。単に▲5四桂も有力で、△6六香▲4二桂成△同金▲6一飛△3二玉▲6八歩は先手良し。

H▲6二飛＝▲6七歩は△4六角▲6九玉△6七香不成▲同金△8七馬▲5九玉△5三銀で後手優勢。▲6八歩△5三銀▲5八飛は難解。

I△5六歩＝深浦本領発揮の好手。▲同飛△5五銀打となれば、以下▲6三金△5四玉▲6四金△4五玉で逃げ切り。

J△4四玉＝ぬるぬると捕まえにくい中段玉。

K△3二金＝自然な手だが△4九飛▲5九歩△4五歩▲5三竜△2四玉▲2六銀△4三金で後手勝勢だった。▲同竜は△5九飛成から詰み。

L▲4三銀（第1図）＝渾身の勝負手。数手後の▲5三金が詰めろで際どい終盤。

M△4九飛＝△8八金が怖い筋だが、▲同金△同馬▲同玉△6八飛▲7七玉で際どく逃れている。

N△5七銀＝竜を逃げてはいられない。

O△4三同玉＝△同金▲5四金△5一桂と粘れば千日手の可能性が高かった。結果的に打開が敗着に。

P▲3二銀＝これで捕まっている。△5四玉は▲6五飛成が好手で、以下△同玉▲7四銀△7五玉▲6五金で詰み。

Q△3三玉＝△3一銀は▲4二歩成△同銀▲2二金で詰み。

R△4一歩＝根性の一手。執念の指し手は続き、佐藤もより気を引き締めながら指し進めることとなる。

S▲8八金＝△7九銀が怖い筋だが、▲同玉△8八馬▲同玉△6八飛▲7八銀△9九角▲同玉△9八金▲同玉△7八飛成に▲8八角（他の合駒は△8六桂以下詰み）が逆王手の合駒でギリギリ逃れている。これは両者秒読みの中読んでいた。

T△6五飛＝ハッとさせる王手。後手玉の詰めろが消えて「息が止まるかと思った」と佐藤。以下も際どく迫られるが序盤で取った1筋の位が生きて、先手玉は詰まなかった。**投了図**は△3四同玉▲4四飛から詰み。

【第1図は▲4三銀まで】

△深浦　飛角金銀桂歩

	9	8	7	6	5	4	3	2	1
一	△香	△桂						△桂	△香
二							△金		
三	△歩			金		銀	△王	△歩	△歩
四		△歩					△歩		
五		銀	歩		竜				歩
六						香	歩		
七	歩	歩						歩	
八	△馬		金						
九		桂	玉						香

▲佐藤　銀歩六

【投了図は▲3四金まで】

△深浦　金銀

	9	8	7	6	5	4	3	2	1
一	△香	△桂				竜		△桂	△香
二				金					
三	△歩							△歩	△歩
四		△歩					金	△王	
五		銀	歩	歩			△歩	△桂	歩
六					△歩	香	歩		玉
七	歩	歩					△銀	歩	
八		△馬				△金			
九		桂			歩				香

▲佐藤　飛角歩四

第88局

第66回ＮＨＫ杯準決勝（ＮＨＫ）

【持ち時間】各10分＋考慮各10分（チェスクロック方式）

２０１７年２月６日　10時51分～12時40分　東京都渋谷区「ＮＨＫ放送センター」
記録係　甲斐日向三段

九段 ▲佐藤　康光
名人 △佐藤　天彦

角頭歩で名人を破る

角交換振り飛車

第75期Ａ級順位戦は苦戦していたが、第66回ＮＨＫ杯は増田康宏四段、斎藤慎太郎六段、千田翔太六段と若手を破って準決勝に勝ち進んだ。対戦相手の佐藤天彦名人は、名人獲得後も第２期叡王戦で優勝するなど好調を維持していた。

▲７六歩　△３四歩　Ａ▲８六歩
△８四歩　▲５六歩　Ｂ△４二玉
▲２二角成　△同　銀　▲８八飛
△３二玉　▲６八銀　△１四歩
▲４八玉　△６二銀　▲３八玉
△７四歩　▲２八玉　△１五歩
▲１八香　△３三桂　▲１九玉
△２四歩　▲２八銀　△２三銀
▲５七銀　△５二金右　▲３九金
△４四歩　▲５八金☆　△２二玉
▲４八金寄①　△３二金　Ｃ▲６六銀
△７三銀☆②　▲７七桂　Ｄ△９四角
▲５五銀③　△７六角①　▲５七金①
△４三金右　▲８五歩　△５四歩②
▲６六金　△７五歩　Ｅ▲４四銀①
（第１図）　△同　金　▲５三角
△４三金引　▲７五角成　△８五角
▲同　桂　△同　歩　Ｆ▲５五歩
△１六歩②　▲同　歩　△１七歩
▲同　香　△２五桂　▲５四歩
△６四銀　▲７六馬　△８六歩
Ｇ▲６五金　△４四銀①　▲６四金①
△同　歩　▲７八飛　△７二飛①
Ｈ▲５三歩成　△７六飛　▲同　飛
△５三銀　▲７一飛成　△３一金打
▲８二飛　Ｉ△４一歩　▲６六角
△４四角　▲同　角　△同　銀
▲６三角　△３三銀　Ｊ▲４一角成
△４二銀　▲５四歩③　△４五角①
▲３六銀　△５四角　▲５五歩
△６五角　▲８一竜　△５一歩
▲３二馬　△同　銀　▲５四桂
△４一歩　▲４二桂成　△同金上
Ｋ▲９一竜　△４四桂　▲２五銀
△同　歩　Ｌ▲１八銀　△３五桂
▲５一竜　△４七桂不成　▲４九金
△５七角　▲５八金打　△４六角成
▲３八桂　△３五馬　Ｍ▲４八香
△５七歩　▲４七金　△５八歩成
▲３九金　△４八と　▲同金引
△４七香　▲５八金　△５七銀
Ｎ▲６六歩　△５八銀成　▲６五歩
△４八香成　▲５四桂　△３一金
▲４二桂成　△同金引　Ｏ▲５三金
△３三金　▲４三歩　△３九成香
▲同　銀　△５七馬　▲２八角
△３九馬　▲同　角　△４八銀
Ｐ▲４二角　（第２図）　△２一金打
▲２四香　△２三桂　▲２八角
△４九銀不成　▲３一角成　△同　金
Ｑ▲３九金　△３八銀成　▲同　金
△４九角　▲３九金　△２六歩
▲４九金　△同成銀　Ｒ▲４二歩成
△１三玉　▲３二と　△２四金
▲３一と　△３八金　▲２二角
△１四玉　▲４四角成　△２八金
▲同　玉　△３九角　▲１九玉
（投了図）

まで169手で佐藤康の勝ち
（消費時間＝▲10分＋10分、△10分＋10分）

【解説】

Ａ▲８六歩＝公式戦初採用の角頭歩戦法。以

下角交換振り飛車に。当時、後手の角頭歩戦法から角交換振り飛車にする指し方を西川和宏六段がよく用いていた。佐藤は「その前から先手で指してみたらどうかを考えていた」と言う。

B△4二玉＝△8五歩なら大乱戦だが自重。

C▲6六銀＝△7九角には▲7八飛△3五角成▲7五歩△8五歩▲7四歩で▲5五角を狙って、手になる。

D△9四角＝相手の注文ばかりでは面白くないと見たか。序盤の勝負手。

E▲4四銀（第1図）＝▲4六銀もあるが、▲4四銀のほうが棋風に合っている。

F▲5五歩＝派手な立ち回りの中でもバランスは取れていて互角の形勢。

【第1図は▲4四銀まで】

▲佐藤　角歩

	9	8	7	6	5	4	3	2	1
一	v香	v桂							v香
二		v飛					v金	v王	
三	v歩		v銀	v歩		v金	v桂	v銀	
四		v歩			v歩	**銀**	v歩	v歩	
五		歩	v歩						v歩
六			v角	金	歩				
七	歩		桂	歩		歩	歩	歩	歩
八		飛						銀	香
九	香						金	桂	玉

△佐藤　歩

G▲6五金＝▲6六馬を見せて駒がさばけてきた。「△8六歩は価値がなかった」と佐藤天。

H▲5三歩成＝軽妙な成り捨て。△同金は▲3二馬△同飛▲7一飛成で先手良し。本譜も▲7一飛成と竜ができたのが大きく先手有利だ。

I△4一歩＝頑強な粘り。

J▲4一角成＝△同金は▲同竜△1八歩▲同玉△2六桂▲1九玉でしのいでいる。以下△1七桂成は、▲3二飛成△同銀▲1三金△同香▲1二金△2三玉▲1三金から詰み。

K▲9一竜＝着々と優位を拡大。

L▲1八銀＝キズを消して実戦的な手法。

M▲4八香＝反撃の芽を摘み取る。

N▲6六歩＝攻防の角に働きかける。△同銀成なら安全になる。猛攻を巧みに受け流す。

【第2図は▲4二角まで】

▲佐藤　香歩五

	9	8	7	6	5	4	3	2	1
一					竜	v歩	v金		v香
二		v飛				**角**	v銀	v王	
三	v歩				金	歩	v金		
四				v歩		v桂	v歩		
五				歩	歩			v歩	
六		v歩							歩
七	歩						歩	歩	香
八					v成銀	v銀	桂		銀
九	香						角	桂	玉

△佐藤　金桂

O▲5三金＝△同金なら▲同竜△3三金▲5四角△4二桂▲3三竜△同玉▲8三飛成で寄り。

P▲4二角（第2図）＝要の金を直接削る。

Q▲3九金＝緩急自在の指し回し。

R▲4二歩成＝△2七歩成は▲同銀で詰めろがこないことを見切る。**投了図**は後手玉が必至。

強敵を制すと、続く決勝戦で佐藤和俊六段を破り、3回目のNHK杯優勝を果たした。佐藤は2連覇後のNHK杯では振るわず、第61回から第65回まで1勝5敗で気になっていたという。「40代であまり実績を挙げられなかったと思っていたので、結果を残せたことは心の支えになった。家族に感謝している」と佐藤。

【投了図は▲1九玉まで】

▲佐藤　金金銀銀桂歩五

	9	8	7	6	5	4	3	2	1
一					竜	v歩	と		v香
二		v飛							
三	v歩				金			v桂	
四				v歩		馬	v歩	v金	v王
五				歩	歩				
六		v歩						v歩	歩
七	歩						歩	歩	香
八									銀
九	香					v成銀	v角	桂	**玉**

△佐藤　桂香

第89局

第76期順位戦A級3回戦（朝日新聞・毎日新聞）

【持ち時間】各6時間

2017年7月28日　終了29日0時31分　東京都渋谷区「将棋会館」
記録係　川村悠人三段

八段 ▲広瀬　章人
九段 △佐藤　康光

大記録達成

後手陽動振り飛車

佐藤は2017年4月に11連勝し、通算999勝目を挙げていた。NHK杯優勝など勢いがあり、1000勝達成はすぐと思われた。ところがそこから7連敗。記念すべき勝ち星は3ヵ月かかり、大変な難産となった。

▲2六歩1　△8四歩3　▲7六歩1
△8五歩2　▲7七角1　△3四歩
▲8八銀2　△4四歩2　▲2五歩1
△3三角　▲4八銀1　△3二銀
▲5六歩1　△4三銀　▲6八角1
A△2二飛2　（第1図）　▲7八金4
△6二玉16　▲6九玉2　△7二銀39
▲7九玉5　△7四歩　▲5八金23
△8三銀12　▲6六歩6　△7二金
▲6七金右　△7三桂11　▲3六歩19
△9四歩8　B▲7七桂36　△9五歩6
▲6五歩15　△5二金24　▲5七銀3
△7一玉16　▲6六銀2　△6二金左
▲8九玉6　△5四歩15　C▲4六角60

△8一玉13　▲8五桂5　△同　桂
▲8六歩　△4五歩8　▲3七角2
△9七桂成5　▲同　銀1　△8四歩5
D▲8八銀10　△7三金左14　▲8七銀6
△4四銀9　▲7七金寄14　△3五歩14
▲7五歩32　△3六歩64　E▲2六角1
F△3四桂　（第2図）　▲4八角2
△4六歩　▲同　歩3　△4七歩4
G▲5九角44　△3五銀14　▲7四歩14
△同　銀　▲7五歩　△8三銀
▲8五歩　△同　歩6　H▲3二歩
△4六銀8　▲2四歩2　△同　歩
▲3一歩成2　△4二飛6　I▲7四桂1
△4八歩成1　▲同　角3　△3七歩成5
▲同　桂1　△同銀不成　▲同　角
J△4九飛成　K▲7九金　△4六歩
▲8二歩3　△9二玉4　▲9三歩
△同　玉　▲8一歩成　△3八歩8
▲5五歩9　L△4七歩成1　▲1五角
△5七と5　▲同　銀2　△5五角

▲6八銀　△2八角成2　▲8二銀1
△同　金1　▲同桂成　△7八歩
▲同金引3　M△5五馬　（第3図）
▲8八歩　△6六桂2　▲5九歩
△4七竜　▲2四角1　△7八桂成
▲同　銀　△9七銀1　▲9八金7
N△9六飛　▲7七銀直　△同　馬1
▲同　銀　△9八銀不成　▲同　香
△同飛成　▲同　玉　△9六香　（投了図）

まで126手で佐藤の勝ち
（消費時間＝▲5時間59分、△5時間57分）

【解説】

A△2二飛（第1図）＝角換わり模様の出だ

【第1図は△2二飛まで】

△佐藤　なし

9	8	7	6	5	4	3	2	1	
v香	v桂	v銀	v金	v王	v金		v桂	v香	一
							v飛		二
v歩		v歩	v歩	v歩	v銀	v角	v歩	v歩	三
					v歩	v歩			四
	v歩						歩		五
		歩		歩					六
歩	歩		歩		歩	歩		歩	七
	銀		角		銀		飛		八
香	桂		金	玉	金		桂	香	九

▲広瀬　なし

しから陽動向かい飛車と違い、模倣者がほとんどいない独自の世界だ。佐藤はこの作戦を「オンリー向かい飛車」と呼んでいる。陽動振り飛車なのだが、☗6八角まで進むと、後手は☗2四歩を受けるために向かい飛車にするしかないからだ。なお、佐藤は2016年5月の王位戦でも広瀬相手に同じ戦型を指していた。結果は広瀬快勝だった。

B☗7七桂＝8五歩を伸びすぎとみた。後手の作戦をとがめようとしている。

C☗4六角＝玉頭に照準を合わせる。

D☗8八銀＝小競り合いがひと段落。

E☗2六角＝☗7三角成も広瀬好みだが、指せる局面とみて自重したか。

【第2図は☖3四桂まで】

☖佐藤　歩

9	8	7	6	5	4	3	2	1	
香	王						桂	香	一
		金					飛		二
	銀	金	歩			角	歩	歩	三
	歩	歩		歩	銀	桂			四
歩		歩	歩		歩		歩		五
	歩		銀	歩		歩	角		六
	銀	金			歩			歩	七
		金					飛		八
香	玉						桂	香	九

☗広瀬　桂歩

F☖3四桂（第2図）＝☗3四歩を直接手で消した。働きの弱く、打ちにくい桂だが角銀を使わなければ勝機なしと判断。

G☗5九角＝☗3九角☖1五角☗2四歩☖同歩☗7四歩☖同銀☗7五銀も有力。

H☗3二歩＝☗7六桂と打って、玉頭で勝負する指し方も有力だった。

I☗7四桂＝大きなくさび。

J☖4九飛成＝待望の飛車成り。

K☗7九金＝☗7九銀が勝った。以下、☖4六歩☗3二と☖6六角☗同金☖3六歩☗1五角で難解だが、先手に手段が多い。

L☖4七歩成＝巧みな技で飛車角を押さえて後手優勢。広瀬は☖3八歩を軽視していた。

【第3図は☖5五馬まで】

☖佐藤　飛銀桂歩三

9	8	7	6	5	4	3	2	1	
香	と					と	桂	香	一
	龍								二
王	銀	金	歩					歩	三
				歩		桂	歩		四
歩	歩	歩	歩	馬				角	五
									六
	銀							歩	七
		金	銀			歩			八
香	玉	金			龍			香	九

☗広瀬　金歩三

M☖5五馬（第3図）＝絶好の位置に引き付けた。先手は1五角に働きがないのが痛い。

N☖9六飛＝気がつきにくい飛車。細部にセンスが表れる。これで受けなし。**投了図**以下は☗9七歩は☖同香成☗同玉☖7七竜、☗8九玉も☖9八金☗7八玉☖6七銀から詰み。

佐藤は1987年3月に四段昇段して30年4ヵ月で、歴代9人目となる通算1000勝を達成。佐藤は局後のインタビューで「1000勝を達成されたのは偉大な先輩ばかりで喜びを感じる。（会長との両立は）難しさを感じるときもあるが、歴代の皆さんもそうだったので。一局一局を大事に指して、また実績を重ねていきたい」と話した。

【投了図は☖9六香まで】

☖佐藤　金金銀歩三

9	8	7	6	5	4	3	2	1	
香	と					と	桂	香	一
	龍								二
王	銀	金	歩					歩	三
				歩		桂	角		四
歩	歩	歩	歩						五
香									六
		銀			龍			歩	七
玉	歩					歩			八
		金		歩				香	九

☗広瀬　飛角銀桂歩二

年度別成績

年度	局数	勝	負	勝率
1987	48	37	11	0.771
1988	45	29	16	0.644
1989	53	38	15	0.717
1990	67	49	18	0.731
1991	53	33	20	0.623
1992	64	49	15	0.766
1993	71	50	21	0.704
1994	40	22	18	0.550
1995	55	34	21	0.618
1996	46	30	16	0.652
1997	59	37	22	0.627
1998	55	32	23	0.582
1999	56	32	24	0.571
2000	59	34	25	0.576
2001	71	53	18	0.746
2002	55	31	24	0.564
2003	49	30	19	0.612
2004	42	28	14	0.667
2005	58	35	23	0.603
2006	86	57	29	0.663
2007	59	32	27	0.542
2008	53	32	21	0.604
2009	49	24	25	0.490
2010	48	34	14	0.708
2011	43	22	21	0.512
2012	47	31	16	0.660
2013	37	19	18	0.514
2014	42	25	17	0.595
2015	45	22	23	0.489
2016	33	16	17	0.485
2017	32	15	17	0.469
2018	26	15	11	0.577

巻末データは全て2018年11月25日時点

タイトル戦全成績

<1999年>

棋戦	相手	局	勝敗	手数	
第24期棋王戦	羽生善治棋王	1	●	115	
		2	●	134	
		3	●	111	挑戦失敗
第57期名人戦	谷川浩司九段	1	○	66	
		2	○	81	
		3	●	99	
		4	●	100	
		5	●	89	
		6	○	203	
		7	○	103	防衛

<2000年>

棋戦	相手	局	勝敗	手数	
第49期王将戦	羽生善治王将	1	●	114	
		2	●	105	
		3	●	102	
		4	●	121	挑戦失敗
第58期名人戦	丸山忠久八段	1	●	124	
		2	●	85	
		3	○	99	
		4	○	116	
		5	○	91	
		6	●	115	
		7	●	143	防衛失敗

<2002年>

棋戦	相手	局	勝敗	手数	
第51期王将戦	羽生善治王将	1	○	118	
		2	○	91	
		3	●	85	
		4	○	151	
		5	●	127	
		6	○	125	奪取
第27期棋王戦	羽生善治棋王	1	○	139	
		2	●	99	
		3	●	120	
		4	●	97	挑戦失敗
第43期棋聖戦	郷田真隆棋聖	1	●	115	
		2	●	96	
		3	○	146	
		4	○	87	
		5	○	125	奪取
第50期王座戦	羽生善治王座	1	●	106	
		2	●	73	
		3	●	100	挑戦失敗

<2003年>

棋戦	相手	局	勝敗	手数	
第52期王将戦	羽生善治竜王	1	●	72	
		2	●	67	
		3	●	106	
		4	●	103	防衛失敗
第74期棋聖戦	丸山忠久棋王	1	○	115	
		2	○	84	
		3	○	89	防衛

<2004年>

棋戦	相手	局	勝敗	手数	
第75期棋聖戦	森内俊之 竜王・名人	1	○	144	
		2	千	72	
		2	○	92	
		3	○	133	防衛

<1990年>

棋戦	相手	局	勝敗	手数	
第31期王位戦	谷川浩司王位	1	○	82	
		2	●	124	
		3	●	79	
		4	○	105	
		5	●	117	
		6	○	131	
		7	●	116	挑戦失敗

<1993年>

棋戦	相手	局	勝敗	手数	
第６期竜王戦	羽生善治竜王	1	●	113	
		2	○	157	
		3	●	111	
		4	○	147	
		5	○	136	
		6	○	107	奪取

<1994年>

棋戦	相手	局	勝敗	手数	
第７期竜王戦	羽生善治名人	1	●	118	
		2	●	83	
		3	●	126	
		4	○	128	
		5	○	91	
		6	●	121	防衛失敗

<1995年>

棋戦	相手	局	勝敗	手数	
第８期竜王戦	羽生善治竜王	1	○	89	
		2	●	93	
		3	○	129	
		4	●	123	
		5	●	132	
		6	●	161	挑戦失敗

<1997年>

棋戦	相手	局	勝敗	手数	
第38期王位戦	羽生善治王位	1	●	114	
		2	○	110	
		3	●	128	
		4	●	107	
		5	●	110	挑戦失敗

<1998年>

棋戦	相手	局	勝敗	手数	
第47期王将戦	羽生善治王将	1	●	111	
		2	●	106	
		3	○	80	
		4	●	98	
		5	●	177	挑戦失敗
第56期名人戦	谷川浩司名人	1	●	121	
		2	○	107	
		3	●	103	
		4	○	135	
		5	●	99	
		6	○	161	
		7	○	148	奪取
第39期王位戦	羽生善治王位	1	●	128	
		2	●	141	
		3	○	157	
		4	●	73	
		5	○	91	
		6	●	107	挑戦失敗

タイトル戦全成績

第78期棋聖戦	渡辺明竜王	1	○	111	
		2	○	110	
		3	●	126	
		4	○	84	防衛
第20期竜王戦	渡辺明竜王	1	●	114	
		2	○	144	
		3	●	134	
		4	●	101	
		5	○	177	
		6	●	135	挑戦失敗

<2008年>

棋戦	相手	局	勝敗	手数	
第33期棋王戦	羽生善治二冠	1	●	187	
		2	○	133	
		3	●	71	
		4	○	127	
		5	○	119	防衛
第79期棋聖戦	羽生善治二冠	1	○	114	
		2	○	99	
		3	●	91	
		4	●	90	
		5	●	114	防衛失敗

<2009年>

棋戦	相手	局	勝敗	手数	
第34期棋王戦	久保利明八段	1	●	86	
		2	●	57	
		3	○	121	
		4	○	142	
		5	●	106	防衛失敗

<2010年>

棋戦	相手	局	勝敗	手数	
第35期棋王戦	久保利明棋王	1	○	134	
		2	●	82	
		3	○	116	
		4	●	144	
		5	●	190	挑戦失敗

<2012年>

棋戦	相手	局	勝敗	手数	
第61期王将戦	久保利明王将	1	○	111	
		2	○	124	
		3	○	95	
		4	●	125	
		5	○	109	奪取

<2013年>

棋戦	相手	局	勝敗	手数	
第62期王将戦	渡辺明竜王	1	●	130	
		2	●	89	
		3	○	95	
		4	●	119	
		5	●	124	防衛失敗

<2005年>

棋戦	相手	局	勝敗	手数	
第76期棋聖戦	羽生善治四冠	1	●	119	
		2	○	87	
		3	○	88	
		4	●	126	
		5	○	88	防衛
第46期王位戦	羽生善治王位	1	○	155	
		2	○	74	
		3	●	126	
		4	●	113	
		5	○	133	
		6	●	135	
		7	●	116	挑戦失敗
第53期王座戦	羽生善治王座	1	千	75	
		1	●	165	
		2	●	143	
		3	●	134	挑戦失敗

<2006年>

棋戦	相手	局	勝敗	手数	
第55期王将戦	羽生善治王将	1	●	139	
		2	●	146	
		3	●	67	
		4	○	151	
		5	○	108	
		6	○	111	
		7	●	98	挑戦失敗
第77期棋聖戦	鈴木大介八段	1	○	62	
		2	○	97	
		3	○	156	防衛
第47期王位戦	羽生善治王位	1	●	92	
		2	●	111	
		3	○	123	
		4	○	112	
		5	●	146	
		6	●	129	挑戦失敗
第54期王座戦	羽生善治王座	1	●	144	
		2	●	103	
		3	●	130	挑戦失敗
第19期竜王戦	渡辺明竜王	1	○	111	
		2	○	162	
		3	●	142	
		4	●	97	
		5	●	146	
		6	○	114	
		7	●	149	挑戦失敗

<2007年>

棋戦	相手	局	勝敗	手数	
第56期王将戦	羽生善治王将	1	千	70	
		1	○	68	
		2	●	107	
		3	●	114	
		4	●	123	
		5	○	207	
		6	千	100	
		6	○	105	
		7	●	111	挑戦失敗
第32期棋王戦	森内俊之棋王	1	○	115	
		2	●	109	
		3	○	79	
		4	●	65	
		5	○	105	奪取

優勝棋戦一覧

銀河戦：３回（第11期-2003年度・第16期-2008年度・第18期-2010年度）

第11期決勝トーナメント

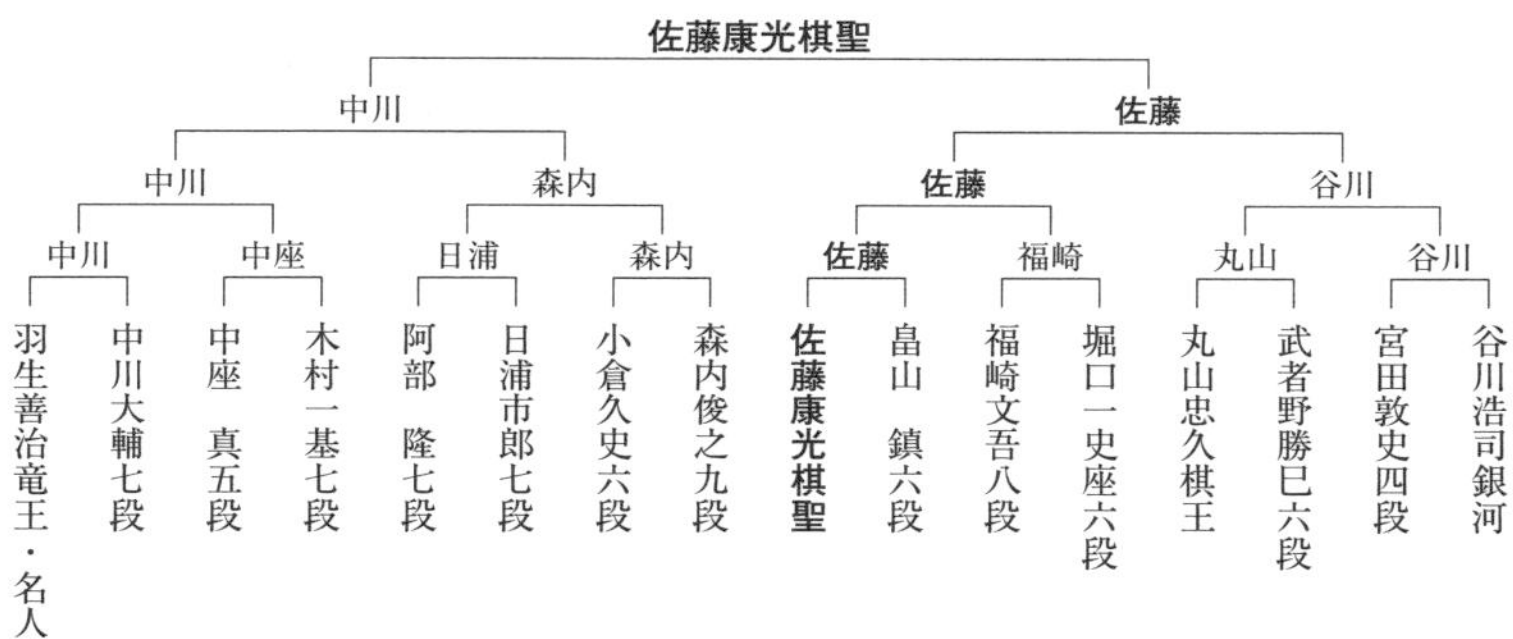

第16期決勝トーナメント

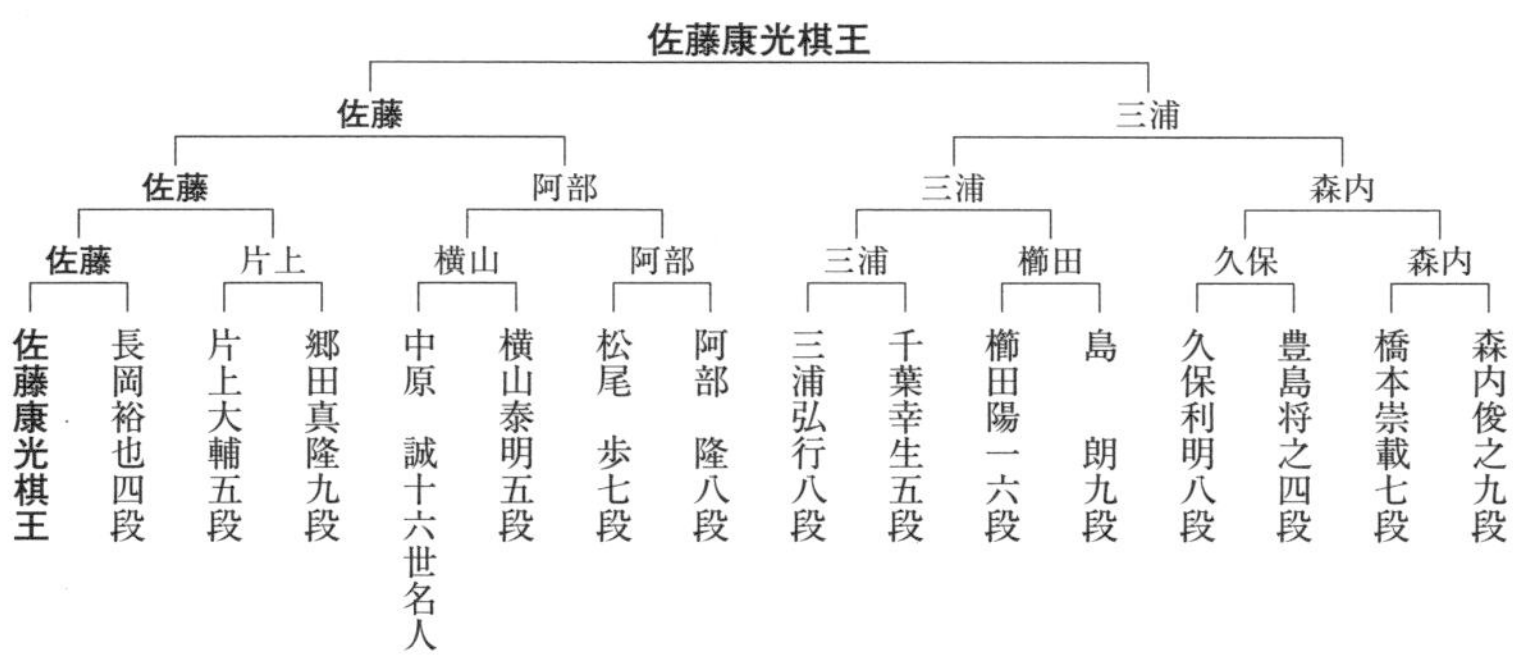

第18期決勝トーナメント

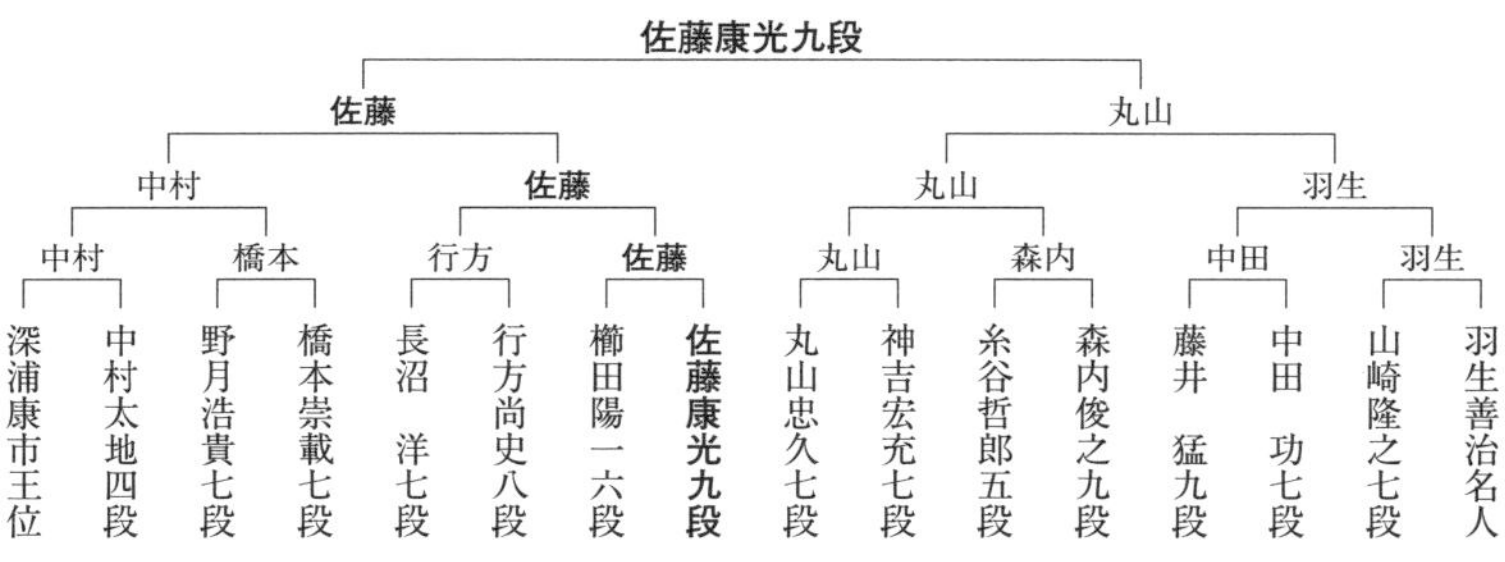

優勝棋戦一覧

ＮＨＫ杯：３回（第56回-2006年度・57回-2007年度・66回-2016年度）

第56回本戦トーナメント

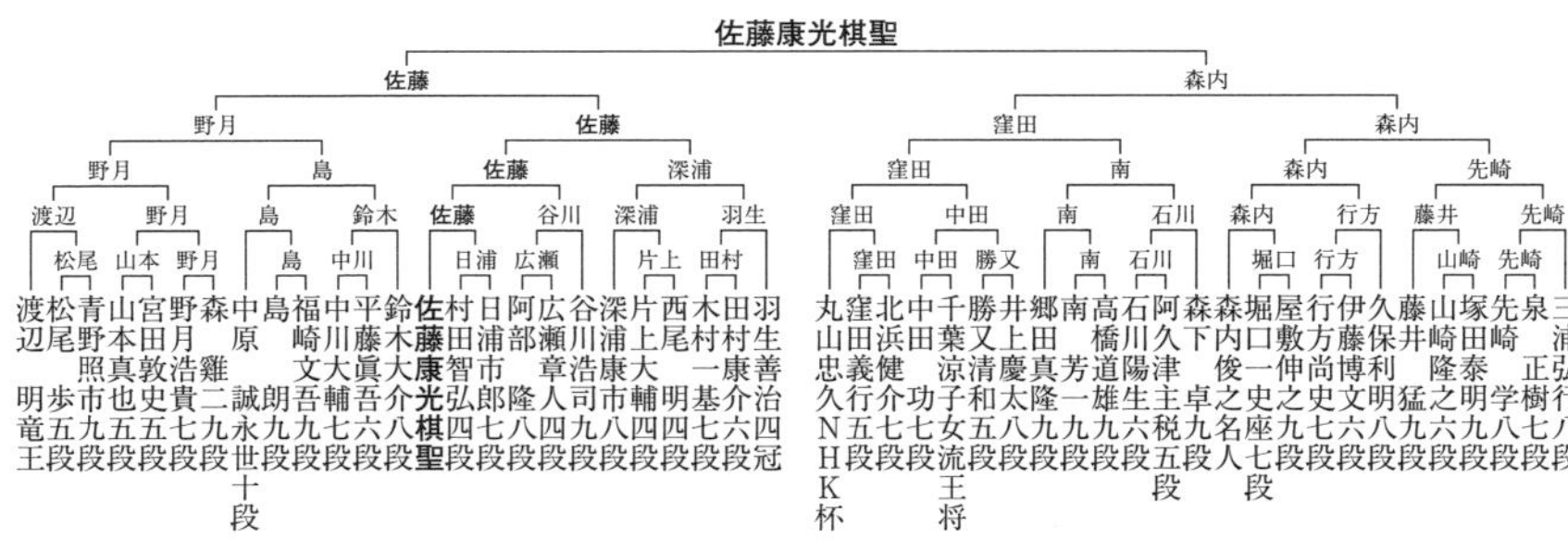

第57回本戦トーナメント

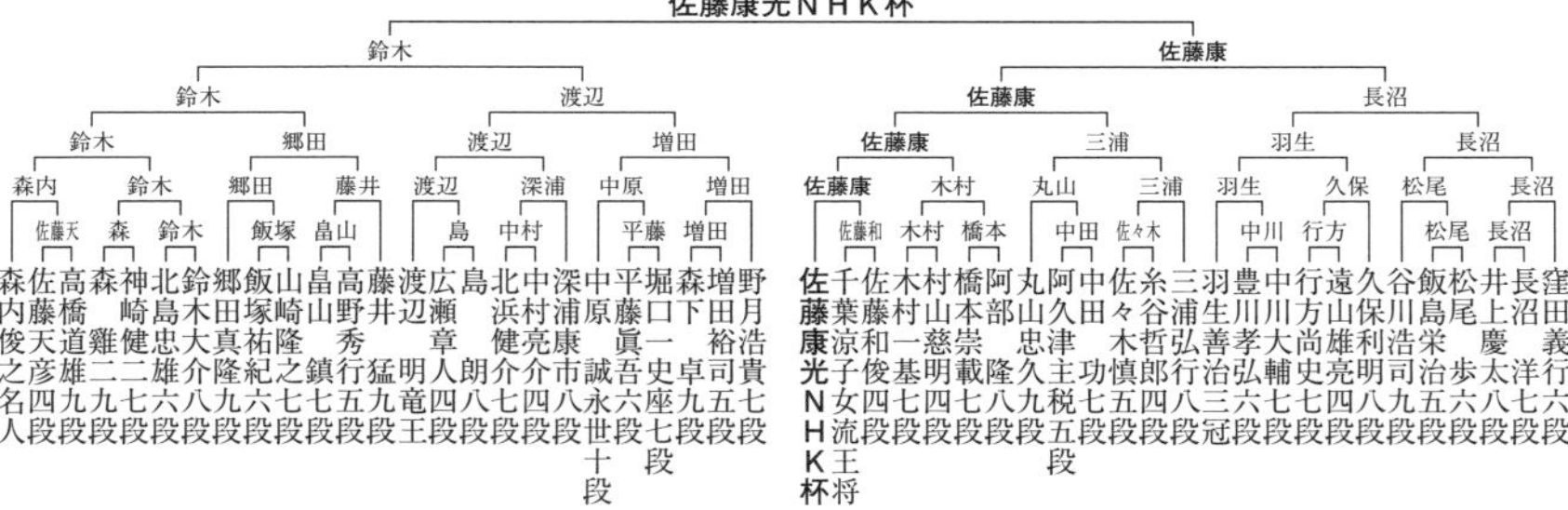

第66回本戦トーナメント

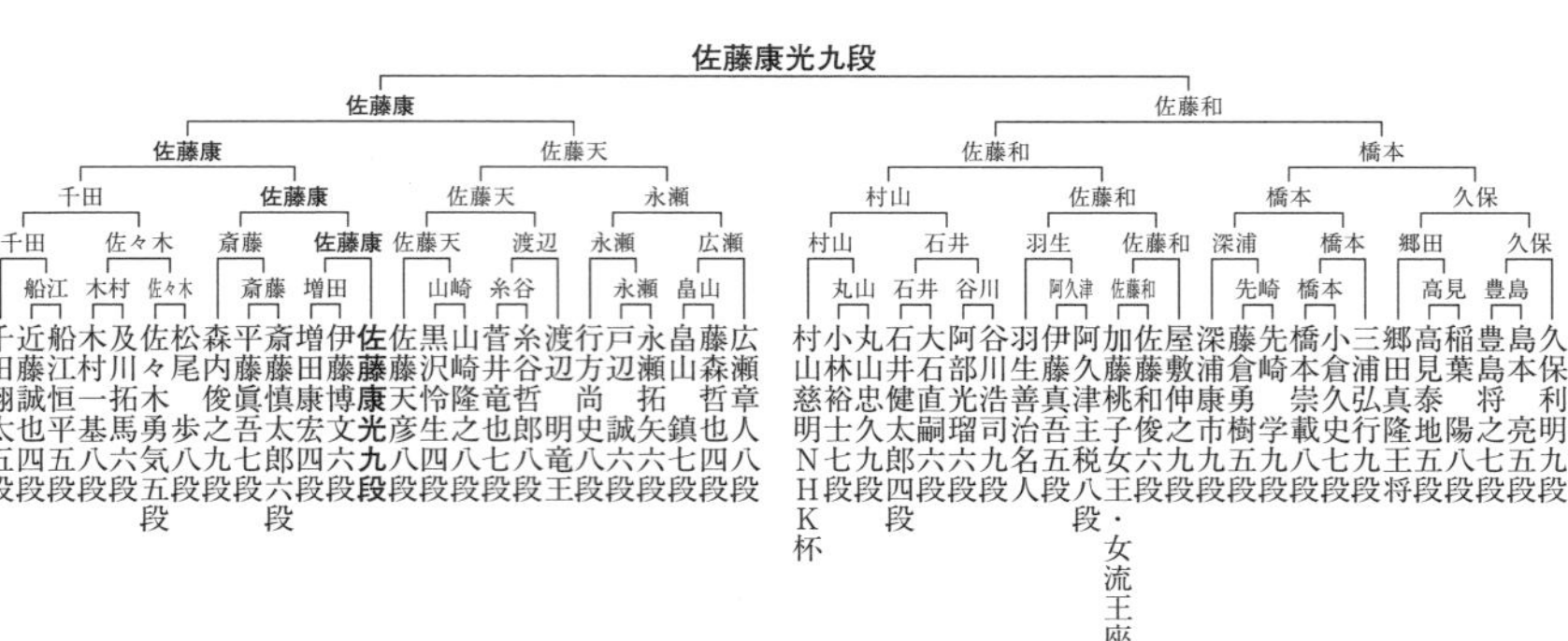

優勝棋戦一覧

将棋日本シリーズ　JTプロ公式戦：２回（第25回-2004年度・27回-2006年度）

第27回

佐藤康光棋聖

郷田　佐藤

深浦　郷田　佐藤　森内

深浦　郷田　佐藤　三浦

羽生善治三冠
深浦康市八段
丸山忠久九段
郷田真隆九段
木村一基七段
渡辺　明竜王
藤井　猛JT杯
山崎隆之六段
佐藤康光棋聖
谷川浩司九段
三浦弘行八段
森内俊之名人

第25回

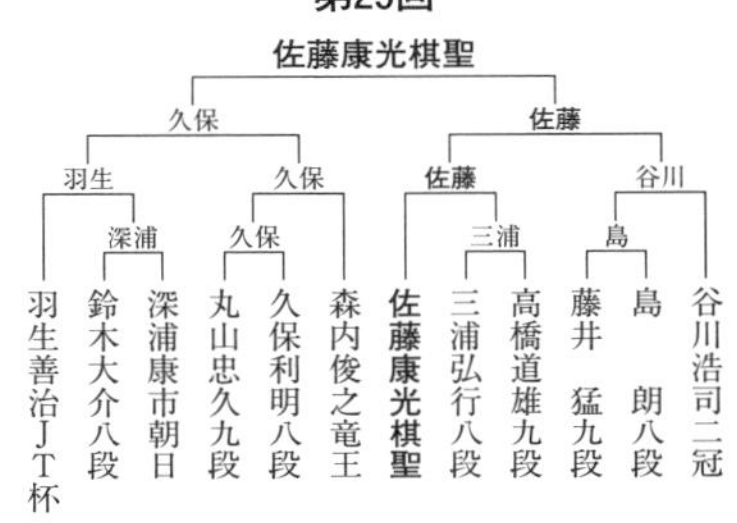

大和証券杯最強戦：１回（第６回-2012年度）

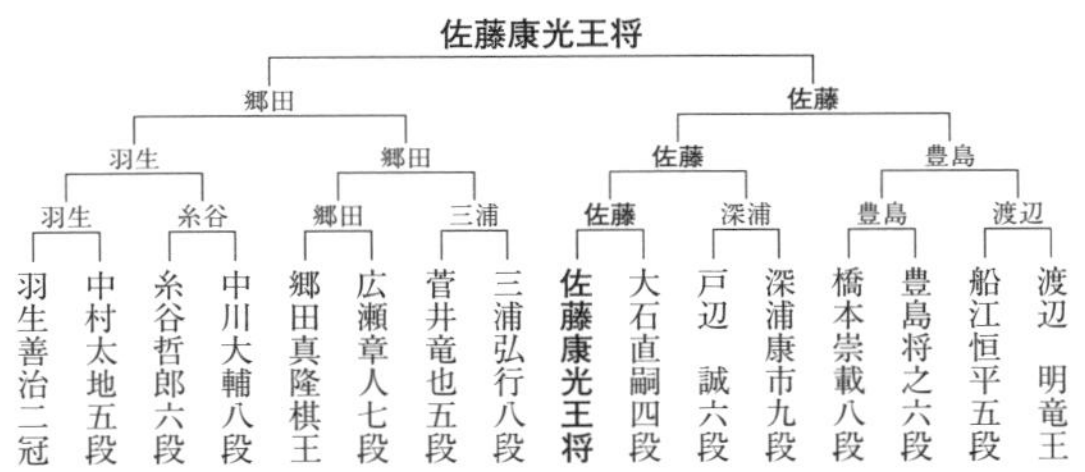

早指し新鋭戦：２回（第９回-1990年度・10回-1991年度）

第９回

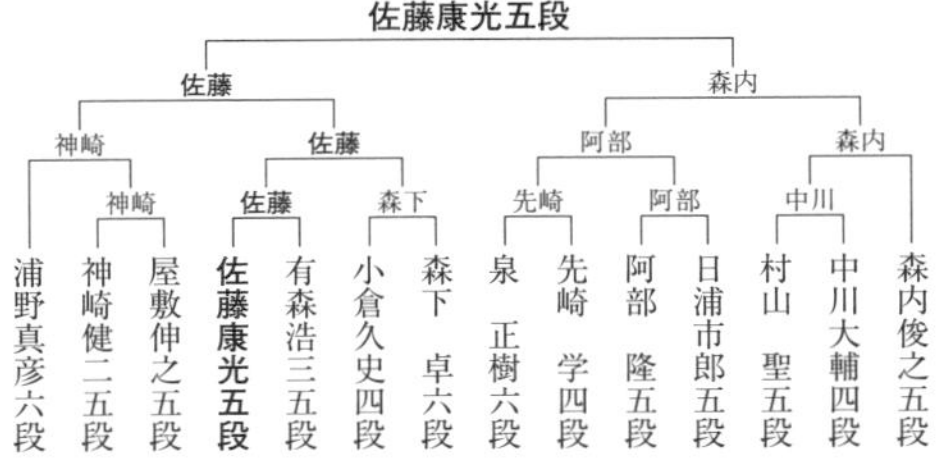

第10回は27ページに記載

勝抜戦５勝以上：１回（第19回-1998・99年度）

○飯塚祐紀五段
○畠山鎮六段
○藤井猛竜王
○米長邦雄永世棋聖
○中田宏樹七段
○日浦市郎六段
○田村康介四段
●谷川浩司棋聖

参考文献

読売新聞社編『第六期竜王決定七番勝負 激闘譜』読売新聞社、1994年
羽生善治『羽生の頭脳８ 最新のヒネリ飛車』日本将棋連盟、1994年
谷川浩司『谷川浩司全集 平成二年版』毎日コミュニケーションズ、1994年
読売新聞社編『第七期竜王決定七番勝負 激闘譜』読売新聞社、1995年
佐藤康光『佐藤康光の寄せの急所　囲いの急所』ＮＨＫ出版、1995年
佐藤康光『康光流現代矢倉Ⅰ 先手３七銀戦法』日本将棋連盟、1997年
佐藤康光『康光流現代矢倉Ⅱ 森下システム』日本将棋連盟、1997年
佐藤康光『康光流現代矢倉Ⅲ 急戦編』日本将棋連盟、1997年
毎日新聞社編『第56期将棋名人戦』毎日新聞社、1998年
佐藤康光『康光流四間飛車破り 居飛車穴熊VS藤井システム』日本将棋連盟、1999年
深浦康市『これが最前線だ!―最新定跡完全ガイド』河出書房新社、1999年
毎日新聞社編『第57期将棋名人戦』毎日新聞社、1999年
佐藤康光『佐藤康光の戦いの絶対感覚』河出書房新社、2000年
谷川浩司『谷川浩司全集 平成十年度版』毎日コミュニケーションズ、2000年
谷川浩司『谷川浩司全集 平成十一年度版』毎日コミュニケーションズ、2001年
佐藤康光『最強居飛車穴熊マニュアル』日本将棋連盟、2003年
藤井猛『四間飛車の急所〈1〉』浅川書房、2003年
米長邦雄『米長邦雄の本』日本将棋連盟、2004年
米長邦雄『米長の将棋６　奇襲戦法』毎日コミュニケーションズ、2004年
佐藤康光『注釈 康光戦記』浅川書房、2004年
日本将棋連盟書籍編『【永久保存版】羽生vs佐藤全局集』日本将棋連盟、2006年
読売新聞社編『第十九期竜王決定七番勝負 激闘譜』読売新聞社、2007年
読売新聞社編『第二十期竜王決定七番勝負 激闘譜』読売新聞社、2008年
上地隆蔵『新手への挑戦 佐藤康光小伝』ＮＨＫ出版、2009年
佐藤康光『佐藤康光の力戦振り飛車』日本将棋連盟、2010年
佐藤康光『佐藤康光の石田流破り』日本将棋連盟、2010年
佐藤康光『佐藤康光の一手損角換わり』日本将棋連盟、2010年
久保利明『久保の石田流』日本将棋連盟、2011年
佐藤康光『佐藤康光の矢倉』日本将棋連盟、2011年
先崎学『千駄ヶ谷市場』日本将棋連盟、2011年
中原誠『中原誠名局集』日本将棋連盟、2011年
佐藤康光『佐藤康光の実戦で使える囲いの急所』ＮＨＫ出版、2012年
近藤正和『ゴキゲン中飛車で行こう』マイナビ、2013年
ＮＨＫ出版編『ＮＨＫ杯伝説の名勝負 次の一手』ＮＨＫ出版、2013年
森内俊之、渡辺明、谷川浩司、佐藤康光、久保利明、広瀬章人『トップ棋士頭脳勝負 イメージと読みの将棋観⑶』日本将棋連盟、2014年
佐藤康光『長考力 1000手先を読む技術』幻冬舎、2015年
将棋世界編『将棋・名勝負の裏側 棋士×棋士対談』日本将棋連盟、2016年

佐藤康光（さとう・やすみつ）
1969年10月１日生まれ、京都府八幡市出身
1982年12月６級で田中魁秀九段門
1987年３月25日四段
1998年６月18日九段
1993年度第６期竜王戦で初タイトル獲得。1998年度第56期名人戦で名人獲得。2006年度第77期棋聖戦で５連覇を果たし永世棋聖の資格を得る。2017年、通算1000勝（特別将棋栄誉賞）達成。2017年２月から日本将棋連盟会長。
タイトル戦登場は37回。獲得は竜王１、名人２、棋王２、王将２、棋聖６の13期。棋戦優勝は12回。
著書は「佐藤康光の将棋」シリーズ、「最強居飛車穴熊マニュアル」「康光流現代矢倉Ⅰ～Ⅲ）」（日本将棋連盟）、「注釈　康光戦記」（浅川書房）、「佐藤康光の実戦で使える囲いの急所」（ＮＨＫ出版）、「佐藤康光の戦いの絶対感覚」（河出書房新社）など多数。

天衣無縫（てんいむほう）　佐藤康光勝局集（さとうやすみつしょうきょくしゅう）

2018年12月31日　初版第１刷発行

著　　者　佐藤康光
発 行 者　佐藤康光
発 行 所　公益社団法人　日本将棋連盟
〒151-8516　東京都渋谷区千駄ヶ谷2-39-9

販 売 元　株式会社マイナビ出版
〒101-0003　東京都千代田区一ツ橋2-6-3　一ツ橋ビル２Ｆ
電話　0480-38-6872（注文専用ダイヤル）
03-3556-2731（販売部）
03-3556-2738（編集部）
E-mail：amuse@mynavi.jp
URL　http://book.mynavi.jp

ＤＴＰ制作　株式会社毎栄
印刷・製本　中央精版印刷株式会社

定価はカバーに表示してあります。
乱丁・落丁についてのお問い合わせは、
TEL：0480-38-6872　電子メール：sas@mynavi.jpまでお願い致します。

ISBN978-4-8399-6581-5